Forschungen zum deutschen und internationalen Erb- und Familienrecht

Herausgegeben von Christina Eberl-Borges
und Rudolf Meyer-Pritzl

Band 9

PL ACADEMIC RESEARCH

Familiengerichtliche Maßnahmen bei Gefährdung de
aufgrund religiös motivierten Verhaltens der

Sarah Jasmin Rüegg

Familiengerichtliche Maßnahmen bei Gefährdung des Kindeswohls aufgrund religiös motivierten Verhaltens der Eltern

Ein Vergleich von deutschem und australischem Recht unter besonderer Berücksichtigung aktueller Fallgruppen aus der Rechtsprechung

PL ACADEMIC RESEARCH

Bibliografische Information der Deutschen Nationalbibliothek
Die Deutsche Nationalbibliothek verzeichnet diese Publikation in der Deutschen Nationalbibliografie; detaillierte bibliografische Daten sind im Internet über http://dnb.d-nb.de abrufbar.

Zugl.: Kiel, Univ., Diss., 2017

D 8
ISSN 1868-694X
ISBN 978-3-631-73927-3 (Print)
E-ISBN 978-3-631-73936-5 (E-PDF)
E-ISBN 978-3-631-73937-2 (EPUB)
E-ISBN 978-3-631-73938-9 (MOBI)
DOI 10.3726/b12704

PL Academic Research ist ein Imprint der Peter Lang GmbH.

Peter Lang – Frankfurt am Main · Bern · Bruxelles · New York · Oxford · Warszawa · Wien

Diese Publikation wurde begutachtet.

www.peterlang.com

Meinen Eltern

Vorwort

Die vorliegende Arbeit wurde im Sommersemester 2017 von der Rechtswissenschaftlichen Fakultät der Christian-Albrechts-Universität zu Kiel als Dissertation angenommen. Sie wurde im Winter 2014 abgeschlossen. Die Ausführungen zum australischen Recht beruhen auf Recherchen im Rahmen meines Aufenthalts in Melbourne von November 2013 bis Mai 2014. Änderungen in deutscher Gesetzgebung, Rechtsprechung und Literatur wurden bis Herbst 2014 berücksichtigt, eine Aktualisierung der diesbezüglichen Literaturangaben erfolgte im August 2017.

Der Gegenstand dieser Dissertation bleibt aktuell: Nachdem das AG Ansbach im Oktober 2014 mehreren Mitgliedern der Glaubensgemeinschaft *Zwölf Stämme* Teile der elterlichen Sorge entzogen hatte, bestätigte das OLG Nürnberg im Juni 2015 die Entscheidung im Hinblick auf zwei der betroffenen Familien (Beschl. v. 11.06.2015 – 9 UF 1430/14, 9 UF 1549/14) unter Bezugnahme auf die von der Glaubensgemeinschaft eingeforderte körperliche Züchtigung der Kinder (OLG Nürnberg, Beschl. v. 11.06.2015 – 9 UF 1430/14 – bei juris Rn. 122, 167). Im September 2015 folgte das OLG Nürnberg der Linie vorangegangener Rechtsprechung, indem es klarstellte, dass die beharrliche Weigerung von Eltern, ihr Kind zur Schule gehen zu lassen, einen Missbrauch elterlicher Sorge bedeute, der regelmäßig die Entziehung der elterlichen Sorge in Teilbereichen rechtfertige (OLG Nürnberg, Beschl. v. 15.09.2015 – 9 UF 542/15 – bei juris Rn. 13). Zudem wurde die in meiner Arbeit diskutierte Regelung des § 226a StGB, die die Verstümmelung weiblicher Genitalien seit September 2013 ausdrücklich unter Strafe stellt, im Januar 2015 um die Vorschrift des § 5 Nr. 9a b) StGB (m. W. v. 27.01.2015 durch G. v. 21.01.2015, BGBl. I S. 10) ergänzt.

An erster Stelle möchte ich meinem Doktorvater, Herrn Prof. Dr. Rudolf Meyer-Pritzl, für die wertvolle Unterstützung danken, die ich seit dem Schwerpunktbereichsstudium und insbesondere im Rahmen des Promotionsverfahrens erfahren durfte. Frau Prof. Dr. Saskia Lettmaier danke ich für die Erstellung des Zweitgutachtens.

Ferner sei dem Bibliothekspersonal der University of Melbourne gedankt, das mir einen leichten Einstieg in den sechsmonatigen Forschungsaufenthalt ermöglichte. Darüber hinaus möchte ich mich bei Frau Chelsea Wybrow für ihre Bereitschaft bedanken, mich an ihren Erfahrungen mit *Homeschooling* teilhaben zu lassen.

Mein besonderer Dank gilt meinem Ehemann und meinem Sohn.

Ich widme die Arbeit meinen Eltern, die mich stets in meinen Vorhaben bestärkt haben.

Kiel, August 2017 Sarah Jasmin Rüegg

Inhaltsverzeichnis

A. Einleitung 29

B. Familiengerichtliche Maßnahmen nach deutschem Recht bei Gefährdung des Kindeswohls aufgrund religiös motivierten Verhaltens der Eltern 33

I. Einschlägige Rechtsnormen des deutschen Rechts 33

1. Einschlägige familienrechtliche Vorschriften zugunsten des Kindesschutzes bei religiös motiviertem Verhalten der Eltern 33

a) § 1666 BGB als zentrale Kindesschutzbestimmung 33

aa) Normzweck und Normstruktur des § 1666 BGB 33

bb) Konkurrenzen 34

(1) § 1671 BGB 34

(2) Sonstige Vorschriften 35

(3) Zusammenfassung 36

cc) Eingriffsvoraussetzungen des § 1666 BGB 36

(1) Personaler Anwendungsbereich 36

(2) Gefährdung des Kindeswohls 37

(a) Begriff des Kindeswohls 37

(b) Begriff der Gefährdung 38

(3) Gefährdung des Kindesvermögens 39

(4) Subsidiaritätsklausel 40

dd) Rechtsfolgen des § 1666 BGB 41

(1) Auswahlermessen des Gerichts 41

(2) Beachtung des Grundsatzes der Verhältnismäßigkeit 41

(3) Dauer der Maßnahme 42

(4) Maßnahmenkatalog des § 1666 Abs. 3 BGB 43

(a) Inanspruchnahme öffentlicher Hilfen, § 1666 Abs. 3 Nr. 1 BGB 43

(b) Einhaltung der Schulpflicht, § 1666 Abs. 3 Nr.2 BGB.........43
(c) Wohnungs- und Ortsschutz sowie Kontaktverbot, § 1666 Abs. 3 Nr. 3 und 4 BGB.........44
(d) Ersetzung von Erklärungen des Sorgeinhabers, § 1666 Abs. 3 Nr. 5 BGB.........44
(e) Teilweise oder vollständige Entziehung der elterlichen Sorge, § 1666 Abs. 3 Nr. 6 BGB.........44
(5) Maßnahmen mit Wirkung gegen einen Dritten gem. § 1666 Abs. 4 BGB.........45
b) Zusammenfassung.........46
2. Einfluss des Verfassungsrechts auf familiengerichtliche Maßnahmen bei Kindeswohlgefährdung durch religiös motiviertes Verhalten der Eltern.........46
a) Zu beachtende verfassungsrechtlich verankerte Rechte und Pflichten.........46
aa) Von familiengerichtlichen Maßnahmen betroffene und in der Verfassung normierte Rechte und Pflichten der Eltern sowie die diesbezügliche Schutzfunktion des Staates.........47
(1) Rechte und Pflichten der Eltern aus Art. 6 Abs. 2 S. 1 GG unter Berücksichtigung des staatlichen Wächteramtes aus Art. 6 Abs. 2 S. 2 GG.........47
(a) „Eltern“ und „Kind“ im Sinne des Art. 6 Abs. 2 S. 1 GG.....47
(b) Rechtsnatur des Elternrechts aus Art. 6 Abs. 2 S. 1 GG.....47
(c) Inhalt des Elternrechts aus Art. 6 Abs. 2 S. 1 GG.........48
(d) Grenzen des Elternrechts aus Art. 6 Abs. 2 S. 1 GG.........50
(e) Das staatliche Wächteramt im Sinne des Art. 6 Abs. 2 S. 2 GG.........51
(2) Religionsfreiheit der Eltern aus Art. 4 Abs. 1 und 2 GG.....53
(a) Grundrechtsträger.........54
(b) Inhalt der Religionsfreiheit.........54
(c) Grenzen der Religionsfreiheit.........56
(3) Religiöse Kindererziehung als verfassungsrechtlich gewährleistetes Recht.........57

(4) Sonstiger Schutz durch Grundrechte im Rahmen der Eltern-Kind-Beziehung 58
bb) Von familiengerichtlichen Maßnahmen betroffene Grundrechte des Kindes 59
(1) Religionsfreiheit des Kindes aus Art. 4 Abs. 1 und 2 GG 59
(2) Sonstiger Schutz durch Grundrechte im Rahmen der Eltern-Kind-Beziehung 60
b) Auswirkungen des Motivs der Religion auf die rechtliche Beurteilung des Verhaltens der Eltern 61
aa) Auswirkungen der Grundrechte auf privatrechtliche Sachverhalte 61
bb) Beachtung von Trennungsprinzip und Neutralitätsprinzip 63
cc) Zusammenfassung der rechtlichen Beurteilung religiös motivierten Verhaltens der Eltern 64
c) Zusammenfassung 64
3. Fazit 65
II. Fallgruppen der Kindeswohlgefährdung durch religiös motiviertes Verhalten der Eltern im deutschen Recht 66
1. Homeschooling als Kindeswohlgefährdung 66
a) Begriff und Definition des Homeschoolings in Deutschland 68
b) Ursprung und Verbreitung von Homeschooling in Deutschland 68
c) Gründe der Eltern, Homeschooling regulärem Unterricht vorzuziehen 70
d) Gestaltung und Resultate von Homeschooling 72
e) Rechtliche Rahmenbedingungen für die Beurteilung von Homeschooling auf dem Gebiet des Familienrechts 73
aa) Auswirkungen des öffentlichen Rechts auf die Möglichkeit des Homeschoolings 73
(1) Begriff der Schule im Sinne des Art. 7 Abs. 1 GG 73
(2) Bestehen einer allgemeinen Schulpflicht 74

(a) Historische Entwicklung der Schulpflicht ... 74
(b) Rechtliche Grundlagen der allgemeinen Schulpflicht nach Bundes- und Landesrecht ... 76
(aa) Bundesrechtliche Vorgaben zum Bestehen einer allgemeinen Schulpflicht ... 76
(bb) Landesrechtliche Vorgaben zum Bestehen einer allgemeinen Schulpflicht ... 77
(c) Landesrechtliche Regelungen zur Befreiung von der Schulpflicht und Erteilung von Hausunterricht anstelle des Schulbesuchs ... 78
(3) Durchsetzung der Schulpflicht ... 81
(4) Verletzung von Grundrechten der Eltern durch die Festlegung einer allgemeinen Schulpflicht? ... 82
(a) Verhältnis von Art. 7 Abs. 1 GG und Art. 6 Abs. 2 S. 1 GG als Vorfrage ... 83
(aa) Bedeutung der Schulaufsicht im Sinne des Art. 7 Abs. 1 GG ... 83
(bb) Gegenseitige Beeinflussung von Art. 7 Abs. 1 GG und Art. 6 Abs. 2 S. 1 GG ... 84
(b) Allgemeine Schulpflicht als zulässige Beschränkung von Grundrechten der Eltern? ... 86
(aa) Meinungsbild in der Rechtsprechung ... 86
(bb) Rechtfertigung der Schulpflicht unter Verweis auf staatliche Erziehungsziele ... 88
bb) Zwischenfazit zur Aufteilung der Bildungsverantwortung zwischen Eltern und Staat nach den öffentlich-rechtlichen Rahmenbedingungen für Homeschooling in Deutschland ... 90
f) Beurteilung von Homeschooling auf dem Gebiet des Familienrechts ... 91
aa) Rechtliche Bewertung von Homeschooling am Beispiel des Beschlusses des OLG Frankfurt v. 15.08.2014 – 6 UF 30/14 ... 91

(1) Zusammenfassung des Sachverhalts ... 91
(2) Beurteilung der Schulverweigerung durch das Gericht ... 91
(3) Vergleich mit der Argumentation auf dem Gebiet des öffentlichen Rechts ... 93
bb) Meinungsbild in der übrigen Rechtsprechung zum Umgang mit Homeschooling auf dem Gebiet des Familienrechts ... 93
cc) Zwischenfazit ... 96
g) Kritische Resonanz in der Literatur auf den derzeitigen rechtlichen Umgang mit Homeschooling ... 96
aa) Interpretation des Schulbegriffs ... 96
bb) Gleichsetzung von Homeschooling mit sonstigen Schulpflichtverstößen ... 97
cc) Chancengleichheit ... 97
dd) Rechtfertigung des Grundrechtseingriffs in Form der Schulpflicht ... 97
ee) Recht auf Bildung von Parallelgesellschaften ... 97
ff) Vermittlung sozialer und staatsbürgerlicher Kompetenzen mittels Homeschoolings ... 98
gg) Hindernisse bei Ausweichen auf Privatschulen ... 100
hh) Konkrete Reformvorschläge ... 100
(1) Funktionales Verständnis des Schulbegriffs ... 100
(2) Legalisierung von Homeschooling durch den Landesgesetzgeber ... 101
h) Fazit ... 105
2. Zugehörigkeit zu einer bestimmten Religionsgemeinschaft als Indiz für Kindeswohlgefährdung ... 106
a) Beurteilung der Fragestellung in der Rechtsprechung am Beispiel von BayObLG, Beschl. v. 25.09.1975 – BReg. 1 Z 55/75 ... 106
aa) Zusammenfassung des Sachverhalts ... 106
bb) Wesentlicher Inhalt des Gerichtsbeschlusses ... 107

b) Beurteilung der Zugehörigkeit von Eltern zu einer Religionsgemeinschaft hinsichtlich der Auswirkungen auf das Kindeswohl durch spätere Rechtsprechung und Literatur 108
aa) Ausschluss der Bewertung der Eltern allein nach Religionszugehörigkeit aufgrund Art. 4 Abs. 1 GG 109
bb) Ausschluss der Bewertung der Eltern allein nach Religionszugehörigkeit aufgrund der Definition des Begriffs „Kindeswohlgefährdung“ 110
cc) Anwendung dieser Grundsätze auf die Zugehörigkeit zu den Zeugen Jehovas 111
c) Fazit 113
3. Verweigerung einer ärztlich indizierten Bluttransfusion am Kind durch Zeugen Jehovas als Kindeswohlgefährdung 113
a) Begründung der glaubensgeprägten Verweigerung von Bluttransfusionen 114
b) Entscheidungsbefugnis über Vornahme und Nichtvornahme medizinischer Maßnahmen nach allgemeinen Grundsätzen 115
aa) Grundsatz der Entscheidungsfreiheit des Patienten über Vornahme und Nichtvornahme medizinischer Maßnahmen 115
bb) Entscheidungsbefugnis der Eltern über Vornahme und Nichtvornahme medizinischer Maßnahmen an Minderjährigen 115
cc) Entscheidungsbefugnis des Minderjährigen selbst 116
dd) Entscheidungsbefugnis des Gerichts 117
c) Anwendung der allgemeinen Grundsätze zur Einwilligung in medizinische Maßnahmen auf die Verweigerung von Bluttransfusionen durch die Eltern 117
aa) Beurteilung der Fragestellung in der Rechtsprechung am Beispiel von OLG Celle, Beschl. v. 21.02.1994 – 17 W 8/94 118

(1) Zusammenfassung des Sachverhalts ... 118
(2) Wesentlicher Inhalt des Gerichtsbeschlusses ... 119
bb) Beurteilung der verweigerten Zustimmung zur Vornahme von Bluttransfusionen am Kind in der übrigen Rechtsprechung und Literatur ... 120
d) Fazit ... 121
4. Religiös motivierte Beschneidung und Genitalverstümmelung des Kindes als Kindeswohlgefährdung ... 121
a) Religiös motivierte Beschneidung des männlichen Kindes ... 121
aa) Begriff, Ursprung, Durchführung und Verbreitung der Beschneidung ... 121
bb) Das „Beschneidungsurteil“: LG Köln, Urt. v. 07.05.2012 – 151 Ns 169/11 ... 123
(1) Zusammenfassung des Sachverhalts ... 124
(2) Wesentlicher Inhalt des Gerichtsurteils ... 124
cc) Die aus Anlass der Gerichtsentscheidung des LG Köln in das Bürgerliche Gesetzbuch eingefügte Vorschrift § 1631d BGB ... 126
(1) Inhalt der Vorschrift § 1631d BGB ... 126
(2) Resonanz auf die Gesetzesänderung in Literatur und Rechtsprechung ... 128
(a) Beurteilung der neu eingefügten Vorschrift in der Literatur ... 128
(aa) Regelungsstandort im Familienrecht ... 128
(bb) Ausreichende Berücksichtigung von Verfassungsrecht ... 129
(cc) Kindeswohlgefährdung als Grenze wirksamer Einwilligung der Eltern ... 131
(dd) Einhaltung der Regeln der ärztlichen Kunst als Voraussetzung wirksamer Einwilligung ... 132
(ee) Von einer Religionsgesellschaft zur Durchführung der Beschneidung vorgesehene Personen ... 133

(b) Umgang mit der neu eingefügten Vorschrift in der Rechtsprechung: OLG Hamm, Beschl. v. 30.08.2013 – 3 UF 133/13 133
(aa) Zusammenfassung des Sachverhalts 134
(bb) Wesentlicher Inhalt des Gerichtsbeschlusses 134
(3) Bedeutung der Gesetzesänderung für die Möglichkeit des Familiengerichts zum Einschreiten bei bevorstehender oder erfolgter Beschneidung des männlichen Kindes 136
(4) Auswirkungen der neu eingefügten Vorschrift auf das Strafrecht 136
dd) Fazit 137
b) Religiös motivierte Genitalverstümmelung des weiblichen Kindes 137
aa) Begriff, Durchführung und Verbreitung der Genitalverstümmelung 138
bb) Ursprung der Genitalverstümmelung – Abgrenzung von religiös und kulturell geprägten Verhaltensweisen 139
cc) Die neu eingefügte Vorschrift § 226a StGB 141
(1) Inhalt der Vorschrift § 226a StGB 141
(2) Resonanz auf die Gesetzesänderung in der Literatur 142
(3) Auswirkungen der neu eingefügten Vorschrift auf das Strafrecht 144
(4) Bedeutung der Gesetzesänderung für die Möglichkeit des Familiengerichts zum Einschreiten bei bevorstehender oder bereits erfolgter Genitalverstümmelung 146
(a) Rechtslage vor Existenz des § 226a StGB 146
(b) Rechtslage nach Einfügen des § 226a StGB 148
dd) Fazit 149
c) Vergleich der rechtlichen Behandlung von Beschneidung des männlichen und Genitalverstümmelung des weiblichen Kindes 149
III. Zusammenfassung 150

C. Familiengerichtliche Maßnahmen nach australischem Recht bei Gefährdung des Kindeswohls aufgrund religiös motivierten Verhaltens der Eltern 153

I. Relevante allgemeine Aspekte des australischen Rechtssystems und Analyse relevanter familienrechtlicher Rechtsnormen und Rechtsprechung 153

1. Das australische Rechtssystem im Allgemeinen 153

a) Das australische Rechtssystem des Common Law in Abgrenzung zum deutschen Recht 153

b) Gesetzgebung und Rechtsquellen in Australien 155

aa) Gesetzgebungskompetenzen auf dem Gebiet des Familienrechts 155

bb) Rechtsquellen Australiens 157

(1) *Common Law* – Bindung an zu einem früheren Zeitpunkt ergangene Gerichtsentscheidungen 157

(a) *Doctrine of precedent oder stare decisis* 157

(b) Verhältnis von Common Law und Gesetz 158

(2) *Equity* – Billigkeitsrecht 158

(3) Kodifiziertes Recht als Hauptquelle australischen Rechts 159

(a) Gewichtung der Gesetze 159

(b) Neben gesetzlichen Vorgaben zur Gesetzesinterpretation geltende allgemeine Auslegungsregeln des *Common Law* 159

(aa) *Literal approach* und *golden rule* 159

(bb) *Purposive approach* 160

(4) Sonstiges Recht 160

c) Abgrenzung zum Recht der indigenen Bevölkerung Australiens 160

2. Aufbau des australischen Gerichtssystems 161

a) Bedeutung des High Court of Australia 162

b) Aufbau des *federal court system* 162

c) Aufbau der *State court systems* und *Territory court systems* 162

3. Einschlägige familienrechtliche Vorschriften sowie Rechtsprechung zugunsten des Kindesschutzes bei religiös motiviertem Verhalten der Eltern 163
a) Grundsätze elterlicher Verantwortung im australischen Recht 163
aa) Inhalt der *parental responsibility* 164
bb) Personaler Geltungsbereich der *parental responsibility* 164
cc) Zweck der *parental responsibility* 165
(1) Grundsatz der Gewährleistung der *best interests of children* in section 60B(1) *Family Law Act 1975* (Cth.) 166
(2) Prinzipien des Kindesschutzes in section 60B(2) *Family Law Act 1975* (Cth.) 166
b) Einschlägige familienrechtliche Vorschriften und Rechtsprechung zugunsten des Kindesschutzes bei religiös motiviertem Verhalten der Eltern 167
aa) *Parenting order gem.* section 64B(1) *Family Law Act 1975* (Cth.) 167
(1) *Best interests principle* gem. section 60CA und section 65AA *Family Law Act 1975* (Cth.) 167
(a) Allgemeine Bedeutung der *best interests* 167
(b) Inhalt der *best interests* vor dem Hintergrund der Vorschriften des *Family Law Act 1975* (Cth.) 168
(2) Arten der *parenting order* 169
(3) Vermutung der *equal shared parental responsibility* 169
(4) Charakter der *parenting order* 170
(5) Ausschluss der Anordnung einer *parenting order* 171
(6) Entscheidungsspielraum des Gerichts bei der Anordnung einer *parenting order* 171
(a) Voraussetzungen von section 65D(1) *Family Law Act 1975* (Cth.) 171
(b) Anwendungsmöglichkeiten der section 65D(1) *Family Law Act 1975* (Cth.) 172

(c) Ausübung von *parental responsibility* durch das Gericht selbst ... 173
(d) Einbeziehung eines *family consultant* ... 173
bb) *Welfare order* gem. section 67ZC(1) *Family Law Act* 1975 (Cth.) ... 173
(1) Parens-Patriae-Prinzip des *Common Law* als Ursprung der *welfare order* ... 173
(2) Beschränkung des Anwendungsbereichs durch Gesetzgebungskompetenzen ... 173
(3) Sachlicher Anwendungsbereich ... 174
(4) Personaler Anwendungsbereich ... 175
(5) Inhaltliche Ausgestaltungsmöglichkeiten der *welfare order* ... 175
c) Zusammenfassung ... 175
4. Einfluss des Verfassungsrechts auf familiengerichtliche Maßnahmen bei Beeinträchtigung der *best interests* durch religiös motiviertes Verhalten der Eltern ... 176
a) Religionsfreiheit nach section 116 *Commonwealth of Australia Constitution Act* ... 176
b) Normadressaten ... 177
c) Definition von Religion und Religionsausübung ... 178
d) Auslegung des Begriffs „law“ in section 116 *Commonwealth of Australia Constitution Act* ... 179
e) Besonderheiten einzelner Varianten der section 116 *Commonwealth of Australia Constitution Act* ... 180
aa) Etablieren einer bestimmten Religion ... 180
bb) Staatlich auferlegte religiöse Heiligung ... 181
cc) Freie Religionsausübung ... 181
f) Zusammenfassung ... 182
5. Fazit ... 182
II. Fallgruppen der Beeinträchtigung der *best interests* des Kindes durch religiös motiviertes Verhalten der Eltern im australischen Recht ... 183

1. Homeschooling als Beeinträchtigung der *best interests* des Kindes? 183
a) Ausschnitte des Interviews mit *Chelsea Wybrow* zu ihren persönlichen Erfahrungen mit Homeschooling in Australien 183
b) Beurteilung von Homeschooling nach australischem Recht in Bezug auf die *best interests* des Kindes 185
aa) Begriff und Definition des Homeschoolings nach australischem Recht 186
bb) Ursprung und Verbreitung von Homeschooling in Australien 187
cc) Aufteilung der Bildungsverantwortung auf Staat und Eltern vor dem Hintergrund der Möglichkeit des Homeschoolings 188
dd) Rechtliche Voraussetzungen des Homeschoolings und Besonderheiten bei seiner Durchführung in den verschiedenen Bundesstaaten und Territorien 189
(1) Australian Capital Territory 190
(2) New South Wales 190
(3) Northern Territory 191
(4) Queensland 191
(5) South Australia 192
(6) Tasmania 192
(7) Victoria 193
(8) Western Australia 193
ee) Untersuchung einzelner Aspekte von Homeschooling in Australien 193
(1) Wechsel zwischen Homeschooling und Schulunterricht und Bewertung des Wechsels in Bezug auf Leistung und Sozialisierung: Ergebnisse einer australischen Studie 195
(a) Gründe für den Wechsel zwischen Homeschooling und Schulunterricht 195
(b) Bewertung des Wechsels in Bezug auf Leistung 196

(c) Bewertung des Wechsels in Bezug auf die Sozialisierung 197
(d) Fazit der Studie 199
(2) Gründe der Eltern, Homeschooling regulärem Unterricht vorzuziehen 199
(3) Bewertung des Homeschoolings durch die Homeschool-Schüler selbst 201
(4) Eigenschaften und Qualifikation der Lehrenden 201
(5) Effektivität des Lernens und zu verzeichnender Lernerfolg bei Homeschooling 202
(6) Sozialisierung des Kindes 203
(a) Entwicklung von Sozialkompetenz „trotz" Homeschoolings 204
(b) Beurteilung der Sozialisierung durch die Homeschool-Schüler selbst 204
(c) Beurteilung der Sozialisierung der Kinder durch ihre Eltern 205
(d) Hürden bei der Sozialisierung 206
(7) Schwierigkeiten bei der Umsetzung von Homeschooling 206
c) Fazit 207

2. Zugehörigkeit zu einer bestimmten Religionsgemeinschaft als Indiz für die Beeinträchtigung der *best interests* des Kindes 208
a) *In the Marriage of Elspeth and Peter* [2006] FamCA 1385 208
aa) Zusammenfassung des Sachverhalts 208
bb) Beurteilung der Bedeutung der Zugehörigkeit zu einer bestimmten Religionsgemeinschaft durch den Family Court of Australia 209
b) *In the Marriage of Firth; Boyer and Boyer (Interveners)* [1988] FLC 91-971 211
aa) Zusammenfassung des Sachverhalts 211

bb) Beurteilung der Bedeutung der Zugehörigkeit zu einer bestimmten Religionsgemeinschaft durch den Family Court of Australia 212
c) *In the Marriage of Paisio* [1979] FLC 90–659 212
aa) Zusammenfassung des Sachverhalts 212
bb) Beurteilung der Bedeutung der Zugehörigkeit zu einer bestimmten Religionsgemeinschaft durch den Family Court of Australia 213
d) Ergänzung und Fazit 213
3. Verweigerung einer ärztlich indizierten Bluttransfusion am Kind durch Zeugen Jehovas als Beeinträchtigung der *best interests* des Kindes 214
a) Entscheidungsbefugnis über medizinische Maßnahmen zugunsten des Kindes nach allgemeinen Grundsätzen 215
aa) Grundsatz der Entscheidungsfreiheit des Patienten über Vornahme und Nichtvornahme medizinischer Maßnahmen 215
bb) Entscheidungsbefugnis der Eltern über Vornahme und Nichtvornahme medizinischer Maßnahmen an Minderjährigen 215
cc) Entscheidungsbefugnis des Minderjährigen selbst 216
dd) Entscheidungsbefugnis des Gerichts 217
b) Grundsätze zur Verweigerung medizinischer Maßnahmen und Bedarf an gerichtlichem Einschreiten bei Verweigerung der Bluttransfusion durch die Eltern des Minderjährigen 219
aa) Gesetzliche Grundlagen der Bundesstaaten und Territorien für die Verwendung von Bluttransfusionen ohne Zustimmung des Minderjährigen, der Eltern oder des Gerichts 220
bb) Zuständigkeit des Family Court und des Supreme Court 220
cc) Beurteilung der Verweigerung der Bluttransfusion durch die Eltern des betroffenen Kindes in der Rechtsprechung 220

(1) *Women's and Children's Health Network Inc v M, CN and Ors* [2013] SASC 16 221
(a) Zusammenfassung des Sachverhalts 221
(b) Beurteilung der Verweigerung der Bluttransfusion durch den Supreme Court of South Australia 222
dd) Zwischenfazit unter Vergleich mit weiterer Rechtsprechung 222
c) Fazit 223
4. Religiös motivierte Beschneidung und Genitalverstümmelung des Kindes als Beeinträchtigung der *best interests* des Kindes 223
a) Religiös motivierte Beschneidung des männlichen Kindes 223
aa) Verbreitung und Legalität der Beschneidung des männlichen Kindes und Umfang der Entscheidungsbefugnis der Eltern 224
(1) Verbreitung von Beschneidung in Australien 224
(2) Legalität der Beschneidung nach australischem Recht 225
(3) Umfang der Entscheidungsbefugnis der Eltern 225
(a) Anwendung der allgemeinen Grundsätze zur Einwilligung in medizinische Maßnahmen auf die Vornahme von Beschneidungen 226
(b) Entscheidungsbefugnis der Eltern und möglicher Einfluss des Gerichts vor dem Hintergrund von *Re J* [2000] 1 FLR (Eng.) 571 227
(aa) Zusammenfassung des Sachverhalts 227
(bb) Wesentlicher Inhalt der Gerichtsentscheidung 227
(cc) Konsequenzen für die Möglichkeit gerichtlicher Maßnahmen Eltern gegenüber 228
bb) Zwischenfazit 228
b) Religiös motivierte Genitalverstümmelung des weiblichen Kindes 229
aa) Verbreitung und Illegalität von Genitalverstümmelung des weiblichen Kindes und Umfang der Entscheidungsbefugnis der Eltern 229

(1) Verbreitung von Genitalverstümmelung in Australien ... 229
(2) Illegalität der Genitalverstümmelung nach australischem Recht ... 229
(3) Umfang der Entscheidungsbefugnis der Eltern ... 231
bb) Zwischenfazit ... 231
c) Begründung der unterschiedlichen rechtlichen Behandlung von Beschneidung und Genitalverstümmelung und Fazit ... 232
III. Zusammenfassung ... 232

D. Vergleich der Länderberichte ... 235
I. Gegenüberstellung der Lösungswege des deutschen und des australischen Rechts zum familiengerichtlichen Einschreiten bei religiös motiviertem Verhalten der Eltern ... 235
1. Zuständigkeit eines speziellen Familiengerichts ... 235
2. Existenz eines die Belange des Kindes betreffenden Rechtsbegriffs – *best interests* und das Kindeswohl ... 235
3. Inhaltliche Vergleichbarkeit des familienrechtlichen Kindesschutzes ... 236
a) Einflussmöglichkeiten von Familiengericht und Family Court of Australia zugunsten des Kindesschutzes – Gemeinsamkeiten und Unterschiede ... 236
b) Relevanz des Verfassungsrechts ... 237
II. Rechtsvergleichende Analyse der vorgestellten Fallgruppen in Deutschland und Australien ... 238
1. Homeschooling ... 238
a) Lösungswege ... 238
aa) Zusammenfassung des Umgangs mit Homeschooling im deutschen Familienrecht ... 238
bb) Zusammenfassung des Umgangs mit Homeschooling im australischen Familienrecht ... 240

b) Gemeinsamkeiten und Unterschiede und ihre Ursachen ... 241
c) Folgerungen ... 243
aa) Reformbedarf in Deutschland ... 243
bb) Mögliche Lösungsansätze ... 245
cc) Fazit ... 247
2. Zugehörigkeit zu einer bestimmten Religionsgemeinschaft ... 247
a) Lösungswege ... 248
aa) Zusammenfassung des Umgangs mit der Zugehörigkeit zu einer bestimmten Religionsgemeinschaft im deutschen Familienrecht ... 248
bb) Zusammenfassung des Umgangs mit der Zugehörigkeit zu einer bestimmten Religionsgemeinschaft im australischen Familienrecht ... 248
b) Gemeinsamkeiten und Unterschiede und ihre Ursachen ... 249
c) Folgerungen ... 250
3. Verweigerung einer ärztlich indizierten Bluttransfusion am Kind durch Zeugen Jehovas ... 250
a) Lösungswege ... 251
aa) Zusammenfassung des Umgangs mit der Verweigerung einer ärztlich indizierten Bluttransfusion am Kind durch Zeugen Jehovas im deutschen Familienrecht ... 251
bb) Zusammenfassung des Umgangs mit der Verweigerung einer ärztlich indizierten Bluttransfusion am Kind durch Zeugen Jehovas im australischen Familienrecht ... 252
b) Gemeinsamkeiten und Unterschiede und ihre Ursachen ... 253
c) Folgerungen ... 254
4. Religiös motivierte Beschneidung und Genitalverstümmelung des Kindes ... 254

a) Religiös motivierte Beschneidung des männlichen Kindes ... 254
aa) Lösungswege ... 255
(1) Zusammenfassung des Umgangs mit religiös motivierter Beschneidung des männlichen Kindes im deutschen Familienrecht ... 255
(2) Zusammenfassung des Umgangs mit religiös motivierter Beschneidung des männlichen Kindes im australischen Familienrecht ... 256
bb) Gemeinsamkeiten und Unterschiede und ihre Ursachen ... 256
cc) Folgerungen ... 257
b) Religiös motivierte Genitalverstümmelung des weiblichen Kindes ... 257
aa) Lösungswege ... 257
(1) Zusammenfassung des Umgangs mit religiös motivierter Genitalverstümmelung des weiblichen Kindes im deutschen Familienrecht ... 257
(2) Zusammenfassung des Umgangs mit religiös motivierter Genitalverstümmelung im australischen Familienrecht ... 258
bb) Gemeinsamkeiten und Unterschiede und ihre Ursachen ... 258
cc) Folgerungen ... 259
c) Folgerungen zu religiös motivierter Beschneidung und Genitalverstümmelung des Kindes ... 259
aa) Reformbedarf in Deutschland ... 260
bb) Mögliche Lösungsansätze ... 260
cc) Fazit ... 261
III. Zusammenfassung ... 261

E. **Ergebnisse der Arbeit und Ausblick auf mögliche künftige Entwicklungen** 265

F. **Literaturverzeichnis** 269

G. **Verzeichnis der Online-Quellen** 277

H. **Anhang** 281

I. Interview mit Chelsea Wybrow vom 11.04.2014 – Ein Einblick in australisches Homeschooling 281

II. Zitierte ausländische Gerichtsentscheidungen 286

1. Australische Rechtsprechung 286
2. Englische Rechtsprechung 287

III. Weiterführende Links zum australischen Recht 288

1. Gesetze des Commonwealth of Australia 288
2. Gesetze der Bundesstaaten und Territorien 288

a) Australian Capital Territory 288

b) New South Wales 288

c) Northern Territory 288

d) Queensland 289

e) South Australia 289

f) Tasmania 289

g) Victoria 289

h) Western Australia 290

A. Einleitung

In Konstellationen, in denen Eltern ihr Verhalten nach Glaubenssätzen ausrichten und dabei den Interessenbereich ihres Kindes berühren, stellt sich die Frage, wo der elterliche Einflussbereich endet und der staatliche beginnt. Während die Eltern regelmäßig davon ausgehen, „richtig" und im Interesse des Kindes zu handeln, sollen korrigierende Entscheidungen der Gerichte dies ebenfalls gewährleisten.

Charakteristisch für innerfamiliäre Beziehungen ist die Intensität, mit der positive und negative Einflüsse zwischen den Familienmitgliedern wirken und insbesondere Konsequenzen für die Entwicklung des Kindes nach sich ziehen. Vor diesem Hintergrund ist gerade das Familienrecht, das speziell auf diese Nähebeziehungen ausgerichtet ist, für die Untersuchung der Frage von Interesse, ob, wann und wie Gerichte auf religiös motiviertes Verhalten der Eltern reagieren können, wenn Belange des Kindes betroffen sind.

Die Auswirkungen religiös motivierten Verhaltens der Eltern auf das Wohl des Kindes erhielten in letzter Zeit gesteigerte Aufmerksamkeit. Besondere Bedeutung kam dabei den Themen Homeschooling, Beschneidung und Genitalverstümmelung zu.

Das Phänomen religiös motivierten Homeschoolings ist im vergangenen Jahrzehnt zu einem beliebten Gegenstand medialer Berichterstattung geworden[1], das bis heute nicht an Aktualität einbüßt. Erst am 21.10.2014 entzog das AG Ansbach Mitgliedern der Glaubensgemeinschaft Zwölf Stämme das Aufenthaltsbestimmungsrecht, das Recht zur Regelung der schulischen Belange, der medizinischen Versorgung und der Jugendhilfemaßnahmen für sechs Kinder im Alter zwischen einem Jahr und sechs Jahren und bestellte das Jugendamt als Ergänzungspfleger[2]. Kurz vorher, im August 2014, hatte sich auch das OLG Frankfurt mit den Voraussetzungen des Sorgerechtsentzugs bei religiös motivierter Weigerung der Eltern, für einen Schulbesuch ihrer Kinder Sorge zu tragen, auseinanderzusetzen[3]. Diese Fälle tragen ebenso wie zahlreiche weitere in den Jahren zuvor dazu bei, dass sich

1 *Fischer*, Homeschooling in der Bundesrepublik Deutschland, S. 13; *Handschell*, Die Schulpflicht vor dem Grundgesetz, S. 16.

2 *Redaktion beck-aktuell*, AG Ansbach entzieht Mitgliedern der Religionsgemeinschaft „Zwölf Stämme" Sorgerecht für ihre Kinder (becklink 1035254).

3 OLG Frankfurt, Beschl. v. 15.08.2014 – 6 UF 30/14 (bei juris). Dazu *Becker*, Später Sieg für Schulverweigerer-Familie; *faz.net*, Sorgerechtsentzug unverhältnismäßig; *Frankfurter Rundschau*, Schulverweigerer haben Sorgerecht zurück; *hr online*, Wieder Sorgerecht für Schulverweigerer; *Spiegel Online*, Sorgerechtsurteil: Religiöse Schulverweigerer bekommen Kinder zurück.

derzeit neben den Medien auch die Rechtswissenschaft verstärkt mit religiös motivierter Schulverweigerung befasst[4].

Der rechtliche Umgang mit Beschneidungen männlicher Kinder gewann ab Mai 2012 durch das von der bis dahin üblichen Rechtsprechung abweichende „Beschneidungsurteil"[5] einer Kölner Strafkammer an Aktualität. Um die daraufhin aufkeimende Rechtsunsicherheit zu beseitigen[6], wurde durch das Gesetz über den Umfang der Personensorge bei einer Beschneidung des männlichen Kindes vom 20.12.2012, das am 28.12.2012 in Kraft trat, § 1631d BGB in die familienrechtlichen Vorschriften des Bürgerlichen Gesetzbuches eingefügt[7]. Diese Norm sieht vor, dass die Einwilligung der Eltern in eine medizinisch nicht erforderliche Beschneidung des nicht einsichts- und urteilsfähigen männlichen Kindes unter bestimmten Umständen von der Personensorge umfasst sein kann. Auch das Gegenstück der Beschneidung, die Verstümmelung weiblicher Genitalien, wurde jüngst Gegenstand gesetzgeberischen Handelns. Durch das Siebenundvierzigste Gesetz zur Änderung des Strafgesetzbuches – Strafbarkeit der Verstümmelung weiblicher Genitalien vom 24.09.2013, das am 28.09.2013 in Kraft trat, entstand mit § 226a StGB erstmals ein Tatbestand, der sich explizit gegen Genitalverstümmelung richtet[8]. Vor allem die unterschiedliche Verortung der Eingriffe in Familien- und Strafrecht und die daraus abzuleitende einseitige Akzeptanz der Beschneidung führte dazu, dass die beiden neu eingefügten Vorschriften Diskussionen nicht nur innerhalb der Rechtswissenschaft, sondern auch in den Medien hervorriefen[9].

Die vorliegende Arbeit soll anlässlich der Präsenz des Themas in der öffentlichen Debatte und der kürzlich vollzogenen rechtlichen Weiterentwicklung einen Beitrag zu der Beantwortung der Frage leisten, ob, in welchen Fällen und auf welche Art und Weise deutsche Familiengerichte auf religiös motiviertes Verhalten der Eltern, das sich nachteilig auf die Kindesinteressen auswirken kann, Einfluss nehmen und nehmen können. Um Schwächen und Stärken der deutschen Lösungswege offenzulegen, eignet sich ein Vergleich mit einer Rechtsordnung, deren rechtliche Bewertung dieser Sachverhalte von der deutschen abweicht. Das in Deutschland viel diskutierte und hochaktuelle Thema Homeschooling beispielsweise wird in Australien grundlegend anders behandelt[10]. Insofern bietet sich ein Vergleich von

---

4 Vgl. zu diesem Thema beispielsweise die Werke *Handschell*, Die Schulpflicht vor dem Grundgesetz; *Krampen-Lietzke*, Der Dispens vom Schulunterricht aus religiösen Gründen; *Reimer*, Homeschooling.

5 LG Köln, Urt. v. 07.05.2012 – 151 Ns 169/11, NJW 2012, 2128 (2128 ff.). Siehe dazu zum Beispiel *Peschel-Gutzeit*, NJW 2013, S. 3617.

6 BT-Dr 17/11295, S. 6.

7 BGBl. I 2012, 2749; *Peschel-Gutzeit*, NJW 2013, S. 3617.

8 BGBl. I 2013, 3671; *Hörnle*, NJW-Beilage 2014, S. 35; Kühl/Heger/*Heger*, StGB, § 226a Rn. 1.

9 So zum Beispiel in *Hörnle*, NJW-Beilage 2014, S. 35; *Walter*, Genitalverstümmelung, S. 1.

10 *Spiegler*, Home Education in Deutschland, S. 13 f.

deutschem und australischem Familienrecht an, der zu dieser Fragestellung bislang noch nicht gezogen wurde. Über die bloße Analyse des deutschen Rechts hinaus zielt die Gegenüberstellung von deutschem und australischem Recht darauf ab, herauszuarbeiten, ob in Deutschland zufriedenstellend mit derartigen Sachverhalten umgegangen wird oder ob Reformbedarf erkennbar ist und das australische Recht Anregungen für abweichende Lösungsmöglichkeiten bietet.

Dabei werden das deutsche und das australische Recht separat analysiert und im Anschluss verglichen. Den Ausgangspunkt der Untersuchung bildet das deutsche Recht. Zunächst werden die allgemeinen Möglichkeiten des Familiengerichts, auf das die Kindesinteressen beeinträchtigende Verhalten der Eltern Einfluss zu nehmen, erarbeitet. Im Rahmen der Besprechung des australischen Rechts werden zusätzlich die zum Verständnis des Familienrechts notwendigen Grundlagen dieser Rechtsordnung in Kürze dargestellt, um eine adäquate Basis für den Rechtsvergleich zu gewährleisten. Den Schwerpunkt bildet nicht die Feststellung der rechtlichen, theoretischen Rahmenbedingungen, sondern die Auseinandersetzung mit dem rechtlichen Umgang mit konkreten Fallgruppen in der Praxis. Nach Analyse der allgemeinen Grundsätze des Familienrechts zum Kindesschutz bei Beeinträchtigung der Kindesinteressen durch die Eltern wird darum eine Aufgliederung nach Themen vorgenommen, um zu untersuchen, in welchen Fällen in Deutschland derzeit eine Kindeswohlgefährdung durch religiös motiviertes Verhalten der Eltern diskutiert wird und wie diese Sachverhalte in Australien bewertet werden beziehungsweise welche Fallgruppen in der australischen Literatur zu dieser Fragestellung diskutiert werden.

Der sich anschließende Vergleich der Länderberichte zielt darauf ab, Gemeinsamkeiten und Unterschiede, deren Ursachen und Vor- und Nachteile in Bezug auf die derzeitige Rechtslage zum einen der allgemeinen familienrechtlichen Vorschriften, zum anderen der konkreten Fallgruppen auszumachen. Darauf aufbauend ist zu untersuchen, ob in Deutschland an der rechtlichen Behandlung von Sachverhalten, in denen sich religiös motiviertes Verhalten der Eltern nachteilig auf das Kindeswohl auswirken kann, festzuhalten ist oder ob der Vergleich mit dem australischen Recht Reformbedarf im deutschen Recht sichtbar werden lässt und Anregungen für neue Lösungsansätze bietet. Abschließend werden die gefundenen Ergebnisse zusammengefasst und Anregungen für mögliche künftige Entwicklungen in Deutschland festgehalten.

B. Familiengerichtliche Maßnahmen nach deutschem Recht bei Gefährdung des Kindeswohls aufgrund religiös motivierten Verhaltens der Eltern

Zunächst ist zu klären, ob, in welchen Fällen und auf welche Art und Weise deutsche Familiengerichte in die in § 1626 Abs. 1 BGB verankerte elterliche Sorge eingreifen können, um religiös motiviertes Verhalten der Eltern, das sich nachteilig auf die Kindesinteressen auswirken kann, zu korrigieren oder zu verhindern.

I. Einschlägige Rechtsnormen des deutschen Rechts

Zur Beantwortung dieser Frage sind die diesbezüglich relevanten Vorschriften des Familien-, aber auch des Verfassungsrechts zu untersuchen.

1. Einschlägige familienrechtliche Vorschriften zugunsten des Kindesschutzes bei religiös motiviertem Verhalten der Eltern

Das Zivilrecht sieht eine Vielzahl von Vorschriften vor, die dem Familiengericht die Möglichkeit bieten, zugunsten des Kindeswohls in die elterliche Sorge einzugreifen.

a) § 1666 BGB als zentrale Kindesschutzbestimmung

§ 1666 BGB gilt als Zentralnorm des zivilrechtlichen Kindesschutzes[11].

aa) Normzweck und Normstruktur des § 1666 BGB

§ 1666 BGB bezweckt den Schutz vor Kindeswohlgefährdung durch Eltern oder Dritte in Bezug auf persönliche Belange des Kindes und dessen Vermögensinteressen[12]. Nicht unter den Normzweck fallen Bestrafung oder Besserung der Eltern[13]. Ergänzt durch § 1666a BGB stellt § 1666 BGB eine gesetzliche Grundlage

---

11 MüKoBGB/*Olzen*, § 1666 Rn. 3. Zur historischen Entwicklung des § 1666 BGB, auf die in der vorliegenden Arbeit nur an jeweils relevanter Stelle eingegangen wird, ausführlich etwa *Bauer*, Kindeswohlgefährdung durch religiös motivierte Erziehung, S. 33 ff.; MüKoBGB/*Olzen*, § 1666 Rn. 3 f. Zur Verfassungsmäßigkeit der Norm s. *Bauer*, Kindeswohlgefährdung durch religiös motivierte Erziehung, S. 102 ff.; MüKoBGB/*Olzen*, § 1666 Rn. 5.

12 Bamberger/Roth/*Veit*, BGB, § 1666 Rn. 1; MüKoBGB/*Olzen*, § 1666 Rn. 2.

13 Erman/*Döll*, BGB, § 1666 Rn. 1.

im Sinne von Art. 6 Abs. 3 GG dar[14]. Die Vorschrift dient der Umsetzung des in Art. 6 Abs. 2 S. 2 GG normierten Wächteramtes der staatlichen Gemeinschaft und gewährleistet den Schutz des Kindes als Träger eigener Grundrechte[15]. Findet § 1666 BGB den Eltern gegenüber Anwendung, erfolgt zugleich ein Eingriff in das Elternrecht aus Art. 6 Abs. 2 S. 1 GG[16].

§ 1666 BGB ermöglicht gerichtliches Einschreiten auf beiden Gebieten der in § 1626 Abs. 1 S. 2 BGB näher beschriebenen elterlichen Sorge, namentlich der Personen- und der Vermögenssorge[17]. § 1666 Abs. 1 BGB sieht familiengerichtliche Maßnahmen bei Kindeswohlgefährdung und Gefährdung des Kindesvermögens vor. Die Personensorge ist gem. § 1666 Abs. 1 BGB betroffen, soweit das körperliche, geistige oder seelische Wohl des Kindes gefährdet ist und seine Eltern nicht gewillt oder in der Lage sind, diese Gefahr zu beseitigen. Den Bereich der Vermögenssorge betreffend erfordert § 1666 Abs. 1 BGB keine Kindeswohlgefährdung, sondern die Gefährdung des Kindesvermögens[18]. Auch in diesem Fall dürfen die Eltern gem. § 1666 Abs. 1 BGB nicht gewillt oder in der Lage sein, die Gefahr abzuwenden. In § 1666 Abs. 2 BGB finden sich drei Regelbeispiele zur Gefährdung des Kindesvermögens. Auf Rechtsfolgenseite enthält die Norm in § 1666 Abs. 3 BGB einen nicht abschließenden Katalog von Maßnahmen[19], auf die das Familiengericht zurückgreifen kann, sofern die Tatbestandsvoraussetzungen der Norm vorliegen. § 1666 Abs. 4 BGB stellt klar, dass die Maßnahmen bei Angelegenheiten der Personensorge auch Dritten gegenüber Anwendung finden können.

§§ 1666a, 1667 BGB ergänzen die Rechtsfolgen des § 1666 BGB[20].

bb) Konkurrenzen

Neben § 1666 BGB dienen weitere familienrechtliche Vorschriften dem Schutz des Kindeswohls.

(1) § 1671 BGB

Der Anwendungsbereich von § 1671 BGB ist spezieller als derjenige des § 1666 BGB. Dort sind diejenigen Fälle geregelt, in denen Eltern nicht nur vorübergehend getrennt leben und ein Elternteil die Übertragung der elterlichen Sorge auf sich allein beantragt. Sofern die Gefährdung des Kindeswohls nicht schon durch Regelung des

---

14 Bamberger/Roth/*Veit*, BGB, § 1666 Rn. 1; Viefhues/*Poncelet/Onstein*, jurisPK-BGB, § 1666 Rn. 3.
15 Palandt/*Götz*, § 1666 Rn. 1; MüKoBGB/*Olzen*, § 1666 Rn. 1.
16 MüKoBGB/*Olzen*, § 1666 Rn. 1.
17 Bamberger/Roth/*Veit*, BGB, § 1666 Rn. 2.
18 Bamberger/Roth/*Veit*, BGB, § 1666 Rn. 2.
19 Viefhues/*Poncelet/Onstein*, jurisPK-BGB, § 1666 Rn. 11.
20 MüKoBGB/*Olzen*, § 1666 Rn. 2.

Sorgerechts nach § 1671 Abs. 1 und 2 BGB abgewendet werden kann, ist der sonst grundsätzlich subsidiäre § 1666 BGB über § 1671 Abs. 4 BGB vorrangig anzuwenden[21].

(2) Sonstige Vorschriften

Können Eltern entsprechend § 1627 BGB Meinungsverschiedenheiten bei Ausübung der elterlichen Sorge nicht eigenständig beseitigen, kann das Familiengericht auf Antrag gem. § 1628 BGB einem Elternteil die Befugnis zur Entscheidung in der betreffenden Sache erteilen, wenn die Angelegenheit von erheblicher Bedeutung für das Kind ist. Gem. § 1697a BGB hat das Familiengericht bei seiner Entscheidung vorrangig das Wohl des Kindes zu berücksichtigen[22]. Entspricht die Auffassung zumindest eines Elternteils dem Kindeswohl, ist § 1628 BGB als speziellere Norm anzuwenden[23]. Bestände jedoch trotz Regelung der Entscheidungsbefugnis in der streitigen Angelegenheit eine Kindeswohlgefährdung, greift der ansonsten subsidiäre § 1666 BGB[24].

Die Anwendung von § 1666 BGB ist grundsätzlich nicht erforderlich, wenn die betreffenden Vorschriften, beispielsweise § 1631b BGB[25] und § 1643 BGB[26], eine gerichtliche Genehmigung vorsehen. Ebenfalls grundsätzlich vorrangig anzuwenden sind spezielle Schutzvorschriften mit niedrigerer Eingriffsschwelle wie zum Beispiel § 1629 BGB i.V.m. §§ 1795, 1796 BGB[27]. Dasselbe gilt für Einigungen bei Konflikten zwischen Eltern und Pfleger des Kindes über § 1630 Abs. 2 BGB[28].

Verbleibensanordnungen nach § 1632 Abs. 4 BGB und § 1682 BGB verdrängen § 1666 BGB als speziellere und mildere Mittel[29], es sei denn, die Anwendung der Vorschriften reicht nicht zur Beendigung der Kindeswohlgefährdung aus[30]. Ein Vorrang von § 1666 BGB vor § 1696 BGB ist in den Fällen gegeben, in denen statt einer Sorgerechtsregelung die Abwendung einer Kindeswohlgefährdung erforderlich ist[31]. Dem Rückgriff auf § 1666 BGB gehen jedoch Entscheidungen von

21 So noch zu § 1671 Abs. 3 BGB a.F., der m.W.v. 19.05.2013 gemäß BT-Drucks. 17/11048 S. 21 inhaltlich unverändert in § 1671 Abs. 4 BGB n.F umbenannt wurde, Bamberger/Roth/*Veit*, BGB, § 1666 Rn. 70. Ebenso Palandt/*Götz*, § 1666 Rn. 2.

22 MüKoBGB/*Olzen*, § 1666 Rn. 13.

23 MüKoBGB/*Olzen*, § 1666 Rn. 80.

24 Bamberger/Roth/*Veit*, BGB, § 1666 Rn. 41; MüKoBGB/*Olzen*, § 1666 Rn. 13.

25 MüKoBGB/*Olzen*, § 1666 Rn. 20.

26 Palandt/*Götz*, § 1666 Rn. 2.

27 Bamberger/Roth/*Veit*, BGB, § 1666 Rn. 70; Palandt/*Götz*, § 1666 Rn. 2; MüKoBGB/*Olzen*, § 1666 Rn. 18.

28 Palandt/*Götz*, § 1666 Rn. 2.

29 MüKoBGB/*Olzen*, § 1666 Rn. 22 f.

30 Viefhues/*Poncelet/Onstein*, jurisPK-BGB, § 1666 Rn. 6; Palandt/*Götz*, § 1666 Rn. 2.

31 Erman/*Döll*, BGB, § 1666 Rn. 2a.

Umgangsproblemen nach § 1684 BGB[32] sowie die Ersetzung der Einwilligung der Eltern durch das Familiengericht gem. § 1303 Abs. 3 BGB und § 1748 BGB vor[33].

Die Frage der Konkurrenz von §§ 1673, 1674 BGB zu § 1666 BGB wird zum Teil durch entsprechende Anwendung des § 1666a BGB[34], zum Teil über einen Vorrang von § 1666 BGB in Kollisionsfällen gelöst[35].

§§ 1678 Abs.2, 1680 Abs. 2 und 3 sowie 1681 Abs. 2 BGB nehmen zwar ebenfalls Bezug auf das Wohl des Kindes, unterscheiden sich von § 1666 BGB aber in der Gefährdungsschwelle[36]. Diese Vorschriften setzen keine Gefährdung des Kindeswohls voraus, weshalb sie nicht mit § 1666 BGB kollidieren[37].

(3) Zusammenfassung

§ 1666 BGB kommt grundsätzlich dann zur Anwendung, wenn keine spezielleren Vorschriften existieren, mithilfe derer sich die Gefährdung für das Wohl oder das Vermögen des Kindes beseitigen ließe[38].

cc) Eingriffsvoraussetzungen des § 1666 BGB

Die Voraussetzungen des § 1666 BGB sind abhängig davon, ob die Personen- oder die Vermögenssorge betroffen ist[39].

(1) Personaler Anwendungsbereich

Die Norm richtet sich gegen jeden, der hinsichtlich des betroffenen Bereichs sorgeberechtigt ist, sowie gegen Dritte, die die Möglichkeit einer der Norm entsprechenden Einwirkung auf das Kind haben[40]. Eltern im Sinne dieser Vorschrift sind sowohl die leiblichen als auch über § 1754 Abs. 3 BGB die Adoptiveltern, aufgrund § 1630 Abs. 2 und 3 BGB jedoch nicht die Pflegeeltern[41]. Vormündern und Pflegern gegenüber entfaltet § 1666 BGB über die Verweisungen in § 1837 Abs. 4 BGB und §§ 1909, 1915 Abs. 1 S. 1 BGB Wirkung[42].

---

32 Schulz/Hauß/*Schmid*, HK-FamR, § 1666 Rn. 1.

33 Palandt/*Götz*, § 1666 Rn. 2; MüKoBGB/*Olzen*, § 1666 Rn. 16 f.

34 So zu § 1674 BGB s. LG Berlin, Beschl. v. 02.08.1988 – 83 T 209/88, FamRZ 1988, 1308 (1310).

35 So zu § 1674 BGB s. OLG Hamm, Beschl. v. 13.02.1996 – 15 W 434/95, FamRZ 1996, 1029 (1030). Beide Lösungswege führen zum selben Ergebnis, MüKoBGB/*Olzen*, § 1666 Rn. 14.

36 Bamberger/Roth/*Veit*, BGB, § 1666 Rn. 70.

37 Bamberger/Roth/*Veit*, BGB, § 1666 Rn. 70; Erman/*Döll*, BGB, § 1666 Rn. 2a.

38 MüKoBGB/*Olzen*, § 1666 Rn. 36.

39 Viefhues/*Poncelet/Onstein*, jurisPK-BGB, § 1666 Rn. 11.

40 Bamberger/Roth/*Veit*, BGB, § 1666 Rn. 4.

41 MüKoBGB/*Olzen*, § 1666 Rn. 40.

42 Palandt/*Götz*, § 1666 Rn. 6; MüKoBGB/*Olzen*, § 1666 Rn. 40.

§ 1666 BGB schützt das Kind, für das das Sorgerecht besteht[43]. Unter Rückgriff auf §§ 1 und 2 BGB gilt dieser Schutz grundsätzlich für den Zeitraum zwischen Vollendung der Geburt und Volljährigkeit[44].

(2) Gefährdung des Kindeswohls

Ist die Personensorge betroffen, setzt § 1666 Abs. 1 BGB die Gefährdung des körperlichen, geistigen oder seelischen Wohls des Kindes voraus[45].

(a) Begriff des Kindeswohls

Den unbestimmten Rechtsbegriff des Kindeswohls hat das Familiengericht auszufüllen[46]. Die Aufzählung des körperlichen, geistigen und seelischen Wohls des Kindes in § 1666 Abs. 1 BGB deutet darauf hin, dass der Kindeswohlbegriff sämtliche Belange umfassen soll, die das Wohlergehen des Kindes betreffen[47]. Zur Ausfüllung des Begriffs wird zum einen § 1626 Abs. 2 BGB herangezogen, dem zufolge mit der Erziehung die Möglichkeit eines zunehmend selbständigen und verantwortungsbewussten Handelns des Kindes einhergehen soll[48]. Des Weiteren findet § 1 Abs. 1 SGB VIII Beachtung[49]. Danach hat jeder junge Mensch „ein Recht auf Förderung seiner Entwicklung und auf Erziehung zu einer eigenverantwortlichen und gemeinschaftsfähigen Persönlichkeit". Auf Art. 6 Abs. 2 GG wird zur Ermittlung des Kindeswohlbegriffs ebenfalls abgestellt[50]. Auch dessen Erziehungsziel zufolge dient Erziehung dazu, dass sich das Kind zu einer eigenverantwortlichen und gemeinschaftsfähigen Persönlichkeit entwickelt[51]. Diversen Normen des Familienrechts kann die Wertung entnommen werden, dass Stabilität und Kontinuität im Verhältnis zwischen Kind und Sorgeberechtigtem dabei unerlässlich sind[52]. Bei der Beurteilung des Kindeswohls gehen die Kindesinteressen den Interessen der Eltern vor[53].

---

43 Bamberger/Roth/*Veit*, BGB, § 1666 Rn. 5.

44 MüKoBGB/*Olzen*, § 1666 Rn. 41. Ob § 1666 BGB auch das ungeborene Kind schützt, ist umstritten. Uneinheitlich wird insbesondere die Frage beantwortet, ob und in welchem Umfang der Mutter während der Schwangerschaft zu diesem Zwecke gerichtlich bestimmte Verhaltensweisen auferlegt werden können. Zu diesem Streitstand und dem aktuellen Stand der Rechtsprechung ausführlich MüKoBGB/*Olzen*, § 1666 Rn. 42 f.

45 Viefhues/*Poncelet/Onstein*, jurisPK-BGB, § 1666 Rn. 18.

46 Palandt/*Götz*, § 1666 Rn. 7; Weinreich/Klein/*Ziegler*, FAKomm-FamR, § 1666 Rn. 2.

47 Palandt/*Götz*, § 1666 Rn. 7.

48 MüKoBGB/*Olzen*, § 1666 Rn. 45.

49 MüKoBGB/*Olzen*, § 1666 Rn. 45; Viefhues/*Poncelet/Onstein*, jurisPK-BGB, § 1666 Rn. 15.

50 Viefhues/*Poncelet/Onstein*, jurisPK-BGB, § 1666 Rn. 15.

51 BVerfG, Beschl. v. 27.06.2008 – 1 BvR 311/08, BVerfGK 14, 28 (35).

52 So für die Vorschriften §§ 1632 Abs. 4, 1666a, 1682, 1684 Abs. 4, 1685 BGB MüKoBGB/*Olzen*, § 1666 Rn. 45.

53 MüKoBGB/*Olzen*, § 1666 Rn. 46.

Auch den Vorstellungen des Kindes kommt Bedeutung zu[54]. Beruht der Wille des Kindes auf beachtlichen Gründen[55], so ist auch er zur Beurteilung des Kindeswohls heranzuziehen[56], da die Maßnahmen des Familiengerichts das Kind unmittelbar betreffen[57]. Die Beachtlichkeit des Kindeswillens wächst mit zunehmendem Alter und zunehmender Einsichtsfähigkeit des Kindes[58].

(b) Begriff der Gefährdung

Eine Gefährdung im Sinne des § 1666 Abs. 1 BGB liegt vor bei einer gegenwärtigen[59], zumindest aber unmittelbar bevorstehenden Gefahr für die Entwicklung des Kindes, die bei fortdauerndem Bestehen eine erhebliche Schädigung des körperlichen, geistigen oder seelischen Wohls des Kindes mit ziemlicher Sicherheit voraussehen lässt[60]. Je größer und gewichtiger der zu befürchtende Schaden ist, desto geringere Anforderungen sind an den Grad der Wahrscheinlichkeit des Schadenseintritts zu stellen[61].

Das Erfordernis der Erheblichkeit der Schädigung ist insofern vonnöten, als das Recht zur Pflege und Erziehung über Art. 6 Abs. 2 S. 1 GG grundsätzlich den Eltern obliegt und nur in Ausnahmefällen staatlicherseits eingegriffen werden soll[62]. Auch § 1666a Abs. 1 S. 1 BGB und § 1 Abs. 2 SGB VIII gebieten einen solchen Vorrang der elterlichen Sorge[63]. Die Annahme, Eltern könnten am besten für ihr Kind sorgen, wird in diesem Rahmen auch durch vereinzelte Erziehungsfehler nicht erschüttert[64]. Bei der Beurteilung, ob eine Gefährdungssituation für die Kindesentwicklung vorliegt, finden milieubedingte Gegebenheiten[65] ebenso wie Alter[66] und Anlagen des

54 Zu diesem Schluss kommt in Anbetracht der §§ 1626 Abs. 2, 1631a, 1671 Abs. 2 Nr. 1 BGB MüKoBGB/*Olzen*, § 1666 Rn. 45.

55 Ein Beispiel für Unbeachtlichkeit stellt der auf Manipulation beruhende Kindeswille dar, MüKoBGB/*Olzen*, § 1666 Rn. 47.

56 BayObLG, Beschl. v. 07.04.1998 – 1Z BR 13/98, FamRZ 1998, 1040 (1041).

57 Bamberger/Roth/*Veit*, BGB, § 1666 Rn. 6.2. Diese Wertung verdeutlicht insbesondere § 159 FamFG, der unter bestimmten Umständen die persönliche Anhörung des Kindes in Personen- oder Vermögenssorgeverfahren anordnet, MüKoBGB/*Olzen*, § 1666 Rn. 47.

58 OLG Frankfurt, Beschl. v. 13.11.2008 – 1 UF 72/08, FamRZ 2009, 990 (990); MüKoBGB/*Olzen*, § 1666 Rn. 47.

59 OLG Brandenburg, Beschl. v. 22.01.2008 – 9 UF 105/07, FamRZ 2008, 1556 (1556); AG Meschede, Beschl. v. 28.01.1997 – 7 F 276/95, NJW 1997, 2962 (2962).

60 BGH, Beschl. v. 15.12.2004 – XII ZB 166/03, FamRZ 2005, 344 (345); MüKoBGB/*Olzen*, § 1666 Rn. 50.

61 OLG Karlsruhe, Beschl. v. 25.05.2009 – 5 UF 224/08, FamRZ 2009, 1599 (1599).

62 Weinreich/Klein/*Ziegler*, FAKomm-FamR, § 1666 Rn. 4.

63 MüKoBGB/*Olzen*, § 1666 Rn. 52.

64 Weinreich/Klein/*Ziegler*, FAKomm-FamR, § 1666 Rn. 4.

65 OLG Hamm, Beschl. v. 13.12.1982 – 15 W 291/82, ZblJugR 1983, 274 (274).

66 Schulz/Hauß/*Schmid*, HK-FamR, § 1666 Rn. 3.

Kindes[67] Berücksichtigung. Die Prüfung hat stets einzelfallabhängig zu erfolgen[68]. Es ist nicht Aufgabe des Staates, die bestmögliche Förderung für das Kind gegen den Willen der Eltern herbeizuführen[69]. Ensprechend besteht kein Anspruch auf „Idealeltern" und optimale Förderung und Erziehung, vielmehr ist das staatliche Wächteramt auf die Abwehr von Gefahren beschränkt[70].

Voraussetzungen für das Vorliegen einer Kindeswohlgefährdung sind weder Verschulden oder pflichtwidriges Verhalten der Eltern noch Erziehungsunfähigkeit oder Kausalität zwischen Erziehungsversagen und Kindeswohlgefährdung[71].

(3) Gefährdung des Kindesvermögens

§ 1666 BGB bietet neben dem Schutz des Kindeswohls vor Gefährdung auch Schutz vor Gefährdung des Kindesvermögens[72]. Die Vermögenssorge als Teil der elterlichen Sorge ist in den §§ 1626, 1639–1646, 1649 BGB normiert[73]. § 1642 BGB ist zu entnehmen, dass Eltern für das gesamte Vermögen des Kindes in der Regel den Grundsätzen einer wirtschaftlichen Vermögensverwaltung entsprechend Sorge zu tragen haben[74]. Bezüglich der Wirtschaftlichkeit ist auf die Verkehrsanschauung und die Sicht eines wirtschaftlich denkenden Laien abzustellen[75]. Zum Kindesvermögen im Sinne der Norm zählen grundsätzlich sämtliche Vermögenswerte, die Eltern für

67 Viefhues/*Poncelet/Onstein,* jurisPK-BGB, § 1666 Rn. 15.

68 Viefhues/*Poncelet/Onstein,* jurisPK-BGB, § 1666 Rn. 15.

69 BVerfG, Beschl. v. 17.02.1982 – 1 BvR 188/80, BVerfGE 60, 79 (94).

70 OLG Hamm, Beschl. v. 10.09.2003 – 8 UF 32/03, FamRZ 2004, 1664 (1665).

71 MüKoBGB/*Olzen,* § 1666 Rn. 38; Schulz/Hauß/*Schmid,* HK-FamR, § 1666 Rn. 5. Im Gegensatz dazu setzte § 1666 BGB a.F. noch ein Erziehungsversagen der Eltern beziehungsweise ein das Wohl des Kindes gefährdendes Verhalten eines Dritten voraus. Dieses Erfordernis entfiel allerdings durch das „Gesetz zur Erleichterung familiengerichtlicher Maßnahmen bei Gefährdung des Kindeswohls" vom 04.07.2008, um Lücken im Kindesschutz zu vermeiden. Im Einzelnen dazu MüKoBGB/*Olzen,* § 1666 Rn. 4 und 37 ff. Bei der Beurteilung eines Sachverhalts als Gefährdung des Kindeswohls ist auch der dem einfachen Recht gleichrangige Art. 8 EMRK zu beachten, OLG Hamm, Beschl. v. 30.08.2005 – 1 UF 181/04, FamRZ 2006, 1476 (1477). In Art. 8 Abs. 1 EMRK wird das Recht auf Achtung der Familie garantiert, Eingriffe des Staates sind nur unter den engen Voraussetzungen des Art. 8 Abs. 2 EMRK möglich, Viefhues/*Poncelet/Onstein,* jurisPK-BGB, § 1666 Rn. 22. Entsprechend hat der Staat stets zugunsten der Fortentwicklung der familiären Erziehung zu handeln, Viefhues/*Poncelet/Onstein,* jurisPK-BGB, § 1666 Rn. 22.

72 Da die Gefährdung des Kindesvermögens in den im Rahmen dieser Arbeit zu besprechenden Fällen religiös motivierten und kindeswohlgefährdenden Verhaltens der Eltern keine Rolle spielt, findet sie hier lediglich der Vollständigkeit halber in aller Kürze Erwähnung. Vertiefend zur Gefährdung des Kindesvermögens beispielsweise MüKoBGB/*Olzen,* § 1666 Rn. 121 ff.

73 MüKoBGB/*Olzen,* § 1666 Rn. 122.

74 MüKoBGB/*Olzen,* § 1666 Rn. 122.

75 MüKoBGB/*Olzen,* § 1666 Rn. 122.

das Kind verwalten[76]. Eine Gefährdung des Kindesvermögens besteht unter Berücksichtigung der Umstände des Einzelfalls dann, wenn eine erhebliche Schädigung dieses Vermögens durch dessen Verminderung oder Ausfall von Erträgen droht, die bei ordnungsgemäßer Vermögensverwaltung nicht entstanden wäre[77]. Erforderlich ist, dass die Vermögenslage des Kindes insgesamt gefährdet ist[78]. Voraussetzung ist eine gegenwärtige Gefahr, die sich durch eine Situation auszeichnet, in der nach den Umständen der Eintritt eines Schadens wahrscheinlich oder zumindest naheliegend erscheint[79]. Der nicht abschließenden Regelung in § 1666 Abs. 2 BGB lassen sich drei Regelbeispiele für eine solche Gefährdung entnehmen[80]. Mangels Verweises in § 1666 Abs. 4 BGB auf Angelegenheiten der Vermögenssorge ist bei Gefährdung des Kindesvermögens durch Dritte nach den allgemeinen Vorschriften vorzugehen[81].

(4) Subsidiaritätsklausel

Weitere, negative[82] Tatbestandsvoraussetzung des § 1666 Abs. 1 BGB sowohl im Hinblick auf Personen- als auch auf Vermögenssorge ist die fehlende Bereitschaft oder Fähigkeit der Eltern, die Gefahr abzuwenden. Diese Subsidiaritätsklausel[83] basiert auf dem Sorgevorrang der Eltern aus Art. 6 Abs. 2 S. 1 GG[84] und dient dazu, die Sorgeberechtigten zur Selbsthilfe anzuregen[85]. Ergänzt wird die Subsidiaritätsklausel durch den bei Anwendung des § 1666 BGB zu beachtenden Verhältnismäßigkeitsgrundsatz und § 1666a BGB[86]. Ehe Maßnahmen nach § 1666 BGB ergriffen werden, sind den Eltern zunächst öffentliche Hilfen, etwa gem. §§ 27 ff. SGB VIII, zur Unterstützung der Gefahrenabwehr anzubieten[87]. Fehlt der Wille der Eltern zur Abwendung der Gefahr, ist der erforderlichen Beachtung der Subsidiaritätsklausel Genüge getan, bei Bereitschaft der Eltern zur Gefahrenabwehr ist allerdings zusätzlich auszuschließen, dass die Fähigkeit zur Gefahrenabwehr vorliegt[88].

---

76 Unter Nennung der Ausnahmen Palandt/*Götz*, § 1666 Rn. 23; MüKoBGB/*Olzen*, § 1666 Rn. 123 ff.

77 Palandt/*Götz*, § 1666 Rn. 23; MüKoBGB/*Olzen*, § 1666 Rn. 127.

78 Weinreich/Klein/*Ziegler*, FAKomm-FamR, § 1666 Rn. 39.

79 BayObLG, Beschl. v. 24.10.1988 – BReg. 1a Z 63/88, FamRZ 1989, 652 (653).

80 Viefhues/*Poncelet/Onstein*, jurisPK-BGB, § 1666 Rn. 35. Ausführlich zu den einzelnen Regelbeispielen siehe MüKoBGB/*Olzen*, § 1666 Rn. 128 ff.

81 MüKoBGB/*Olzen*, § 1666 Rn. 146.

82 MüKoBGB/*Olzen*, § 1666 Rn. 117.

83 MüKoBGB/*Olzen*, § 1666 Rn. 117.

84 Weinreich/Klein/*Ziegler*, FAKomm-FamR, § 1666 Rn. 32.

85 MüKoBGB/*Olzen*, § 1666 Rn. 117.

86 MüKoBGB/*Olzen*, § 1666 Rn. 117.

87 MüKoBGB/*Olzen*, § 1666 Rn. 119; Weinreich/Klein/*Ziegler*, FAKomm-FamR, § 1666 Rn. 34.

88 Weinreich/Klein/*Ziegler*, FAKomm-FamR, § 1666 Rn. 33.

dd) Rechtsfolgen des § 1666 BGB

Gem. § 1666 Abs. 1, 3 und 4 BGB kann das Familiengericht bei Vorliegen der Tatbestandsvoraussetzungen die zur Abwendung der Gefahr erforderlichen Maßnahmen mit Wirkung gegen die Eltern oder gegen Dritte ergreifen. Während §§ 1666 Abs. 1, 3, 4 und 1666a BGB Regelungen hinsichtlich der Personensorge treffen, finden sich solche zur Vermögenssorge in §§ 1666 Abs. 1, 2, 3 Nr. 5 und 6 und 1667 BGB[89].

§ 1666 Abs. 3 BGB enthält eine beispielhafte, nicht abschließende Aufzählung möglicher gerichtlicher Maßnahmen[90]. Mithilfe dieser Konkretisierung der Rechtsfolgen zeigt der Gesetzgeber zur Verdeutlichung der Vielfalt möglicher Maßnahmen auf, welche milderen Mittel als dasjenige eines Sorgerechtsentzugs dem Familiengericht zur Verfügung stehen[91]. Gleichzeitig strebt der Gesetzgeber dadurch eine frühzeitige Einschaltung des Familiengerichts zugunsten eines effektiven Kindesschutzes an[92].

(1) Auswahlermessen des Gerichts

Hinsichtlich Form und Inhalt der Maßnahme wird dem Familiengericht ein Auswahlermessen eingeräumt[93]. In Betracht kommen insbesondere Ermahnungen, Gebote und Verbote, Sorgerechtsentzug sowie die Ersetzung von Erklärungen[94]. Um zu vermeiden, dass das Familiengericht die ihm obliegende Entscheidung vollständig dem Jugendamt und somit der Exekutive überträgt, hat das Gericht jedenfalls die Grundrichtung der zu ergreifenden Maßnahme vorzugeben[95]. Die Auswahl der Maßnahme muss verhältnismäßig sein[96].

(2) Beachtung des Grundsatzes der Verhältnismäßigkeit

Gem. § 1666 Abs. 1 BGB sind solche Maßnahmen zu treffen, die zur Abwendung der Gefahr erforderlich sind. Im Rahmen der Anwendung des Verhältnismäßigkeitsgrundsatzes muss die Maßnahme zunächst geeignet sein, die Gefahr muss also mit ihrer Hilfe beseitigt werden können[97]. Im Falle weiterer Beeinträchtigungen durch die Maßnahme müssen diese durch Aufhebung der ursprünglichen Gefahr

89 Bamberger/Roth/*Veit*, BGB, § 1666 Rn. 36; Palandt/*Götz*, § 1666 Rn. 30.

90 Viefhues/*Poncelet/Onstein*, jurisPK-BGB, § 1666 Rn. 42.

91 BT-Drucks. 16/6815, S. 11; Erman/*Döll*, BGB, § 1666 Rn. 1a.

92 BT-Drucks. 16/6815 S. 7.

93 BayObLG, Beschl. v. 11.11.1998 – 1Z BR 153/98, FamRZ 1999, 318 (319); Palandt/*Götz*, § 1666 Rn. 30.

94 Schulz/Hauß/*Schmid*, HK-FamR, § 1666 Rn. 21.

95 MüKoBGB/*Olzen*, § 1666 Rn. 150.

96 Viefhues/*Poncelet/Onstein*, jurisPK-BGB, § 1666 Rn. 11.

97 BGH, Beschl. v. 26.10.2011 – XII ZB 247/11, FamRZ 2012, 99 (102); MüKoBGB/*Olzen*, § 1666 Rn. 156.

aufgewogen werden können[98]. Zudem muss die Maßnahme erforderlich sein, was voraussetzt, dass keine milderen, gleich gut geeigneten Mittel zur Verfügung stehen[99]. Im Rahmen der Angemessenheitsprüfung findet eine Abwägung zwischen angestrebtem Ziel und erforderlichem Eingriff statt[100]. Ziel ist die Abwendung der Kindeswohlgefährdung[101]. Der angestrebte Eingriff tangiert die Rechte der Eltern aus Art. 6 Abs. 2 S. 1 GG und diejenigen des Kindes aus Art. 1 und 2 GG[102]. Es sind auf Seiten des Kindes die Folgen des gerichtlichen Handelns gegen die Folgen des Nichteingreifens abzuwägen, während auf Seiten der Eltern die Beeinträchtigung ihrer Rechte durch die Maßnahme gegen die anzunehmende Verbesserung der Situation des Kindes abgewogen wird[103]. Bei der Abwägung ist darüber hinaus gem. § 1697a BGB stets das Kindeswohl zu beachten[104].

Eine Konkretisierung des anzuwendenden Verhältnismäßigkeitsgrundsatzes stellt § 1666a BGB dar[105]. Gem. § 1666 Abs. 1 BGB i.V.m. § 1666a BGB können die Trennung des Kindes von den Eltern und die Entziehung der gesamten Personensorge als stärkste Eingriffe in das Elternrecht nur dann gewählt werden, wenn einer Gefährdung des Kindeswohls nicht anderweitig abgeholfen werden kann und der Einsatz dieser Maßnahme unter strikter Wahrung des Grundsatzes der Verhältnismäßigkeit erfolgt[106].

(3) Dauer der Maßnahme

Auch im Hinblick auf die Dauer der Maßnahme ist die Verhältnismäßigkeit relevant[107]. Gem. § 1696 Abs. 2 BGB ist eine Maßnahme nach § 1666 BGB aufzuheben, wenn die Gefahr für das Wohl des Kindes nicht mehr besteht oder ihre Erforderlichkeit weggefallen ist. Das Familiengericht hat die Maßnahme von Amts wegen zu überprüfen und bei Bedarf aufzuheben[108]. Gegen die Möglichkeit, auch befristete oder bedingte Maßnahmen zu treffen, spricht, dass grundsätzlich nicht vorhersehbar ist, wie lange eine Gefahr bestehen bleibt[109].

---

98 BGH, Beschl. v. 26.10.2011 – XII ZB 247/11, FamRZ 2012, 99 (102).
99 BGH, Beschl. v. 26.10.2011 – XII ZB 247/11, FamRZ 2012, 99 (101 f.).
100 MüKoBGB/*Olzen*, § 1666 Rn. 158.
101 MüKoBGB/*Olzen*, § 1666 Rn. 158.
102 MüKoBGB/*Olzen*, § 1666 Rn. 158.
103 MüKoBGB/*Olzen*, § 1666 Rn. 154.
104 Viefhues/*Poncelet/Onstein*, jurisPK-BGB, § 1666 Rn. 4.
105 Bamberger/Roth/*Veit*, BGB, § 1666 Rn. 35.
106 BVerfG, Beschl. v. 17.02.1982 – 1 BvR 188/80, BVerfGE 60, 79 (79); Viefhues/*Poncelet/Onstein*, jurisPK-BGB, § 1666 Rn. 78.
107 MüKoBGB/*Olzen*, § 1666 Rn. 159; Viefhues/*Poncelet/Onstein*, jurisPK-BGB, § 1666 Rn. 77.
108 MüKoBGB/*Olzen*, § 1666 Rn. 159.
109 Gegen eine zeitliche Beschränkung argumentiert zum Beispiel OLG Karlsruhe, Beschl. v. 04.10.2004 – 16 UF 81/04, FamRZ 2005, 1272 (1272). Zu befristeten und bedingten Maßnahmen MüKoBGB/*Olzen*, § 1666 Rn. 159.

(4) Maßnahmenkatalog des § 1666 Abs. 3 BGB

Eine Aufzählung möglicher Maßnahmen findet sich in § 1666 Abs. 3 BGB. Maßnahmen nach § 1666 Abs. 3 Nr. 1–4 BGB beziehen sich lediglich auf die Personensorge[110]. § 1666 Abs. 3 Nr. 5 und 6 BGB betreffen beide Komponenten der elterlichen Sorge, also auch die Vermögenssorge[111].

(a) Inanspruchnahme öffentlicher Hilfen, § 1666 Abs. 3 Nr. 1 BGB

Das Familiengericht kann über § 1666 Abs. 3 Nr. 1 BGB den Eltern gegenüber das Gebot aussprechen, öffentliche Hilfen in Anspruch zu nehmen[112]. Aufgrund des Gewaltenteilungsgrundsatzes und der Garantie kommunaler Selbstverwaltung aus Art. 28 Abs. 2 S. 1 GG würde eine Anordnungskompetenz des Gerichts dem Jugendamt gegenüber eine Rechtsgrundlage erfordern, die zudem dem Bestimmtheitserfordernis Rechnung tragen müsste[113]. Eine solche existiert nicht[114]. Vielmehr wäre zur Durchsetzung der Maßnahme gegen den Willen des Jugendsamts ein Vorgehen durch den Sorgeberechtigten über den Verwaltungsrechtsweg nötig[115]. Ersatzweise kann das Familiengericht dem Sorgeberechtigten das Sorgerecht entziehen und einen Pfleger einsetzen[116]. Ebenfalls zum angestrebten Ergebnis führt die in § 50 SGB VIII normierte kooperative Zusammenarbeit von Jugendamt und Familiengericht, die Art. 6 Abs. 2 S. 2 GG gebietet[117].

(b) Einhaltung der Schulpflicht, § 1666 Abs. 3 Nr.2 BGB

Gem. § 1666 Abs. 3 Nr. 2 BGB besteht die Möglichkeit, das Gebot, für die Einhaltung der Schulpflicht zu sorgen, auszusprechen. Würden mildere Mittel nicht zum gewünschten Ergebnis führen, kann die Möglichkeit eines einstweiligen Teilsorgerechtsentzugs in Erwägung gezogen werden[118]. Unterstützend kann ein Ergänzungspfleger für den Schulbesuch bestellt werden[119].

---

110 MüKoBGB/*Olzen*, § 1666 Rn. 167.
111 MüKoBGB/*Olzen*, § 1666 Rn. 167.
112 Hierunter fallen im Besonderen Leistungen der Kinder- und Jugendhilfe gem. §§ 27 ff. SGB VIII, die auch in einem früheren Stadium dazu eingesetzt werden können, eine Kindeswohlgefährdung gar nicht erst entstehen zu lassen, MüKoBGB/*Olzen*, § 1666 Rn. 171.
113 MüKoBGB/*Olzen*, § 1666 Rn. 175.
114 MüKoBGB/*Olzen*, § 1666 Rn. 175.
115 Schulz/Hauß/*Schmid*, HK-FamR, § 1666 Rn. 25.
116 MüKoBGB/*Olzen*, § 1666 Rn. 176.
117 MüKoBGB/*Olzen*, § 1666 Rn. 176.
118 MüKoBGB/*Olzen*, § 1666 Rn. 179.
119 Viefhues/*Poncelet/Onstein*, jurisPK-BGB, § 1666 Rn. 58.

(c) Wohnungs- und Ortsschutz sowie Kontaktverbot, § 1666 Abs. 3 Nr. 3 und 4 BGB

Gem. § 1666 Abs. 3 Nr. 3 und 4 BGB kann das Familiengericht für Wohnungs- oder Ortsschutz sowie Kontaktverbot sorgen. Das ansonsten einschlägige Gewaltschutzgesetz findet gem. § 3 Abs. 1 GewSchG im Verhältnis der Kinder zu den Eltern und sorgeberechtigten Personen keine Anwendung[120]. Dem trägt die Möglichkeit der Regelung vergleichbarer Situationen durch das Familiengericht Rechnung[121]. Bei damit einhergehender Beschränkung des Umgangsrechts ist § 1684 Abs. 4 BGB zu beachten[122].

(d) Ersetzung von Erklärungen des Sorgeinhabers, § 1666 Abs. 3 Nr. 5 BGB

Das Familiengericht kann gem. § 1666 Abs. 3 Nr. 5 BGB Erklärungen des Inhabers der elterlichen Sorge ersetzen, sofern dieser sie nicht selbst vornimmt. Eine solche Maßnahme geht der Bestellung eines Ergänzungspflegers nach § 1909 Abs. 1 BGB aus Gründen der Verhältnismäßigkeit vor[123]. Mittels dieser Maßnahme kann insbesondere die Zustimmung zu einer ärztlichen Behandlung erteilt werden[124].

(e) Teilweise oder vollständige Entziehung der elterlichen Sorge, § 1666 Abs. 3 Nr. 6 BGB

Über § 1666 Abs. 3 Nr. 6 BGB kann das Familiengericht die elterliche Sorge teilweise oder vollständig entziehen. Soll die gesamte Personensorge entzogen werden, ist dies gem. § 1666a Abs. 2 BGB nur dann möglich, wenn andere Maßnahmen erfolglos geblieben sind oder anzunehmen ist, dass sie zur Abwendung der Gefahr nicht ausreichen. Der Entzug der elterlichen Sorge ist folglich erst als ultima ratio vorzunehmen[125]. Ein Verlust der gesamten Personensorge erfolgt dadurch, dass dem Sorgeberechtigten sowohl die tatsächliche Sorge als auch das Vertretungsrecht aus §§ 1626 Abs. 1 S. 2, 1629 Abs. 1 S. 1 BGB entzogen werden[126]. Häufigste Maßnahme in diesem Zusammenhang ist die Entziehung des Rechts zur Aufenthaltsbestimmung aus § 1631 Abs. 1 BGB[127]. Entzieht das Familiengericht einem oder beiden Elternteilen das Sorgerecht, ist diese Entscheidung nach § 1696 BGB abänderbar und gem. § 166 Abs. 2 FamFG in angemessenen Zeitabständen zu überprüfen[128]. Bei

120 Palandt/*Götz*, § 1666 Rn. 36.
121 Bamberger/Roth/*Veit*, BGB, § 1666 Rn. 39.
122 Palandt/*Götz*, § 1666 Rn. 36.
123 Palandt/*Götz*, § 1666 Rn. 37.
124 Viefhues/*Poncelet/Onstein*, jurisPK-BGB, § 1666 Rn. 51.
125 BT-Drucks. 16/6815 S. 9; Erman/*Döll*, BGB, § 1666 Rn. 1a.
126 MüKoBGB/*Olzen*, § 1666 Rn. 193.
127 Viefhues/*Poncelet/Onstein*, jurisPK-BGB, § 1666 Rn. 54.
128 Schulz/Hauß/*Schmid*, HK-FamR, § 1666 Rn. 21.

Maßnahmen nach § 1666 Abs. 3 Nr. 6 BGB ist gleichzeitig zu regeln, wer die betreffenden Teile der Sorge künftig ausübt[129]. Bei Entziehung von Teilen elterlicher Sorge erfolgt eine Ergänzungspflegschaft gem. § 1909 Abs. 1 S. 1 BGB[130]. Wird das gesamte Sorgerecht entzogen, ist eine Vormundschaft nach § 1773 Abs. 1 BGB anzuordnen[131]. Des Weiteren hat das Familiengericht gem. § 1680 Abs. 3 i.V.m. Abs. 1 BGB eine Übertragung des Sorgerechts auf den anderen Elternteil in Erwägung zu ziehen, wenn bei gemeinsamer Sorge nur einem Elternteil die Sorge ganz oder teilweise entzogen wird[132] und dadurch die Gefährdungssituation bereits beseitigt werden kann[133].

(5) Maßnahmen mit Wirkung gegen einen Dritten gem. § 1666 Abs. 4 BGB

§ 1666 Abs. 4 BGB regelt Maßnahmen mit Wirkung gegen Dritte. Dritter ist im Umkehrschluss aus § 1666 Abs. 1, 2 und 3 BGB jede dem Kind gegenüber nicht sorgeberechtigte Person[134]. Ein Einwirken von außen auf die Familie reicht aus, um Adressat der Norm zu sein[135]. Ein grundsätzlicher Vorrang des Vorgehens gegen Dritte ergibt sich aus dem Recht der Eltern aus Art. 6 Abs. 2 S. 1 GG[136]. Auch bei Maßnahmen gegen Dritte dürfen die Eltern nicht willens oder in der Lage sein, die Gefahr abzuwenden[137]. Trifft dies zu, können neben Maßnahmen gegen Dritte auch Maßnahmen den Eltern gegenüber erfolgen[138]. Im Hinblick auf die Gefährdung des Kindesvermögens sind keine Maßnahmen gegen Dritte vorgesehen, es findet aber gegebenenfalls das allgemeine Zivilrecht Anwendung[139]. Im Rahmen der Anwendung des Verhältnismäßigkeitsgrundsatzes ist der Eingriff in Rechte des Dritten gegen die Folgen, die die gerichtliche Untätigkeit für das Kind hätte, abzuwägen[140]. Daneben findet eine Abwägung zwischen der Schwere der Maßnahme dem Dritten gegenüber und möglichen Maßnahmen den Eltern gegenüber statt[141].

---

129 Weinreich/Klein/*Ziegler*, FAKomm-FamR, § 1666 Rn. 71.
130 MüKoBGB/*Olzen*, § 1666 Rn. 160.
131 MüKoBGB/*Olzen*, § 1666 Rn. 160.
132 Schulz/Hauß/*Schmid*, HK-FamR, § 1666 Rn. 21.
133 MüKoBGB/*Olzen*, § 1666 Rn. 161.
134 MüKoBGB/*Olzen*, § 1666 Rn. 207; Weinreich/Klein/*Ziegler*, FAKomm-FamR, § 1666 Rn. 66.
135 BT-Drucks. 8/2788 S. 59; MüKoBGB/*Olzen*, § 1666 Rn. 207.
136 MüKoBGB/*Olzen*, § 1666 Rn. 208.
137 Bamberger/Roth/*Veit*, BGB, § 1666 Rn. 27.1.
138 Bamberger/Roth/*Veit*, BGB, § 1666 Rn. 27.1.
139 Weinreich/Klein/*Ziegler*, FAKomm-FamR, § 1666 Rn. 70.
140 MüKoBGB/*Olzen*, § 1666 Rn. 207.
141 MüKoBGB/*Olzen*, § 1666 Rn. 207.

b) *Zusammenfassung*

§ 1666 BGB gilt als zentrale Kindesschutzbestimmung des Familienrechts. Mithilfe dieser Vorschrift können Familiengerichte bei Gefährdung des Kindeswohls in den Verantwortungsbereich der Eltern einschreiten, sofern keine spezielleren Vorschriften zur Anwendung kommen. Als Kindeswohlgefährdung werden Sachverhalte bezeichnet, bei denen eine gegenwärtige, zumindest aber unmittelbar bevorstehende Gefahr für die Entwicklung des Kindes vorliegt, die bei fortdauerndem Bestehen eine erhebliche Schädigung des körperlichen, geistigen oder seelischen Wohls des Kindes mit ziemlicher Sicherheit voraussehen lässt. Voraussetzung ist neben einer Kindeswohlgefährdung gem. § 1666 Abs. 1 BGB die fehlende Bereitschaft oder Fähigkeit der Eltern, die Gefahr abzuwenden. Die Rechtsfolge in Form der Anordnung von zur Abwendung der Gefahr erforderlichen Maßnahmen im Rahmen der vorliegend relevanten Personensorge ergibt sich aus § 1666 Abs. 1, 3 und 4 BGB. Hinsichtlich Form und Inhalt der Maßnahme wird dem Familiengericht ein Auswahlermessen eingeräumt. Die Maßnahmen müssen unter Berücksichtigung von § 1666a BGB verhältnismäßig sein.

2. Einfluss des Verfassungsrechts auf familiengerichtliche Maßnahmen bei Kindeswohlgefährdung durch religiös motiviertes Verhalten der Eltern

Nachdem verdeutlicht wurde, aufgrund welcher familienrechtlichen Normen, unter welchen Voraussetzungen und mit welchen Mitteln das Familiengericht bei religiös motiviertem kindeswohlgefährdenden Verhalten der Eltern einschreiten kann, wird im Folgenden der Blick auf das die rechtliche Beurteilung dieser Sachverhalte beeinflussende Verfassungsrecht gerichtet.

a) *Zu beachtende verfassungsrechtlich verankerte Rechte und Pflichten*

Bei der Beurteilung, inwiefern das Familiengericht bei religiös motiviertem Verhalten der Eltern Maßnahmen zur Abwendung der Kindeswohlgefährdung ergreifen kann, spielen unterschiedliche Grundrechte von Eltern und Kind sowie bestimmte sich für den Staat aus der Verfassung ergebende Rechte und Pflichten eine Rolle. Aufgrund dessen werden die einzelnen Rechte und Pflichten identifiziert und vorgestellt, aber es wird auch untersucht, wie sie im Verhältnis zueinander stehen und zu gewichten sind.

Maßgeblich für die Beurteilung religiös motivierten Verhaltens der Eltern, das sich negativ auf das Kindeswohl auswirken kann, sind insbesondere Art. 6 GG und Art. 4 GG[142].

---

142 Daher wird im Folgenden vorwiegend auf diese beiden Verfassungsnormen eingegangen. Grundrechte, die nur für spezielle Fallgruppen von Bedeutung sind, werden erst an entsprechender Stelle behandelt.

aa) *Von familiengerichtlichen Maßnahmen betroffene und in der Verfassung normierte Rechte und Pflichten der Eltern sowie die diesbezügliche Schutzfunktion des Staates*

Auf Seiten der Eltern sind bei familiengerichtlichen Maßnahmen, die aufgrund religiös motivierten Verhaltens getroffen werden, Art. 6 GG und Art. 4 GG relevant.

(1) Rechte und Pflichten der Eltern aus Art. 6 Abs. 2 S. 1 GG unter Berücksichtigung des staatlichen Wächteramtes aus Art. 6 Abs. 2 S. 2 GG

Gem. Art. 6 Abs. 2 S. 1 GG sind Pflege und Erziehung der Kinder das natürliche Recht der Eltern und die zuvörderst ihnen obliegende Pflicht. Gem. Art. 6 Abs. 2 S. 2 GG wacht über ihre Betätigung die staatliche Gemeinschaft.

(a) „Eltern" und „Kind" im Sinne des Art. 6 Abs. 2 S. 1 GG

Art. 6 Abs. 2 S. 1 GG bezieht sich auf Rechte und Pflichten von „Eltern" und betrifft damit natürliche Personen unabhängig von ihrer Staatsangehörigkeit[143]. Unter den Elternbegriff des Art. 6 Abs. 2 S. 1 GG fallen diejenigen Personen, von denen das Kind abstammt, sofern diese die tatsächliche Pflege- und Erziehungsverantwortung für das Kind tragen[144]. Daneben können auch Personen von dem Schutzbereich des Art. 6 Abs. 2 S. 1 GG umfasst sein, deren Elternbeziehung zu dem Kind auf einfachgesetzlicher Zuordnung beruht[145]. Dabei betrifft das Elternrecht aus Art. 6 Abs. 2 S. 1 GG grundsätzlich nur die Beziehung der Eltern zu ihrem minderjährigen und noch nicht grundrechtsmündigen Kind[146]. Die Elternpflicht hingegen bleibt bis zum Erreichen der Volljährigkeit und in Teilen darüber hinaus bestehen[147]. In Übereinstimmung mit § 1626 Abs. 2 BGB ist der Rechts- und Pflichtenkreis der Eltern und somit der Schutzbereich des Art. 6 Abs. 2 S. 1 GG nicht mehr betroffen, wenn es sich um Verhalten handelt, für das das Kind nach Alter, Reife und Einsichtsfähigkeit bereits selbst die Verantwortung trägt[148].

(b) Rechtsnatur des Elternrechts aus Art. 6 Abs. 2 S. 1 GG

Das Recht der Eltern wird als „natürliches Recht" bezeichnet, wird also den Eltern nicht erst durch den Staat verliehen, sondern als bereits vorhanden anerkannt[149].

---

143 Dreier/*Brosius-Gersdorf,* GG, Art. 6 Rn. 146.
144 Dreier/*Brosius-Gersdorf,* GG, Art. 6 Rn. 147.
145 Hömig/*Antoni,* HK-GG, Art. 6 Rn. 14.
146 Sachs/*v. Coelln,* GG, Art. 6 Rn. 52.
147 Sachs/*v. Coelln,* GG, Art. 6 Rn. 70.
148 Dreier/*Brosius-Gersdorf,* GG, Art. 6 Rn. 162.
149 Str., so beispielsweise Schmidt-Bleibtreu/Klein/*Hofmann,* GG, Art. 6 Rn. 44. Anders etwa Sachs/*v. Coelln,* GG, Art. 6 Rn. 52 m.w.N. zu diesem Streitstand, der dem Wortlaut anstelle einer konstitutiven Rechtsgrundlage des Elternrechts lediglich den Hinweis auf die biologische Beziehung zwischen Eltern und Kind entnimmt.

Bei Art. 6 Abs. 2 S. 1 GG handelt es sich um ein Individualgrundrecht in Form eines Abwehrrechts gegen staatliche Eingriffe in Pflege und Erziehung des Kindes[150]. Pflege und Erziehung des Kindes stellen einen speziellen Ausschnitt der über Art. 6 Abs. 1 GG gewährten Familiengestaltungsfreiheit dar, weshalb die Regelung in Art. 6 Abs. 2 S. 1 GG in dieser Hinsicht lex specialis zu Art. 6 Abs. 1 GG, daneben aber auch lex specialis zu Art. 2 Abs. 1 GG ist[151].

Die Normierung einer Elternpflicht neben dem Elternrecht als dogmatische Besonderheit unter den Grundrechten ist Resultat des gesteigerten Schutzbedürfnisses von Kindern[152]. Die in Art. 6 Abs. 2 S. 1 GG festgelegten und mit den dortigen Rechten inhaltlich übereinstimmenden Pflichten stellen keine Grundrechtsschranke dar, sondern die tatbestandsimmanente Grenze des Elternrechts[153]. Diese Differenzierung führt das Bundesverfassungsgericht zu der zusammenfassenden Bezeichnung der Rechte und Pflichten als Elternverantwortung[154]. Neben der Funktion als Abwehrrecht kommt Art. 6 Abs. 2 GG auch als wertentscheidende Grundsatznorm, und dies insbesondere als Richtlinie für staatliche Regelungen, Bedeutung zu[155]. Die Norm birgt eine Institutsgarantie bezogen auf individuelle Pflege und Erziehung innerhalb der Familie[156].

(c) Inhalt des Elternrechts aus Art. 6 Abs. 2 S. 1 GG

Art. 6 Abs. 2 S. 1 GG schützt die freie Entscheidung der Eltern über Art und Weise, Ausmaß und Intensität von Pflege und Erziehung[157]. Damit können sie über Einzelheiten der Pflege und Erziehung selbst bestimmen[158]. Bei der Wahrnehmung

---

150 Hömig/*Antoni,* HK-GG, Art. 6 Rn. 14; Sachs/*v. Coelln,* GG, Art. 6 Rn. 53. Zum Teil wird Art. 6 Abs. 2 S. 1 GG daneben auch als Grundrecht des Kindes auf Pflege und Erziehung durch die Eltern verstanden. Dagegen wird argumentiert, die tatsächliche Begünstigung des Kindes aus dieser Vorschrift stelle kein Grundrecht dar, sondern basiere auf einem bloßen Reflex des Rechts und der Pflicht der Eltern, für Pflege und Erziehung des Kindes zu sorgen. Siehe eingehend zu der Frage der Existenz eines Grundrechts auf Pflege und Erziehung durch die Eltern Dreier/*Brosius-Gersdorf,* GG, Art. 6 Rn. 151 f.

151 Dreier/*Brosius-Gersdorf,* GG, Art. 6 Rn. 145; Sachs/*v. Coelln,* GG, Art. 6 Rn. 53. So BVerfG, Beschl. v. 15.06.1971 – 1 BvR 192/70, BVerfGE 31, 194 (204).

152 Dreier/*Brosius-Gersdorf,* GG, Art. 6 Rn. 141; Sachs/*v. Coelln,* GG, Art. 6 Rn. 1; BVerfG, Beschl. v. 29.07.1968 – 1 BvL 20/63, 31/66, 5/67, BVerfGE 24, 119 (144).

153 Dreier/*Brosius-Gersdorf,* GG, Art. 6 Rn. 156; Jarass/Pieroth/*Jarass,* GG, Art. 6 Rn. 45.

154 BVerfG, Beschl. v. 29.07.1968 – 1 BvL 20/63, 31/66, 5/67, BVerfGE 24, 119 (143); Sachs/*v. Coelln,* GG, Art. 6 Rn. 53.

155 v. Mangoldt/Klein/Starck/*Robbers,* GG, Art. 6 Rn. 140.

156 v. Mangoldt/Klein/Starck/*Robbers,* GG, Art. 6 Rn. 141.

157 Sodan/*Sodan,* GG, Art. 6 Rn. 15. So auch in BVerfG, Beschl. v. 15.06.1971 – 1 BvR 192/70, BVerfGE 31, 194 (204 f.).

158 BVerfG, Urt. v. 16.01.2003 – 2 BvR 716/01, BVerfGE 107, 104 (117); Dreier/*Brosius-Gersdorf,* GG, Art. 6 Rn. 160; v. Mangoldt/Klein/Starck/*Robbers,* GG, Art. 6 Rn. 146.

dieser Aufgaben genießen die Eltern über Art. 6 Abs. 2 S. 1 GG Vorrang vor dem Staat[159]. Einzig der Anwendungsbereich des Art. 7 GG bildet hiervon eine Ausnahme[160]. Staatliche Unterstützungsangebote für die Eltern lassen jedoch das Erziehungsprimat aus Art. 6 Abs. 2 S. 1 GG unberührt[161]. Dieses Gewähren von Autonomie beruht auf der Annahme, dass es aufgrund der natürlichen Verbundenheit mit dem Kind an erster Stelle den Eltern möglich ist, Sorge für das Kindeswohl zu tragen[162]. Dabei wird hingenommen, dass Pflege und Erziehung in Einzelfällen nicht dem Ideal entsprechen[163]. Dadurch, dass „zuvörderst" den Eltern der Vorrang bei Pflege und Erziehung des Kindes zusteht, wird neben der Priorität elterlicher Verantwortung deutlich, dass ergänzend auch der Staat unabhängig von seinem in Art. 6 Abs. 2 S. 2 GG normierten Wächteramt über Art. 6 Abs. 2 S. 1 GG Einfluss nehmen kann[164]. Der Staat erhält durch Art. 6 Abs. 2 S. 1 GG jedoch keinen eigenständigen Erziehungsauftrag[165]. Die Verantwortung des Staates ist wie auch die Verantwortung der Eltern durch das Kindeswohl begrenzt[166]. Im Vordergrund von Art. 6 Abs. 2 GG stehen die Sicherung des Kindeswohls basierend auf den Wertentscheidungen der Verfassung sowie eine damit einhergehende Erziehung zu einer eigenverantwortlichen und gemeinschaftsfähigen Persönlichkeit[167].

Die Rechte der Eltern aus Art. 6 Abs. 2 S. 1 GG lassen sich in Einwirkungsrechte dem Kind gegenüber und Wahrnehmungsrechte Dritten und dem Staat gegenüber aufteilen[168].

Pflege im Sinne von Art. 6 Abs. 2 S. 1 GG ist als Sorge für körperliches Wohl, Ernährung, Gesundheit und Vermögen zu verstehen, während Erziehung im Sinne dieser Vorschrift die Sorge für die seelische und geistige Entwicklung und Vermittlung von Wissen und Wertorientierung umfasst[169]. Die Lebenserfüllung der Eltern durch Pflege und Erziehung ihres Kindes fällt ebenfalls in den sachlichen Schutzbereich von Art. 6 Abs. 2 S. 1 GG[170].

Durch Art. 6 Abs. 2 GG allein wird noch nicht konkret bestimmt, was die elterliche Sorge im Rahmen des Familienrechts ausmacht[171]. Dies gewährt dem

---

159 Schmidt-Bleibtreu/Klein/*Hofmann*, GG, Art. 6 Rn. 47.
160 Schmidt-Bleibtreu/Klein/*Hofmann*, GG, Art. 6 Rn. 47.
161 v. Münch/Kunig/*Coester-Waltjen*, GG, Art. 6 Rn. 85.
162 v. Mangoldt/Klein/Starck/*Robbers*, GG, Art. 6 Rn. 146.
163 v. Mangoldt/Klein/Starck/*Robbers*, GG, Art. 6 Rn. 148.
164 v. Münch/Kunig/*Coester-Waltjen*, GG, Art. 6 Rn. 84.
165 v. Münch/Kunig/*Coester-Waltjen*, GG, Art. 6 Rn. 86.
166 v. Münch/Kunig/*Coester-Waltjen*, GG, Art. 6 Rn. 84.
167 v. Mangoldt/Klein/Starck/*Robbers*, GG, Art. 6 Rn. 145. So auch BVerfG, Urt. v. 24.03.1981 – 1 BvR 1516/78 und 964, 1337/80, BVerfGE 56, 363 (384).
168 Sachs/*v. Coelln*, GG, Art. 6 Rn. 61 f.
169 Jarass/Pieroth/*Jarass*, GG, Art. 6 Rn. 42.
170 v. Mangoldt/Klein/Starck/*Robbers*, GG, Art. 6 Rn. 188.
171 MüKoBGB/*Huber*, Vor § 1626 Rn. 25.

Gesetzgeber einen gewissen Freiraum auf dem Gebiet des Familienrechts, der dazu führt, dass Verfassungs- und Familienrecht in dieser Hinsicht nicht zwangsläufig übereinstimmen[172].

(d) Grenzen des Elternrechts aus Art. 6 Abs. 2 S. 1 GG

Neben verfassungsimmanenten Schranken wird das Elternrecht durch die Pflichtenbindung der Eltern und das staatliche Wächteramt aus Art. 6 Abs. 2 S. 2 GG in seinem Umfang begrenzt[173]. Genaue Grenzen des Elternrechts ergeben sich jedoch nicht aus Art. 6 Abs. 2 S. 1 GG[174]. Aus dem Verweis auf die staatliche Gemeinschaft in Art. 6 Abs. 2 S. 2 GG, die über die Betätigung von Pflege und Erziehung wacht, kann allerdings abgeleitet werden, dass sich Pflege und Erziehung in gemeinschaftsverträglichem Rahmen abspielen müssen[175]. Daraus folgt, dass Pflege und Erziehung rechtstreu auszurichten sind[176]. Den Eltern obliegt daneben die Pflicht, innerhalb der begrifflichen Grenzen von „Pflege" und „Erziehung" tätig zu werden[177]. Das Interpretationsprimat der Eltern hinsichtlich der Frage, was dem Kindeswohl entspricht, findet seine Grenzen dort, wo Inhalte wie etwa das Grundrecht auf Leben oder körperliche Unversehrtheit objektiv bestimmbar sind[178]. In sonstigen Fällen endet die grundrechtlich gewährte Freiheit erst dort, wo das elterliche Handeln auch bei weitester Anerkennung der Selbstverantwortlichkeit der Eltern nicht mehr als Pflege und Erziehung gem. Art. 6 Abs. 2 S. 1 GG verstanden werden kann[179]. Überschreiten sie diese Grenzen oder bleiben die Eltern untätig und kollidiert dies mit dem Kindeswohl, wird die staatliche Schutzpflicht ausgelöst[180]. Als verfassungsimmanente Schranken kommen etwa eigene Rechte des Kindes im religiösen Bereich[181] und verfassungsmäßige Pflichten wie die Schulpflicht in Betracht[182]. Kollidieren Interessen des Kindes mit dem Elternrecht aus Art. 6 Abs. 2 S. 1 GG, haben die Kindesinteressen grundsätzlich Vorrang[183]. Ein Eingriff in das Recht aus

---

172 MüKoBGB/*Huber*, Vor § 1626 Rn. 25. So wird unter Pflege und Erziehung im Sinne von Art. 6 Abs. 2 GG im Gegensatz zum Familienrecht nicht nur Personensorge oder Sorgerecht, sondern sämtliche Verantwortung der Eltern und damit zum Beispiel auch die Unterhaltspflicht und das Umgangsrecht verstanden, MüKoBGB/*Huber*, Vor § 1626 Rn. 25; Sachs/*v. Coelln*, GG, Art. 6 Rn. 55.

173 Sodan/*Sodan*, GG, Art. 6 Rn. 18.

174 Sachs/*v. Coelln*, GG, Art. 6 Rn. 64.

175 Sachs/*v. Coelln*, GG, Art. 6 Rn. 64.

176 Sachs/*v. Coelln*, GG, Art. 6 Rn. 64.

177 Sachs/*v. Coelln*, GG, Art. 6 Rn. 65.

178 Sachs/*v. Coelln*, GG, Art. 6 Rn. 71.

179 BVerfG, Beschl. v. 29.07.1968 – 1 BvL 20/63, 31/66, 5/67, BVerfGE 24, 119 (143).

180 Sachs/*v. Coelln*, GG, Art. 6 Rn. 54, 65, 72.

181 BGH, Beschl. v. 25.09.1956 – IV ZB 96/56, BGHZ 21, 340 (352 f.).

182 BVerwG, Urt. v. 15.10.1965 – VII C 39.65, BVerwGE 22, 235 (237); Hömig/*Antoni*, HK-GG, Art. 6 Rn. 17.

183 BVerfG, Beschl. v. 18.06.1986 – 1 BvR 857/85, BVerfGE 72, 122 (137).

Art. 6 Abs. 2 S. 1 GG liegt vor, wenn die freie Pflege und Erziehung des Kindes beschränkt wird, ohne der notwendigen gesetzgeberischen Ausgestaltung unter Berücksichtigung der durch die Institutsgarantie gewährleisteten wesentlichen Elemente des Elternrechts zu dienen[184].

(e) Das staatliche Wächteramt im Sinne des Art. 6 Abs. 2 S. 2 GG

Art. 6 Abs. 2 S. 2 GG stellt keine Schranke des Art. 6 Abs. 2 S. 1 GG dar[185]. Es werden dort die Schutzpflichten des Staates in Bezug auf die Grundrechte des Kindes konkretisiert[186].

---

184 BVerfG, Beschl. v. 07.05.1991 – 1 BvL 32/88, BVerfGE 84, 168 (180); Sodan/*Sodan*, GG, Art. 6 Rn. 17.

185 Dreier/*Brosius-Gersdorf*, GG, Art. 6 Rn. 172.

186 Dreier/*Brosius-Gersdorf*, GG, Art. 6 Rn. 175. Die Einordnung von Art. 6 Abs. 2 S. 2 GG ist umstritten, *Handschell*, Die Schulpflicht vor dem Grundgesetz, S. 140. Neben einer Interpretation des Art. 6 Abs. 2 S. 1 GG als vorbehaltlos gewährleistetes Grundrecht wird zum Teil in Art. 6 Abs. 2 S. 2 GG die dazu gehörige Grundrechtsschranke gesehen, so beispielsweise in Jarass/Pieroth/*Jarass*, GG, Art. 6 Rn. 55; Sodan/*Sodan*, GG, Art. 6 Rn. 18. Hingegen wird die Einordnung als Schranke durch die Annahme obsolet, dass der sachliche Schutzbereich von Art. 6 Abs. 2 S. 1 GG gar nicht erst eröffnet ist, wenn Eltern Handlungen vornehmen, die nicht dem Kindeswohl entsprechen, sodass mangels Eingriffs in diesen Fällen auch keine Beschränkung des Elternrechts aus Art. 6 Abs. 2 S. 1 GG durch Art. 6 Abs. 2 S. 2 GG oder Art. 6 Abs. 3 GG erfolgt. Dazu vertiefend Dreier/*Brosius-Gersdorf*, GG, Art. 6 Rn. 172. Abgesehen von der Frage, ob es sich um einen einfachen Gesetzesvorbehalt, der den Eingriff in den Schutzbereich eines Grundrechts allgemein erlaubt, oder einen qualifizierten Gesetzesvorbehalt, der einen Eingriff unter bestimmten, näher bezeichneten Voraussetzungen gestattet, handeln könnte, spricht schon der Wortlaut des Art. 6 Abs. 2 S. 2 GG gegen die Annahme eines Gesetzesvorbehalts. Mit dem bloßen Wachen der staatlichen Gemeinschaft über etwas wird die Aufgabe des Staates als eine zurückhaltendere beschrieben als beispielsweise das Eingreifen in Art. 2 Abs. 2 S. 3 GG oder das Beschränken in Art. 8 Abs. 2 GG, so *Handschell*, Die Schulpflicht vor dem Grundgesetz, S. 140. Art. 6 Abs. 2 S. 1 und 2 GG stehen nicht in einem gegenläufigen Verhältnis, *Handschell*, Die Schulpflicht vor dem Grundgesetz, S. 141. Beide haben den Zweck, das Kindeswohl zu sichern, *Handschell*, Die Schulpflicht vor dem Grundgesetz, S. 141. Für den Fall, dass die Elternverantwortung nicht wahrgenommen wird, hat der Staat auf die Wahrnehmung dieser Aufgabe hinzuwirken, *Handschell*, Die Schulpflicht vor dem Grundgesetz, S. 141. Dabei schützt das staatliche Wächteramt nicht nur das Kind, sondern auch die Eltern, indem der Staat ihnen die Möglichkeit zu gewähren hat, ihre Elternverantwortung wahrzunehmen, *Handschell*, Die Schulpflicht vor dem Grundgesetz, S. 141. Das staatliche Wächteramt kann demgemäß nicht darauf reduziert werden, sich gegen die Eltern zu richten, *Handschell*, Die Schulpflicht vor dem Grundgesetz, S. 141 f. Naheliegender als das Verständnis als Schranke ist daher die Einordnung von Art. 6 Abs. 2 S. 2 GG als Konkretisierung der Schutzpflichten, die dem Staat im Hinblick auf die Grundrechte des Kindes obliegen. Von

Die Existenz des staatlichen Wächteramtes lässt sich mit der Stellung des Kindes als ein Grundrechtsträger, der Anspruch auf den Schutz des Staates hat, und dem Interesse der staatlichen Gemeinschaft an der Erziehung des Nachwuchses basierend auf der Verpflichtung zum Sozialstaat und zur Wahrung der öffentlichen Sicherheit und Ordnung begründen[187]. Verfassungsrechtlicher Sinn des staatlichen Wächteramtes ist es, objektive Verletzungen des Kindeswohls zu verhüten[188].

Den Eltern wird in Art. 6 Abs. 2 S. 1 GG der Vorrang in Bezug auf Pflege und Erziehung des Kindes garantiert[189]. Die Übertragung der vorrangigen Verantwortlichkeit auf die Eltern schließt aus, bei jeder Handlung, die Nachteile für das Kind mit sich bringen könnte, einzuschreiten[190]. Die Priorität des elterlichen Erziehungsrechts bewirkt stattdessen, dass erst bei drohender Vernachlässigung des Kindes Einschränkungen möglich sind[191]. Auf Grundlage der staatlichen Wächterfunktion aus Art. 6 Abs. 2 S. 2 GG hat der Staat das Recht und die Pflicht, bei schwerwiegendem elterlichen Versagen Pflege und Erziehung des Kindes durch geeignete Maßnahmen unter Orientierung am Kindeswohl sicherzustellen[192]. Es ist nicht Aufgabe des staatlichen Wächteramtes, gegen den Willen der Eltern die bestmögliche Förderung des Kindes herbeizuführen[193]. Art. 6 Abs. 2 S. 2 GG gewährt dem Staat keinen eigenständigen Erziehungsauftrag[194]. Vielmehr beschränkt sich das staatliche Wächteramt auf die Abwehr von Gefahren[195]. Hierfür ist die staatliche Gemeinschaft verantwortlich[196]. Die staatliche Schutzpflicht aus Art. 6 Abs. 2 S. 2 GG wird in Art. 6 Abs. 3 GG und einfachgesetzlichen Regelungen konkretisiert[197]. Durch auf diesen gesetzlichen Grundlagen basierende staatliche Interventionen können Defizite, die durch Vernachlässigung oder Missbrauch elterlicher Verantwortung entstehen,

---

einem vorbehaltlos gewährleisteten Grundrecht wird auch in BVerfG, Beschl. v. 21.07.2009 – 1 BvR 1358/09, NJW 2009, 3151 (3152); BVerfG, Beschl. v. 15.03.2007 – 1 BvR 2780/06, BVerfGK 10, 423 (429); BVerfG, Beschl. v. 31.05.2006 – 2 BvR 1693/04, BVerfGK 8, 151 (153) ausgegangen.

187 BVerfG, Beschl. v. 29.07.1968 – 1 BvL 20/63, 31/66, 5/67, BVerfGE 24, 119 (144); v. Mangoldt/Klein/Starck/*Robbers,* GG, Art. 6 Rn. 242.

188 BVerfG, Urt. v. 29.07.1959 – 1 BvR 205, 332, 333, 367/58, 1 BvL 27, 100/58, BVerfGE 10, 59 (84).

189 Hömig/*Antoni,* HK-GG, Art. 6 Rn. 13.

190 Bamberger/Roth/*Veit,* BGB, § 1666 Rn. 9.

191 BVerfG, Urt. v. 06.02.2001 – 1 BvR 12/92, BVerfGE 103, 89 (107); Jarass/Pieroth/*Jarass,* GG, Art. 6 Rn. 56.

192 BVerfG, Beschl. v. 29.07.1968 – 1 BvL 20/63, 31/66, 5/67, BVerfGE 24, 119 (144 f.); Sachs/*v. Coelln,* GG, Art. 6 Rn. 76, 79.

193 OLG Hamm, Beschl. v. 10.09.2003 – 8 UF 32/03, FamRZ 2004, 1664 (1665).

194 Sachs/*v. Coelln,* GG, Art. 6 Rn. 76.

195 OLG Hamm, Beschl. v. 10.09.2003 – 8 UF 32/03, FamRZ 2004, 1664 (1665).

196 Hömig/*Antoni,* HK-GG, Art. 6 Rn. 13; v. Mangoldt/Klein/Starck/*Robbers,* GG, Art. 6 Rn. 240.

197 Sachs/*v. Coelln,* GG, Art. 6 Rn. 72, 76.

ausgeglichen werden[198]. Vernachlässigung und Missbrauch von elterlichem Erziehungsrecht und elterlicher Erziehungspflicht wirken insbesondere die Vorschriften §§ 1666 ff. BGB und das Gesetz zur Neuordnung des Kinder- und Jugendhilferechts 1990 entgegen[199]. Anordnungen des Familiengerichts nach § 1666 BGB dienen der Sicherstellung des Kindeswohls[200]. Über § 1666 Abs. 1 BGB i.V.m. § 1666a BGB wird neben dem Kindeswohl auch das Elternrecht berücksichtigt[201].

Art. 6 Abs. 3 GG stellt weder eine Schranke noch eine Schranken-Schranke des Art. 6 Abs. 2 S. 1 GG dar[202]. Die Vorschrift konkretisiert ebenso wie Art. 6 Abs. 2 S. 2 GG die Schutzpflichten des Staates in Bezug auf die Grundrechte des Kindes[203]. Eine Trennung von Eltern und Kind ist nur unter den in Art. 6 Abs. 3 GG normierten Voraussetzungen zulässig[204]. Eine Trennung in diesem Sinne liegt bei Wegnahme des Kindes von seinen Eltern bei grundsätzlichem Fortbestand der Eltern-Kind-Beziehung und der darauf beruhenden Rechte und Pflichten vor[205]. Durch die erschwerten Voraussetzungen einer Trennung soll der Möglichkeit staatlicher Zwangserziehung entgegengewirkt werden[206]. Eine Trennung von Eltern und Kind ist nur dann zulässig, wenn die Eltern ihre Erziehungspflichten nachhaltig nicht erfüllt haben, wodurch die körperliche, geistige oder seelische Kindesentwicklung massiv zurückgeblieben ist und die daraus resultierende Kindeswohlgefährdung dem Aufrechterhalten der Familiengemeinschaft entgegensteht[207].

(2) Religionsfreiheit der Eltern aus Art. 4 Abs. 1 und 2 GG

Gem. Art. 4 Abs. 1 GG sind die Freiheit des Glaubens, des Gewissens und die Freiheit des religiösen und weltanschaulichen Bekenntnisses unverletzlich. Über Art. 4 Abs. 2 GG wird die ungestörte Religionsausübung gewährleistet.

---

198 Sachs/*v. Coelln,* GG, Art. 6 Rn. 76.

199 Schmidt-Bleibtreu/Klein/*Hofmann,* GG, Art. 6 Rn. 43.

200 MüKoBGB/*Olzen,* § 1666 Rn. 153.

201 Schmidt-Bleibtreu/Klein/*Hofmann,* GG, Art. 6 Rn. 44.

202 Dreier/*Brosius-Gersdorf,* GG, Art. 6 Rn. 172. Teilweise wird auf Grundlage des Verständnisses von Art. 6 Abs. 2 S. 2 GG als Schranke Art. 6 Abs. 3 GG als Schranken-Schranke verstanden, so zum Beispiel Jarass/Pieroth/*Jarass,* GG, Art. 6 Rn. 63; ebenso Sodan/*Sodan,* GG, Art.6 Rn. 18. Zur Diskussion um die Einordnung von Art. 6 Abs. 3 GG als Schranken-Schranke oder qualifizierten Gesetzesvorbehalt m.w.N. Sachs/*v. Coelln,* GG, Art. 6 Rn. 84.

203 Dreier/*Brosius-Gersdorf,* GG, Art. 6 Rn. 192.

204 Schmidt-Bleibtreu/Klein/*Hofmann,* GG, Art. 6 Rn. 44.

205 BVerfG, Beschl. v. 29.07.1968 – 1 BvL 20/63, 31/66, 5/67, BVerfGE 24, 119 (139 ff.); Hömig/*Antoni,* HK-GG, Art. 6 Rn. 20.

206 Hömig/*Antoni,* HK-GG, Art. 6 Rn. 19.

207 Sachs/*v. Coelln,* GG, Art. 6 Rn. 85.

Da in der vorliegenden Arbeit lediglich das auf einer Religion basierende Verhalten von Eltern untersucht wird, beziehen sich die Ausführungen zu Art. 4 GG auch vorrangig auf ebendiese[208].

(a) Grundrechtsträger

Art. 4 GG schützt als Menschenrecht jedermann[209]. Natürliche Personen sind in ihrer Fähigkeit zu individueller Glaubensfreiheit Träger des Grundrechts[210]. Eltern vertreten ihre Kinder in der Wahrnehmung ihrer diesbezüglichen Rechte bis zu deren Grundrechtsmündigkeit[211].

(b) Inhalt der Religionsfreiheit

Dem Bundesverfassungsgericht zufolge handelt es sich bei Art. 4 Abs. 1 und Abs. 2 GG um ein einheitliches Grundrecht, da Art. 4 Abs. 2 GG in Art. 4 Abs. 1 GG begrifflich bereits enthalten sei und dem zweiten Absatz insofern nur deklaratorische Wirkung zukomme[212].

Religiöse und weltanschauliche Bekenntnisse, die über Art. 4 GG geschützt werden, können nicht exakt voneinander abgegrenzt werden, was aber wegen der rechtlichen Gleichstellung vielfach auch nicht erforderlich ist[213]. Sowohl der Begriff der Religion als auch derjenige der Weltanschauung beziehen sich auf Gedankensysteme, die die Stellung des Menschen in der Welt und metaphysische Fragen betreffen[214]. Weltanschauungen sind in Abgrenzung zur Religion gedankliche Systeme, die die Welt umfassend deuten und sich dabei nicht auf Götter, das Jenseits oder Transzendenz, sondern lediglich auf Weltimmanentes beziehen[215]. Religion kann

---

208 Ausführungen zur Weltanschauung dienen vorwiegend der Abgrenzung.

209 Sachs/*Kokott,* GG, Art. 4 Rn. 7.

210 Schmidt-Bleibtreu/Klein/*Hofmann,* GG, Art. 4 Rn. 25.

211 Sachs/*Kokott,* GG, Art. 4 Rn. 8.

212 BVerfG, Beschl. v. 16.10.1968 – 1 BvR 241/66, BVerfGE 24, 236 (245 f.); ebenso Schmidt-Bleibtreu/Klein/*Hofmann,* GG, Art. 4 Rn. 5; Hömig/*Wolff,* HK-GG, Art. 4 Rn. 3; Sachs/*Kokott,* GG, Art. 4 Rn. 11 f. Ursache dieses Bedürfnisses, die Ablehnung staatlicher Störungen der Religionsausübung in Art. 4 Abs. 2 GG klarzustellen, war der im Gegensatz dazu stehende Umgang mit Religion während der nationalsozialistischen Gewaltherrschaft, *Krampen-Lietzke,* Der Dispens vom Schulunterricht aus religiösen Gründen, S. 59. Aufgrund der bloßen Klarstellungsfunktion des Art. 4 Abs. 2 GG umfasst schon Art. 4 Abs. 1 GG die Ausübungsfreiheit in Bezug auf Religion und Weltanschauung, ohne dass eine gesonderte Nennung der Weltanschauung in Art. 4 Abs. 2 GG erforderlich wäre, *Krampen-Lietzke,* Der Dispens vom Schulunterricht aus religiösen Gründen, S. 59.

213 *Holzke,* NVwZ 2002, S. 904; *Waldhoff,* Neue Religionskonflikte und staatliche Neutralität, S. D 40.

214 *Holzke,* NVwZ 2002, S. 904.

215 Sachs/*Kokott,* GG, Art. 4 Rn. 22; *Waldhoff,* Neue Religionskonflikte und staatliche Neutralität, S. D 40 f.

im Verhältnis zur Weltanschauung als etwas Verschiedenes oder etwas Spezielles verstanden werden[216]. Unter dem Glauben im Sinne von Art. 4 Abs. 1 GG ist die subjektive Überzeugung und Gewissheit in Bezug auf eine Religion oder Weltanschauung zu verstehen[217]. Dementsprechend gewährt die Glaubensfreiheit als Kern der Religionsfreiheit das Recht, aus innerer Überzeugung im Hinblick auf Gott und das Jenseits unabhängig von staatlichem Einfluss zu glauben oder nicht zu glauben[218]. Umfasst ist aber nicht nur dieses sogenannte forum internum[219]. Ebenfalls garantiert wird die Freiheit, den Grundsätzen des Glaubens oder der Weltanschauung entsprechend zu handeln, das sogenannte forum externum[220]. Dem Einzelnen wird das Recht gewährt, sein gesamtes Verhalten an Lehren seines Glaubens auszurichten und nach seiner mithilfe dieser Lehren gefundenen Überzeugung zu handeln[221]. Die Glaubensfreiheit beinhaltet auch die Freiheit, den Glauben zu manifestieren, zu bekennen und zu verbreiten[222]. Unter dem Religionsbekenntnis wiederum ist die Kundgabe des Glaubens und einzelner auf dem Glauben basierender Entscheidungen zu verstehen[223]. Es wird sowohl im privaten als auch im öffentlichen Lebensbereich geschützt[224]. Durch die negative Glaubensfreiheit, die Art. 4 Abs. 1 GG ebenfalls gewährt, besteht nicht nur die Freiheit, einen Glauben nicht zu haben, sondern auch, einen Glauben nicht zu bekennen oder nicht auszuüben[225].

Es genügt für die Freiheitsgewährleistung des Art. 4 Abs. 1 GG nicht, dass behauptet wird, eine Gemeinschaft bekenne sich zu einer Religion und sei eine Religionsgemeinschaft, und ein entsprechendes Selbstverständnis existiert[226]. Es muss sich auch tatsächlich nach geistigem Gehalt und äußerem Erscheinungsbild um eine Religion und Religionsgemeinschaft handeln[227].

216 *Holzke*, NVwZ 2002, S. 904.

217 *Krampen-Lietzke*, Der Dispens vom Schulunterricht aus religiösen Gründen, S. 48.

218 Schmidt-Bleibtreu/Klein/*Hofmann*, GG, Art. 4 Rn. 5; Sachs/*Kokott*, GG, Art. 4 Rn. 26.

219 *Weber*, NJW 2010, S. 2477.

220 *Waldhoff*, Neue Religionskonflikte und staatliche Neutralität, S. D 116; *Weber*, NJW 2010, S. 2477 f.

221 BVerfG, Beschl. v. 19.10.1971 – 1 BvR 387/65, BVerfGE 32, 98 (106).

222 BVerfG, Beschl. v. 19.10.1971 – 1 BvR 387/65, BVerfGE 32, 98 (106).

223 Schmidt-Bleibtreu/Klein/*Hofmann*, GG, Art. 4 Rn. 5.

224 Hömig/*Wolff*, HK-GG, Art. 4 Rn. 5.

225 *Krampen-Lietzke*, Der Dispens vom Schulunterricht aus religiösen Gründen, S. 65.

226 BVerfG, Beschl. v. 05.02.1991 – 2 BvR 263/86, BVerfGE 83, 341 (353); Hömig/*Wolff*, HK-GG, Art. 4 Rn. 6.

227 BVerfG, Beschl. v. 05.02.1991 – 2 BvR 263/86, BVerfGE 83, 341 (353); Hömig/*Wolff*, HK-GG, Art. 4 Rn. 6. Für die Beurteilung von Weltanschauungen und Weltanschauungsgemeinschaften, die rechtlich gleichgestellt sind, gilt Entsprechendes, Hömig/*Wolff*, HK-GG, Art. 4 Rn. 6.

(c) Grenzen der Religionsfreiheit

In Art. 4 Abs. 1 und 2 GG werden keine Grundrechtsschranken genannt[228]. Zugunsten der Berücksichtigung der Eigenständigkeit von Art. 4 GG und dem dort verankerten hohen Stellenwert der Religionsfreiheit wird dem Bundesverfassungsgericht zufolge nicht Art. 136 Abs. 1 WRV über Art. 140 GG als Beschränkung des Art. 4 GG herangezogen, sondern Art. 136 Abs. 1 WRV durch Art. 4 GG überlagert[229]. Der Grundgesetzgeber habe die Glaubens- und Gewissensfreiheit aus dem Zusammenhang der Kirchenartikel der Weimarer Reichsverfassung gelöst und ohne jeden Gesetzesvorbehalt in den an der Spitze der Verfassung stehenden Katalog unmittelbar verbindlicher Grundrechte aufgenommen[230]. Art. 136 WRV sei deshalb im Lichte der gegenüber früher erheblich verstärkten Tragweite des Grundrechts der Glaubens- und Gewissensfreiheit auszulegen[231]. Er werde nach Bedeutung und innerem Gewicht im Zusammenhang der grundgesetzlichen Ordnung von Art. 4 Abs. 1 GG überlagert[232]. Welche staatsbürgerlichen Pflichten im Sinne des Art. 136 Abs. 1 WRV gegenüber dem Freiheitsrecht des Art. 4 Abs. 1 GG mit staatlichem Zwang durchgesetzt werden dürften, lasse sich unter der Herrschaft des Grundgesetzes nur nach Maßgabe der in Art. 4 Abs. 1 GG getroffenen Wertentscheidung feststellen[233].

Ebenso lehnt das Bundesverfassungsgericht es ab, die Schranken aus Art. 2 Abs. 1 GG und Art. 5 Abs. 2 GG anzuwenden, sondern zieht zur Beschränkung lediglich verfassungsimmanente Schranken heran[234]. Art. 4 Abs. 1 GG sei Art. 2 Abs. 1 GG gegenüber lex specialis[235]. Es bestehe ein Verhältnis der Subsidiarität des Art. 2 Abs. 1 GG zur Spezialität der Einzelfreiheitsrechte[236]. Dass die Glaubensfreiheit durch die Rechte anderer, die verfassungsgemäße Ordnung und durch das Sittengesetz beschränkt sei, sei mit diesem Grundsatz unvereinbar[237]. Gegen die Einschränkung über Art. 5 Abs. 2 GG sprächen Wortlaut und Stellung des Art. 4 GG[238]. Die Heranziehung von Art. 5 Abs. 2 GG verböten vor allem die fundamentale Verschiedenheit beider Freiheitsrechte und der zwischen ihnen zur Anwendung kommende Grundsatz der Spezialität[239].

---

228 *Krampen-Lietzke*, Der Dispens vom Schulunterricht aus religiösen Gründen, S. 66. Zur Diskussion um die Schranken des Art. 4 Abs. 1 und 2 GG ausführlich *Krampen-Lietzke*, Der Dispens vom Schulunterricht aus religiösen Gründen, S. 66 ff.

229 *Pauly/Pagel*, NVwZ 2002, S. 442.

230 BVerfG, Beschl. v. 11.04.1972 – 2 BvR 75/71, BVerfGE 33, 23 (30 f.).

231 BVerfG, Beschl. v. 11.04.1972 – 2 BvR 75/71, BVerfGE 33, 23 (31).

232 BVerfG, Beschl. v. 11.04.1972 – 2 BvR 75/71, BVerfGE 33, 23 (31).

233 BVerfG, Beschl. v. 11.04.1972 – 2 BvR 75/71, BVerfGE 33, 23 (31).

234 BVerfG, Beschl. v. 19.10.1971 – 1 BvR 387/65, BVerfGE 32, 98 (107); *Pauly/Pagel*, NVwZ 2002, S. 442.

235 BVerfG, Beschl. v. 19.10.1971 – 1 BvR 387/65, BVerfGE 32, 98 (107).

236 BVerfG, Beschl. v. 19.10.1971 – 1 BvR 387/65, BVerfGE 32, 98 (107).

237 BVerfG, Beschl. v. 19.10.1971 – 1 BvR 387/65, BVerfGE 32, 98 (107).

238 BVerfG, Beschl. v. 19.10.1971 – 1 BvR 387/65, BVerfGE 32, 98 (107).

239 BVerfG, Beschl. v. 19.10.1971 – 1 BvR 387/65, BVerfGE 32, 98 (107).

Mit dieser Argumentation wird dem Bundesverfassungsgericht und der hier vertretenen Auffassung zufolge Art. 4 Abs. 1 GG seinem Wortlaut entsprechend als vorbehaltlos gewährleistetes Grundrecht behandelt[240]. Grenzen können damit allein vor dem Hintergrund der grundgesetzlichen Wertordnung und unter Berücksichtigung der Einheit dieses Wertsystems gezogen werden[241]. Damit kommen insbesondere kollidierende Grundrechte Dritter oder andere mit Verfassungsrang ausgestattete Rechtsgüter in Betracht[242]. Religionsfreiheit und die kollidierende Verfassungsnorm sind abzuwägen[243]. Art. 4 Abs. 1 GG begrenzendes Verfassungsrecht kann beispielsweise der staatliche Erziehungsauftrag aus Art. 7 Abs. 1 GG[244] oder etwa bei religiösen Vorstellungen, die zu strafbarem Verhalten geführt haben, Art. 3 Abs. 1 GG und im Besonderen Art. 3 Abs. 3 S. 1 GG sein, dem zufolge in der Regel keine Straffreiheit oder Strafmilderung für Überzeugungstäter aus religiösen Gründen möglich ist[245].

(3) Religiöse Kindererziehung als verfassungsrechtlich gewährleistetes Recht

Die Beeinflussung durch die Eltern zur Erlangung einer eigenen Glaubensüberzeugung des Kindes überschreitet ein von Art. 4 Abs. 1 und 2 GG erfasstes bloßes Werben für eine bestimmte Religion[246]. Aufgrund der noch nicht gefestigten Persönlichkeit des Kindes kann vielmehr zumeist von einer Art manipulativer Vermittlung von Überzeugungen gesprochen werden[247]. Allein aus Art. 4 Abs. 1 und 2 GG kann kein Recht auf religiöse Kindererziehung abgeleitet werden[248].

Art. 6 Abs. 2 S. 1 GG hat in dieser Hinsicht einen weitreichenderen Anwendungsbereich[249]. Von der Elternverantwortung können beispielsweise auch erzieherische Zwangsmaßnahmen sowie das dem Kind aufgezwungene Befolgen religiöser Gebote umfasst sein[250].

---

240 BVerfG, Beschl. v. 16.05.1995 – 1 BvR 1087/91, BVerfGE 93, 1 (21). BVerfG, Beschl. v. 19.10.1971 – 1 BvR 387/65, BVerfGE 32, 98 (108). Siehe dazu auch m.w.N. zu dieser Fragestellung die Ausführungen in Schmidt-Bleibtreu/Klein/*Hofmann*, GG, Art. 4 Rn. 7 ff.; *Waldhoff*, NJW-Beilage 2010, S. 92.

241 BVerfG, Beschl. v. 19.10.1971 – 1 BvR 387/65, BVerfGE 32, 98 (108).

242 BVerfG, Urt. v. 24.09.2003 – 2 BvR 1436/02, BVerfGE 108, 282 (297); Hömig/*Wolff*, HK-GG, Art. 4 Rn. 12.

243 *Krampen-Lietzke*, Der Dispens vom Schulunterricht aus religiösen Gründen, S. 71.

244 BVerfG, Beschl. v. 21.07.2009 – 1 BvR 1358/09, NJW 2009, 3151 (3152).

245 v. Mangoldt/Klein/Starck/*Starck*, GG, Art. 4 Rn. 44.

246 *Krampen-Lietzke*, Der Dispens vom Schulunterricht aus religiösen Gründen, S. 73.

247 *Krampen-Lietzke*, Der Dispens vom Schulunterricht aus religiösen Gründen, S. 73.

248 *Krampen-Lietzke*, Der Dispens vom Schulunterricht aus religiösen Gründen, S. 73.

249 *Krampen-Lietzke*, Der Dispens vom Schulunterricht aus religiösen Gründen, S. 77.

250 *Krampen-Lietzke*, Der Dispens vom Schulunterricht aus religiösen Gründen, S. 77.

Der Schutz des Art. 6 Abs. 2 S. 1 GG bezieht sich i.V.m. Art. 4 Abs. 1 und Abs. 2 GG auch auf das Recht auf religiöse oder weltanschauliche Kindererziehung[251]. Zu dem Recht und der Pflicht der Eltern aus Art. 6 Abs. 2 S. 1 GG, Pflege und Erziehung ihrer Kinder nach eigenen Vorstellungen frei und vorbehaltlich Art. 7 Abs. 1 GG mit Vorrang vor anderen Erziehungsträgern zu gestalten, gehört auch das Recht der Erziehung der Kinder in religiöser und weltanschaulicher Hinsicht[252]. Ebenso beinhalten Art. 4 Abs. 1 und 2 GG das Recht der Eltern, die von ihnen für richtig gehaltene religiöse oder weltanschauliche Überzeugung an ihre Kinder weiterzugeben[253]. Über Art. 4 Abs. 1 und 2 GG i.V.m. Art. 6 Abs. 2 S. 1 GG ergibt sich damit für die Eltern nach ständiger Rechtsprechung des Bundesverfassungsgerichts das Recht, ihren Kindern die von ihnen für richtig gehaltene religiöse oder weltanschauliche Überzeugung zu vermitteln und die Kinder von für falsch oder schädlich gehaltenen Überzeugungen fernzuhalten[254]. Ebenso wie für Art. 6 Abs. 2 S. 1 GG gilt auch für das Recht auf religiöse Erziehung aus Art. 6 Abs. 2 GG i.V.m. Art. 4 Abs. 1 GG, dass es vorbehaltlos gewährleistet wird[255].

Das Erziehungsrecht des Staates kann zu Einschränkungen dieses Rechts führen[256]. Im Besonderen sind Konflikte zwischen dem Recht auf religiöse Kinderziehung und dem Erziehungsrecht des Staates aus Art. 7 Abs. 1 GG denkbar[257].

Dass nicht nur auf Art. 6 Abs. 2 S. 1 GG abgestellt wird, dient zum einen der Klarstellung dessen, dass religiöse Aspekte der Erziehung betroffen sind[258]. Zum anderen wird durch die Glaubensfreiheit der Schutz des Elternrechts verstärkt[259].

(4) Sonstiger Schutz durch Grundrechte im Rahmen der Eltern-Kind-Beziehung

Neben Art. 6 GG bietet auch das allgemeine Persönlichkeitsrecht aus Art. 2 Abs. 1 GG i.V.m. Art. 1 Abs. 1 GG den Beziehungen zwischen Eltern und Kindern Schutz[260]. Stehen allerdings anstelle des Rechts aus Art. 6 Abs. 2 S. 1 GG die Interessen der

---

251 BVerfG, Beschl. v. 16.05.1995 – 1 BvR 1087/91, BVerfGE 93, 1 (17); BVerfG, Beschl. v. 16.10.1979 – 1 BvR 647/70, 7/74, BVerfGE 52, 223 (235 f.); Sodan/*Sodan,* GG, Art. 6 Rn. 15; *Waldhoff,* Neue Religionskonflikte und staatliche Neutralität, S. D 108.

252 BVerfG, Beschl. v. 16.10.1979 – 1 BvR 647/70, 7/74, BVerfGE 52, 223 (235 f.).

253 BVerfG, Beschl. v. 16.10.1979 – 1 BvR 647/70, 7/74, BVerfGE 52, 223 (236).

254 So beispielsweise in BVerfG, Urt. v. 24.09.2003 – 2 BvR 1436/02, BVerfGE 108, 282 (301); Beschl. v. 16.05.1995 – 1 BvR 1087/91, BVerfGE 93, 1 (17); BVerfG, BVerfG, Beschl. v. 16.10.1979 – 1 BvR 647/70, 7/74, BVerfGE 52, 223 (236); BVerfG, Beschl. v 17.12.1975 – 1 BvR 63/68, BVerfGE 41, 29 (47 f.).

255 *Krampen-Lietzke,* Der Dispens vom Schulunterricht aus religiösen Gründen, S. 79.

256 *Waldhoff,* Neue Religionskonflikte und staatliche Neutralität, S. D 108.

257 *Waldhoff,* Neue Religionskonflikte und staatliche Neutralität, S. D 108.

258 *Krampen-Lietzke,* Der Dispens vom Schulunterricht aus religiösen Gründen, S. 74.

259 *Krampen-Lietzke,* Der Dispens vom Schulunterricht aus religiösen Gründen, S. 74.

260 Jarass/Pieroth/*Jarass,* GG, Art. 6 Rn. 41.

Eltern aus Art. 2 Abs. 1 GG i.V.m. Art. 1 Abs. 1 GG den Interessen des Kindes gegenüber, ist das Kindeswohl ohne Vorliegen von Gefahren für das Kind nur im Einzelfall vorrangig zu behandeln[261].

bb) Von familiengerichtlichen Maßnahmen betroffene Grundrechte des Kindes

Neben Grundrechten der Eltern sind auch Grundrechte des Kindes bei Sachverhalten betroffen, in denen das Familiengericht zugunsten des Kindeswohls Maßnahmen gegen religiös motiviertes Verhalten der Eltern anordnet.

(1) Religionsfreiheit des Kindes aus Art. 4 Abs. 1 und 2 GG

Träger des Grundrechts aus Art. 4 Abs. 1 und 2 GG können auch Kinder sein[262]. Im Falle der Grundrechtsunmündigkeit kann dem Kind die Religionsfreiheit noch nicht mit einem bestimmten Inhalt zugewiesen werden, weil es selbst noch keine eigene Position entwickeln kann[263]. Da der Gehalt dieses Grundrechts bis zur Grundrechtsmündigkeit noch durch elterliche Festlegung geprägt ist, ist in den Grenzen des Kindeswohls innerhalb dieses Zeitraums noch keine Kollision von Art. 6 Abs. 2 S. 1 GG und der Religionsfreiheit des Kindes aus Art. 4 Abs. 1 und 2 GG denkbar[264]. Vielmehr wird die Glaubensfreiheit bis zur Religionsmündigkeit durch die sich aus Art. 6 Abs. 2 S. 1 GG ergebende Elternverantwortung beeinflusst[265].

Einfachgesetzlich regelt § 5 S. 1 RelKErzG, dass ein Kind nach Vollendung des 14. Lebensjahres über sein Bekenntnis entscheiden und gem. § 5 S. 2 RelKErzG ab Vollendung des 12. Lebensjahres nicht gegen seinen Willen in einem anderen Bekenntnis als zuvor erzogen werden kann. Die Altersgrenze von 14 Jahren ist relevant für die Abgrenzung, ob das elterliche Erziehungsrecht oder die Religionsfreiheit des Kindes einschlägig ist[266].

Diese Freiräume können allerdings bis zur Volljährigkeit des Kindes von der elterlichen Sorge beziehungsweise dem elterlichen Erziehungsrecht überlagert werden[267]. Alleine das Erreichen der Altersgrenze von 14 Jahren führt nicht zum automatischen Erlöschen des Erziehungsrechts[268].

---

261 Dreier/*Brosius-Gersdorf*, GG, Art. 6 Rn. 143.
262 BGH, Beschl. v. 25.09.1956 – IV ZB 96/56, BGHZ 21, 340 (352 f.).
263 Sachs/*v. Coelln*, GG, Art. 6 Rn. 70.
264 Sachs/*v. Coelln*, GG, Art. 6 Rn. 70.
265 BVerfG, Beschl. v. 31.03.1971 – 1 BvR 744/67, BVerfGE 30, 415 (424); Schmidt-Bleibtreu/Klein/*Hofmann*, GG, Art. 4 Rn. 25.
266 *Krampen-Lietzke*, Der Dispens vom Schulunterricht aus religiösen Gründen, S. 80.
267 Sachs/*Kokott*, GG, Art. 4 Rn. 8.
268 *Krampen-Lietzke*, Der Dispens vom Schulunterricht aus religiösen Gründen, S. 80.

Steht die religiöse Überzeugung des Kindes im Gegensatz zu derjenigen der Eltern, ist auf den Kindeswillen abzustellen[269]. Insofern erlischt das elterliche Erziehungsrecht und allein die Religionsfreiheit des Kindes ist maßgeblich[270]. Stimmen die religiösen Überzeugungen von Eltern und Kind hingegen überein, können sowohl Kindes- als auch Elterngrundrechte einschlägig sein[271]. Ein staatlicher Eingriff in die Religionsfreiheit kann gleichzeitig das Grundrecht aus Art. 4 Abs. 1 und 2 GG von Eltern und Kind verletzen[272]. In einem solchen Fall besteht keine Konfliktsituation im Sinne von § 5 RelKErzG, sodass die Norm nicht herangezogen werden muss, und die Geltendmachung der Elterngrundrechte kommt auch dem Kind zugute[273].

(2) Sonstiger Schutz durch Grundrechte im Rahmen der Eltern-Kind-Beziehung

Zwar gewährt die Verfassung den Eltern über Art. 6 Abs. 2 S. 1 GG ein Interpretationsprimat hinsichtlich des Kindeswohls[274]. Dieses wird allerdings unter anderem durch die verfassungsimmanenten Schranken und Rechte des Kindes in Art. 2 Abs. 2 GG und Art. 2 Abs. 1 GG i.V.m. Art. 1 Abs. 1 GG begrenzt[275]. Dem Kind stehen ein Recht auf Menschenwürde und ein Recht auf Entfaltung seiner Persönlichkeit im Sinne des Art. 2 Abs. 1 GG i.V.m. Art. 1 Abs. 1 GG zu[276]. Schutzbereich des allgemeinen Persönlichkeitsrechts ist die persönliche Lebenssphäre in Form von Selbstbestimmung, Selbstbewahrung und Selbstdarstellung[277]. Mit zunehmender Selbstbestimmungsfähigkeit gewinnt das Persönlichkeitsrecht des Kindes für die Grenzen des Rechts der Eltern aus Art. 6 Abs. 2 S. 1 GG durch die Ausstrahlungswirkung auf die Eltern-Kind-Beziehung an Bedeutung[278]. Hierzu führte das OLG Karlsruhe in einer Entscheidung über den Entzug des Sorgerechts für eine 17-Jährige aus, das elterliche Erziehungsrecht werde mit wachsender Einsichtsfähigkeit und Reife des Kindes durch das Kindesgrundrecht auf freie Entfaltung der Persönlichkeit aus Art. 2 Abs. 1 GG begrenzt, und zwar in dem Maße, wie die Fremderziehung der Eltern durch Selbsterziehung und Eigenlenkung des Kindes mehr und mehr abgelöst werde[279]. Dabei ständen sich zwar die Eltern- und Kindesgrundrechte nicht im Sinne von Recht und Gegenrecht gegenüber[280]. Vielmehr begegneten sie

---

269 *Krampen-Lietzke*, Der Dispens vom Schulunterricht aus religiösen Gründen, S. 80 f.

270 *Krampen-Lietzke*, Der Dispens vom Schulunterricht aus religiösen Gründen, S. 81.

271 *Krampen-Lietzke*, Der Dispens vom Schulunterricht aus religiösen Gründen, S. 81.

272 Sachs/*Kokott*, GG, Art. 4 Rn. 8.

273 *Krampen-Lietzke*, Der Dispens vom Schulunterricht aus religiösen Gründen, S. 81.

274 *Sternberg-Lieben/Reichmann*, NJW 2012, S. 259.

275 *Sternberg-Lieben/Reichmann*, NJW 2012, S. 259.

276 BVerfG, Beschl. v. 13.05.1986 – 1 BvR 1542/84, BVerfGE 72, 155 (172).

277 *Krampen-Lietzke*, Der Dispens vom Schulunterricht aus religiösen Gründen, S. 44.

278 Sachs/*v. Coelln*, GG, Art. 6 Rn. 70.

279 OLG Karlsruhe, Beschl. v. 02.06.1989 – 5 Wx 1/89, FamRZ 1989, 1322 (1322).

280 OLG Karlsruhe, Beschl. v. 02.06.1989 – 5 Wx 1/89, FamRZ 1989, 1322 (1322).

sich als teils ergänzende, teils überschneidende und teilweise sich gegenseitig begrenzende Grundrechtsnormen[281]. Je mehr aber das Kind in seiner körperlichen, geistigen und seelischen Entwicklung zu einer eigenständigen Persönlichkeit reife, habe das Grundrecht auf Erziehung zurückzutreten, ohne dass damit eine Grundrechtsverletzung zulasten der erziehenden Eltern einherginge[282].

Das Recht des Kindes auf Leben aus Art. 2 Abs. 2 GG hat objektivierbaren Inhalt, der bezogen auf das Kindeswohl auch ohne elterliche Festlegung definierbar ist[283]. Dadurch ist eine Kollision des Elternrechts aus Art. 6 Abs. 2 S. 1 GG schon vor Grundrechtsmündigkeit des Kindes denkbar[284].

Ergreift das Familiengericht Maßnahmen im Sinne des § 1666 Abs. 1 BGB, berührt es gleichzeitig Rechte des Kindes aus Art. 1 GG und Art. 2 GG[285].

b) Auswirkungen des Motivs der Religion auf die rechtliche Beurteilung des Verhaltens der Eltern

In der zu untersuchenden Konstellation sind unterschiedliche Grundrechte betroffen. Auf Seiten der Eltern wird einerseits das Elternrecht aus Art. 6 Abs. 2 S. 1 GG tangiert, andererseits die gem. Art. 4 Abs. 1 und 2 GG gewährte Religionsfreiheit.

Es stellt sich die Frage, inwiefern sich die Grundrechte, insbesondere die Religionsfreiheit, auf im Grundsatz privatrechtliche, weil familienrechtliche Sachverhalte auswirken, ob also Sachverhalten eine andere Bewertung zukommen kann, wenn das Handeln der Eltern nicht nur auf Grundlage des elterlichen Erziehungsrechts, sondern auch vor dem Hintergrund der Religionsfreiheit erfolgt. Zu untersuchen ist weiter, ob der Staat mit der Berücksichtigung der Religionsfreiheit und einer damit einhergehenden sich von anderen Fällen unterscheidenden Beurteilung des Erziehungsverhaltens seine im Grundsatz neutrale Haltung einbüßt.

aa) Auswirkungen der Grundrechte auf privatrechtliche Sachverhalte

Zunächst ist der Einfluss von Grundrechten auf Vorschriften des Privatrechts zu klären. Denn gem. Art. 1 Abs. 3 GG binden die Grundrechte lediglich die Gesetzgebung, die vollziehende Gewalt und die Rechtsprechung als unmittelbar geltendes Recht. Daher ist zu untersuchen, wie sich die Grundrechte auf Rechtsverhältnisse zwischen Privaten auswirken. Dem Bundesverfassungsgericht zufolge entfalten Grundrechte nicht nur Schutz vor direkten staatlichen Eingriffen[286]. Vielmehr entfalteten sie als objektive Normen ihren Rechtsgehalt auch im Privatrecht und

281 OLG Karlsruhe, Beschl. v. 02.06.1989 – 5 Wx 1/89, FamRZ 1989, 1322 (1322).
282 OLG Karlsruhe, Beschl. v. 02.06.1989 – 5 Wx 1/89, FamRZ 1989, 1322 (1322).
283 Sachs/*v. Coelln*, GG, Art. 6 Rn. 71.
284 Sachs/*v. Coelln*, GG, Art. 6 Rn. 71.
285 MüKoBGB/*Olzen*, § 1666 Rn. 153.
286 BVerfG, Beschl. v. 11.06.1991 – 1 BvR 239/90, BVerfGE 84, 192 (194 f.).

strahlten in dieser Eigenschaft auf die Auslegung und Anwendung privatrechtlicher Vorschriften aus[287]. Das Grundgesetz habe in seinem Grundrechtsabschnitt eine objektive Wertordnung zur prinzipiellen Verstärkung der Geltungskraft der Grundrechte aufgerichtet[288]. Dieses Wertsystem müsse als verfassungsrechtliche Grundentscheidung für alle Bereiche des Rechts gelten[289]. So beeinflusse es auch das bürgerliche Recht[290]. Keine bürgerlich-rechtliche Vorschrift dürfe im Widerspruch zu ihm stehen und jede müsse in seinem Geiste ausgelegt werden[291]. Der Rechtsgehalt der Grundrechte als objektive Normen entfalte sich im Privatrecht durch das Medium der dieses Rechtsgebiet unmittelbar beherrschenden Vorschriften[292]. Der Richter habe zu prüfen, ob die von ihm anzuwendenden materiellen zivilrechtlichen Vorschriften in der beschriebenen Weise grundrechtlich beeinflusst seien[293]. Treffe das zu, habe er bei Auslegung und Anwendung dieser Vorschriften die sich hieraus ergebende Modifikation des Privatrechts zu beachten[294]. Dies sei Sinn der Bindung auch des Zivilrichters an die Grundrechte über Art. 1 Abs. 3 GG[295]. Somit ist festzuhalten, dass sich betroffene Grundrechte auf die rein privatrechtliche Beziehung zwischen Eltern und Kind auswirken können[296]. Grundrechte wirken zwischen Privaten als Anknüpfungspunkt zur Auslegung einfachen Rechts mittelbar[297]. Auf mögliche Rechtskonflikte zwischen Eltern und Kind haben die ihnen zustehenden Grundrechte daher mittelbare Wirkung, sofern nur ihr Verhältnis zueinander betroffen ist[298]. Vor allem Generalklauseln und unbestimmte Rechtsbegriffe, hier diejenigen des Familienrechts, können mithilfe grundrechtlichen Aussagegehalts präzisiert werden[299].

Grundrechte wirken sich somit auch auf das Privatrecht aus. Demnach kann die Religionsfreiheit bei der familienrechtlichen Beurteilung der Sachverhalte berücksichtigt werden.

---

287 BVerfG, Beschl. v. 11.06.1991 – 1 BvR 239/90, BVerfGE 84, 192 (194 f.).
288 BVerfG, Urt. v. 15.01.1958 – 1 BvR 400/51, BVerfGE 7, 198 (205).
289 BVerfG, Urt. v. 15.01.1958 – 1 BvR 400/51, BVerfGE 7, 198 (205).
290 BVerfG, Urt. v. 15.01.1958 – 1 BvR 400/51, BVerfGE 7, 198 (205).
291 BVerfG, Urt. v. 15.01.1958 – 1 BvR 400/51, BVerfGE 7, 198 (205).
292 BVerfG, Urt. v. 15.01.1958 – 1 BvR 400/51, BVerfGE 7, 198 (205).
293 BVerfG, Urt. v. 15.01.1958 – 1 BvR 400/51, BVerfGE 7, 198 (206).
294 BVerfG, Urt. v. 15.01.1958 – 1 BvR 400/51, BVerfGE 7, 198 (206).
295 BVerfG, Urt. v. 15.01.1958 – 1 BvR 400/51, BVerfGE 7, 198 (206).
296 *Guckelberger*, JuS 2003, S. 1157. Zum Meinungsstand zu der Frage, auf welche Weise die Einwirkung erfolgt, vgl. *Guckelberger*, JuS 2003, S. 1151.
297 *Kirchhof*, ZRP 2007, S. 151.
298 *Kirchhof*, ZRP 2007, S. 151.
299 *Windel*, Der Staat, Bd. 37: 1998, S. 406. Siehe etwa BVerfG, Beschl. v. 07.02.1990 – 1 BvR 26/84, BVerfGE 81, 242 (256); BVerfG, Beschl. v. 23.04.1986 – 2 BvR 487/80, BVerfGE 73, 261 (269); BVerfG, Urt. v. 15.01.1958 – 1 BvR 400/51, BVerfGE 7, 198 (206).

bb) Beachtung von Trennungsprinzip und Neutralitätsprinzip

Prägend für den Umgang des Staates mit Sachverhalten, die einen religiösen Hintergrund haben, sind allerdings die Bindung an das Trennungsprinzip und das Neutralitätsprinzip[300]. Es ist zu prüfen, ob diese der Berücksichtigung von Religion als Motiv für das Verhalten der Eltern entgegenstehen.

Das Trennungsprinzip sieht die grundsätzliche Trennung staatlicher und kirchlicher Sphären vor[301]. Daneben legt das Grundgesetz dem Bundesverfassungsgericht zufolge durch Art. 4 Abs. 1 GG, Art. 3 Abs. 3 GG, Art. 33 Abs. 3 GG sowie durch Art. 136 Abs. 1 und 4 WRV und Art. 137 Abs. 1 WRV in Verbindung mit Art. 140 GG dem Staat weltanschaulich-religiöse Neutralität auf[302]. Das Grundgesetz verwehre die Einführung staatskirchlicher Rechtsformen und untersage die Privilegierung bestimmter Bekenntnisse[303]. Dabei wird Neutralität als fördernde, positive Neutralität verstanden, die alle Religionen im Grundsatz gleich behandelt[304]. Der Staat darf eine Religionsgemeinschaft nicht mit der Begründung diskriminieren, dass sie nicht der deutschen Kultur zugehörig ist[305]. Dennoch werden der deutschen Kultur fremde Religionen naturgemäß weniger leicht mit der deutschen Verfassung in Einklang zu bringen sein als Christentum und Judentum, die die deutsche Kultur und hierdurch auch die Verfassung geprägt haben[306]. Der Bezug auf objektiv-verbindliche Rechtsnormen schließt jedoch eine unzulässige Diskriminierung anderer Religionen aus[307]. Es findet keine schematische Gleichbehandlung statt[308]. Die Beachtung der Verfassung rechtfertigt gewisse Verstöße gegen die Neutralität, da sie dem Neutralitätsgebot übergeordnet ist[309]. Wird eine Religion dadurch privilegiert, dass ihr unter Beachtung von Verfassungsrecht die Ausübung von Grundsätzen ermöglicht wird, die anderen Religionen fehlen, widerspricht dies insofern nicht dem Verständnis von Neutralität[310]. Zugunsten der religiös-weltanschaulichen Neutralität des Staates dürfen Glaube und Lehre nicht bewertet werden, bestimmtes Verhalten hingegen schon[311]. Über eine solche rechtliche Beurteilung werden die Grenzen individueller Religionsfreiheit gezogen[312]. Der Staat ist trotz der in Art. 4 GG festgesetzten

---

300 Schmidt-Bleibtreu/Klein/*Hofmann*, GG, Art. 4 Rn. 4.
301 Schmidt-Bleibtreu/Klein/*Hofmann*, GG, Art. 4 Rn. 4.
302 BVerfG, Urt. v. 14.12.1965 – 1 BvR 413, 416/60, BVerfGE 19, 206 (216).
303 BVerfG, Urt. v. 14.12.1965 – 1 BvR 413, 416/60, BVerfGE 19, 206 (216).
304 *Waldhoff*, NJW-Beilage 2010, S. 91.
305 *Waldhoff*, NJW-Beilage 2010, S. 91.
306 *Waldhoff*, Neue Religionskonflikte und staatliche Neutralität, S. D 46 f.; *Waldhoff*, NJW-Beilage 2010, S. 91.
307 *Waldhoff*, Neue Religionskonflikte und staatliche Neutralität, S. D 47.
308 *Waldhoff*, Neue Religionskonflikte und staatliche Neutralität, S. D 44.
309 *Waldhoff*, Neue Religionskonflikte und staatliche Neutralität, S. D 44.
310 *Waldhoff*, NJW-Beilage 2010, S. 91.
311 *Waldhoff*, Neue Religionskonflikte und staatliche Neutralität, S. D 46, D 52.
312 *Waldhoff*, Neue Religionskonflikte und staatliche Neutralität, S. D 52.

Neutralität und Toleranz zum Einschreiten verpflichtet, wenn grundlegende Rechte der Bürger verletzt werden[313].

Somit ist festzuhalten, dass, weil es sich um einen fördernde, positive Neutralität handelt, die Berücksichtigung einer Religion und somit der Religionsfreiheit nicht gegen das Neutralitätsprinzip verstößt.

cc) Zusammenfassung der rechtlichen Beurteilung religiös motivierten Verhaltens der Eltern

Es konnte festgestellt werden, dass die Grundrechte von Eltern und Kind sich auch auf das Familienrecht und die dort geregelten Beziehungen zwischen Privaten auswirken können. So kann auch die Religionsfreiheit bei der rechtlichen Beurteilung der Beziehung zwischen Eltern und Kind zu berücksichtigen sein. Dies widerspricht nicht dem Trennungsprinzip oder Neutralitätsprinzip, das der Staat bei religiös geprägten Sachverhalten zu beachten hat. Da es dem Staat lediglich obliegt, neutral im Sinne eines Förderns und positiver Einwirkung unterschiedlichen Religionen gegenüber zu agieren, steht es mit diesen Grundsätzen in Einklang, zu berücksichtigen, dass das Verhalten der Eltern religiös motiviert ist.

c) Zusammenfassung

Aus der Untersuchung der Verfassungsnormen ergibt sich folgendes Verhältnis der Positionen von Eltern, Kind und Staat zueinander. Art. 6 Abs. 2 S. 1 GG normiert das Recht und die Pflicht der Eltern, für Pflege und Erziehung des Kindes Sorge zu tragen. Dass innerhalb dieses Grundrechts auch eine Pflicht einem Dritten gegenüber festgelegt wird, ist mit der gesteigerten Schutzbedürftigkeit des Kindes zu begründen. Den Eltern kommt hinsichtlich Pflege und Erziehung des Kindes Vorrang vor dem Staat zu. Der Staat ist über das staatliche Wächteramt erst dann berechtigt, einzuschreiten, wenn die Eltern der in Art. 6 Abs. 2 S. 1 GG normierten Elternverantwortung nicht gerecht werden. Die Verantwortung für Pflege und Erziehung des Kindes werden für Eltern und Staat jeweils durch das Kindeswohl begrenzt, das heißt, die Rechte des Kindes nehmen über Art. 6 Abs. 2 GG sowohl auf das Elternrecht als auch auf staatliches Agieren Einfluss. Das Grundrecht der Eltern aus Art. 6 Abs. 2 S. 1 GG kann also durch Grundrechte des Kindes begrenzt sein. Kollidieren im Rahmen von Art. 6 Abs. 2 S. 1 GG Interessen von Eltern und Kind, kommt den Kindesinteressen aufgrund der Wertungen der Vorschrift, der besonderen Schutzbedürftigkeit des Kindes vor dem Hintergrund von Pflege und Erziehung gerecht zu werden, folglich Vorrang zu. Dies führt jedoch nicht dazu, dass die Interessen der Eltern keinerlei Berücksichtigung finden. Einerseits ist ihnen grundsätzlich die Freiheit gewährt, zu entscheiden, was am ehesten dem Kindeswohl entspricht. Die Interessen der Eltern können andererseits zum Beispiel über § 1666 BGB i.V.m. § 1666a BGB Bedeutung erlangen.

---

313 *Waldhoff*, Neue Religionskonflikte und staatliche Neutralität, S. D 34 f.

Im Gegensatz zu Art. 6 Abs. 2 S. 1 GG enthält Art. 4 Abs. 1 GG keine ausdrückliche Pflicht Dritten gegenüber, aus der sich Besonderheiten für die Eltern-Kind-Beziehung ableiten ließen. Der in Art. 6 Abs. 2 S. 1 GG grundsätzlich geltende Vorrang des Kindeswohls den Rechten der Eltern gegenüber ist daher auf die Religionsfreiheit wie auch auf sonstige sich aus der Verfassung ergebende Rechte der Eltern nicht ohne Weiteres übertragbar. Stattdessen entscheidet sich je nach Einzelfall, ob die Rechte des Kindes die Rechte der Eltern als verfassungsimmanente Schranken überwiegen.

Eine Kollision von Religionsfreiheit des Kindes und elterlichem Erziehungsrecht ist erst mit Grundrechtsmündigkeit des Kindes denkbar. Die durch einfaches Recht herbeigeführte Teilmündigkeit des Minderjährigen kann das elterliche Erziehungsrecht in Bezug auf Angelegenheiten der Religion verdrängen. Dennoch besteht die Elternverantwortung gem. Art. 6 Abs. 2 S. 1 GG weiter. Es gilt der auch sonst im Rahmen des Art. 6 Abs. 2 S. 1 GG zu beachtende Vorrang des Kindeswohls.

Das Interpretationsprimat der Eltern findet seine Grenzen neben dem Verantwortungsbereich des staatlichen Wächteramtes unter anderem in den Rechten des Kindes. Hervorzuheben sind Menschenwürde, allgemeines Persönlichkeitsrecht und das Recht auf Leben und körperliche Unversehrtheit des Kindes. Beachtenswert ist auch, dass das Persönlichkeitsrecht des Kindes aus Art. 2 Abs. 1 GG mit zunehmender Reife des Kindes mehr und mehr das elterliche Erziehungsrecht aus Art. 6 Abs. 2 S. 1 GG ablöst.

Staatliche Maßnahmen, die in der vorliegenden Arbeit relevant sind, betreffen nicht nur Rechte der Eltern, sondern auch Rechte des Kindes. Staatliche Eingriffe können beispielsweise gleichzeitig die Religionsfreiheit von Eltern und Kind tangieren.

Die Wahrnehmung der den Eltern verfassungsrechtlich gewährten Religionsfreiheit findet auch im Familienrecht Berücksichtigung.

3. Fazit

Zur Beantwortung der Frage, unter welchen Voraussetzungen das Familiengericht bei Gefährdung des Kindeswohls aufgrund religiös motivierten Verhaltens der Eltern einschreiten kann, muss neben familienrechtlichen Vorschriften auch das Verfassungsrecht berücksichtigt werden.

§ 1666 BGB als zentrale Kindesschutzbestimmung des Familienrechts ermöglicht gerichtliches Einschreiten in Fällen, in denen eine gegenwärtige, zumindest aber unmittelbar bevorstehende Gefahr für die Entwicklung des Kindes vorliegt, die bei fortdauerndem Bestehen eine erhebliche Schädigung des körperlichen, geistigen oder seelischen Wohls des Kindes mit ziemlicher Sicherheit voraussehen lässt. Das Gericht kann jedoch nur dann einschreiten, wenn den Eltern die Bereitschaft oder Fähigkeit fehlt, die Gefahr abzuwenden. § 1666 BGB ist anzuwenden, wenn keine spezielleren Vorschriften einschlägig sind, mithilfe derer sich die Gefährdung für das Kindeswohl beseitigen lässt. Liegen die Voraussetzungen der Generalklausel vor, kann das Gericht die zur Abwendung der Gefahr erforderlichen Maßnahmen im

Rahmen der Personensorge anordnen. Form und Inhalt der Maßnahme stehen im Auswahlermessen des Gerichts, während die Maßnahmen unter Berücksichtigung von § 1666a BGB dem Verhältnismäßigkeitsgrundsatz entsprechen müssen.

Art. 6 Abs. 2 S. 1 GG normiert das Recht und die Pflicht der Eltern, für Pflege und Erziehung des Kindes Sorge zu tragen und kommt damit der gesteigerten Schutzbedürftigkeit des Kindes nach. Eltern genießen hinsichtlich Pflege und Erziehung des Kindes Vorrang vor dem Staat. Über das staatliche Wächteramt ist der Staat erst dann berechtigt, einzuschreiten, wenn die Eltern der in Art. 6 Abs. 2 S. 1 GG normierten Elternverantwortung nicht gerecht werden. Die Rechte des Kindes nehmen über Art. 6 Abs. 2 GG sowohl auf das Elternrecht als auch auf staatliches Agieren Einfluss. Kollidieren im Rahmen von Art. 6 Abs. 2 S. 1 GG Interessen von Eltern und Kind, haben die Kindesinteressen Priorität. Aus Art. 4 Abs. 1 GG hingegen lassen sich keine Besonderheiten für die Eltern-Kind-Beziehung ableiten. Stattdessen wird einzelfallabhängig entschieden, ob die Rechte des Kindes die Rechte der Eltern als verfassungsimmanente Schranken überwiegen. In Verbindung mit Art. 4 Abs. 1 und 2 GG ergibt sich aus Art. 6 Abs. 2 S. 1 GG ein Recht der Eltern auf religiöse Kindererziehung.

II. Fallgruppen der Kindeswohlgefährdung durch religiös motiviertes Verhalten der Eltern im deutschen Recht

Zwar genießt religiös motiviertes Verhalten der Eltern ihrem Kind gegenüber im Grundsatz verfassungsrechtlichen Schutz, was sich entsprechend auf die Eingriffsmöglichkeiten des Familiengerichts auswirkt, in Einzelfällen kann derartiges Verhalten allerdings auch als Kindeswohlgefährdung gewertet werden.

Im folgenden Abschnitt werden diejenigen Fallgruppen aus der Rechtsprechung vorgestellt und besprochen, die besonders aktuell sind.

1. Homeschooling als Kindeswohlgefährdung

Im vergangenen Jahrzehnt zeichnete sich in Deutschland ein deutliches Interesse der Medien am rechtlichen Umgang mit Eltern ab, die sich vehement weigerten, für den Schulbesuch ihrer Kinder Sorge zu tragen, um ihnen stattdessen im häuslichen Umfeld eigenständig Wissen zu vermitteln[314]. Aufsehen in besonderem Maße erregten Verfahren, die sich mit dem Wunsch nach selbstbestimmtem Unterricht von Mitgliedern der Glaubensgemeinschaft Zwölf Stämme befassten[315]. Wandern

---

314 *Fischer*, Homeschooling in der Bundesrepublik Deutschland, S. 13. Dazu auch *Handschell*, Die Schulpflicht vor dem Grundgesetz, S. 16.

315 *Abel*, NJW 2005, S. 115; *Schirrmacher*, Bildungspflicht statt Schulzwang!, S. 15. Mit dem Bestreben von Mitgliedern der Glaubensgemeinschaft Zwölf Stämme, ihre Kinder im Wege des Homeschoolings zu unterrichten, befassten sich beispielsweise VG Augsburg, Urt. v. 30.04.2002 – Au 9 K 02.294 (bei juris) und nachgehend VGH München, Beschl. v. 18.09.2002 – 7 ZB 02.1701, KirchE 41, 91 -93. Im Januar

sogenannte Schulverweigerer aus, um in einem anderen Land ihren Wunsch nach Homeschooling zu verwirklichen, verfolgen deutsche Medien nicht selten auch deren Schicksal im Ausland weiter[316].

Ein Blick auf die Rechtsprechung verdeutlicht, dass es sich bei Homeschooling um ein hochaktuelles Phänomen handelt, dessen Befürworter sich trotz staatlichen Widerstands beharrlich für ihr Verständnis von Bildung einsetzen. Am 21.10.2014 entzog das AG Ansbach Mitgliedern der Zwölf Stämme das Aufenthaltsbestimmungsrecht, das Recht zur Regelung der schulischen Belange, der medizinischen Versorgung und der Jugendhilfemaßnahmen für sechs Kinder im Alter zwischen einem Jahr und sechs Jahren und bestellte das Jugendamt als Ergänzungspfleger[317]. Erst im August 2014 hatte sich das OLG Frankfurt mit den Voraussetzungen des Sorgerechtsentzugs bei religiös motivierter Weigerung der Eltern, für den Schulbesuch ihrer Kinder Sorge zu tragen, auseinanderzusetzen[318].

Bei der Diskussion um Homeschooling steht die Frage im Vordergrund, ob Schulverweigerung in Kombination mit Homeschooling als Hinweis auf Fürsorgeversagen der Eltern zu werten ist oder ob die Verlagerung von Bildungsvermittlung in den häuslichen Bereich und eine dort stattfindende Betreuung durch die Eltern den Mangel an Erfahrungen durch den Schulbesuch aufwiegen können[319].

Die Debatte um den rechtlichen Umgang mit Homeschooling beeinflussen Argumente aus unterschiedlichen Disziplinen. Vor allem Erziehungswissenschaft, Psychologie, Soziologie, Politik- und Rechtswissenschaft[320] können herangezogen werden, um zu untersuchen, ob Homeschooling dem Kind, der Familie, aber auch der Gesellschaft gut tut und daher in Deutschland erlaubt sein sollte oder ob es im Gegenteil Nachteile mit sich bringt, deren Eintreten es durch rechtliche Maßnahmen

---

2014 verbot das VG Augsburg Mitgliedern der Zwölf Stämme, eine eigene Schule zu betreiben, *Redaktion beck-aktuell,* VG Augsburg verbietet der Sekte „Zwölf Stämme" weiteren Schulbetrieb (becklink 1030669).

316 *Krampen-Lietzke*, Der Dispens vom Schulunterricht aus religiösen Gründen, S. 200 Fn. 24. Zur Diskussion in Deutschland über eine Asylgewährung in den USA im Jahre 2009 zugunsten einer Familie, deren Entscheidung für die Beschulung im eigenen Heim von deutschen Gerichten sanktioniert wurde, *Achilles*, Betroffenenperspektive und Rechtsprechungsreaktionen, in: Franz Reimer (Hg.): Homeschooling, 2012, S. 92. Siehe auch zu jüngsten Entwicklungen *Heil,* Schulverweigerer dürfen weiter in Tennessee leben.

317 *Redaktion beck-aktuell,* AG Ansbach entzieht Mitgliedern der Religionsgemeinschaft „Zwölf Stämme" Sorgerecht für ihre Kinder (becklink 1035254).

318 OLG Frankfurt, Beschl. v. 15.08.2014 – 6 UF 30/14 (bei juris). Dazu *Becker,* Später Sieg für Schulverweigerer-Familie; *faz.net,* Sorgerechtsentzug unverhältnismäßig; *Frankfurter Rundschau,* Schulverweigerer haben Sorgerecht zurück; *hr online,* Wieder Sorgerecht für Schulverweigerer; *Spiegel Online,* Sorgerechtsurteil: Religiöse Schulverweigerer bekommen Kinder zurück.

319 *Spiegler,* Homeschooling in Deutschland und die Herausforderung seiner angemessenen rechtlichen Beurteilung, in: Franz Reimer (Hg.): Homeschooling, 2012, S. 63.

320 So *Spiegler*, Home Education in Deutschland, S. 14.

zu verhindern gilt. Im Folgenden wird die Thematik vorwiegend aus rechtswissenschaftlicher Sicht beleuchtet, allerdings ist an einigen Stellen auch der Bezug auf weitere Wissenschaften erforderlich.

a) Begriff und Definition des Homeschoolings in Deutschland

Homeschooling bezeichnet den anstelle des Schulunterrichts im häuslichen Umfeld meist durch die Eltern erteilten Unterricht von Kindern und Jugendlichen[321]. Synonym verwendet wird der Ausdruck Home Education[322]. Weitere Begriffe zur Bezeichnung dieser Art des Unterrichts sind zum Beispiel Haus-, Heim- oder Privatunterricht, Heimschule, Bildung zuhause und familiäre Beschulung[323]. In der vorliegenden Arbeit wird der aus den USA stammende Ausdruck Homeschooling verwendet, der weltweit am verbreitetsten ist[324], sich mittlerweile auch in Deutschland eingebürgert hat[325] und neben der Bezeichnung *home education* auch in der australischen Literatur verwendet wird[326], sodass die in den Länderberichten verwendeten Begrifflichkeiten übereinstimmen.

b) Ursprung und Verbreitung von Homeschooling in Deutschland

Homeschooling im weitesten Sinne ist die ursprüngliche Form der Bildungsvermittlung[327]. Seit Jahrtausenden schon geben ältere Familienmitglieder Wissen und Fähigkeiten an jüngere weiter[328]. Ehe Kinder und Jugendliche zum Schulbesuch verpflichtet wurden, griffen die wohlhabenderen Familien daneben üblicherweise auch

---

321 *Handschell,* Die Schulpflicht vor dem Grundgesetz, S. 19; *Spiegler,* Homeschooling in Deutschland und die Herausforderung seiner angemessenen rechtlichen Beurteilung, in: Franz Reimer (Hg.): Homeschooling, 2012, S. 55.

322 *Reimer,* „Homeschooling“: Ausgangspunkt, Terminologie, Fragestellungen, in: Franz Reimer (Hg.): Homeschooling, 2012, S. 12.

323 *Handschell,* Die Schulpflicht vor dem Grundgesetz, S. 19 f.; *Reimer,* „Homeschooling“: Ausgangspunkt, Terminologie, Fragestellungen, in: Franz Reimer (Hg.): Homeschooling, 2012, S. 12. Siehe auch die Tabelle mit Synonymen für den Begriff Homeschooling in *Edel,* Schulfreie Bildung, S. 21.

324 *Edel,* Schulfreie Bildung, S. 20 ff.

325 *Handschell,* Die Schulpflicht vor dem Grundgesetz, S. 19; *Reimer,* „Homeschooling“: Ausgangspunkt, Terminologie, Fragestellungen, in: Franz Reimer (Hg.): Homeschooling, 2012, S. 12.

326 Siehe dazu zum Beispiel *Clery,* Issues in Educational Research, Bd. 8: 1998, S. 1; *Jackson,* More than One Way to Learn: Home Educated Students' Transitions Between Home and School, S. iii; *Reilly,* Progressive Modifications: How Parents Deal with Home Schooling Their Children with Intellectual Disabilities, S. 2 ff.

327 *Spiegler,* Homeschooling in Deutschland und die Herausforderung seiner angemessenen rechtlichen Beurteilung, in: Franz Reimer (Hg.): Homeschooling, 2012, S. 56.

328 *Spiegler,* Homeschooling in Deutschland und die Herausforderung seiner angemessenen rechtlichen Beurteilung, in: Franz Reimer (Hg.): Homeschooling, 2012, S. 56.

auf Hauslehrer zurück[329]. Hausschüler waren beispielsweise Johann Wolfgang von Goethe, Albert Einstein, Dietrich Bonhoeffer und Konrad Adenauer[330]. Verglichen mit der lange Zeit üblichen Tradition des im eigenen Haus stattfindenden Lehrens und Lernens handelt es sich bei der heutigen Schulbesuchspflicht um ein verhältnismäßig junges Phänomen[331].

Mit Homeschooling im heute verstandenen Sinne bilden Familien bewusst einen Gegenpol zu dem staatlicherseits angebotenen und vorgesehenen Schulunterricht[332]. Diese Strömung hat ihre Anfänge in den 1980er Jahren, als aus zwei verschiedenen Motiven heraus die Schulpflicht verweigert wurde[333]. Zum einen wünschten sich konservative Religiöse einen strengeren Umgang mit ihren Kindern, als er in der Schule erfolgte, zum anderen wandten sich liberale Kinderrechtler, denen das Schulsystem zu starr und autoritär erschien, gegen die Schulpflicht[334].

Ungefähr seit dem Jahr 2000 bilden sich innerhalb der Homeschooling-Bewegung verstärkt Netzwerke, um die Familien unabhängig von ihren Motiven für den privat erteilten Unterricht zu verbinden[335]. Genaue Zahlen zur Verbreitung von Homeschooling in Deutschland gibt es nicht[336]. Der Einschätzung des Theologen und Sozialwissenschaftlers *Spiegler* zufolge werden unter Berücksichtigung der Mitgliederzahlen der vorhandenen Netzwerke und Gruppierungen und einer gewissen Dunkelziffer etwa 500 bis 800 Kinder in Deutschland auf diesem Wege unterrichtet[337]. Die mediale Aufmerksamkeit, die das Thema Homeschooling erhält, lässt sich folglich nicht auf die Häufigkeit der Fälle zurückführen, da es sich um ein Randphänomen handelt. Vielmehr wird der Grund für das erhöhte Interesse an

329 *Spiegler*, Homeschooling in Deutschland und die Herausforderung seiner angemessenen rechtlichen Beurteilung, in: Franz Reimer (Hg.): Homeschooling, 2012, S. 56.

330 *Schirrmacher*, Bildungspflicht statt Schulzwang!, S. 59 f.

331 *Spiegler*, Homeschooling in Deutschland und die Herausforderung seiner angemessenen rechtlichen Beurteilung, in: Franz Reimer (Hg.): Homeschooling, 2012, S. 56; vgl. zur historischen Entwicklung der Schulpflicht die Ausführungen in B.II.1.e) aa)(2)(a).

332 *Spiegler*, Homeschooling in Deutschland und die Herausforderung seiner angemessenen rechtlichen Beurteilung, in: Franz Reimer (Hg.): Homeschooling, 2012, S. 56.

333 *Spiegler*, Homeschooling in Deutschland und die Herausforderung seiner angemessenen rechtlichen Beurteilung, in: Franz Reimer (Hg.): Homeschooling, 2012, S. 56.

334 *Spiegler*, Homeschooling in Deutschland und die Herausforderung seiner angemessenen rechtlichen Beurteilung, in: Franz Reimer (Hg.): Homeschooling, 2012, S. 56 f.

335 *Spiegler*, Homeschooling in Deutschland und die Herausforderung seiner angemessenen rechtlichen Beurteilung, in: Franz Reimer (Hg.): Homeschooling, 2012, S. 57. Zu den in Deutschland existierenden Netzwerken, Initiativen und Vereinen für und von Homeschool-Familien *Spiegler*, Home Education in Deutschland, S. 153 ff.

336 *Spiegler*, Homeschooling in Deutschland und die Herausforderung seiner angemessenen rechtlichen Beurteilung, in: Franz Reimer (Hg.): Homeschooling, 2012, S. 57.

337 *Spiegler*, Homeschooling in Deutschland und die Herausforderung seiner angemessenen rechtlichen Beurteilung, in: Franz Reimer (Hg.): Homeschooling, 2012, S. 57.

diesem Thema sein, dass die Schulpflicht in Deutschland im Allgemeinen als etwas hingenommen wird, das zum Leben eines jeden Menschen gehört und grundsätzlich nicht in Frage gestellt wird, während im Kontrast dazu der Protest gegen die Schulpflicht exotisch wirkt.

Dass es trotz staatlicher Bemühungen, Homeschooling zu unterbinden, gelingt, Kinder vom Schulunterricht fernzuhalten, liegt daran, dass Homeschooling teilweise unentdeckt bleibt oder gar geduldet wird, aber auch daran, dass die Auswahl an Sanktionen begrenzt und die Reaktionen des Staates einschließlich der Widerspruchsmöglichkeiten berechenbar sind und die Verfahren teilweise mehrere Jahre in Anspruch nehmen, ehe es zu einer Entscheidung kommt[338].

Im Gegensatz zur Situation in Deutschland kann Homeschooling in den meisten westlich geprägten Ländern legal praktiziert werden[339]. Schon im europäischen Vergleich nimmt Deutschland in dieser Hinsicht eine Sonderrolle ein[340]. Dies ist möglicherweise Resultat der im Vergleich zu anderen westlichen Ländern wesentlich länger bestehenden Tradition der Schulpflicht[341].

c) Gründe der Eltern, Homeschooling regulärem Unterricht vorzuziehen

Das in Deutschland auf ideologisch-weltflüchtige Schulverweigerer reduzierte Bild von Homeschool-Familien bedarf der Korrektur[342]. Zwar wird der Schulbesuch des Kindes häufig aus religiösen Gründen verweigert[343]. Neben streng gläubigen Christen, die im Allgemeinen mit dieser Art der Bildungsvermittlung in Verbindung gebracht werden, hegen aber auch Familien mit zahlreichen weiteren als rein christlich-religiösen Motiven den Wunsch, ihre Kinder mittels Homeschoolings zu erziehen und zu bilden[344]. Zu den Beweggründen zählen der Wunsch nach Leistungssteigerung, nach antiautoritärer Erziehung, aber auch nach physischem und psychischem Wohlbefinden oder an die Begabung des Kindes angepasstem Unterricht[345]. Gründe für die ablehnende Haltung dem Schulbesuch gegenüber können

---

338 *Spiegler*, Homeschooling in Deutschland und die Herausforderung seiner angemessenen rechtlichen Beurteilung, in: Franz Reimer (Hg.): Homeschooling, 2012, S. 60 f.

339 *Fischer*, Homeschooling in der Bundesrepublik Deutschland, S. 19.

340 *Fischer*, Homeschooling in der Bundesrepublik Deutschland, S. 19 ff.

341 *Fischer*, Homeschooling in der Bundesrepublik Deutschland, S. 21; vgl. zur historischen Entwicklung der Schulpflicht B.II.1.e)aa)(2)(a).

342 *Thurn/Reimer*, NVwZ 2008, S. 720.

343 *Reimer*, „Homeschooling": Ausgangspunkt, Terminologie, Fragestellungen in: Franz Reimer (Hg.): Homeschooling, 2012, S. 9. Beispiele für Fälle, in denen Eltern ihre Kinder christlichen Wertvorstellungen entsprechend erziehen wollten und dies für mit dem Schulbesuch unvereinbar hielten, sind BVerfG, Beschl. v. 29.04.2003 – 1 BvR 436/03, BVerfGK 1, 141 (142); VGH Mannheim, Urt. v. 18.06.2002 – 9 s 2441/01, NVwZ-RR 2003, 561 (561).

344 *Thurn/Reimer*, NVwZ 2008, S. 720.

345 *Thurn/Reimer*, NVwZ 2008, S. 720.

der Bedarf an individueller Förderung bei Lese- oder Rechtschreibschwäche[346] oder die Suche nach Alternativen zum Schulbesuch bei Mobbing[347] sein[348]. Zum Teil bemängeln Eltern bestimmte Erziehungsinhalte[349], Erziehungsmethoden[350] oder Wertvorstellungen[351], auf denen die schulische Erziehung ihrer Auffassung nach basiert[352].

Fischer differenziert zwischen folgenden vier Gruppen, die Gebrauch von Homeschooling machen:

Erstens betreffe Homeschooling deutsche Kinder und Jugendliche, die im Ausland aufwüchsen und keine deutschsprachige Schule in erreichbarer Nähe vorfänden und deshalb von der Schulpflicht befreit würden[353]. Hierzu zählten Diplomaten- und Missionarskinder[354]. In diesem Fall seien für Homeschooling statt schulkritischer Haltung der Eltern äußere Umstände ursächlich[355]. Betreut würden diese Kinder hauptsächlich von der seit 1971 bestehenden Deutschen Fernschule mit Sitz in Wetzlar, deren Lehrangebot vom Auswärtigen Amt empfohlen werde[356].

Eine weitere Gruppe bildeten Kinder und Jugendliche, die aus unterschiedlichsten Gründen, zumeist einer psychischen oder physischen Erkrankung, der Beschulung in Institutionen nicht gewachsen und deshalb ebenfalls von der Schulpflicht befreit seien[357]. Auch hier liege nicht unbedingt eine schulkritische Einstellung der Eltern vor[358]. Speziell an diese Gruppe wende sich das ebenfalls staatlich akkreditierte Angebot der Web-Individualschule in Bochum, die zuhause lernende Schüler via Internet betreue[359].

Die dritte Gruppe bestehe aus Jugendlichen, die aufgrund hoher medialer Popularität nicht oder nicht mehr beschulbar seien, weil ihre Anwesenheit die Aufrechterhaltung eines normalen Schulbetriebs gefährden würde[360]. Derartige Fälle werden

---

346 VGH München, Beschl. v. 25.11.2008 – 7 ZB 08.2050 (bei juris).

347 VG Ansbach, Beschl. v. 12.12.2006 – AN 2 s 06.01862 (bei juris).

348 *Reimer*, „Homeschooling“: Ausgangspunkt, Terminologie, Fragestellungen, in: Franz Reimer (Hg.): Homeschooling, 2012, S. 9 f.

349 OVG Münster, Urt. v. 05.09.2007 – 19 A 4074/06, KirchE 50, 137 (138 f.); VG Stuttgart, Urt. v. 26.07.2007 – 10 K 146/05, KirchE 50, 39 (39).

350 BVerfG, Beschl. v. 21.07.2009 – 1 BvR 1358/09, NJW 2009, 3151 (3151).

351 VGH München, Beschl. v. 12.04.2010 – 7 ZB 09.2369, NVwZ-RR 2010, 606 (606).

352 *Reimer*, „Homeschooling“: Ausgangspunkt, Terminologie, Fragestellungen, in: Franz Reimer (Hg.): Homeschooling, 2012, S. 10.

353 *Fischer*, Homeschooling in der Bundesrepublik Deutschland, S. 24.

354 *Fischer*, Homeschooling in der Bundesrepublik Deutschland, S. 24.

355 *Fischer*, Homeschooling in der Bundesrepublik Deutschland, S. 24.

356 *Fischer*, Homeschooling in der Bundesrepublik Deutschland, S. 24.

357 *Fischer*, Homeschooling in der Bundesrepublik Deutschland, S. 24.

358 *Fischer*, Homeschooling in der Bundesrepublik Deutschland, S. 24.

359 *Fischer*, Homeschooling in der Bundesrepublik Deutschland, S. 24 f.

360 *Fischer*, Homeschooling in der Bundesrepublik Deutschland, S. 25.

entweder ebenfalls von der Web-Individualschule betreut oder aber im Wege des Homeschoolings, das durch Lehrer der öffentlichen Schule beaufsichtigt wird[361].

Die vierte Gruppierung bildeten Kinder und Jugendliche, die aufgrund schulkritischer und anderer weltanschaulicher Erwägungen ihrer Eltern zuhause unterrichtet würden, was in einigen Fällen mit stillschweigender Duldung der Behörden, in anderen Fällen unter großen persönlichen Opfern der Eltern im Kampf mit den Behörden erfolge[362]. Diese Gruppe, deren Eltern deutlich schulkritisch eingestellt seien, bilde die eigentliche, klassische Homeschooling-Klientel[363]. Für diese letztgenannte Gruppe steht keine staatlicherseits anerkannte Alternative zum Schulbesuch zur Verfügung[364].

Die nachfolgende Untersuchung betrifft primär die letztgenannte Kategorie von Homeschool-Familien, die sich aus subjektiven, genauer religiösen Gründen der Schulpflicht widersetzen und deren Lehr- und Lerntätigkeit der Staat nicht als Erfüllung der Schulpflicht beziehungsweise als deren Alternative anerkennt. Der Beweggrund der Eltern liegt oft in dem Wunsch nach einem streng christlich geprägten Erziehungsstil, den sie durch Inhalt und Form des staatlichen Unterrichts gestört glauben[365]. Unterstützung, Homeschooling in der angestrebten Weise zu gestalten, bietet beispielsweise das freie christliche Heimschulwerk Philadelphia-Schule[366].

d) *Gestaltung und Resultate von Homeschooling*

Innerhalb dieses Bildungsansatzes wird zwischen unterschiedlichen anthropologischen, pädagogischen und didaktischen Konzepten variiert[367]. Vorwiegend wird für Kinder im Grundschulalter eine Alternative zum Schulunterricht gesucht[368]. Zumeist wird die Bildungsvermittlung durch die Eltern und hier wiederum primär durch die Mutter geleistet[369]. Aufgrund der Tatsache, dass Homeschooling, wie sogleich

361 Dazu mit entsprechenden Beispielen *Fischer*, Homeschooling in der Bundesrepublik Deutschland, S. 25.

362 *Fischer*, Homeschooling in der Bundesrepublik Deutschland, S. 25.

363 *Fischer*, Homeschooling in der Bundesrepublik Deutschland, S. 25.

364 *Fischer*, Homeschooling in der Bundesrepublik Deutschland, S. 25.

365 *Krampen-Lietzke*, Der Dispens vom Schulunterricht aus religiösen Gründen, S. 198.

366 *Krampen-Lietzke*, Der Dispens vom Schulunterricht aus religiösen Gründen, S. 199.

367 *Spiegler*, Homeschooling in Deutschland und die Herausforderung seiner angemessenen rechtlichen Beurteilung, in: Franz Reimer (Hg.): Homeschooling, 2012, S. 55. Für Fallbeispiele siehe *Mayer/Schirrmacher*, Wenn Kinder zu Hause zur Schule gehen, S. 51 ff. Zu Organisationsformen des Homeschoolings *Fischer*, Homeschooling in der Bundesrepublik Deutschland, S. 181 ff. Vgl. auch die Ausführungen zu Möglichkeiten und Grenzen von Homeschooling aus erziehungswissenschaftlicher Sicht in *Fischer*, Homeschooling in der Bundesrepublik Deutschland, S. 207 ff.

368 *Spiegler*, Homeschooling in Deutschland und die Herausforderung seiner angemessenen rechtlichen Beurteilung, in: Franz Reimer (Hg.): Homeschooling, 2012, S. 58.

369 *Spiegler*, Homeschooling in Deutschland und die Herausforderung seiner angemessenen rechtlichen Beurteilung, in: Franz Reimer (Hg.): Homeschooling, 2012, S. 58.

dargelegt wird, in Deutschland im Allgemeinen rechtlich nicht möglich ist, existieren für Deutschland keine repräsentativen Forschungsergebnisse, die einem Vergleich der Bildungserfolge von Homeschooling und Schulunterricht dienen könnten[370].

e) *Rechtliche Rahmenbedingungen für die Beurteilung von Homeschooling auf dem Gebiet des Familienrechts*

Auf juristischer Ebene orientiert sich die Diskussion um Homeschooling nahezu ausschließlich an den Vorgaben des Grundgesetzes[371].

aa) *Auswirkungen des öffentlichen Rechts auf die Möglichkeit des Homeschoolings*

Gem. Art. 7 Abs. 1 GG steht das gesamte Schulwesen unter der Aufsicht des Staates. Für diesbezügliche Gesetze sind über Art. 70 Abs. 1 GG die einzelnen Bundesländer zuständig[372]. Die Schulgesetze stimmen in ihren Grundsätzen überein, sodass in dieser Hinsicht von einem allgemeinen deutschen Schulrecht gesprochen werden kann[373]. Die Ähnlichkeiten lassen sich damit erklären, dass die Wertordnung der Verfassung die Länder beschränkt und der Grundsatz der Bundestreue eine gewisse Übereinstimmung des Schulwesens erforderlich macht[374].

(1) Begriff der Schule im Sinne des Art. 7 Abs. 1 GG

Das Verständnis von Schule im Sinne des Art. 7 Abs. 1 GG beruht ganz überwiegend auf einem organisatorisch-formalen Ansatz[375]. Hiernach wird unter Schule „eine auf gewisse Dauer berechnete, an fester Stätte unabhängig vom Wechsel der Lehrer und Schüler, in überlieferten Formen organisierte Einrichtung der Erziehung und des

---

Zur pädagogischen Gestaltung des Homeschoolings in Deutschland siehe zum Beispiel *Spiegler,* Homeschooling in Deutschland und die Herausforderung seiner angemessenen rechtlichen Beurteilung, in: Franz Reimer (Hg.): Homeschooling, 2012, S. 58 f.

370 *Spiegler,* Homeschooling in Deutschland und die Herausforderung seiner angemessenen rechtlichen Beurteilung, in: Franz Reimer (Hg.): Homeschooling, 2012, S. 59, 65.

371 *Wallrabenstein,* Homeschooling – Verfassungsrechtliche Vorgaben, in: Franz Reimer (Hg.): Homeschooling, 2012, S. 67.

372 *Krampen-Lietzke,* Der Dispens vom Schulunterricht aus religiösen Gründen, S. 34.

373 *Krampen-Lietzke,* Der Dispens vom Schulunterricht aus religiösen Gründen, S. 34.

374 *Krampen-Lietzke,* Der Dispens vom Schulunterricht aus religiösen Gründen, S. 157. Zum Beispiel ist dafür Sorge zu tragen, dass die Schulabschlüsse vergleichbar sind, *Krampen-Lietzke,* Der Dispens vom Schulunterricht aus religiösen Gründen, S. 157. Denn Art. 11 GG entsprechend darf ein Wechsel in eine Schule eines anderen Bundeslandes nicht in unzumutbarer Weise erschwert werden, *Krampen-Lietzke,* Der Dispens vom Schulunterricht aus religiösen Gründen, S. 157.

375 Dreier/*Brosius-Gersdorf,* GG, Art. 7 Rn. 31.

Unterrichts, die durch planmäßige und methodische Unterweisung eines größeren Personenkreises in einer Mehrzahl allgemeinbildender oder berufsbildender Fächer bestimmte Bildungs- und Erziehungsziele zu verwirklichen bestrebt ist und die nach Sprachsinn und allgemeiner Auffassung als Schule angesehen wird" verstanden[376]. Ob sich die Schule in privater oder öffentlicher Trägerschaft befindet, ist für die Definition irrelevant[377].

Da es üblicherweise am Merkmal des Kollektivunterrichts fehlt, fällt Homeschooling nach diesem Verständnis in der Regel auch nicht unter den Begriff der Schule im Sinne von Art. 7 Abs. 1 GG[378]. Hinzu kommt, dass Homeschooling regelmäßig nicht durch ausgebildete Lehrkräfte erfolgt und zumeist nicht unabhängig vom Wechsel der Lehrer und Schüler ist[379].

(2) Bestehen einer allgemeinen Schulpflicht

In allen Bundesländern besteht eine allgemeine Schulpflicht im Sinne einer Schulbesuchspflicht, der grundsätzlich jedes Kind und jeder Jugendliche unterliegt[380]. Dabei umfasst die Pflicht zunächst, eine Grundschule in Form einer Einheitsschule zur Erlangung der Kernkompetenzen wie Lesen, Schreiben und Rechnen zu besuchen, bis im Anschluss daran der Unterricht in einer den Begabungen des jeweiligen Schülers entsprechenden weiterführenden Schule wahrgenommen werden muss[381].

(a) Historische Entwicklung der Schulpflicht

Der exakte Zeitpunkt der Einführung der Schulpflicht in Deutschland lässt sich nicht nennen[382]. Vielmehr wurde seit der Reformation sukzessive in immer mehr Einzelstaaten die Verpflichtung zum Unterricht vorangetrieben, bis schließlich Ende des 19. Jahrhunderts beinahe alle Kinder und Jugendlichen die Schule besuchten[383].

---

376 Dreier/*Brosius-Gersdorf*, GG, Art. 7 Rn. 31; v. Mangoldt/Klein/Starck/*Robbers*, GG, Art. 7 Rn. 52; *Rux/Niehues*, Schulrecht, Rn. 6. So beispielsweise auch VGH München, Urt. v. 15.06.1994 – 7 B 92.438, NVwZ-RR 1995, 38 (39); VGH Mannheim, Urt. v. 18.06.2002 – 9 s 2441/01, NVwZ-RR 2003, 561 (562).

377 *Rux/Niehues*, Schulrecht, Rn. 6.

378 Dreier/*Brosius-Gersdorf*, GG, Art. 7 Rn. 33.

379 Dreier/*Brosius-Gersdorf*, GG, Art. 7 Rn. 33.

380 *Krampen-Lietzke*, Der Dispens vom Schulunterricht aus religiösen Gründen, S. 34 f.

381 *Krampen-Lietzke*, Der Dispens vom Schulunterricht aus religiösen Gründen, S. 35.

382 *Handschell*, Die Schulpflicht vor dem Grundgesetz, S. 206.

383 *Handschell*, Die Schulpflicht vor dem Grundgesetz, S. 206; *Wißmann*, Das allgemeine Schulwesen: Projekt der Moderne – Programm der Freiheit? Zur rechtshistorischen Entwicklung unter besonderer Berücksichtigung von Schulpflicht und Privatunterricht, in: Franz Reimer (Hg.): Homeschooling, 2012, S. 31. Vgl. vertiefend zur rechtshistorischen Entwicklung von Schulpflicht und Privatunterricht insgesamt *Wißmann*, Das allgemeine Schulwesen: Projekt der Moderne – Programm der Freiheit? Zur rechtshistorischen Entwicklung unter

Vor der Aufklärung wurde die Vermittlung von Bildung überwiegend jedem selbst überlassen[384]. Religionsgemeinschaften gaben sowohl Glaubens- als auch Bildungsinhalte an ihre Mitglieder weiter[385].

Die Verantwortung für das bis dahin kirchlich geprägte Schulwesen wechselte im Rahmen der deutsch-lutherischen Reformation dadurch zum Staat, dass die Kirche Teil des Verwaltungsaufbaus wurde und der Landesfürst die Spitze der Landeskirche bildete[386]. Somit wurden Seelenheil und Wissensvermittlung zur Angelegenheit des Staates[387].

Mit der Aufklärung erkannte man einerseits, dass selbige als Ausgang des Menschen aus seiner selbst verschuldeten Unmündigkeit im Sinne des Philosophen *Kant* einen gewissen Bildungsstand voraussetzte[388]. Andererseits deutete sich seit dem 17. Jahrhundert an, dass das starre System des Zunftwesens nicht die für die neu entstandenen Manufakturen erforderliche Anzahl an qualifizierten Arbeitskräften hervorbringen konnte[389]. Des Weiteren setzte das Konzept des Nationalstaats, den man zur Legitimation der Ausübung von Staatsgewalt anstrebte, eine gemeinsame Sprache und eine gemeinsame Geschichte voraus[390]. Daneben stellte man fest, dass der Bildungsgrad Auswirkungen auf die Effizienz des Militärs hatte[391]. Ab dem Jahre 1717 galt in Preußen eine allgemeine Unterrichtspflicht[392]. Im Jahre 1763 wurde das Schulwesen erstmalig für das gesamte Staatsgebiet geregelt und eine weitgehende Schulpflicht veranlasst[393]. Ende des 18. Jahrhunderts galt die Schulpflicht mit Ausnahme von Hamburg in sämtlichen deutschen Staaten[394]. Mit der Einführung einer allgemeinen Schulpflicht konnte zum einen die Anzahl qualifizierter Arbeiter vergrößert und zum anderen eine einheitliche Sprache und die Nationalgeschichte verbreitet werden[395].

Bis 1919 handelte es sich bei dieser Pflicht allerdings um eine Unterrichtspflicht beziehungsweise eine relative Schulpflicht[396]. Der Unterricht musste nicht in einer staatlichen Schule, sondern konnte auch im Wege des häuslichen Privatunterrichts

besonderer Berücksichtigung von Schulpflicht und Privatunterricht, in: Franz Reimer (Hg.): Homeschooling, 2012, S. 17.

384 *Rux/Niehues*, Schulrecht, Rn. 130.

385 *Rux/Niehues*, Schulrecht, Rn. 130.

386 *Handschell*, Die Schulpflicht vor dem Grundgesetz, S. 112.

387 *Handschell*, Die Schulpflicht vor dem Grundgesetz, S. 112.

388 *Rux/Niehues*, Schulrecht, Rn. 130.

389 *Rux/Niehues*, Schulrecht, Rn. 131.

390 *Rux/Niehues*, Schulrecht, Rn. 131.

391 *Krampen-Lietzke*, Der Dispens vom Schulunterricht aus religiösen Gründen, S. 38.

392 *Krampen-Lietzke*, Der Dispens vom Schulunterricht aus religiösen Gründen, S. 38.

393 *Handschell*, Die Schulpflicht vor dem Grundgesetz, S. 30.

394 *Handschell*, Die Schulpflicht vor dem Grundgesetz, S. 32.

395 *Rux/Niehues*, Schulrecht, Rn. 131.

396 *Beaucamp*, DVBl 2009, S. 222; *Habermalz*, RdJB 2001, S. 218; *Handschell*, Die Schulpflicht vor dem Grundgesetz, S. 206.

oder in Privatschulen stattfinden[397]. Mit Art. 145 WRV wurde die allgemeine Schulpflicht in Form der Schulbesuchspflicht bis zum vollendeten 18. Lebensjahr eingeführt, während Art. 144 WRV die staatliche Schulaufsicht festlegte und in Art. 148 WRV Bildungs- und Erziehungsziele definiert wurden[398].

(b) Rechtliche Grundlagen der allgemeinen Schulpflicht nach Bundes- und Landesrecht

Sowohl aus Bundes- als auch aus Landesrecht lassen sich Angaben zur allgemeinen Schulpflicht entnehmen.

(aa) Bundesrechtliche Vorgaben zum Bestehen einer allgemeinen Schulpflicht

Im Gegensatz zur Weimarer Reichsverfassung ist dem Grundgesetz nicht ausdrücklich die Existenz einer Schulpflicht zu entnehmen[399]. Dennoch bestehen unterschiedliche Möglichkeiten, sie in die Verfassung hineinzulesen.

Die Schulpflicht könnte im Sozialstaatsprinzip aus Art. 20 Abs. 1 GG enthalten sein, dessen Berücksichtigung dem Bestand eines staatlichen Systems dienen soll, das soziale Sicherheit und soziale Gerechtigkeit gewährleistet[400]. Denkbar wäre, die Schulpflicht als Mittel zur Herstellung sozialer Gerechtigkeit, namentlich der Chancengleichheit, einzuordnen[401]. Hierbei ist aber zu berücksichtigen, dass das Sozialstaatsprinzip sich an den Staat richtet[402]. Selbst wenn dem Sozialstaatsprinzip die Pflicht entnommen werden könnte, den Bürgern ein Bildungssystem zur Verfügung zu stellen, resultierte daraus nicht automatisch die Befugnis zu staatlichem Zwang und die Existenz einer allgemeinen Schulpflicht, durch die der Bürger und nicht der Staat verpflichtet würde[403].

In Art. 7 Abs. 1 GG wird die Existenz des Schulwesens vorausgesetzt und unter die Aufsicht des Staates gestellt[404]. Dadurch werden im Bereich des Schulwesens staatliche Befugnisse wie Organisation, Planung und Leitung legitimiert[405]. Damit bestimmt allein der Staat über die Ausgestaltung der Schule[406]. Wird dem Staat die Befugnis zur Ausgestaltung, Planung und Leitung des Schulwesens zuteil, ist

---

397 *Beaucamp*, DVBl 2009, S. 222; *Habermalz*, RdJB 2001, S. 218; *Rux/Niehues*, Schulrecht, Rn. 132.
398 *Beaucamp*, DVBl 2009, S. 222; *Habermalz*, RdJB 2001, S. 218; *Rux/Niehues*, Schulrecht, Rn. 134.
399 *Beaucamp*, DVBl 2009, S. 222.
400 *Krampen-Lietzke*, Der Dispens vom Schulunterricht aus religiösen Gründen, S. 87.
401 *Krampen-Lietzke*, Der Dispens vom Schulunterricht aus religiösen Gründen, S. 88.
402 *Krampen-Lietzke*, Der Dispens vom Schulunterricht aus religiösen Gründen, S. 88.
403 *Krampen-Lietzke*, Der Dispens vom Schulunterricht aus religiösen Gründen, S. 88 f.
404 *Krampen-Lietzke*, Der Dispens vom Schulunterricht aus religiösen Gründen, S. 89.
405 *Krampen-Lietzke*, Der Dispens vom Schulunterricht aus religiösen Gründen, S. 89.
406 *Krampen-Lietzke*, Der Dispens vom Schulunterricht aus religiösen Gründen, S. 89 f.

der Bürger den diesbezüglichen Entscheidungen unterworfen[407]. Ferner soll dem Bundesverfassungsgericht zufolge mittels Art. 7 Abs. 1 GG ein Schulsystem gewährleistet werden, das „allen jungen Bürgern gemäß ihren Fähigkeiten die dem heutigen gesellschaftlichen Leben entsprechenden Bildungsmöglichkeiten eröffnet"[408]. Ohne eine Verpflichtung zum Schulbesuch wäre es nicht möglich, alle Bürger dazu anzuhalten, die Bildungsmöglichkeiten, die das Schulwesen bietet, wahrzunehmen, sodass der Sinn und Zweck des Art. 7 Abs. 1 GG leerliefe[409]. Insofern ist davon auszugehen, dass in Art. 7 Abs. 1 GG eine allgemeine Schulpflicht enthalten ist[410]. Auch der Wortlaut des Art. 7 Abs. 2 GG spricht dafür, dass das Grundgesetz grundsätzlich von einer Schulbesuchspflicht ausgeht[411]. Dort wird deutlich, dass Eltern und Schülern keine generelle Entscheidungsgewalt bezüglich des Unterrichtsbesuchs innehaben, indem Eltern bezogen auf den Religionsunterricht zugestanden wird, über die Teilnahme ihres Kindes an diesen Unterrichtsstunden selbst zu entscheiden[412]. Trotz fehlender ausdrücklicher Normierung einer Schulpflicht auf Bundesebene ist also von der Existenz einer auf Art. 7 Abs. 1 GG basierenden Schulpflicht auszugehen, sodass dem Staat die Möglichkeit zukommt, Maßstäbe für die ihm obliegende Schulaufsicht zu setzen[413]. Damit steht Art. 7 Abs. 1 GG dem Unterricht im Wege des Homeschoolings grundsätzlich entgegen[414].

(bb) Landesrechtliche Vorgaben zum Bestehen einer allgemeinen Schulpflicht

Die über Art. 7 GG hinausgehende Ausgestaltung des Schulwesens, somit auch die Festsetzung von Regelungen zu Schulpflicht und Bildungs- und Erziehungszielen, ist Aufgabe der Länder[415].

In allen Bundesländern gilt die Schulpflicht, in den meisten Fällen ist sie sogar in der Landesverfassung verankert[416]. Die allgemeine Schulpflicht bezieht sich grundsätzlich auf den Besuch einer Grundschule und einer weiterführenden Schule,

407 *Krampen-Lietzke*, Der Dispens vom Schulunterricht aus religiösen Gründen, S. 90.
408 BVerfG, Beschl. v. 21.12.1977 – 1 BvL 1 /75, 1 BvR 147/75, BVerfGE 47, 46 (71).
409 *Krampen-Lietzke*, Der Dispens vom Schulunterricht aus religiösen Gründen, S. 90.
410 *Krampen-Lietzke*, Der Dispens vom Schulunterricht aus religiösen Gründen, S. 90.
411 *Krampen-Lietzke*, Der Dispens vom Schulunterricht aus religiösen Gründen, S. 90; *Tangermann*, ZevKR, Bd. 51: 2006, S. 412.
412 *Krampen-Lietzke*, Der Dispens vom Schulunterricht aus religiösen Gründen, S. 90 f.
413 *Rux/Niehues*, Schulrecht, Rn. 137, 143.
414 *Tangermann*, ZevKR, Bd. 51: 2006, S. 412.
415 *Rux/Niehues*, Schulrecht, Rn. 136.
416 *Rux/Niehues*, Schulrecht, Rn. 136. Vgl. Art. 14 Abs. 1 BW-V, Art. 129 Abs. 1 Bay-V, Art. 30 Abs. 1 BbgV, Art. 30 Abs. 1 BremV, Art. 56 Abs. 1 S. 1 HessV, Art. 15 Abs. 2 S. 2 LVerf M-V, Art. 4 Abs. 2 S. 1 NdsV, Art. 8 Abs. 2 S. 1 NRW-V, Art. 102 Abs. 1 S. 2 SächsV, Art. 25 Abs. 2 LSA-V, Art. 8 Abs. 1 SH-V, Art. 23 Abs. 1 ThürV. Vgl. hingegen § 41 SchulG Berlin, § 37 HmbSG, § 56 SchulG Rheinland-Pfalz, § 30 SchoG Saarland.

Einzelheiten bestimmt das jeweilige Landesrecht[417]. In der Regel werden Kinder im Alter von sechs Jahren eingeschult[418]. Abweichungen ergeben sich durch unterschiedliche Stichtagsregelungen und Ausnahmevorschriften zur Berücksichtigung des individuellen Entwicklungsstandes des Kindes[419]. Die Dauer der Schulpflicht ist abhängig vom jeweiligen Bundesland[420]. Zumeist ist ein Schulbesuch für neun bis zehn Jahre verpflichtend[421].

Dadurch, dass der Bürger mit der Volljährigkeit für mündig erklärt wird, kann ihm ab diesem Zeitpunkt auch keine staatliche Erziehung mehr aufgedrängt werden[422]. Die Schulpflicht endet somit mit der Vollendung des 18. Lebensjahres[423]. Parallel dazu endet auch das Erziehungsrecht der Eltern[424].

(c) Landesrechtliche Regelungen zur Befreiung von der Schulpflicht und Erteilung von Hausunterricht anstelle des Schulbesuchs

Zur wirksamen und umfassenden Wahrnehmung seines Bildungs- und Erziehungsauftrags kommt dem Staat das Recht zu, eine allgemeine Schulpflicht einzuführen und die Möglichkeit einer Befreiung auf besonders begründete Ausnahmefälle zu beschränken[425].

---

417 *Rux/Niehues*, Schulrecht, Rn. 220.

418 *Rux/Niehues*, Schulrecht, Rn. 222.

419 *Krampen-Lietzke*, Der Dispens vom Schulunterricht aus religiösen Gründen, S. 37.

420 *Krampen-Lietzke*, Der Dispens vom Schulunterricht aus religiösen Gründen, S. 37.

421 *Krampen-Lietzke*, Der Dispens vom Schulunterricht aus religiösen Gründen, S. 37. Eine neunjährige Vollzeitschulpflicht wird angeordnet in § 72 Abs. 2 Nr. 1 i.V.m. §§ 5 ff. SchulG Baden-Württemberg, § 59 Abs 1 S. 1 SchulG Hessen, § 41 Abs. 2 Nr. 1 SchulG Mecklenburg-Vorpommern, § 4 Abs. 1 S. 1 SchPflG Saarland, § 28 Abs. 2 SchulG Sachsen, § 20 Abs. 2 Nr. 1 SchulG Schleswig-Holstein. Eine Vollzeitschulpflicht für die Dauer von zehn Jahren besteht über § 42 Abs. 4 S. 1 SchulG Berlin, § 38 Abs. 1 S. 1 SchulG Brandenburg, § 19 Abs. 1 S. 1 SchulG Thüringen. In Nordrhein-Westfalen endet gem. § 37 Abs. 1 S. 1 SchulG NRW die Vollzeitschulpflicht abhängig von der gewählten Schullaufbahn nach neun oder zehn Jahren. In Bundesländern, in denen die Schulpflicht auf elf beziehungsweise zwölf Jahre festgelegt ist, bezieht sich diese Angabe sowohl auf die Vollzeitschulpflicht als auch auf den eventuell in Betracht kommenden Besuch einer Berufsschule. Siehe dazu Art. 35 Abs. 2 i.V.m. Art. 37 Abs. 3 S. 1 BayEUG, § 54 Abs. 1 i.V.m. § 55 Abs. 2 S. 1 SchulG Bremen, § 37 Abs. 3 i.V.m. Abs. 2 HmbSG, § 65 Abs. 1 i.V.m. § 66 S. 1 SchulG Niedersachsen, § 7 i.V.m. § 60 Abs. 2 SchulG Rheinland-Pfalz, § 40 Abs. 1 i.V.m. Abs. 2 und Abs. 3 SchulG LSA.

422 *Rux/Niehues*, Schulrecht, Rn. 171.

423 *Rux/Niehues*, Schulrecht, Rn. 171.

424 *Rux/Niehues*, Schulrecht, Rn. 173.

425 BVerwG, Urt. v. 25.08.1993 – BVerwG 6 C 8.91, BVerwGE 94, 82 (84). Eine Vergleichbarkeit von Schulverweigerern aus religiösen Gründen und nicht schulbesuchspflichtigen Kinder von Personen, die aus beruflichen Gründen keinen festen Wohnsitz haben, schließt das Bundesverfassungsgericht aus. Während für

Es existiert keine ausdrückliche landesrechtliche Regelung, mithilfe derer ein Schüler aus subjektiven, zum Beispiel religiösen Gründen von der Schulpflicht befreit werden und legal auf Homeschooling ausweichen kann[426]. Gesetzliche Vorschriften, die im Hinblick auf religiöse Gründe subjektive Rechte auf Befreiung vom Unterricht gewähren, sind entweder zeitlich begrenzt, gestatten etwa die Befreiung vom Unterricht an religiösen Feiertagen, oder beziehen sich nur auf Teile der Schulzeit wie einzelne Fächer oder Klassenfahrten[427]. Ausdrücklich verboten ist Homeschooling aus religiösen Gründen ebenso wenig[428]. Explizit normiert hingegen ist die allgemeine Schulpflicht, aus deren Existenz sich Schlüsse für die rechtliche Möglichkeit des Homeschoolings ziehen lassen[429].

Viele Bundesländer ermöglichen eine Befreiung vom Schulunterricht über Generalklauseln in den jeweiligen Schulgesetzen[430]. Bei diesen Vorschriften handelt es sich um Ermessensnormen, die einen „wichtigen Grund“ oder „besonderen Grund“ voraussetzen[431]. Diese unbestimmten Rechtsbegriffe sind bei der Rechtsanwendung auszulegen[432]. Da die landesrechtlichen Regelungen in Form von Generalklauseln ohne eigenständigen Regelungsgehalt verfasst sind, ist bei der Prüfung, ob ein solcher wichtiger oder besonderer Grund vorliegt, eine Abwägung auf der Ebene des Grundgesetzes der Grundrechte von Eltern oder Schülern mit dem staatlichen Bildungs- und Erziehungsauftrag erforderlich[433]. Bejaht wird das Vorliegen eines

die erste Personengruppe der mit der Schulbesuchspflicht verbundene Grundrechtseingriff als zumutbar angesehen werden könne, sei dies nicht der Fall, wenn eine Teilnahme der Kinder von Personen mit berufsbedingt ständig wechselndem Aufenthalt am staatlichen Schulunterricht nur durch eine Trennung von Eltern und Kindern erreicht werden könne, BVerfG, Beschl. v. 29.04.2003 – 1 BvR 436/03, BVerfGK 1, 141 (144 f.).

426 *Tangermann*, ZevKR, Bd. 51: 2006, S. 400.

427 *Tangermann*, ZevKR, Bd. 51: 2006, S. 401.

428 *Tangermann*, ZevKR, Bd. 51: 2006, S. 401.

429 *Tangermann*, ZevKR, Bd. 51: 2006, S. 401.

430 *Krampen-Lietzke*, Der Dispens vom Schulunterricht aus religiösen Gründen, S. 177 ff. Siehe § 46 Abs. 5 SchulG Berlin, § 44 Abs. 2 S. 2 SchulG Brandenburg, § 28 Abs. 3 HmbSG, § 48 Abs. 2 SchulG Mecklenburg-Vorpommern, § 43 Abs. 3 SchulG NRW, SchulG Schleswig-Holstein. In Hessen können Schüler über § 69 Abs. 3 SchulG Hessen beurlaubt werden. Über § 36 Abs. 4 SchulG Brandenburg ist eine generelle Befreiung von der Pflicht zum Schulbesuch möglich. In Bremen kann über § 57 Abs. 2 SchulG Bremen in besonderen Fällen von der Pflicht zum Schulbesuch befreit werden. Nach § 20 Abs. 3 SchulG Schleswig-Holstein können Jugendliche, die im Ausland die dort geltende Schulpflicht erfüllt haben, von der Schulpflicht befreit werden.

431 *Krampen-Lietzke*, Der Dispens vom Schulunterricht aus religiösen Gründen, S. 178.

432 *Krampen-Lietzke*, Der Dispens vom Schulunterricht aus religiösen Gründen, S. 178.

433 *Krampen-Lietzke*, Der Dispens vom Schulunterricht aus religiösen Gründen, S. 196.

derartigen Grundes, wenn die Durchsetzung der Schulpflicht dazu führt, dass Grundrechte des Schülers oder der Eltern verletzt werden[434].

In einigen Landesschulgesetzen wird die Möglichkeit, dass Kinder und Jugendliche anderen Unterricht als den Schulunterricht erhalten können, explizit angesprochen[435]. Nennen die Landesgesetzgeber Gründe, die den Unterricht außerhalb und anstelle des Schulunterrichts in Ausnahmefällen rechtfertigen können, sind diese ganz überwiegend gesundheitlicher Art[436]. Zwar werden in den Landesgesetzen Möglichkeiten zur Befreiung von der Schulpflicht gewährt, in der Praxis wird allerdings in keinem Bundesland Homeschooling als grundsätzlich ausreichender Grund hierfür anerkannt[437].

Da sich aus einfachem Recht kein expliziter Anspruch auf Homeschooling ergibt, bleibt nach derzeitiger Interpretation der landesrechtlichen Regelungen nur die Möglichkeit, ein solches Recht aus den Grundrechten abzuleiten[438]. Zur Beantwortung der Frage, ob ein Recht auf Homeschooling besteht, müsste sich entweder die Schulpflicht in ihrer derzeitigen Ausgestaltung als verfassungswidrig oder aber

---

434 *Krampen-Lietzke*, Der Dispens vom Schulunterricht aus religiösen Gründen, S. 179. Vgl. dazu VG Aachen, Beschl. v. 12.01.2011 – 9 L 518/10 (bei juris); VG Münster, Urt. v. 12.02.2010 – 1 K 528/09, DÖV 2010, 449 (449); VG Düsseldorf, Urt. v. 22.04.2009 – 18 K 7793/08 (bei juris).

435 Gem. § 76 Abs. 1 S. 1 i.V.m. 72 Abs. 2 Nr. 1 SchulG Baden-Württemberg sind alle Kinder und Jugendlichen zum Schulbesuch verpflichtet, soweit nicht für ihre Erziehung und Unterrichtung in anderer Weise ausreichend gesorgt ist. Nach § 76 Abs. 1 S. 2 SchulG Baden-Württemberg ist anderweitiger Unterricht anstelle des Grundschulbesuchs nur ausnahmsweise in besonderen Fällen zu gestatten. Diese Möglichkeit wird in VGH Mannheim, Urt. v. 18.06.2002 – 9 s 2441/01, NVwZ-RR 2003, 561 (563) mangels Unmöglichkeit oder unvertretbaren Aufwands des Schulbesuchs bei religiös-weltanschaulichem Motiv für den Hausunterricht verneint. Auch § 39 Abs. 2 S. 1 HmbSG setzt für die Möglichkeit der Befreiung von der Schulpflicht voraus, dass hinreichender Unterricht oder gleichwertige Förderung anderweitig gewährleistet sind. Über § 60 Abs. 2 S. 2 SchulG Hessen kann nur aus zwingenden Gründen Unterricht außerhalb der Schule stattfinden. Gem. § 63 Abs. 5 SchulG Niedersachsen darf Schulpflichtigen der ersten sechs Schuljahrgänge Privatunterricht anstelle des Schulbesuchs nur ausnahmsweise gestattet werden. Auch § 36 Abs. 2 S. 2 SchulG LSA sieht Ausnahmen vom Schulbesuch vor. Gem. § 21 Abs. 1 S. 2 SchulG Schleswig-Holstein darf anderweitiger Unterricht als der an öffentlichen Schulen oder Ersatzschulen nur ausnahmsweise gestattet werden.

436 *Krampen-Lietzke*, Der Dispens vom Schulunterricht aus religiösen Gründen, S. 199. Vgl. § 21 i.V.m. § 82 Abs. 3 SchulG Baden-Württemberg, Art. 23 Abs. 2 S. 1 BayEUG, § 36 Abs. 3 S. 4 SchulG Brandenburg, § 56 Abs. 4 S. 3 SchulG Rheinland-Pfalz, § 26 Abs. 4 SchulG Sachsen, § 36 Abs. 4 SchulG Mecklenburg-Vorpommern.

437 *Spiegler*, Homeschooling in Deutschland und die Herausforderung seiner angemessenen rechtlichen Beurteilung, in: Franz Reimer (Hg.): Homeschooling, 2012, S. 62.

438 *Wallrabenstein*, Homeschooling – Verfassungsrechtliche Vorgaben, in: Franz Reimer (Hg.): Homeschooling, 2012, S. 68.

im Gegenteil als verfassungsrechtlich vorgegeben erweisen und bei Vorliegen von letzterem Ergebnis eine Ausnahme vom Schulbesuch aufgrund Homeschoolings verfassungswidrig sein[439].

(3) Durchsetzung der Schulpflicht

Nachdem zuvor nur interne sogenannte Schulstrafen der Durchsetzung der Schulpflicht dienten, zog die vorsätzliche oder fahrlässige Verletzung der Bestimmungen über die Schulpflicht erstmals über § 14 des Reichsschulpflichtgesetzes vom 06.07.1938 strafrechtliche Konsequenzen in Form von Geldstrafen oder Haft bis zu sechs Wochen nach sich[440]. Eine solche Verletzung wurde als Übertretung, also als minderschweres und nicht kriminelles Unrecht, eingestuft, ehe im Wege der Strafrechtsreform vom 01.01.1975 die Kategorie der Übertretungen abgeschafft wurde[441].

Heute bedient sich der Staat zur Durchsetzung der Schulpflicht der Anwendung von Verwaltungszwang, er verhängt Bußgelder oder strafrechtliche Sanktionen oder entzieht Eltern das Sorgerecht[442]. Ganz überwiegend enthalten die Schulgesetze der Länder Vorschriften zur Durchsetzung der Schulpflicht[443]. In einigen Bundesländern wird die Nichtanmeldung zum Schulbesuch oder die Nichtgewährleistung des regelmäßigen Schulbesuchs als Ordnungswidrigkeit eingestuft, während in anderen Bundesländern ein gestaffeltes System in Form der Qualifizierung entweder als Ordnungswidrigkeit oder als Straftat existiert[444]. Eltern, die ihre Kinder vom

---

439 *Wallrabenstein,* Homeschooling – Verfassungsrechtliche Vorgaben, in: Franz Reimer (Hg.): Homeschooling, 2012, S. 68.

440 *Habermalz,* RdJB 2001, S. 218.

441 *Habermalz,* RdJB 2001, S. 218.

442 *Reimer,* „Homeschooling“: Ausgangspunkt, Terminologie, Fragestellungen, in: Franz Reimer (Hg.): Homeschooling, 2012, S. 11. Zur Durchsetzung der Schulpflicht mithilfe von Ersatzzwangshaft siehe zum Beispiel VGH München, Beschl. v. 24.11.1998 – 7 C 98.3091 (bei juris), zur Bußgeldverhängung für einen religiös motivierten Schulpflichtsverstoß BVerfG, Beschl. v. 21.07.2009 – 1 BvR 1358/09, NJW 2009, 3151 ff. Die Strafverfolgung von Verstößen gegen die Schulpflicht aus religiösen Gründen behandelt BVerfG, Beschl. v. 31.05.2006 – 2 BvR 1693/04, BVerfGK 8, 151 (151). Vgl. etwa OLG Brandenburg, Beschl. v. 14.07.2005 – 9 UF 68/05, NJW 2006, 235 ff. zur teilweisen Entziehung des Sorgerechts bei mangelnder Mitwirkung an der Erfüllung der allgemeinen Schulpflicht.

443 *Krampen-Lietzke,* Der Dispens vom Schulunterricht aus religiösen Gründen, S. 179. Vgl. § 86 SchulG Baden-Württemberg, Art. 118 BayEUG, § 45 SchulG Berlin, § 41 Abs. 3 und 4 SchulG Brandenburg, § 64 SchulG Bremen, § 41a HmbSG, § 68 SchulG Hessen, § 50 SchulG Mecklenburg-Vorpommern, § 177 SchulG Niedersachsen, § 41 Abs. 4 und 5 SchulG NRW, § 16 SchulpflichtG Saarland, § 61 Abs. 1 und 2 SchulG Sachsen, § 44a SchulG LSA, § 28 SchulG Schleswig-Holstein, § 24 SchulG Thüringen.

444 Schmidt-Bleibtreu/Klein/*Hofmann,* GG, Art. 7 Rn. 19. Als Ordnungswidrigkeit eingestuft wird die Schulpflichtverletzung in § 92 Abs. 1 SchulG Baden-Württemberg, Art. 119 Abs. 1 BayEUG, § 126 Abs. 1 und 2 SchulG Berlin, § 42 Abs. 1 SchulG

Schulbesuch abhalten, können sich auf bundesrechtlicher Ebene gem. § 171 StGB wegen Verletzung der Fürsorge- und Erziehungspflicht strafbar machen[445]. In seltenen Fällen mündet der Konflikt um die Durchführung von Homeschooling in Emigration der betroffenen Familien oder Duldung des Unterrichts[446].

(4) Verletzung von Grundrechten der Eltern durch die Festlegung einer allgemeinen Schulpflicht?

Die allgemeine Schulpflicht berührt im Zusammenhang mit Homeschooling aus religiösen Gründen zum einen das Recht auf religiöse Kindererziehung aus Art. 6 Abs. 2 S. 1 GG i.V.m. Art. 4 Abs. 1 und 2 GG, zum anderen auch das elterliche Erziehungsrecht aus Art. 6 Abs. 2 S. 1 GG als solches. Mittels religiös motivierten Homeschoolings sollen Kinder von für falsch oder schädlich gehaltenen Anschauungen und mangels religiöser Bezüge für unzureichend erklärten Lerninhalten, mit denen sie in der Schule in Berührung kämen, ferngehalten werden[447].

Die Verfolgung dieses Anliegens gewährt den Eltern grundsätzlich Art. 6 Abs. 2 S. 1 GG i.V.m. Art. 4 Abs. 1 und 2 GG[448]. Durch die allgemeine Schulpflicht findet ein Eingriff in das Recht auf religiöse Kindererziehung statt, indem den Eltern durch in der öffentlichen Schule verbreitete Wertvorstellungen die Vermittlung eigener Überzeugungen erschwert wird[449]. Darüber hinaus macht die gesetzliche Schulpflicht als staatliche Maßnahme Eltern die Einflussnahme auf das Kind unabhängig vom Kindeswohl für die Dauer des Schulbesuchs unmöglich, womit ein Eingriff in das elterliche Erziehungsrecht aus Art. 6 Abs. 2 S. 1 GG vorliegt[450]. Eine Rechtfertigung kommt insbesondere durch Art. 7 Abs. 1 GG in Betracht[451].

Brandenburg, § 65 Abs. 1 und 2 SchulG Bremen, § 113 Abs. 1 HmbSG, § 139 Abs. 1 SchulG Mecklenburg-Vorpommern, § 176 Abs. 1 SchulG Niedersachsen, § 126 Abs. 1 SchulG NRW, § 17 Abs. 1 SchulpflichtG Saarland, § 84 Abs. 1 SchulG LSA, § 144 Abs. 1 SchulG Schleswig-Holstein, § 59 Abs. 1 SchulG Thüringen. Eine Einordnung als Straftatbestand erfolgt in § 66 Abs. 1 SchulG Bremen, § 114 Abs. 1 HmbSG, § 182 Abs. 1 SchulG Hessen, § 140 Abs. 1 SchulG Mecklenburg-Vorpommern, § 17 Abs. 4 S. 1 SchulpflichtG Saarland.

445 *Rinio*, FPR 2007, S. 468.

446 *Krampen-Lietzke*, Der Dispens vom Schulunterricht aus religiösen Gründen, S. 200; *Reimer*, „Homeschooling“: Ausgangspunkt, Terminologie, Fragestellungen, in: Franz Reimer (Hg.): Homeschooling, 2012, S. 11; *Thurn/Reimer*, NVwZ 2008, S. 720.

447 *Krampen-Lietzke*, Der Dispens vom Schulunterricht aus religiösen Gründen, S. 201 f. So zum Beispiel in VG Stuttgart, Urt. v. 26.07.2007 – 10 K 146/05, KirchE 50, 39 (39).

448 BVerfG, Beschl. v. 31.05.2006 – 2 BvR 1693/04, BVerfGK 8, 151 (153); *Krampen-Lietzke*, Der Dispens vom Schulunterricht aus religiösen Gründen, S. 202.

449 *Krampen-Lietzke*, Der Dispens vom Schulunterricht aus religiösen Gründen, S. 203.

450 *Handschell*, Die Schulpflicht vor dem Grundgesetz, S. 208; *Krampen-Lietzke*, Der Dispens vom Schulunterricht aus religiösen Gründen, S. 202 f.

451 *Handschell*, Die Schulpflicht vor dem Grundgesetz, S. 208.

Aufgrund des familienrechtlichen Schwerpunkts wird an dieser Stelle von einer umfassenden Grundrechtsprüfung abgesehen[452]. Der Fokus ist auf die Auseinandersetzung mit Argumenten gerichtet, die zur Rechtfertigung der allgemeinen Schulpflicht im Verhältnis zu den Grundrechten der Eltern herangezogen werden und die sich auch bei der hier vorrangig zu behandelnden rechtlichen Beurteilung von Homeschooling auf dem Gebiet des Familienrechts wiederfinden lassen.

(a) Verhältnis von Art. 7 Abs. 1 GG und Art. 6 Abs. 2 S. 1 GG als Vorfrage

Zwar wird das Schulwesen vorrangig durch Landesrecht geregelt, aufgrund von Art. 31 GG muss allerdings die Schulpflicht nicht nur mit dem Verfassungsrecht des Landes, sondern vielmehr mit dem Grundgesetz vereinbar sein[453]. Vor dem Hintergrund der Untersuchung gerichtlicher Maßnahmen, die Eltern gegenüber bei Kindeswohlgefährdung aufgrund religiös motivierten Verhaltens angeordnet werden können, stellt sich in Bezug auf Homeschooling im Besonderen die Frage, wie Art. 7 Abs. 1 GG und Art. 6 Abs. 2 S. 1 GG einander beeinflussen. Die Pflicht zum Schulbesuch darf keine Verletzung von Art. 6 Abs. 2 S. 1 GG bedeuten[454].

(aa) Bedeutung der Schulaufsicht im Sinne des Art. 7 Abs. 1 GG

Gem. Art. 7 Abs. 1 GG steht das gesamte Schulwesen unter der Aufsicht des Staates. Die Vorschrift beruht auf Art. 144 S. 1 WRV, der die bis dahin übliche Aufsicht der Kirchen über die öffentlichen Schulen auf den Staat übertragen und so die religiöse und weltanschauliche Neutralität des öffentlichen Schulwesens sichern sollte[455]. Nicht ausgeschlossen wird dagegen der Einfluss der Gesellschaft auf das Schulwesen[456]. Denn die Gesellschaft kann gem. Art. 7 Abs. 4 und 5 GG über die Gründung von Privatschulen gemeinsam mit dem Staat Verantwortung innerhalb des Schulwesens übernehmen[457].

Die Staatsaufsicht im Sinne des Art. 7 Abs. 1 GG wird als Gesamtheit staatlicher Befugnisse zur Organisation, Planung, Leitung und Beaufsichtigung des Schulwesens verstanden[458], deren Ziel es, wie bereits beschrieben, ist, ein Schulsystem zu gewährleisten, das allen jungen Bürgern gemäß ihren Fähigkeiten die dem heutigen gesellschaftlichen Leben entsprechenden Bildungsmöglichkeiten eröffnet[459]. Der

452 Eine ausführliche Grundrechtsprüfung, die sich mit Eingriffen zur Durchsetzung der Schulpflicht als Reaktion auf Homeschooling befasst, erfolgt bei *Krampen-Lietzke*, Der Dispens vom Schulunterricht aus religiösen Gründen, S. 200 ff.

453 *Handschell*, Die Schulpflicht vor dem Grundgesetz, S. 123.

454 *Handschell*, Die Schulpflicht vor dem Grundgesetz, S. 123.

455 *Rux/Niehues*, Schulrecht, Rn. 144.

456 v. Münch/Kunig/*Boysen*, GG, Art. 7 Rn. 38.

457 v. Münch/Kunig/*Boysen*, GG, Art. 7 Rn. 38.

458 BVerwG, Urt. v. 31.01.1964 – BVerwG VII C 49.62, BVerwGE 18, 38 (39); *Kramer*, JuS 2009, S. 1091.

459 BVerfG, Beschl. v. 21.12.1977 – 1 BvL 1 /75, 1 BvR 147/75, BVerfGE 47, 46 (71).

Staat erlangt mittels Art. 7 Abs. 1 GG nicht nur die Kompetenz, über die Errichtung, Organisation und Aufhebung einzelner Schulen, sondern auch über die inhaltliche Festlegung und Ausgestaltung der Ausbildungsgänge, Unterrichtsziele und Lehrpläne zu entscheiden[460]. Über Art. 7 Abs. 1 GG sind die gem. Art. 30, 70 und 83 GG für Gesetzgebung und Verwaltung zuständigen Länder berechtigt, die Schulaufsicht auszuüben[461].

(bb) Gegenseitige Beeinflussung von Art. 7 Abs. 1 GG und Art. 6 Abs. 2 S. 1 GG

Es kann für den Bereich des Schulwesens zwischen Bildung als Vermittlung bestimmter Kenntnisse, Fähigkeiten und Fertigkeiten und Erziehung als Vermittlung von Wertvorstellungen differenziert werden[462]. Erziehung als Entfaltungshilfe erfahren Kinder nicht nur zuhause, sondern auch in der Schule[463]. Zwar soll Schülern in der Schule vorrangig Wissen vermittelt werden[464]. Das Einüben sozialer Kompetenzen ist allerdings allein schon aus organisatorischen Gründen ebenfalls erforderlich[465]. Zudem können Bildung und Erziehung nicht genau voneinander abgegrenzt werden[466]. Darüber hinaus soll die Vermittlung von Schulbildung der Rechtsstaatlichkeit und Demokratie und dem Bestand des modernen Staates dienen[467]. Dies erfordert das Einüben sozialer Verhaltensweisen, insbesondere Gespräche zwischen Andersdenkenden[468]. Daher wird Art. 7 Abs. 1 GG neben einem Bildungs- auch ein Erziehungsauftrag entnommen[469].

Dem Bundesverfassungsgericht zufolge hat der Erziehungsauftrag der Schule neben der Wissensvermittlung auch den Zweck, das einzelne Kind zu einem selbstverantwortlichen Mitglied der Gesellschaft heranzubilden, sodass sich der Aufgabenbereich der Schule auch auf die Erziehung erstreckt[470]. Dadurch, dass gem. Art. 7 Abs. 1 GG das gesamte Schulwesen unter der Aufsicht des Staates steht, kommt dem Staat neben seinem Wächteramt aus Art. 6 Abs. 2 S. 1 GG, das sich auf

---

460 v. Münch/Kunig/*Boysen*, GG, Art. 7 Rn. 38.
461 *Kramer*, JuS 2009, S. 1091.
462 *Rux/Niehues*, Schulrecht, Rn. 163.
463 *Krampen-Lietzke*, Der Dispens vom Schulunterricht aus religiösen Gründen, S. 106.
464 *Krampen-Lietzke*, Der Dispens vom Schulunterricht aus religiösen Gründen, S. 106.
465 *Krampen-Lietzke*, Der Dispens vom Schulunterricht aus religiösen Gründen, S. 106 f.
466 *Krampen-Lietzke*, Der Dispens vom Schulunterricht aus religiösen Gründen, S. 108.
467 *Krampen-Lietzke*, Der Dispens vom Schulunterricht aus religiösen Gründen, S. 108.
468 *Krampen-Lietzke*, Der Dispens vom Schulunterricht aus religiösen Gründen, S. 108.
469 BVerfG, Beschl. v. 16.05.1995 – 1 BvR 1087/91, BVerfGE 93, 1 (21); *Krampen-Lietzke*, Der Dispens vom Schulunterricht aus religiösen Gründen, S. 109; v. Mangoldt/Klein/Starck/*Robbers*, GG, Art. 7 Rn. 80.
470 BVerfG, Beschl. v. 21.12.1977 – 1 BvL 1/75, 1 BvR 147/75, BVerfGE 47, 46 (72); *Huber*, BayVBl 1994, S. 546.

den außerschulischen Bereich bezieht, im Bereich der Schule ein eigener Bildungs- und Erziehungsauftrag zu[471]. Damit tragen im Bereich der Schule nicht nur die Eltern Verantwortung, sondern auch der Staat[472].

Die Verantwortung der Eltern für den Gesamtplan der Erziehung ihrer Kinder steht in einem Spannungsverhältnis zum staatlichen Erziehungsauftrag in der Schule aus Art. 7 Abs. 1 GG[473]. Das Verhältnis von staatlicher und elterlicher Erziehungsverantwortung zueinander ist umstritten[474]. Der Ausdruck „zuvörderst" in Art. 6 Abs. 2 S. 1 GG bezieht sich lediglich auf das Verhältnis zum staatlichen Wächteramt aus Art. 6 Abs. 2 S. 2 GG[475]. Ein absoluter Vorrang des Elternwillens würde eigenständigem staatlichem Erziehungshandeln zuwiderlaufen, was dem Gedanken von Art. 7 Abs. 1 GG nicht entspräche[476]. Andersherum kann der systematischen Stellung des Art. 7 Abs. 1 GG im Grundgesetz kein genereller Vorrang staatlicher Erziehungsverantwortung entnommen werden[477]. Denkbar ist eine Aufteilung in drei Bereiche: Den rein schulischen, den rein häuslichen und einen Bereich, auf den sowohl Elternrecht als auch staatlicher Erziehungsauftrag Einfluss haben. Unter der Prämisse, dass im Rahmen von Letzterem eine Abwägung im Sinne praktischer Konkordanz vorzunehmen ist, führt diese Dreiteilung im Konfliktfall zwischen Schule und Eltern zum selben Lösungsweg wie bei Gleichordnung der Erziehung durch Staat und Eltern[478]. Eine trennscharfe Unterteilung in zwei unabhängig voneinander existierende Verantwortungsbereiche in Form von elterlicher und staatlicher Erziehung ist nicht möglich[479]. Vielmehr sind im Konfliktfall sowohl Eltern als auch der Staat betroffen[480]. Da es sich bei der Erziehung eines Kindes nicht um einen in einzelne Teile zerlegbaren Prozess handelt, haben Eltern und Staat bei der Wahrnehmung ihrer Erziehungsverantwortung sinnvoll aufeinander bezogen zusammenzuwirken mit dem Ziel, das Kind bei der Entwicklung zu einer eigenverantwortlichen Persönlichkeit innerhalb der Gesellschaft zu unterstützen[481].

---

471 Sachs/*Thiel*, GG, Art. 7 Rn. 22.
472 *Orth*, NVwZ 2011, S. 16.
473 BVerfG, Beschl. v. 16.10.1979 – 1 BvR 647/70, 7/74, BVerfGE 52, 223 (236).
474 Dreier/*Brosius-Gersdorf*, GG, Art. 7 Rn. 57.
475 Dreier/*Brosius-Gersdorf*, GG, Art. 7 Rn. 58.
476 *Krampen-Lietzke*, Der Dispens vom Schulunterricht aus religiösen Gründen, S. 114.
477 Dreier/*Brosius-Gersdorf*, GG, Art. 7 Rn. 58.
478 *Krampen-Lietzke*, Der Dispens vom Schulunterricht aus religiösen Gründen, S. 113.
479 *Krampen-Lietzke*, Der Dispens vom Schulunterricht aus religiösen Gründen, S. 110; *Rux/Niehues*, Schulrecht, Rn. 162.
480 *Rux/Niehues*, Schulrecht, Rn. 162.
481 *Rux/Niehues*, Schulrecht, Rn. 159. Zum Meinungsstand in der Literatur hinsichtlich des Verhältnisses staatlicher Erziehung zum elterlichen Erziehungsrecht ausführlich Dreier/*Brosius-Gersdorf*, GG, Art. 7 Rn. 57; *Krampen-Lietzke*, Der Dispens vom Schulunterricht aus religiösen Gründen, S. 109 ff.

Ständiger Rechtsprechung des Bundesverfassungsgerichts zufolge steht im Bereich des Schulwesens die Erziehungsverantwortung von Staat und Eltern grundsätzlich gleichgeordnet auf einer Stufe[482]. Die Gleichrangigkeit von Art. 6 Abs. 2 S. 1 GG und Art. 7 Abs. 1 GG bewirkt, dass die beiden Rechtspositionen bei Kollision im Sinne der praktischen Konkordanz zu einem möglichst schonenden Ausgleich gebracht werden müssen[483]. Dabei hat der Staat die Verantwortung der Eltern für den Gesamtplan der Erziehung ihrer Kinder zu achten und für die Vielfalt der Anschauungen in Erziehungsfragen so weit offen zu sein, wie es sich mit einem geordneten staatlichen Schulsystem verträgt[484]. Während Art. 6 Abs. 2 S. 1 GG die Erziehung betrifft, setzt Art. 7 Abs. 1 GG auch einen Bildungsanspruch des Staates voraus[485]. Besonders im Hinblick auf die Vermittlung von Wertvorstellungen muss den Eltern daher ausreichend Freiraum gelassen und ihre Freiheit in Bezug auf Erziehungsinhalte respektiert werden, so beispielsweise auf religiös, weltanschaulich, ethisch und politisch geprägten Gebieten[486].

(b) Allgemeine Schulpflicht als zulässige Beschränkung von Grundrechten der Eltern?

Dadurch, dass die Schulpflicht in Art. 7 Abs. 1 GG verankert ist, stellt sie eine Schranke mit Verfassungsrang dar, sodass sie legitimerweise Grundrechte, also auch das elterliche Erziehungsrecht und das Recht auf religiöse Kindererziehung, beschränken kann[487].

(aa) Meinungsbild in der Rechtsprechung

Zur Rechtfertigung ist eine durch die Schulpflicht begründete gesetzliche, ausdrückliche Eingriffsermächtigung vonnöten, die verfassungsgemäß ist[488]. Da die Gesetzgebungskompetenz in Angelegenheiten der Bildung den Ländern zufällt,

---

482 Siehe beispielsweise BVerfG, Urt. v. 14.07.1998 – 1 BvR 1640/97, BVerfGE 98, 218 (244); BVerfG, Beschl. v. 08.10.1997 – 1 BvR 9/97, BVerfGE 96, 288 (304); BVerfG, Beschl. v. 16.10.1979 – 1 BvR 647/70, 7/74, BVerfGE 52, 223 (236); BVerfG, Beschl. v. 21.12.1977 – 1 BvL 1/75, 1 BvR 147/75, BVerfGE 47, 46 (72); BVerfG, Urt. v. 06.12.1972 – 1 BvR 230/70 und 95/71, BVerfGE 34, 165 (183); Dreier/*Brosius-Gersdorf*, GG, Art. 7 Rn. 58; *Orth*, NVwZ 2011, S. 16; Sachs/*Thiel*, GG, Art. 7 Rn. 35; Sodan/*Sodan*, GG, Art. 7 Rn. 4. Zum diesbezüglichen Meinungsstand in der Literatur vertiefend *Rux/Niehues*, Schulrecht, Rn. 160 ff.

483 *Kramer*, JuS 2009, S. 1091.

484 BVerfG, Urt. v. 14.07.1998 – 1 BvR 1640/97, BVerfGE 98, 218 (245).

485 *Rux/Niehues*, Schulrecht, Rn. 164.

486 *Rux/Niehues*, Schulrecht, Rn. 165.

487 Jarass/Pieroth/*Jarass*, GG, Art. 6 Rn. 59; *Krampen-Lietzke*, Der Dispens vom Schulunterricht aus religiösen Gründen, S. 91.

488 *Krampen-Lietzke*, Der Dispens vom Schulunterricht aus religiösen Gründen, S. 91 f.

sind diesbezügliche Eingriffsermächtigungen stets gesetzliche Regelungen der Bundesländer[489]. In den Landesgesetzen zur allgemeinen Schulpflicht wurden die wesentlichen Aspekte der Schulpflicht, nämlich Dauer, Beginn, Schulformen und Möglichkeiten der Durchsetzung, durch den parlamentarischen Gesetzgeber geregelt, sodass dem Vorbehalt des Gesetzes Rechnung getragen wird[490]. Art. 6 Abs. 2 S. 1 GG und Art. 7 Abs. 1 GG sind dabei nicht lediglich wie zu optimierende Freiheitsrechte abzuwägen, vielmehr stehen bei ihrer Anwendung Interesse und Wohl des Kindes im Vordergrund, also die Belange eines Dritten[491].

Die deutsche Rechtsprechung hat sich bislang weit überwiegend gegen Befreiungen von der Schulpflicht zugunsten Homeschoolings ausgesprochen und Schulverweigerern gegenüber Maßnahmen zur Durchsetzung der Schulpflicht ergriffen[492].

Dem Bundesverfassungsgericht zufolge können die Grundrechte der Eltern aus Art. 6 Abs. 2 S. 1 GG und Art. 6 Abs. 2 S. 1 GG i.V.m. Art. 4 Abs. 1 und 2 GG durch den Eingriff in Form der allgemeinen Schulpflicht vor dem Hintergrund von Art. 7 Abs. 1 GG in grundsätzlich zulässiger Weise beschränkt werden[493]. Entsprechend verstößt laut Bundesverfassungsgericht die Ablehnung einer Genehmigung zur Erteilung religiös motivierten Homeschoolings außerhalb staatlicher oder privater Schulen durch Eltern schulpflichtiger Kinder nicht gegen Grundrechte der Eltern[494].

Die Existenz eines aus Art. 6 Abs. 2 S. 1 GG grundsätzlich abzuleitenden Anspruchs darauf, die Erfüllung der auf Art. 7 Abs. 1 GG beruhenden Schulpflicht durch staatlich beaufsichtigtes Homeschooling zu ersetzen, verneint das Bundesverwaltungsgericht[495].

---

489 *Krampen-Lietzke*, Der Dispens vom Schulunterricht aus religiösen Gründen, S. 92.

490 *Krampen-Lietzke*, Der Dispens vom Schulunterricht aus religiösen Gründen, S. 203 ff.

491 *Thurn/Reimer*, NVwZ 2008, S. 718.

492 Vgl. die Angaben in v. Münch/Kunig/*Boysen*, GG, Art. 7 Rn. 40. Allein in OVG Lüneburg, Urt. v. 05.03.2003 – 13 LB 4075/01, KirchE 43, 156 (167) wurde für möglich gehalten, dass religiöse Gründe, die in Ausübung ihres Erziehungsrechts von den Eltern geltend gemacht werden, einen Anspruch auf die Gestattung von Privatunterricht begründen. Diesem Ansatz folgte VG Braunschweig, Urt. v. 17.12.2003 – 6 A 568/02, KirchE 44, 411 (419).

493 BVerfG, Beschl.v . 21.07.2009 – 1 BvR 1358/09, NJW 2009, 3151 (3152); BVerfG, Beschl. v. 31.05.2006 – 2 BvR 1693/04, BVerfGK 8, 151 (153); BVerfG, Beschl. v. 05.09.1986 – 1 BvR 794/86, NJW 1987, 180 (180).

494 BVerfG, Beschl. v. 29.04.2003 – 1 BvR 436/03, BVerfGK 1, 141 (142).

495 BVerwG, Beschl. v. 15.10.2009 – 6 B 27/09, NVwZ 2010, 525 (525); Sachs/*Thiel*, GG, Art. 7 Rn. 13. Ebenso VGH München, Beschl. v. 12.04.2010 – 7 ZB 09.2369, NVwZ-RR 2010, 606 (606); OLG Brandenburg, Beschl. v. 14.07.2005 – 9 UF 68/05, NJW 2006, 235 (236); VG Braunschweig, Urt. v. 17.12.2003 – 6 A 568/02, KirchE 44, 411 (421); VG Hamburg, Beschl. v. 16.01.2003 – 2 VG 4333/2002 (bei juris); VGH München, Beschl. v. 18.09.2002 – 7 ZB 02.1701, KirchE 41, 91 (92).

(bb) Rechtfertigung der Schulpflicht unter Verweis auf staatliche Erziehungsziele

Zur Rechtfertigung der Schulpflicht im Rahmen der Abwägung zwischen Grundrechten der Eltern und dem Bildungs- und Erziehungsauftrag des Staates wird auf die mit ihr verfolgten Ziele verwiesen[496].

Bildung dient unter anderem dem wirtschaftlichen Wohlstand der Gesellschaft[497], der Effizienz des modernen Staates[498] und dem Aufrechterhalten einer freiheitlich-demokratischen Gesellschaft[499], deren Mitglieder eigenverantwortlich entscheiden und handeln[500] und am öffentlichen Leben teilhaben können[501]. Die Förderung, die Kinder und Jugendliche in der Schule erfahren, unterstützt die Verwirklichung von Grundrechten[502]. Das Bundesverfassungsgericht schließt nicht aus, dass auch im Wege des Homeschoolings eine hinreichende Wissensvermittlung erfolgen kann[503]. Insofern stützt es seine Argumentation auch nicht auf einen möglichen Mangel an Chancengleichheit, der durch Unterschiede in der Bildungsvermittlung herbeigeführt werden kann[504]. Vielmehr werden die Schulpflicht und die damit einhergehend stark eingeschränkte Möglichkeit des Homeschoolings in der Rechtsprechung vorwiegend mit Gemeinwohlinteressen an der Beschulung von Kindern und Jugendlichen begründet[505]. Zunehmend wird zur Rechtfertigung der Schulpflicht die Integrationsfunktion der Schule in den Vordergrund gestellt, die nicht nur für die Kindesinteressen, sondern auch für die Funktionsfähigkeit einer demokratischen Staatsordnung von Vorteil sei[506].

Laut Bundesverfassungsgericht richtet sich der staatliche Erziehungsauftrag nicht nur auf die Vermittlung von Wissen, sondern auch auf die Heranbildung verantwortlicher Staatsbürger, die gleichberechtigt und dem Ganzen gegenüber verantwortungsbewusst an den demokratischen Prozessen in einer pluralistischen

---

496 Dreier/*Brosius-Gersdorf,* GG, Art. 7 Rn. 22; Dreier/*Morlok,* GG, Art. 4 Rn. 150; *Krampen-Lietzke,* Der Dispens vom Schulunterricht aus religiösen Gründen, S. 205.

497 *Rux/Niehues,* Schulrecht, Rn. 175.

498 *Krampen-Lietzke,* Der Dispens vom Schulunterricht aus religiösen Gründen, S. 206.

499 *Krampen-Lietzke,* Der Dispens vom Schulunterricht aus religiösen Gründen, S. 206.

500 *Krampen-Lietzke,* Der Dispens vom Schulunterricht aus religiösen Gründen, S. 206.

501 *Krampen-Lietzke,* Der Dispens vom Schulunterricht aus religiösen Gründen, S. 206.

502 *Rux/Niehues,* Schulrecht, Rn. 175.

503 BVerfG, Beschl. v. 29.04.2003 – 1 BvR 436/03, BVerfGK 1, 141 (143); *Langer,* KritV, Bd. 90: 2007, S. 282.

504 So aber beispielsweise VGH Mannheim, Urt. v. 18.06.2002 – 9 s 2441/01, NVwZ-RR 2003, 561 (564).

505 BVerfG, Beschl. v. 31.05.2006 – 2 BvR 1693/04, BVerfGK 8, 151 (155); BVerfG, Beschl. v. 29.04.2003 – 1 BvR 436/03, BVerfGK 1, 141 (143). Ebenso BVerwG, Beschl. v. 15.10.2009 – 6 B 27/09, NVwZ 2010, 525 (526).

506 Sachs/*Kokott,* GG, Art. 4 Rn. 71.

Gesellschaft sollen teilhaben können[507]. Soziale Kompetenz im Umgang auch mit Andersdenkenden, gelebte Toleranz, Durchsetzungsvermögen und Selbstbehauptung einer von der Mehrheit abweichenden Überzeugung könnten effektiver eingeübt werden, wenn Kontakte mit der Gesellschaft und den in ihr vertretenen unterschiedlichsten Auffassungen nicht nur gelegentlich stattfänden, sondern Teil einer mit dem regelmäßigen Schulbesuch verbundenen Alltagserfahrung seien[508]. Grundrechtseingriffe und der Gewinn, den die Erfüllung der Pflicht zum Schulbesuch für den staatlichen Erziehungsauftrag und die hinter ihm stehenden Gemeinwohlinteressen erwarten lasse, stünden dabei in einem angemessenen Verhältnis[509]. Die Allgemeinheit habe ein berechtigtes Interesse daran, der Entstehung von religiös oder weltanschaulich motivierten „Parallelgesellschaften" entgegenzuwirken und Minderheiten auf diesem Gebiet zu integrieren[510]. Integration setze dabei nicht nur voraus, dass die Mehrheit der Bevölkerung religiöse oder weltanschauliche Minderheiten nicht ausgrenze, sie verlange vielmehr auch, dass diese sich selbst nicht abgrenzten und sich einem Dialog mit Andersdenkenden und -gläubigen nicht verschlössen[511]. Für eine offene, pluralistische Gesellschaft bedeute der Dialog mit solchen Minderheiten eine Bereicherung[512]. Dies im Sinne gelebter Toleranz einzuüben und zu praktizieren, sei wichtige Aufgabe der Schule[513]. Das Vorhandensein eines breiten Spektrums von Überzeugungen in einer Klassengemeinschaft könne

---

507 BVerfG, Beschl. v. 15.03.2007 – 1 BvR 2780/06, BVerfGK 10, 423 (430); BVerfG, Beschl. v. 31.05.2006 – 2 BvR 1693/04, BVerfGK 8, 151 (155); BVerfG, Beschl. v. 29.04.2003 – 1 BvR 436/03, BVerfGK 1, 141 (143). Ebenso BVerwG, Beschl. v. 15.10.2009 – 6 B 27/09, NVwZ 2010, 525 (526); VGH München, Beschl. v. 02.08. 2007 – 7 ZB 07.987, NVwZ-RR 2007, 763 (764); OLG Hamm, Beschl. v. 25.08.2005 – 6 WF 297/05, NJW 2006, 237 (239).

508 BVerfG, Beschl. v. 15.03.2007 – 1 BvR 2780/06, BVerfGK 10, 423 (430 f.); BVerfG, Beschl. v. 31.05.2006 – 2 BvR 1693/04, BVerfGK 8, 151 (155); BVerfG, Beschl. v. 29.04.2003 – 1 BvR 436/03, BVerfGK 1, 141 (143). Beipflichtend VGH München, Beschl. v. 02.08. 2007 – 7 ZB 07.987, NVwZ-RR 2007, 763 (764); OLG Brandenburg, Beschl. v. 14.07.2005 – 9 UF 68/05, NJW 2006, 235 (237).

509 BVerfG, Beschl. v. 31.05.2006 – 2 BvR 1693/04, BVerfGK 8, 151 (155); BVerfG, Beschl. v. 29.04.2003 – 1 BvR 436/03, BVerfGK 1, 141 (143).

510 BVerfG, Beschl. v. 15.03.2007 – 1 BvR 2780/06, BVerfGK 10, 423 (431); BVerfG, Beschl. v. 31.05.2006 – 2 BvR 1693/04, BVerfGK 8, 151 (155); BVerfG, Beschl. v. 29.04.2003 – 1 BvR 436/03, BVerfGK 1, 141 (143). Ebenso VGH München, Beschl. v. 02.08. 2007 – 7 ZB 07.987, NVwZ-RR 2007, 763 (764).

511 BVerfG, Beschl. v. 15.03.2007 – 1 BvR 2780/06, BVerfGK 10, 423 (431); BVerfG, Beschl. v. 31.05.2006 – 2 BvR 1693/04, BVerfGK 8, 151 (155 f.); BVerfG, Beschl. v. 29.04.2003 – 1 BvR 436/03, BVerfGK 1, 141 (143). So auch VGH München, Beschl. v. 02.08. 2007 – 7 ZB 07.987, NVwZ-RR 2007, 763 (764).

512 BVerfG, Beschl. v. 31.05.2006 – 2 BvR 1693/04, BVerfGK 8, 151 (156); BVerfG, Beschl. v. 29.04.2003 – 1 BvR 436/03, BVerfGK 1, 141 (143).

513 BVerfG, Beschl. v. 15.03.2007 – 1 BvR 2780/06, BVerfGK 10, 423 (431); BVerfG, Beschl. v. 31.05.2006 – 2 BvR 1693/04, BVerfGK 8, 151 (156); BVerfG, Beschl.

die Fähigkeiten aller Schüler zu Toleranz und Dialog als einer Grundvoraussetzung demokratischer Willensbildungsprozesse nachhaltig fördern[514].

Die Zumutbarkeit auftretender Beeinträchtigungen grundrechtlicher Freiheiten wird mit der Existenz von Pflichten zur Rücksichtnahme auf abweichende religiöse Überzeugungen und verbleibende Möglichkeiten der Einflussnahme der Eltern auf die Erziehung der Kinder innerhalb und außerhalb der Schule begründet[515]. Hierbei wird neben dem Verweis, auf Privatschulen ausweichen zu können, die Verpflichtung der staatlichen Schulen zu Neutralität und Toleranz hervorgehoben[516].

bb) Zwischenfazit zur Aufteilung der Bildungsverantwortung zwischen Eltern und Staat nach den öffentlich-rechtlichen Rahmenbedingungen für Homeschooling in Deutschland

Die Aufteilung der Bildungsverantwortung durch den Staat beeinflusst die rechtliche Akzeptanz des Homeschoolings[517]. Befürworter des außerschulischen Unterrichts sehen es als Recht der Eltern an, darüber zu entscheiden, auf welche Weise ein Kind unterrichtet werden soll[518]. Gegner dieser Unterrichtsart argumentieren, es sei dem Gemeinwohl, der Gerechtigkeit und Qualität abträglich, wenn Kinder durch ihre Eltern Unterricht erhielten[519].

Es besteht in allen Bundesländern eine Schulpflicht in Form einer Schulbesuchspflicht. Homeschooling entspricht nicht dem Verständnis von Schule im Sinne des Art. 7 Abs. 1 GG. Soll Homeschooling den Schulunterricht ersetzen, kann dies daher nur im Rahmen einer gesetzlichen Ausnahme erfolgen. Für lediglich subjektive, in diesem Fall religiöse Gründe der Eltern sehen die Bundesländer nach derzeitigem Verständnis der landesrechtlichen Regelungen keine Ausnahmen von der Schulbesuchspflicht vor.

Diese Einschränkung der elterlichen Einflussnahme verstößt grundsätzlich nicht gegen die Grundrechte der Eltern. Staatlicher Erziehungsauftrag und elterliches Erziehungsrecht und damit auch das Recht auf religiöse Kindererziehung stehen

---

v. 29.04.2003 – 1 BvR 436/03, BVerfGK 1, 141 (143 f.). Zustimmend VGH München, Beschl. v. 02.08. 2007 – 7 ZB 07.987, NVwZ-RR 2007, 763 (764).

514 BVerfG, Beschl. v. 15.03.2007 – 1 BvR 2780/06, BVerfGK 10, 423 (431); BVerfG, Beschl. v. 31.05.2006 – 2 BvR 1693/04, BVerfGK 8, 151 (156); BVerfG, Beschl. v. 29.04.2003 – 1 BvR 436/03, BVerfGK 1, 141 (144). Damit übereinstimmend auch VGH München, Beschl. v. 02.08. 2007 – 7 ZB 07.987, NVwZ-RR 2007, 763 (764).

515 BVerfG, Beschl. v. 29.04.2003 – 1 BvR 436/03, BVerfGK 1, 141 (144). Art. 6 Abs. 2 S. 1 GG beinhaltet das Recht der Eltern auf Unterrichtung über Vorgänge in der Schule, *Hebeler/Schmidt*, NVwZ 2005, S. 1371. Zudem stehen Eltern kollektive Mitwirkungsrechte im Schulbereich zu, *Hebeler/Schmidt*, NVwZ 2005, S. 1371.

516 BVerfG, Beschl. v. 29.04.2003 – 1 BvR 436/03, BVerfGK 1, 141 (144).

517 *Varnham/Squelch*, Education and the Law, Bd. 20: 2008, S. 198.

518 *Varnham/Squelch*, Education and the Law, Bd. 20: 2008, S. 198.

519 *Varnham/Squelch*, Education and the Law, Bd. 20: 2008, S. 198.

gleichgeordnet auf einer Stufe, damit der Staat die Möglichkeit hat, seinen über Art. 7 Abs. 1 GG gewährten Erziehungsauftrag umzusetzen. Als Konkretisierung des staatlichen Erziehungsauftrags ist damit auch die Festlegung der Schulpflicht rechtlich möglich.

Die Tatsache, dass der Landesgesetzgeber keine Ausnahmen von der Pflicht zum Schulbesuch zugunsten religiös motivierten Homeschoolings vorsieht, ist durch die Interessen der Allgemeinheit am Schulbesuch der Kinder und Jugendlichen gerechtfertigt, da die Schulpflicht nicht nur Individualinteressen, sondern der Eingliederung eines jeden Bürgers in die Gesellschaft dient. Den Eltern bleiben Mitwirkungsrechte im innerschulischen sowie Einflussmöglichkeiten im außerschulischen Bereich.

f) Beurteilung von Homeschooling auf dem Gebiet des Familienrechts

Diese Wertungen aus dem öffentlichen Recht hinsichtlich der Beurteilung von Homeschooling wirken sich auch auf das Familienrecht aus.

aa) Rechtliche Bewertung von Homeschooling am Beispiel des Beschlusses des OLG Frankfurt v. 15.08.2014 – 6 UF 30/14

Im Jahre 2014 hatte das OLG Frankfurt über die Voraussetzungen des Sorgerechtsentzugs bei Weigerung der Eltern, für den Schulbesuch ihrer Kinder Sorge zu tragen, zu entscheiden[520].

(1) Zusammenfassung des Sachverhalts

Die Eltern strebten die Rückübertragung von Teilrechten der elterlichen Sorge für ihre Kinder an, die ihnen aufgrund ihrer Weigerung, die Kinder in öffentlichen beziehungsweise zugelassenen Privatschulen unterrichten zu lassen, statt ihnen zuhause Unterricht zu erteilen, entzogen worden waren[521]. Dazu zählten das Recht der Aufenthaltsbestimmung, das Recht zur Regelung der schulischen Angelegenheiten und das Recht zur Antragstellung bei Ämtern und Behörden, die auf das Jugendamt übertragen worden waren, sowie das Recht zur Antragstellung auf Hilfe zur Erziehung gem. §§ 27 ff. SGB VIII bezüglich der vier Kinder[522]. Den Eltern war aufgegeben worden, ihre Kinder zur Durchsetzung der Schulpflicht an das Jugendamt herauszugeben[523].

(2) Beurteilung der Schulverweigerung durch das Gericht

Das OLG Frankfurt hob den angefochtenen Beschluss auf und übertrug das Recht der Aufenthaltsbestimmung, das Recht zur Regelung der schulischen Angelegenheiten,

520 OLG Frankfurt, Beschl. v. 15.08.2014 – 6 UF 30/14 (bei juris Rn. 1).
521 OLG Frankfurt, Beschl. v. 15.08.2014 – 6 UF 30/14 (bei juris Rn. 1).
522 OLG Frankfurt, Beschl. v. 15.08.2014 – 6 UF 30/14 (bei juris Rn. 2 ff.).
523 OLG Frankfurt, Beschl. v. 15.08.2014 – 6 UF 30/14 (bei juris Rn. 2).

das Recht zur Antragstellung bei Ämtern und Behörden sowie das Recht zur Antragstellung auf Hilfe zur Erziehung gem. §§ 27 ff. SGB VIII bezüglich der vier Kinder auf die Kindeseltern zurück[524].

Der Senat hielt die Weigerung der Eltern, für den Schulbesuch ihrer Kinder Sorge zu tragen, für eine Kindeswohlgefährdung und zweifelte nicht an der Verfassungsmäßigkeit der auf Art. 7 GG beruhenden Schulpflicht[525].

Die Gefährdung des Kindeswohls konnte nach Angaben des Senats auch nicht dadurch gemindert oder beseitigt werden, dass festgestellt wurde, dass der Bildungsstand der Kinder nicht besorgniserregend war[526]. Dies wurde unter Verweis auf die Rechtsprechung des Bundesverfassungsgerichts[527] damit begründet, dass der Schulbesuch nicht nur auf die reine Wissensvermittlung, sondern auch darauf abziele, den Kindern Gelegenheit zu geben, in das Gemeinschaftsleben hineinzuwachsen[528]. Daher sprach sich der Senat dafür aus, dass die Kinder durch den Schulbesuch auch weiterhin die Möglichkeit erhalten sollten, „sich in ein Gemeinschaftsleben außerhalb der Familie zu integrieren, dort ihre sozialen Kompetenzen zu stärken, zu lernen, sich an Regeln zu halten und Pflichten zu akzeptieren“[529]. Zudem wurde darauf hingewiesen, dass der Schulbesuch den Kindern die Möglichkeit eröffne, neue Wissensfelder kennenzulernen und eigene Talente zu entdecken[530]. Das Gericht zog in Erwägung, die Kinder von ihren Eltern zu trennen, um den Schulbesuch sicherzustellen, hielt es dabei aber für unwahrscheinlich, dass die Eltern nach kurzzeitiger Fremdunterbringung der Kinder ihre Einstellung ändern würden[531].

Neben dem hinreichenden Bildungsstand der Kinder konnte festgestellt werden, dass die Kinder in ihrer Sozialkompetenz keine Einschränkungen aufwiesen und nicht gegen ihren Willen vom Schulbesuch abgehalten wurden, sondern die Ansicht der Eltern teilten[532].

Im Rahmen der Prüfung des Verhältnismäßigkeitsgrundsatzes gem. § 1666a BGB verneinte das Gericht die Verhältnismäßigkeit des Entzugs von Teilrechten der elterlichen Sorge[533]. Begründet wurde dies damit, dass eine Maßnahme ungeeignet sei, wenn sie mit anderweitigen Beeinträchtigungen des Kindeswohls einhergehe und diese mit der Beseitigung der festgestellten Gefahr nicht aufgewogen würden, wovon der Senat vorliegend ausging[534]. Eine dauerhafte Fremdunterbringung der Kinder, die seiner Ansicht nach die einzige Möglichkeit zur Sicherstellung der

---

524 OLG Frankfurt, Beschl. v. 15.08.2014 – 6 UF 30/14 (bei juris Rn. 12).
525 OLG Frankfurt, Beschl. v. 15.08.2014 – 6 UF 30/14 (bei juris Rn. 13).
526 OLG Frankfurt, Beschl. v. 15.08.2014 – 6 UF 30/14 (bei juris Rn. 14).
527 Verwiesen wird auf BVerfG, Beschl. v. 31.05.2006 – 2 BvR 1693/04, BVerfGK 1, 151.
528 OLG Frankfurt, Beschl. v. 15.08.2014 – 6 UF 30/14 (bei juris Rn. 14).
529 OLG Frankfurt, Beschl. v. 15.08.2014 – 6 UF 30/14 (bei juris Rn. 14).
530 OLG Frankfurt, Beschl. v. 15.08.2014 – 6 UF 30/14 (bei juris Rn. 14).
531 OLG Frankfurt, Beschl. v. 15.08.2014 – 6 UF 30/14 (bei juris Rn. 17).
532 OLG Frankfurt, Beschl. v. 15.08.2014 – 6 UF 30/14 (bei juris Rn. 19).
533 OLG Frankfurt, Beschl. v. 15.08.2014 – 6 UF 30/14 (bei juris Rn. 20).
534 OLG Frankfurt, Beschl. v. 15.08.2014 – 6 UF 30/14 (bei juris Rn. 20 f.).

Beschulung darstellte, wurde aufgrund der guten Bindungen zwischen Eltern und Kindern und der im Übrigen beanstandungsfreien Betreuung durch die Eltern als Kindesbeeinträchtigung eingestuft, die im Hinblick auf den Vorteil der Maßnahme als unverhältnismäßig bewertet wurde[535].

Es wurde allerdings unter Verweis auf das hessische Schulgesetz und mögliche strafrechtliche Konsequenzen klargestellt, dass den Eltern eine Heimbeschulung nicht gestattet sei[536].

Abschließend wurde darauf hingewiesen, dass in dem Plan der Eltern, den Wohnsitz dauerhaft nach Frankreich zu verlegen und dort Heimunterricht zu erteilen, keine Kindeswohlgefährdung erkennbar sei, da die Kinder durch die Verlegung des Wohnsitzes nicht mehr der deutschen Schulpflicht unterlägen und in anderen europäischen Ländern Heimbeschulung zulässig sei[537].

(3) Vergleich mit der Argumentation auf dem Gebiet des öffentlichen Rechts

Das OLG Frankfurt zweifelt demzufolge ebenso wenig wie die Gerichte, die sich bislang auf dem Gebiet des öffentlichen Rechts mit Homeschooling auseinandersetzten, an der Verfassungsmäßigkeit der Schulpflicht. Vielmehr wird die Argumentation aus dem öffentlichen Recht aufgegriffen, dass die Pflicht zum Schulbesuch nicht nur auf reine Wissensvermittlung ausgerichtet sei, sondern weitere, der Eingliederung in die Gesellschaft dienende Ziele verfolge. Während die öffentlich-rechtliche Rechtsprechung vorrangig auf die Interessen der Allgemeinheit an der Beschulung abstellt, bezieht sich die Beurteilung des Kindeswohls auf den Einzelfall beziehungsweise den Einzelnen. Entsprechend werden durch das OLG Frankfurt Individualinteressen an der sozialen Komponente des Schulbesuchs hervorgehoben.

Bemerkenswert ist, dass neben dem hinreichenden Bildungsniveau der Kinder festgestellt werden konnte, dass sie keine eingeschränkte Sozialkompetenz aufwiesen, und dennoch auf soziale Aspekte zurückgegriffen wurde, um die Annahme einer Kindeswohlgefährdung durch Homeschooling zu begründen.

bb) Meinungsbild in der übrigen Rechtsprechung zum Umgang mit Homeschooling auf dem Gebiet des Familienrechts

Auch in der übrigen Rechtsprechung auf dem Gebiet des Familienrechts wird der Einfluss von Homeschooling auf das Kindeswohl ähnlich bewertet.

Soweit die Voraussetzungen vorliegen, kann das Familiengericht bei einem Verstoß gegen die Schulpflicht Eltern gegenüber Maßnahmen gem. § 1666 BGB anordnen[538]. § 1666 Abs. 1 BGB erfordert eine Gefährdung des körperlichen, geistigen oder seelischen Wohls des Kindes, während die Eltern nicht gewillt oder

535 OLG Frankfurt, Beschl. v. 15.08.2014 – 6 UF 30/14 (bei juris Rn. 21).
536 OLG Frankfurt, Beschl. v. 15.08.2014 – 6 UF 30/14 (bei juris Rn. 24).
537 OLG Frankfurt, Beschl. v. 15.08.2014 – 6 UF 30/14 (bei juris Rn. 25).
538 *Handschell*, Die Schulpflicht vor dem Grundgesetz, S. 102.

in der Lage sein dürfen, die Gefahr abzuwenden. Zu wählen sind dabei gem. § 1666 Abs. 1 BGB solche Maßnahmen, die zur Abwendung der Gefahr erforderlich sind. In § 1666 Abs. 3 Nr. 2 BGB wird ausdrücklich als mögliche gerichtliche Maßnahme genannt, Gebote zur Einhaltung der Schulpflicht zu erlassen. Unter Berücksichtigung von § 1666a Abs. 1 S. 1 und Abs. 2 BGB kann das Familiengericht gem. § 1666 Abs. 3 Nr. 6 BGB als ultima ratio und gravierendste Rechtsfolge von Verstößen gegen die Pflicht zum Schulbesuch die elterliche Sorge ganz oder teilweise entziehen[539].

Ganz einheitlich wird in der Weigerung der Eltern, anstelle der Durchführung von Homeschooling für den Schulbesuch ihrer Kinder Sorge zu tragen, eine Kindeswohlgefährdung im Sinne von § 1666 Abs. 1 BGB gesehen und damit die Möglichkeit eröffnet, mithilfe von Gerichtsverfahren auf die Ausübung der elterlichen Sorge einzuwirken[540].

Bei der Frage, ob es sich bei Homeschooling in Verbindung mit der Weigerung, für den Schulbesuch der Kinder Sorge zu tragen, um eine Kindeswohlgefährdung im Sinne von § 1666 Abs. 1 BGB handelt, verweisen die Gerichte auf die oben angesprochene Rechtsprechung des öffentlichen Rechts und die ihr zu entnehmende Argumentation zum Spannungsverhältnis zwischen Grundrechten der Eltern und staatlichem Erziehungsauftrag.

Der BGH beispielsweise hat in einem Beschluss aus dem Jahre 2007 die beharrliche, religiös motivierte Weigerung von Eltern, ihre Kinder der öffentlichen Grundschule oder einer anerkannten Ersatzschule zuzuführen, als Gefährdung des Kindeswohls gewertet, zu deren Abwendung Maßnahmen des Familiengerichts nach §§ 1666, 1666a BGB anzuordnen seien[541]. Verfassungsrechtliche Bedenken beständen weder gegen die Schulpflicht noch im Grundsatz gegen familiengerichtliche Maßnahmen, mit denen die Schulpflicht nach Maßgabe der §§ 1666, 1666a BGB durchgesetzt werden solle[542]. Dabei stimmt der BGH den von der Vorinstanz, dem OLG Hamm[543], zitierten Ausführungen des Bundesverfassungsgerichts zu, denen zufolge soziale Kompetenz im Umgang auch mit Andersdenkenden, gelebte Toleranz, Durchsetzungsvermögen und Selbstbehauptung einer von der Mehrheit abweichenden Überzeugung effektiver eingeübt würden, wenn Kontakte mit der

---

539 *Handschell*, Die Schulpflicht vor dem Grundgesetz, S. 102. Siehe dazu auch die Ausführungen in BGH, Beschl. v. 11.09.2007 – XII ZB 41/07, NJW 2008, 369 (370).

540 Bamberger/Roth/*Veit*, BGB, § 1666 Rn. 23; Erman/*Döll*, BGB, § 1666 Rn. 8; Palandt/*Götz*, § 1666 Rn. 17; Schulz/Hauß/*Schmid*, HK-FamR, § 1666 Rn. 10; Viefhues/*Poncelet/Onstein*, jurisPK-BGB, § 1666 Rn. 28; Weinreich/Klein/*Ziegler*, FAKomm-FamR, § 1666 Rn. 14. So zum Beispiel BGH, Beschl. v. 11.09.2007 – XII ZB 41/07, NJW 2008, 369 (369); OLG Hamm, Beschl. v. 25.08.2005 – 6 WF 297/05, NJW 2006, 237 (238); OLG Brandenburg, Beschl. v. 14.07.2005 – 9 UF 68/05, NJW 2006, 235 (236); BayObLG, Beschl. v. 15.09.1983 – BReg. 1 Z 36/83, NJW 1984, 928 (928).

541 BGH, Beschl. v. 11.09.2007 – XII ZB 41/07, NJW 2008, 369 (370).

542 BGH, Beschl. v. 11.09.2007 – XII ZB 41/07, NJW 2008, 369 (370).

543 OLG Hamm, Beschl. v. 20.02.2007 – 6 UF 53/06 (bei juris Rn. 32).

Gesellschaft und den in ihr vertretenen unterschiedlichen Auffassungen nicht nur gelegentlich stattfänden, sondern Teil einer mit dem regelmäßigen Schulbesuch verbundenen Alltagserfahrung seien[544].

Auch das OLG Brandenburg und das OLG Hamm werteten im Jahre 2005 religiös motiviertes Homeschooling als Kindeswohlgefährdung im Sinne des § 1666 Abs. 1 BGB, zogen zur Begründung die Rechtsprechung des Bundesverfassungsgerichts heran und bestätigten die von den Vorinstanzen angeordneten Eingriffe in das Sorgerecht[545]. Das OLG Brandenburg beurteilte die beharrliche Weigerung der Eltern, den Kindern die Teilnahme an der allgemeinen Schulausbildung zu ermöglichen, als gravierende Gefährdung des Kindeswohls[546]. Der aus Art. 7 Abs. 1 GG folgende staatliche Erziehungsauftrag werde insbesondere durch die Bereitstellung des staatlichen Schulwesens gewährleistet[547]. Der Durchsetzung des staatlichen Erziehungsauftrags diene die Pflicht zum Besuch der staatlichen oder von im Rahmen des staatlich organisierten und beaufsichtigten Erziehungswesens zugelassenen Grund- und höheren Schulen[548]. Dadurch werde nicht allein Vermittlung von Wissen bezweckt, vielmehr diene dies auch der Heranbildung verantwortlicher Staatsbürger, die gleichberechtigt und verantwortungsbewusst an dem demokratischen Prozess in einer pluralistischen Gesellschaft teilhaben sollten[549]. Bezüglich letzterer Aussage verwies das OLG Brandenburg auf die Rechtsprechung des Bundesverfassungsgerichts[550].

Die Teilnahme an der allgemeinen Schulausbildung sei daher auch für die betroffenen Kinder und deren weitere Entwicklung von überragender Bedeutung und diene in besonderem Maße dem Kindeswohl[551]. Dieselbe Entscheidung des Bundesverfassungsgerichts zitiert auch das OLG Hamm und schließt sich den dortigen Ausführungen zum Spannungsverhältnis der betroffenen Grundrechte der Eltern zur Wertigkeit des staatlichen Erziehungsauftrags aus Art. 7 Abs. 1 GG an[552]. Im Anschluss hebt das OLG Hamm hervor, dass der allgemeinen Schulpflicht eine wichtige Bedeutung zukomme, nämlich neben der Vermittlung von Wissen auch die Heranbildung verantwortlicher Staatsbürger, die gleichberechtigt und dem Ganzen gegenüber verantwortungsbewusst an den demokratischen Prozessen in einer pluralistischen Gesellschaft sollten teilhaben können[553]. Gerade Toleranz, die mit der

---

544 BGH, Beschl. v. 11.09.2007 – XII ZB 41/07, NJW 2008, 369 (369 f.).
545 OLG Brandenburg, Beschl. v. 14.07.2005 – 9 UF 68/05, NJW 2006, 235 (235 ff.); OLG Hamm, Beschl. v. 25.08.2005 – 6 WF 297/05, NJW 2006, 237 (237 ff.).
546 OLG Brandenburg, Beschl. v. 14.07.2005 – 9 UF 68/05, NJW 2006, 235 (236).
547 OLG Brandenburg, Beschl. v. 14.07.2005 – 9 UF 68/05, NJW 2006, 235 (236).
548 OLG Brandenburg, Beschl. v. 14.07.2005 – 9 UF 68/05, NJW 2006, 235 (236).
549 OLG Brandenburg, Beschl. v. 14.07.2005 – 9 UF 68/05, NJW 2006, 235 (236).
550 OLG Brandenburg, Beschl. v. 14.07.2005 – 9 UF 68/05, NJW 2006, 235 (236). Dort wird verwiesen auf BVerfG, Beschl. v. 29.04.2003 – 1 BvR 436/03, BVerfGK 1, 141 (143).
551 OLG Brandenburg, Beschl. v. 14.07.2005 – 9 UF 68/05, NJW 2006, 235 (236).
552 OLG Hamm, Beschl. v. 25.08.2005 – 6 WF 297/05, NJW 2006, 237 (238).
553 OLG Hamm, Beschl. v. 25.08.2005 – 6 WF 297/05, NJW 2006, 237 (239).

Beschwerde eingefordert werde, sei auch eine Angelegenheit der Minderheiten und könne naturgemäß nur gemeinsam gelebt und eingeübt werden[554]. Aufgrund des anhaltenden Widerstands bevorzugte das OLG Hamm zugunsten des Kindeswohls die dauerhafte Herausnahme der Kinder aus der Familie, statt die erforderliche Herausnahme gegebenenfalls mittels Zwangs an jedem Schultag wiederholen zu lassen[555].

cc) Zwischenfazit

Die Bewertung von Homeschooling auf dem Gebiet des Familienrechts gleicht derjenigen des öffentlichen Rechts. Ausgehend von der Prämisse, dass der Schulbesuch nicht nur der reinen Wissensvermittlung, sondern auch der Eingliederung in die Gesellschaft diene, wird Homeschooling im Allgemeinen als Kindeswohlgefährdung betrachtet, der mit Maßnahmen gem. § 1666 BGB entgegenzuwirken sei. Dementsprechend können Familiengerichte bei religiös motiviertem Homeschooling durch die Eltern bei gleichzeitiger Weigerung, für den Schulbesuch der Kinder Sorge zu tragen, zugunsten der Einhaltung der Schulpflicht einschreiten.

g) Kritische Resonanz in der Literatur auf den derzeitigen rechtlichen Umgang mit Homeschooling

Zum Teil wird religiös motiviertes Homeschooling höchst negativ dargestellt, beispielsweise als „bizarre Entgleisung einiger weniger Fundamentalisten“[556]. Auf der anderen Seite finden sich auch Autoren in der entsprechenden Fachliteratur, die sich für die rechtliche Anerkennung von Homeschooling als Alternative zum Schulbesuch aussprechen und die gegen Homeschooling vorgebrachten Argumente aus Rechtsprechung und Literatur ihrerseits kritisieren.

aa) Interpretation des Schulbegriffs

Beispielsweise wird die verbreitete Interpretation des Schulbegriffs in Frage gestellt. *Robbers* hält diese Definition für eher rückwärts gewandt und statisch[557]. Neue Organisationsformen blieben so ausdrücklich ausgeschlossen und das Potential neuer Technologien ungenutzt[558].

Brosius-Gersdorf bemängelt ebenfalls die verbreitete organisatorisch-formale Auslegung des Schulbegriffs. Sie werde den Zielen des Art. 7 Abs. 1 GG nicht gerecht und sei ungeeignet zur Bewältigung der gesellschaftlichen Änderungen im Schulwesen[559]. Der Wortlaut des Art. 7 Abs. 1 GG sei für eine Definition des Schulbegriffs unergiebig, aber die historische Auslegung des Art. 7 GG gebiete keine Beschränkung

554 OLG Hamm, Beschl. v. 25.08.2005 – 6 WF 297/05, NJW 2006, 237 (239).
555 OLG Hamm, Beschl. v. 25.08.2005 – 6 WF 297/05, NJW 2006, 237 (239).
556 So *Raack*, FPR 2007, S. 478.
557 v. Mangoldt/Klein/Starck/*Robbers*, GG, Art. 7 Rn. 52.
558 v. Mangoldt/Klein/Starck/*Robbers*, GG, Art. 7 Rn. 52.
559 Dreier/*Brosius-Gersdorf*, GG, Art. 7 Rn. 34.

des Schulbegriffs auf Unterricht an fester Stätte, in überlieferten Formen und für einen größeren Personenkreis in einer Mehrzahl allgemeinbildender oder berufsbildender Fächer[560]. Auch die teleologische Interpretation des Art. 7 Abs. 1 GG stütze die herrschende Lesart nicht, im Gegenteil stehe die Vermittlung von Bildung im Sinnzentrum des Art. 7 Abs. 1 GG[561].

bb) Gleichsetzung von Homeschooling mit sonstigen Schulpflichtverstößen

Durch eine Gleichsetzung von Homeschooling mit sonstigen Schulpflichtverstößen wird *Spiegler* zufolge verkannt, dass die Eltern zwar nicht den Schulbesuch unterstützten, aber für Fürsorge und Bildungserwerb gesorgt werde, und es sich daher nicht um eine Form von umfangreicher Vernachlässigung handle[562].

cc) Chancengleichheit

Der Befürchtung, ohne Schulunterricht werde die Ausbildung von Kindern vernachlässigt, werden Erfahrungen aus anderen Industrieländern entgegengehalten[563]. Im Gegenteil wird davon ausgegangen, dass sich Eltern, die sich bewusst für Homeschooling entscheiden, mit großem Engagement der Bildung ihrer Kinder widmen[564].

dd) Rechtfertigung des Grundrechtseingriffs in Form der Schulpflicht

Gegen die Berufung auf staatliche Schutzpflichten aus Art. 2 Abs. 1 GG und Art. 12 Abs. 1 GG zur Rechtfertigung des Grundrechtseingriffs, den die Schulpflicht darstellt, wird vorgebracht, dass die Grundrechte als Abwehrrechte gegen den Staat und nicht als Eingriffsnormen konzipiert seien[565]. Zudem ermögliche bereits Art. 6 Abs. 2 S. 2 GG dem Staat die Vornahme von Eingriffen, wenn Eltern ihrer Verantwortung aus Art. 6 Abs. 2 S. 1 GG nicht nachkämen[566]. Die Möglichkeit, über § 1666 BGB bei Verweigerung jeglicher Bildungschancen zugunsten des Kindes einzuschreiten, bestehe auch ohne Schulpflicht[567].

ee) Recht auf Bildung von Parallelgesellschaften

Die Aussage, es gelte Parallelgesellschaften zu verhindern, hält *Beaucamp* mit der Begründung für gefährlich, dass dies voraussetze, es gebe einen Konsens über eine Zentralgesellschaft, der sich in einer pluralistischen Demokratie gerade nicht sicher

560 Dreier/*Brosius-Gersdorf*, GG, Art. 7 Rn. 34.
561 Dreier/*Brosius-Gersdorf*, GG, Art. 7 Rn. 34.
562 *Spiegler*, Homeschooling in Deutschland und die Herausforderung seiner angemessenen rechtlichen Beurteilung, in: Franz Reimer (Hg.): Homeschooling, 2012, S. 62.
563 *Beaucamp*, DVBl 2009, S. 223.
564 *Handschell*, Die Schulpflicht vor dem Grundgesetz, S. 205.
565 *Beaucamp*, DVBl 2009, S. 223.
566 *Beaucamp*, DVBl 2009, S. 223.
567 *Beaucamp*, DVBl 2009, S. 223.

herstellen lasse[568]. Insofern erscheine die Auffassung zutreffender, dass Grundrechte auch vor staatlicher Zwangsintegration schützten und somit ein Recht auf die Bildung von Parallelgesellschaften gewährleisteten[569].

ff) Vermittlung sozialer und staatsbürgerlicher Kompetenzen mittels Homeschoolings

Eine Befürchtung in Bezug auf Homeschooling ist, dass durch diese Art des Unterrichts intolerante, demokratieunfähige Menschen heranwachsen könnten, denen die pluralistische Gesellschaft Deutschlands Schwierigkeiten bereitet und die sich nicht in eine solche Gesellschaft integrieren lassen[570].

Beaucamp wendet hiergegen ein, dass es Eltern kaum gelingen werde, die Einflüsse von Freunden, Nachbarn, Verwandten oder Medien so stark zu reduzieren, dass ihr Kind von Meinungsvielfalt und anderen Überzeugungen nichts mitbekomme[571]. Weiter weist er darauf hin, dass Kinder nicht alles zu übernehmen pflegten, was an sie herangetragen werde[572]. Zudem könne eine schulische Erziehung ebenfalls nicht zuverlässig tolerante, integrations- und demokratiefähige Menschen produzieren[573]. Des Weiteren ginge auch ein geschlossenes, beispielsweise fundamentalistisch-religiöses Weltbild nicht immer mit einer Ablehnung der Demokratie einher[574]. *Beaucamp* verweist daneben auf demokratisch strukturierte Staaten, die ohne Schulpflicht auskämen[575].

Spiegler kritisiert, dass sich Gerichte auf empirische Zusammenhänge beriefen, die nicht hinreichend belegt würden oder dem gegenwärtigen Wissensstand nicht entsprächen[576]. So habe der Bayerische Verfassungsgerichtshof die allgemeine Schulpflicht als unverzichtbare Bedingung für die Gewährleistung der freiheitlich-demokratischen Grundordnung und zugleich als unerlässliche Voraussetzung für die Sicherung der wirtschaftlichen und sozialen Wohlfahrt der Gesellschaft gewertet[577]. Es gebe zahlreiche Staaten ohne den Anspruch einer absoluten Schulbesuchspflicht, die trotzdem eine demokratische Grundordnung und eine hinreichende Sicherung der wirtschaftlichen und sozialen Wohlfahrt der Gesellschaft aufwiesen[578].

---

568 *Beaucamp*, DVBl 2009, S. 223.
569 *Beaucamp*, DVBl 2009, S. 223.
570 *Beaucamp*, DVBl 2009, S. 222.
571 *Beaucamp*, DVBl 2009, S. 223.
572 *Beaucamp*, DVBl 2009, S. 223.
573 *Beaucamp*, DVBl 2009, S. 223.
574 *Beaucamp*, DVBl 2009, S. 223.
575 *Beaucamp*, DVBl 2009, S. 223.
576 *Spiegler*, Homeschooling in Deutschland und die Herausforderung seiner angemessenen rechtlichen Beurteilung, in: Franz Reimer (Hg.): Homeschooling, 2012, S. 64.
577 *Spiegler*, Homeschooling in Deutschland und die Herausforderung seiner angemessenen rechtlichen Beurteilung, in: Franz Reimer (Hg.): Homeschooling, 2012, S. 64.
578 *Spiegler*, Homeschooling in Deutschland und die Herausforderung seiner angemessenen rechtlichen Beurteilung, in: Franz Reimer (Hg.): Homeschooling, 2012, S. 64.

Als Beispiele nennt er Australien, Dänemark, Frankreich, Großbritannien, Kanada, Österreich und die USA[579].

Auch an einem Nichtannahmebeschluss des Bundesverfassungsgerichts kritisiert *Spiegler*, dass dort die Vermittlung sozialer und staatsbürgerlicher Kompetenz im Wege des Homeschoolings mit der Begründung nicht als gleich wirksam bewertet werde, dass zur effektiven Einübung dieser Kompetenzen Kontakte mit gesellschaftlicher Vielfalt notwendig seien, die beim Schulbesuch Teil der Alltagserfahrung seien, bei Homeschooling jedoch nur gelegentlich stattfänden[580]. Dem hält *Spiegler* entgegen, dass es in Deutschland keine belastbaren Daten zu diesem behaupteten empirischen Sachverhalt bezüglich der tatsächlichen sozialen Kompetenzen von Homeschool-Schülern gebe[581]. Es existiere ein Widerspruch darin, dass die geltenden Regeln mit Annahmen über die Auswirkungen von Homeschooling begründet würden, diese Annahmen aber aufgrund eben dieser Regularien kaum zu belegen seien[582].

Spiegler entgegnet der Annahme, dass der Schulbesuch Voraussetzung für eine erfolgreiche Vermittlung sozialer und staatsbürgerlicher Kompetenzen sei, dass sich sowohl durch Studien im Bereich Home Education als auch durch Forschungen zur schulischen Sozialisation nur schwer empirische Belege dafür finden ließen[583]. Die familiäre Sozialisation habe großen Einfluss auf die psychische Stabilität, die sozialen Einstellungen und die soziale Kompetenz eines Kindes[584]. Durch den außerschulischen Kontext bedingte Unterschiede in diesen Punkten könnten auch durch schulische Sozialisation nur begrenzt egalisiert werden[585]. Homeschooling könne, das gelte für die Vermittlung von sozialer Kompetenz und Wissen gleichermaßen, in seinen Auswirkungen sowohl negativer als auch positiver sein, als Schule es sei[586]. Bei Home Education kämen Stärken oder Schwächen der familialen Bildungsleistungen sehr deutlich zum Tragen[587]. Familien mit bildungs- und kompetenzfördernden Merkmalen seien in dieser Bewegung überrepräsentiert[588].

---

579 *Spiegler*, Homeschooling in Deutschland und die Herausforderung seiner angemessenen rechtlichen Beurteilung, in: Franz Reimer (Hg.): Homeschooling, 2012, 64 Fn. 18.

580 *Spiegler*, Homeschooling in Deutschland und die Herausforderung seiner angemessenen rechtlichen Beurteilung, in: Franz Reimer (Hg.): Homeschooling, 2012, S. 64 f.

581 *Spiegler*, Homeschooling in Deutschland und die Herausforderung seiner angemessenen rechtlichen Beurteilung, in: Franz Reimer (Hg.): Homeschooling, 2012, S. 65.

582 *Spiegler*, Homeschooling in Deutschland und die Herausforderung seiner angemessenen rechtlichen Beurteilung, in: Franz Reimer (Hg.): Homeschooling, 2012, S. 65.

583 *Spiegler*, Home Education in Deutschland, S. 141.

584 *Spiegler*, Home Education in Deutschland, S. 141.

585 *Spiegler*, Home Education in Deutschland, S. 141.

586 *Spiegler*, Home Education in Deutschland, S. 141.

587 *Spiegler*, Home Education in Deutschland, S. 141.

588 *Spiegler*, Home Education in Deutschland, S. 141.

gg) *Hindernisse bei Ausweichen auf Privatschulen*

Hinsichtlich der Möglichkeit, anstelle von Homeschooling auf freie Bekenntnisschulen auszuweichen, bezweifelt *Langer*, dass der Staat unter dem Gesichtspunkt der Zumutbarkeit die Erziehungsvorstellungen der Eltern hinreichend respektiere, wenn die Eltern wirtschaftlich nicht in der Lage seien, eigene Schulen zu gründen[589]. Selbst für den Fall, dass sie die notwendigen Mittel aufbrächten, seien die Erfolgsaussichten der Gründung einer Bekenntnisschule im Grundschulbereich zweifelhaft[590]. Die Auslegung von Art. 7 Abs. 5 GG zeige, dass aufgrund der Integrationsfunktion der Grundschule freie Bekenntnisschulen in der Primarstufe nur ausnahmsweise zugelassen werden sollten, um einer kulturellen Segregation entgegenzuwirken[591]. Überdies verlange Art. 7 Abs. 5 GG i.V.m. Art. 7 Abs. 4 S. 3 GG, dass die Bekenntnisschule nicht in ihren Lehrzielen hinter den öffentlichen Schulen zurückstehe[592]. Wenn die fundamental-christlichen Erziehungsziele der Eltern auf die scharfe Abgrenzung gegenüber der Mehrheitsgesellschaft ausgerichtet seien, sei eine Gleichwertigkeit mit den Lehrzielen der staatlichen Schule nicht gegeben[593].

hh) *Konkrete Reformvorschläge*

Neben bloßer Kritik an Argumenten aus Rechtsprechung und Literatur werden auch konkrete Reformvorschläge gemacht, unter deren Berücksichtigung sich Homeschooling legalisieren ließe.

(1) Funktionales Verständnis des Schulbegriffs

Brosius-Gersdorf kommt durch ihre Interpretation des Schulbegriffs zu dem Ergebnis, dass Schule im Sinne des Art. 7 Abs. 1 GG im Lichte der Zielsetzung des staatlichen Schulauftrags funktional, also aufgabenbezogen zu verstehen sei[594]. Ein funktionaler Schulbegriff werde den Herausforderungen des Schulwesens durch die gesellschaftlichen Änderungen eher gerecht, indem er obligatorische frühkindliche Bildungsangebote, individuelle Unterrichtseinheiten und innovative Schulformen ermögliche, die auf die gestiegenen Bildungsanforderungen, Bildungsungleichheiten, das veränderte Erwerbsverhalten der Eltern und die demografischen Veränderungen reagierten[595]. Unter der Prämisse eines funktionalen Schulbegriffs könne Homeschooling die Voraussetzungen des verfassungsrechtlichen Schulbegriffs erfüllen, weil dieser keine Kollektivbeschulung voraussetze[596]. In dem Fall

589 *Langer*, KritV, Bd. 90: 2007, S. 288.
590 *Langer*, KritV, Bd. 90: 2007, S. 288.
591 *Langer*, KritV, Bd. 90: 2007, S. 288.
592 *Langer*, KritV, Bd. 90: 2007, S. 288.
593 *Langer*, KritV, Bd. 90: 2007, S. 288.
594 Dreier/*Brosius-Gersdorf*, GG, Art. 7 Rn. 34.
595 Dreier/*Brosius-Gersdorf*, GG, Art. 7 Rn. 39.
596 Dreier/*Brosius-Gersdorf*, GG, Art. 7 Rn. 37.

könne Homeschooling auch als Ersatzschule im Sinne von Art. 7 Abs. 4 S. 2 GG zu qualifizieren sein[597]. Problematisch sei allerdings, ob die Art. 7 Abs. 4 S. 3 und 4 GG erfüllt seien[598]. Diese setzten für die Genehmigung einer Ersatzschule unter anderem voraus, dass wissenschaftlich ausgebildete Lehrkräfte und Einrichtungen verfügbar seien, die denen öffentlicher Schulen entsprächen[599]. Soweit Homeschooling nicht als Ersatzschule genehmigungsfähig sei, könne im Einzelfall eine Ausnahme von der Schulpflicht geboten sein[600]. Der mit der Schulpflicht verbundene Eingriff in die Grundrechte der Eltern und Schüler erscheine nicht gerechtfertigt, wenn der Bildungsauftrag des Art. 7 Abs. 1 GG auch durch Hausunterricht erfüllt werden könne[601]. Hierfür spreche, dass Hausunterricht in anderen Ländern erfolgreich praktiziert werde und oft zu besseren Bildungsergebnissen führe als staatlicher Schulunterricht[602].

Ungeachtet dessen könne Homeschooling unter den Voraussetzungen des Art. 6 Abs. 2 S. 2 GG im Einzelfall untersagt werden, wenn hiervon Gefahren für die Entwicklung des Kindes ausgingen[603]. Solche Gefahren drohten weniger unter dem Aspekt der Bildung, sondern mehr im Hinblick auf die Erziehung der Kinder zu sozial integrierten Persönlichkeiten[604]. Eine solche Integration könne außerhalb des kollektiven Schulunterrichts gelingen[605]. Hielten Eltern ihre Kinder aber nicht nur vom kollektiven Schulunterricht fern, sondern verweigerten ihnen auch den Kontakt mit anderen Kindern in der Freizeit, könne dies das Wohl des Kindes gefährden und die Anordnung der Schulpflicht nach Art. 6 Abs. 2 S. 2 GG rechtfertigen[606].

(2) Legalisierung von Homeschooling durch den Landesgesetzgeber

Wallrabenstein zufolge obliegt trotz Vorgabe einer allgemeinen Schulpflicht in Art. 7 Abs. 1 GG die konkrete Ausgestaltung des Schulwesens in Form von Dauer der Schulpflicht und Ausnahmeregelungen und somit auch die Zulassung von Homeschooling dem Landesgesetzgeber[607]. Allerdings gebe Art. 7 Abs. 1 GG die Aufsicht des Staates über das gesamte Schulwesen vor[608]. Dementsprechend dürften die Länder im Rahmen ihrer Schulhoheit nicht auf eine staatliche Schulaufsicht

---

597 Dreier/*Brosius-Gersdorf,* GG, Art. 7 Rn. 37.
598 Dreier/*Brosius-Gersdorf,* GG, Art. 7 Rn. 37.
599 Dreier/*Brosius-Gersdorf,* GG, Art. 7 Rn. 72.
600 Dreier/*Brosius-Gersdorf,* GG, Art. 7 Rn. 72.
601 Dreier/*Brosius-Gersdorf,* GG, Art. 7 Rn. 72.
602 Dreier/*Brosius-Gersdorf,* GG, Art. 7 Rn. 72.
603 Dreier/*Brosius-Gersdorf,* GG, Art. 7 Rn. 37, 73.
604 Dreier/*Brosius-Gersdorf,* GG, Art. 7 Rn. 73.
605 Dreier/*Brosius-Gersdorf,* GG, Art. 7 Rn. 73.
606 Dreier/*Brosius-Gersdorf,* GG, Art. 7 Rn. 73.
607 *Wallrabenstein,* Homeschooling – Verfassungsrechtliche Vorgaben, in: Franz Reimer (Hg.): Homeschooling, 2012, S. 83.
608 *Wallrabenstein,* Homeschooling – Verfassungsrechtliche Vorgaben, in: Franz Reimer (Hg.): Homeschooling, 2012, S. 83.

über das gesamte Schulwesen verzichten[609]. Dies gelte auch für Homeschooling[610]. Homeschooling verlange ein staatliches Kontroll- und Steuerungsregime[611]. Die Überprüfung der schulischen Wissensziele greife angesichts der Weite staatlicher Bildungs- und Erziehungsziele zu kurz[612]. Nicht nur die Wissensvermittlung, sondern auch die Orientierung an allen anderen, häufig in den Landesverfassungen und Schulgesetzen niedergelegten Erziehungszielen müsse sichergestellt werden[613]. Deshalb sei die gegenwärtige Situation, die Homeschooling in gewissem Umfang toleriere, aber nicht steuere, und allenfalls unzulänglich kontrolliere, vor dem Hintergrund von Art. 7 Abs. 1 GG problematischer als eine konkrete Regelung zum Homeschooling[614].

Auch *Langer* interpretiert die Aussagen des Bundesverfassungsgerichts so, dass der Staat nicht zwingend aus Art. 7 Abs. 1 GG verpflichtet werde, die Schulpflicht vorzuschreiben, sondern lediglich der weite Beurteilungs- und Gestaltungsspielraum des Gesetzgebers durch die Anordnung einer Schulpflicht verfassungsrechtlich nicht überschritten werde[615]. Demnach könne der Landesgesetzgeber auch zu einer anderen Einschätzung gelangen und die Schulpflicht zu einer Unterrichtspflicht erweitern, die auch das Homeschooling umfasse[616]. Die geforderte pluralistische Toleranz verkehre sich zur Intoleranz, wenn der Staat streng Gläubige im Wege der Schulpflicht zur Toleranz zwinge[617].

Spiegler schlägt vor, in den Bundesländern, in denen die Schulgesetze bereits jetzt eine hinreichende Grundlage dafür böten, Homeschooling als legale, aber regulierte Form der Schulpflichterfüllung zu testen, um durch dabei gewonnene Ergebnisse die argumentativen Grundlagen der Debatte um Homeschooling verbessern zu können[618].

---

609 *Wallrabenstein,* Homeschooling – Verfassungsrechtliche Vorgaben, in: Franz Reimer (Hg.): Homeschooling, 2012, S. 83.

610 *Wallrabenstein,* Homeschooling – Verfassungsrechtliche Vorgaben, in: Franz Reimer (Hg.): Homeschooling, 2012, S. 83.

611 *Wallrabenstein,* Homeschooling – Verfassungsrechtliche Vorgaben, in: Franz Reimer (Hg.): Homeschooling, 2012, S. 83.

612 *Wallrabenstein,* Homeschooling – Verfassungsrechtliche Vorgaben, in: Franz Reimer (Hg.): Homeschooling, 2012, S. 83.

613 *Wallrabenstein,* Homeschooling – Verfassungsrechtliche Vorgaben, in: Franz Reimer (Hg.): Homeschooling, 2012, S. 83.

614 *Wallrabenstein,* Homeschooling – Verfassungsrechtliche Vorgaben, in: Franz Reimer (Hg.): Homeschooling, 2012, S. 83.

615 *Langer*, KritV, Bd. 90: 2007, S. 282.

616 *Langer*, KritV, Bd. 90: 2007, S. 282.

617 *Langer*, KritV, Bd. 90: 2007, S. 283.

618 *Spiegler,* Homeschooling in Deutschland und die Herausforderung seiner angemessenen rechtlichen Beurteilung, in: Franz Reimer (Hg.): Homeschooling, 2012, S. 66. Auch *Ladenthin* schlägt die Durchführung eines wissenschaftlichen Pilotprojekts in Form des begleiteten Heimunterrichts vor, vgl. dazu ausführlich *Ladenthin*, Homeschooling – Fragen und Antworten, S. 149 ff.

Reimer empfiehlt, Informationen zu Biografien von Homeschool-Schülern, ihrer Herkunft und ihren sozialen und beruflichen Wegen zu sammeln, um für die Frage, ob Homeschooling verboten bleiben solle, eine Diskussionsgrundlage zu schaffen[619]. Maßnahmen zur Regulierung im Fall einer Legalisierung von Homeschooling könnten Verfahrensregeln wie eine Anzeigepflicht der Eltern, Interventionsoptionen und schuljährliche Prüfungen sein[620]. Als Modell könne die österreichische Regelung dienen, die die Erfüllung der Schulpflicht durch häuslichen Unterricht erlaube, wenn dieser dem Unterricht an Pflichtschulen gleichwertig sei, was durch eine Anzeigepflicht der Eltern, die Untersagungsmöglichkeit der Schulbehörde und eine obligatorische jährliche Prüfung an einer Pflichtschule gesichert sei[621].

Bei landesgesetzlichen Regelungen sei zu beachten, dass das bildungspflichtige Kind vor Missbrauch, Isolation und dem Verlust erheblicher Lebenschancen geschützt werde, soziologisch nicht nur bestimmte Gruppen von Homeschoolern in den Genuss des Rechts gelangten, die staatliche Aufsicht nicht zu so erheblichen Grundrechtseingriffen bei den Betroffenen führe, dass die Motivation zur Ausübung des Homeschoolings entfalle, die staatliche Aufsicht nicht in die Hände der ansonsten zuständigen Schule oder schulnaher Beamter gelegt, sondern distanziert wahrgenommen werde und mit einem Mindestmaß an Bürokratie ausgekommen werden solle[622].

Das Verfassungsrecht gebiete zwar keine Zulassung von Homeschooling, es bestehe aber andererseits auch kein Verbot für die Landesgesetzgeber, Homeschooling zuzulassen[623]. Schon die Frage, ob der Grundrechtseingriff in Art. 6 Abs. 2 S. 1 GG durch die Schulpflicht über Art. 7 Abs. 1 GG gerechtfertigt werden könne, verneint *Reimer*[624]. Der Begriff der Aufsicht lasse sich zwar weit auslegen und als originäre Gestaltungsbefugnis verstehen, worin auch ein mit Verfassungsrang ausgestatteter Rechtswert liegen möge[625]. Der durch Art. 7 Abs. 1 GG wörtlich übernommene Art. 144 S. 1 Hs. 1 WRV behandle die Schulpflicht jedoch nicht[626]. Diese sei vielmehr

---

619 *Reimer*, Versuch, weiterzudenken: Regulierung von Homeschooling als Bewährung des freiheitlichen Rechtsstaats?, in: Franz Reimer (Hg.): Homeschooling, 2012, S. 131.

620 *Reimer*, Versuch, weiterzudenken: Regulierung von Homeschooling als Bewährung des freiheitlichen Rechtsstaats?, in: Franz Reimer (Hg.): Homeschooling, 2012, S. 131.

621 *Thurn/Reimer*, NVwZ 2008, S. 722.

622 *Reimer*, Versuch, weiterzudenken: Regulierung von Homeschooling als Bewährung des freiheitlichen Rechtsstaats?, in: Franz Reimer (Hg.): Homeschooling, 2012, S. 132.

623 *Reimer*, Versuch, weiterzudenken: Regulierung von Homeschooling als Bewährung des freiheitlichen Rechtsstaats?, in: Franz Reimer (Hg.): Homeschooling, 2012, S. 128.

624 *Thurn/Reimer*, NVwZ 2008, S. 721.

625 *Thurn/Reimer*, NVwZ 2008, S. 721.

626 *Thurn/Reimer*, NVwZ 2008, S. 721.

in Art. 145 WRV ausdrücklich normiert gewesen[627]. Der Parlamentarische Rat habe in zahlreichen Landesverfassungen eine Schulpflicht vorgefunden und sei von ihrer Legitimität ausgegangen[628]. Schulpflicht sei damit, bundesverfassungsrechtlich gesehen, eine Option, keine Pflicht der Länder, erst recht keine Grundpflicht der Schüler und Eltern kraft Grundgesetzes[629]. Art. 145 WRV und selbst § 5 des Reichsschulpflichtgesetzes von 1938 hätten häusliche Beschulung in Grenzen erlaubt[630]. Wenn das Grundgesetz schulrechtlichen Regelungen der WRV gegenüber das individualrechtliche Moment verstärke und den Eltern größeren Einfluss einräume, decke es einen generellen Ausschluss häuslicher Beschulung nicht, sondern erschwere im Gegenteil Beschränkungen des Elternrechts[631]. Da das Ausmaß der Schulpflicht nicht Gegenstand der Diskussionen des Parlamentarischen Rats gewesen und des Art. 7 GG geworden sei, ergäben sich aus der schulimmanenten Regelung des Absatzes 2 keine diesbezüglichen Anhaltspunkte[632]. Auch die Privatschulfreiheit in Absatz 4 entfalte keine Sperrwirkung, denn als Resultat des Ringens des Parlamentarischen Rats um die Ausgestaltung der Schulen lasse sie keine Rückschlüsse auf die Außengrenzen der Schulpflicht und somit auf deren Abgrenzung zur Bildungspflicht zu[633]. Maßgeblich für den grundrechtlichen Zuschnitt des staatlichen Erziehungsauftrags als in Art. 7 Abs. 1 GG verankertes Gut von Verfassungsrang seien die Konturen des Art. 7 Abs. 1 GG, der das Homeschooling gerade respektiere[634]. Es bleibe daher für die Anwendung der Schulpflicht bei einer strikten Verhältnismäßigkeitsprüfung[635]. Bedenken begegneten Argumentationstopoi wie Integration und Vermeidung von Parallelgesellschaften, denn Freiheitsrechte schützten auch und gerade vor staatlicher Zwangsintegration, sie gewährleisteten geradezu ein Recht auf Bildung von Parallelgesellschaften[636]. Damit kommt *Reimer* zu dem Ergebnis, die landesrechtliche Anordnung einer allgemeinen Schulpflicht sei grundgesetzkonform, die Verfestigung zu einer praktisch ausnahmslos geltenden Schulpflicht aber verstoße gegen das Grundgesetz[637]. Der durch die Schulpflicht erfolgende Grundrechtseingriff bedürfe im Einzelfall einer sorgfältigen und ergebnisoffenen Verhältnismäßigkeitsprüfung am Maßstab von staatlichem Wächteramt oder verfassungsimmanenten Grenzen des Art. 6 Abs. 2 GG[638]. Dabei verbiete sich der häufig

627 *Thurn/Reimer*, NVwZ 2008, S. 721.
628 *Thurn/Reimer*, NVwZ 2008, S. 721.
629 *Thurn/Reimer*, NVwZ 2008, S. 721.
630 *Thurn/Reimer*, NVwZ 2008, S. 721.
631 *Thurn/Reimer*, NVwZ 2008, S. 721.
632 *Thurn/Reimer*, NVwZ 2008, S. 721.
633 *Thurn/Reimer*, NVwZ 2008, S. 721.
634 *Thurn/Reimer*, NVwZ 2008, S. 721.
635 *Thurn/Reimer*, NVwZ 2008, S. 721.
636 *Thurn/Reimer*, NVwZ 2008, S. 721.
637 *Thurn/Reimer*, NVwZ 2008, S. 721 f.
638 *Thurn/Reimer*, NVwZ 2008, S. 722.

praktizierte Schluss vom Homeschooling auf eine Gefährdung des Kindeswohls[639]. Unzureichend gerate meist auch die Berufung auf den staatlichen Erziehungsauftrag, denn Schule könne, zumal angesichts ihrer Leistungsgrenzen, nicht als allein seligmachender Weg zur Vermittlung sozialer Kompetenz betrachtet werden[640]. Die Anerkennung des Rechts auf familiäre Beschulung könne die Qualität der Schulen heben, die Abwanderung in den rechts- und kontrollfreien Raum und die tatsächliche Auswanderung entbehrlich machen[641]. Gleichzeitig solle familiäre Beschulung behutsam material und prozedural kanalisiert werden[642].

Thurn zufolge kann eine konsequente Verschiebung der Akzente hin zur Betonung des Kindesrechts dafür sprechen, es einem schulpflichtigen Kind im grundrechtsmündigen Alter unter Voraussetzung der elterlichen Bereitschaft hierzu zu erlauben, sich für Homeschooling zu entscheiden[643].

h) Fazit

Homeschooling fällt nicht unter den Schulbegriff im Sinne des Art. 7 Abs. 1 GG. Damit wird durch Homeschooling die Schulpflicht im Sinne einer Schulbesuchspflicht nicht erfüllt. Befreiungen von der Pflicht zum Schulbesuch lassen die Landesgesetze nur in seltenen Fällen, nicht jedoch aus subjektiven, wie zum Beispiel religiösen Gründen zu.

Grundrechte der Eltern werden durch einen solchen Umgang mit Homeschooling nicht verletzt. Der staatliche Erziehungsauftrag aus Art. 7 Abs. 1 GG ist dem elterlichen Erziehungsrecht und damit auch dem Recht auf religiöse Kindererziehung gleichgeordnet. Die Festsetzung einer Schulpflicht dient dem Staat dazu, seine Erziehungsziele umzusetzen. Durch die verweigerte Genehmigung der Befreiung von der Schulpflicht zugunsten religiös motivierten Homeschoolings werden die Grundrechte der Eltern in zulässiger Weise beschränkt, weil der Rechtsprechung zufolge Gemeinwohlinteressen am Schulbesuch aller Kinder und Jugendlichen bestehen. Relevant für den Schulbesuch sind nicht nur die positiven Auswirkungen auf das einzelne Individuum, sondern soziale Aspekte mit Auswirkungen auf die gesamte Gesellschaft, die nach derzeitigem Verständnis bei Homeschooling nicht hinreichend berücksichtigt würden.

Im Familienrecht folgt aus der Annahme, der Schulbesuch diene nicht nur der Wissensvermittlung, sondern auch der Eingliederung des Einzelnen in die Gesellschaft, welcher im Wege des Homeschoolings nicht in ausreichendem Umfang nachgekommen werden könne, dass Homeschooling grundsätzlich als Kindeswohlgefährdung zu werten ist. Hier wird nicht wie im öffentlichen Recht vorrangig auf Allgemeininteressen, sondern auf die Auswirkungen von Homeschooling auf das

639 *Thurn/Reimer*, NVwZ 2008, S. 722.
640 *Thurn/Reimer*, NVwZ 2008, S. 722.
641 *Thurn/Reimer*, NVwZ 2008, S. 722.
642 *Thurn/Reimer*, NVwZ 2008, S. 722.
643 *Thurn/Reimer*, NVwZ 2008, S. 720.

einzelne Kind oder den einzelnen Jugendlichen abgestellt. Religiös motiviertes Homeschooling durch die Eltern bei gleichzeitiger Weigerung, für den Schulbesuch der Kinder Sorge zu tragen, kann die gerichtliche Anordnung von Maßnahmen im Sinne von § 1666 Abs. 1 BGB zugunsten der Einhaltung der Schulpflicht nach sich ziehen.

Einer solchen Einordnung dieser Art des Unterrichts stehen einige Autoren kritisch gegenüber. Es bleibt abzuwarten, ob ihre Reformvorschläge aufgegriffen werden, falls das Phänomen Homeschooling dauerhaft und möglicherweise zunehmend Anhänger in Deutschland findet und das öffentliche Interesse an derartigen Fällen weiterhin bestehen bleibt.

2. Zugehörigkeit zu einer bestimmten Religionsgemeinschaft als Indiz für Kindeswohlgefährdung

In der familiengerichtlichen Rechtsprechung lassen sich zahlreiche Entscheidungen zu der Frage finden, ob bereits die bloße Zugehörigkeit eines Elternteils zu einer bestimmten Religionsgemeinschaft für die Annahme einer Kindeswohlgefährdung ausreichend sein kann.

a) Beurteilung der Fragestellung in der Rechtsprechung am Beispiel von BayObLG, Beschl. v. 25.09.1975 – BReg. 1 Z 55/75

Die heutige Rechtsprechung zu dieser Fragestellung wurde durch den im Folgenden vorgestellten Beschluss des Bayerischen Obersten Landesgerichtes grundlegend geprägt[644].

aa) Zusammenfassung des Sachverhalts

Das Bayerische Oberste Landesgericht hatte darüber zu entscheiden, wem der geschiedenen Elternteile die elterliche Gewalt[645] für ihre beiden sieben- und neunjährigen Kinder übertragen werden sollte[646]. Die Mutter, bei der die Kinder lebten, schloss sich, nachdem sie zuvor wie die übrigen Familienmitglieder evangelischen Glaubens gewesen war, im Laufe der Ehe den Zeugen Jehovas an[647]. Die Kinder besuchten zwar in der Schule den evangelischen Religionsunterricht, nahmen allerdings gemeinsam mit ihrer Mutter auch an Versammlungen der Zeugen Jehovas teil[648].

---

644 *Oelkers/Kraeft*, FuR 1997, S. 161.

645 Zum Zeitpunkt der Entscheidung wurde der Begriff „elterliche Gewalt“ verwendet, vgl. BayObLG, Beschl. v. 25.09.1975 – BReg. 1 Z 55/75, NJW 1976, 2017 (2017). Schon wenig später ersetzte man ihn mittels des SorgeRG, das am 01.01.1980 in Kraft trat, durch den die Fürsorgefunktion der Eltern indizierenden Begriff „elterliche Sorge“, MüKoBGB/*Huber*, Vor § 1626 Rn. 3.

646 BayObLG, Beschl. v. 25.09.1975 – BReg. 1 Z 55/75, NJW 1976, 2017 (2017).

647 BayObLG, Beschl. v. 25.09.1975 – BReg. 1 Z 55/75, NJW 1976, 2017 (2017).

648 BayObLG, Beschl. v. 25.09.1975 – BReg. 1 Z 55/75, NJW 1976, 2017 (2017).

Nachdem das zuständige Amtsgericht die elterliche Gewalt mit Ausnahme des Rechts der religiösen Erziehung und der Bestimmung über die Vornahme einer Bluttransfusion, wofür der Vater verantwortlich sein sollte, der Mutter übertragen hatte, hob das Landgericht nach Beschwerde der Mutter die Entscheidung aus Rechtsgründen auf und übertrug die Entscheidung erneut dem Amtsgericht[649]. Das Amtsgericht sprach schließlich der Mutter die uneingeschränkte elterliche Gewalt zu, woraufhin der Vater erfolglos Beschwerde beim Landgericht einlegte[650].

bb) Wesentlicher Inhalt des Gerichtsbeschlusses

In Bezug auf die Relevanz der Zugehörigkeit der Mutter zu den Zeugen Jehovas für die Entscheidung über die elterliche Gewalt führte das Bayerische Oberste Landesgericht Folgendes aus: Es sei stets diejenige Regelung über die elterliche Gewalt zu treffen, die unter Berücksichtigung der gesamten Verhältnisse dem Kindeswohl am ehesten entspreche[651]. Dabei seien in Bezug auf die Eltern vor allem „Persönlichkeit, ihre erzieherische Eignung, die wirtschaftliche Lage und die Wohnverhältnisse sowie die Möglichkeit der Unterbringung und Betreuung der Kinder, schließlich auch der Grad der inneren Bereitschaft jedes Elternteils zu würdigen, die Kinder zu übernehmen und die Verantwortung für die Versorgung, Beaufsichtigung und Erziehung zu tragen“[652]. Daneben seien die Folgen eines Umgebungswechsels zu berücksichtigen[653]. Vorrangig sei aber die Frage der Eignung des Elternteils zur Erziehung des Kindes[654]. Einem Elternteil allein wegen seiner Glaubensüberzeugung die Eignung zur Ausübung der elterlichen Gewalt abzusprechen, sei mit dem Grundrecht der Glaubens- und Bekenntnisfreiheit aus Art. 4 Abs. 1 GG unvereinbar[655]. Auch komme dem Gericht nicht die Aufgabe zu, verschiedene Bekenntnisse unter dem Gesichtspunkt ihrer besseren Eignung für das Wohl des Kindes zu werten[656]. Eine etwaige aus der Zugehörigkeit zu den Zeugen Jehovas resultierende Gefährdung des Kindeswohls im Sinne des § 1666 BGB verneinte das Gericht mangels nachteiligen Eingriffs in die religiöse Entwicklung der Kinder durch religiös motiviertes Verhalten der Mutter[657]. Aufgrund der Annahme, die Mutter würde im Notfall einer Bluttransfusion zugunsten ihrer Kinder zustimmen, hielt das Gericht die Erörterung der Frage, ob eine derzeitige auf religiösen Gründen beruhende bestimmte und unbedingte Weigerung der Mutter, Bluttransfusionen zuzustimmen, eine gegenwärtige Besorgnis der Gefährdung des Kindeswohls im Sinne des § 1666 BGB begründen

649 BayObLG, Beschl. v. 25.09.1975 – BReg. 1 Z 55/75, NJW 1976, 2017 (2017).
650 BayObLG, Beschl. v. 25.09.1975 – BReg. 1 Z 55/75, NJW 1976, 2017 (2017).
651 BayObLG, Beschl. v. 25.09.1975 – BReg. 1 Z 55/75, NJW 1976, 2017 (2017).
652 BayObLG, Beschl. v. 25.09.1975 – BReg. 1 Z 55/75, NJW 1976, 2017 (2017).
653 BayObLG, Beschl. v. 25.09.1975 – BReg. 1 Z 55/75, NJW 1976, 2017 (2017).
654 BayObLG, Beschl. v. 25.09.1975 – BReg. 1 Z 55/75, NJW 1976, 2017 (2017).
655 BayObLG, Beschl. v. 25.09.1975 – BReg. 1 Z 55/75, NJW 1976, 2017 (2017).
656 BayObLG, Beschl. v. 25.09.1975 – BReg. 1 Z 55/75, NJW 1976, 2017 (2017).
657 BayObLG, Beschl. v. 25.09.1975 – BReg. 1 Z 55/75, NJW 1976, 2017 (2018).

könne, für obsolet[658]. Vor dem Hintergrund, dass die Kinder ein weitaus besseres Verhältnis zur Mutter als zum Vater hatten, die Mutter ihre Kinder nicht von der Teilnahme an evangelischem Religionsunterricht abhielt und sie nach Überzeugung des Gerichts trotz ihres Glaubens im Ernstfall einer Bluttransfusion zugunsten ihrer Kinder zustimmen würde, kam das Gericht zu der Entscheidung, dass die Übertragung der gesamten elterlichen Gewalt auf die Mutter dem Kindeswohl beider Kinder am ehesten entspreche[659].

b) Beurteilung der Zugehörigkeit von Eltern zu einer Religionsgemeinschaft hinsichtlich der Auswirkungen auf das Kindeswohl durch spätere Rechtsprechung und Literatur

Das Bayerische Oberste Landesgericht entschied im soeben dargestellten Beschluss, dass der Umstand allein, dass ein Elternteil einer bestimmten Religionsgemeinschaft angehöre, nicht seine Eignung, die elterliche Sorge auszuüben, in Frage stelle und damit nicht schon zu einer Kindeswohlgefährdung führe. Dies entspricht der heute überwiegenden Meinung in Rechtsprechung und Literatur[660].

---

658 BayObLG, Beschl. v. 25.09.1975 – BReg. 1 Z 55/75, NJW 1976, 2017 (2018).

659 BayObLG, Beschl. v. 25.09.1975 – BReg. 1 Z 55/75, NJW 1976, 2017 (2017 f.).

660 So *Abel*, NJW 1999, S. 334. Siehe etwa *Hessler*, NJW 1997, S. 2930; MüKoBGB/*Olzen*, § 1666 Rn. 108; Sachs/*Kokott*, GG, Art. 4 Rn. 84; Schulz/Hauß/*Schmid*, HK-FamR, § 1666 Rn. 12; Viefhues/*Poncelet/Onstein*, jurisPK-BGB, § 1666 Rn. 27; Weinreich/Klein/*Ziegler*, FAKomm-FamR, § 1671 Rn. 45. Dem entsprechen auch beispielsweise OLG Hamm, Beschl. v. 26.01.2011 – 8 UF 228/10, FamRZ 2011, 1306 (1306); AG Helmstedt, Beschl. v. 21.03.2007 – 5 F 143/06 SO, FamRZ 2007, 1837 (1837) m. Anm. *Hessler*, FamRZ 2007, 1838; kritisch dazu Anm. *Weychardt*, FamRZ 2008, 632 f.; dagegen Anm. *Pikl*, FamRZ 2008, 1468 ff.; Replik *Weychardt*, FamRZ 2008, 2228; AG Wittlich, Beschl. v. 04.07.2005 – 8 F 551/04, KirchE 47, 275 (275); AG Peine, Beschl. v. 13.04.2004 – 20 F 2373/03 SO, KirchE 45, 218 (218); OLG Köln, Beschl. v. 25.02.2004 – 21 UF 257/03, KirchE 45, 161 (161); AG Ribnitz-Damgarten, Beschl. v. 19.01.2004 – 4 F 294/03, KirchE 45, 53 (54); OLG Karlsruhe, Beschl. v. 13.08.2001 – 5 UF 140/01, FamRZ 2002, 1728 (1728); OLG Koblenz, Beschl. v. 04.02.2000 – 11 UF 348/99, FamRZ 2000, 1391 (1391); AG Tempelhof-Kreuzberg, Beschl. v. 08.08.2008 – 160 F 10520/07, FamRZ 2009, 987 (987); OLG München, Beschl. v. 14.12.1999 – 12 UF 1359/99, FamRZ 2000, 1042 (1042); AG Meschede, Beschl. v. 28.01.1997 – 7 F 276/95, NJW 1997, 2962 (2962); OLG Oldenburg, Beschl. v. 07.11.1996 – 11 UF 131/96, NJW 1997, 2962 (2962); OLG Celle, Beschl. v. 22.10.1996 – 17 UF 177/95, KirchE 34, 400 (400); OLG Hamm, Beschl. v. 22.10.1996 – 17 UF 177/95, FuR 1997, 56 (56); OLG Frankfurt, Beschl. v. 14.10.1996 – 3 UF 62/96, FamRZ 1997, 573 (573); OLG Oldenburg, Beschl. v. 03.07.1996 – 11 UF 23/96, KirchE 34, 223 (223); OLG Hamm, Beschl. v. 03.05.1996 – 12 UF 41/96, NJWE-FER 1997, 54 (54); OLG Düsseldorf, Urt. v. 31.01.1996 – 4 UF 163/95, KirchE 34, 27 (27); OLG Saarbrücken, Beschl. v. 10.11.1995 – 6 WF 72/95, FamRZ 1996, 561 (561); OLG Hamburg, Beschl. v. 21.06.1995 – 15 UF 215/94, FamRZ 1996, 684 (684); OLG Düsseldorf,

aa) *Ausschluss der Bewertung der Eltern allein nach Religionszugehörigkeit aufgrund Art. 4 Abs. 1 GG*

Schon das Bayerische Oberste Landesgericht argumentierte mit der erforderlichen Berücksichtigung der Glaubens- und Bekenntnisfreiheit, die sich aus Art. 4 Abs. 1 GG ergibt, gegen eine Bewertung des Einflusses von Eltern auf das Kind allein auf Grundlage ihrer Religionszugehörigkeit[661]. Denn das Grundrecht aus Art. 4 Abs. 1 GG gewährt unter anderem Eltern das Recht, ihr Kind nach von ihnen für richtig gehaltenen religiösen und weltanschaulichen Ansichten zu erziehen[662]. Zudem ist die Verpflichtung des Staates zu religiöser und weltanschaulicher Neutralität bei der Bewertung des Kindeswohls zu berücksichtigen[663]. Damit würde eine Bewertung allein nach Zugehörigkeit eines Elternteils zu einer Religionsgemeinschaft das Grundrecht der Glaubens- und Bekenntnisfreiheit und das bei der religiösen Erziehung mit ihm im Zusammenhang stehende Elternrecht verletzen[664].

Beschl. v. 01.02.1995 – 3 UF 1/95, FamRZ 1995, 1511 (1511); OLG Stuttgart, Beschl. v. 19.04.1994 – 15 UF 53/94, FamRZ 1994, 1290 (1290); OLG Hamburg, Beschl. v. 13.08.1985 – 12 UF 8/85 S, NJW-RR 1986, 754 (754). Gem. OVG Berlin, Urt. v. 24.03.2005 – 5 B 12/01, NVwZ 2005, 1450 (1455) weicht einzig die Entscheidung OLG Frankfurt a.M., Beschl. v. 02.12.1993 – 6 UF 105/93, FamRZ 1994, 920 (920 f.) von dieser ständigen Rechtsprechung ab, in der sich das Gericht bei der Ablehnung der Übertragung der elterlichen Sorge auf eine Zeugin Jehovas unter Berufung auf das staatliche Wächteramt aus Art. 6 Abs. 2 S. 2 GG auf Glaubensinhalte und Erziehungsmethoden der Zeugen Jehovas stützte, ohne dass ein direkter Zusammenhang zu den tatsächlichen Auswirkungen auf die betroffenen Kinder bestand. Daneben weist *Abel* auf die ähnlich gelagerte Entscheidung AG Passau, Beschl. v. 17.12.1993 – F 18/93 hin, in der das Gericht berücksichtigte, dass die betreffende Mutter den Zeugen Jehovas angehörte und die von ihr für richtig gehaltene Züchtigung ihres Kindes auf Glaubensregeln und Erziehungsmethoden der Glaubensgemeinschaft beruhte, zit. in *Abel*, NJW 1997, S. 428. In der Literatur wird allein in *Oelkers/Kraeft*, FuR 1997, S. 165 vertreten, dass auch die Überprüfung religiöser Inhalte durch die Gerichte erforderlich sei. Dazu kritisch *Hessler*, NJW 1997, S. 2931.

661 Ebenso beispielsweise AG Wittlich, Beschl. v. 04.07.2005 – 8 F 551/04, KirchE 47, 275 (276); OLG Celle, Beschl. v. 22.10.1996 – 17 UF 177/95, KirchE 34, 400 (401); OLG Hamm, Beschl. v. 22.10.1996 – 17 UF 177/95, FuR 1997, 56 (56); OLG Hamm, Beschl. v. 03.05.1996 – 12 UF 41/96, NJWE-FER 1997, 54 (54); OLG Saarbrücken, Beschl. v. 10.11.1995 – 6 WF 72/95, FamRZ 1996, 561 (562); OLG Stuttgart, Beschl. v. 19.04.1994 – 15 UF 53/94, FamRZ 1994, 1290 (1291); MüKoBGB/*Olzen*, § 1666 Rn. 108.

662 *Hessler*, NJW 1997, S. 2931.

663 *Hessler*, NJW 1997, S. 2931.

664 *Hessler*, NJW 1997, S. 2931.

bb) Ausschluss der Bewertung der Eltern allein nach Religionszugehörigkeit aufgrund der Definition des Begriffs „Kindeswohlgefährdung"

Unabhängig davon, dass die Entscheidung über die elterliche Sorge allein auf Grundlage der Zugehörigkeit zu einer Religionsgemeinschaft der verfassungsrechtlich gewährleisteten Glaubens- und Bekenntnisfreiheit entgegenstände, reicht eine abstrakte Gefährdung durch religiös motiviertes Verhalten der Eltern, wie schon das Bayerische Oberste Landesgericht entschied, auch nach der neueren Rechtsprechung nicht aus, um aufgrund von Kindeswohlgefährdung in die elterliche Sorge einzugreifen[665]. Denn eine Kindeswohlgefährdung bedeutet eine gegenwärtige und in solchem Maße vorhandene Gefahr, dass sich bei weiterer Entwicklung des Kindes eine erhebliche Schädigung mit ziemlicher Sicherheit voraussagen lässt, wobei die eigentliche Schädigung des Kindesinteresses künftig drohen muss[666]. Für eine gegenwärtige Gefahr müssen aber Tatsachen dargelegt werden, die auf die konkrete Gefährdung des Kindeswohls schließen lassen[667]. Die bloße Zugehörigkeit zu einer bestimmten Religionsgemeinschaft sagt nichts über das konkrete Verhalten der Eltern und somit auch nichts über das Vorliegen einer konkreten Gefährdungssituation aus.

Wie auch das Bayerische Oberste Landesgericht entschied, steht es Gerichten nicht zu, die Zugehörigkeit zu einer bestimmten Religion zu bewerten[668]. Auch haben Gerichte nicht darüber zu urteilen, welcher Erziehungsstil der richtige ist, sondern lediglich, ob das Kind zu einem selbständigen und verantwortungsbewussten Menschen im Sinne des § 1626 Abs. 2 BGB heranwachsen kann und ob die Erziehungsmethoden zulässig sind[669]. Innerhalb der vom Gesetz gezogenen Grenzen steht den Eltern zwar ein gewisser Ermessensspielraum zu[670]. Es ist allerdings Aufgabe der

665 AG Tempelhof-Kreuzberg, Beschl. v. 08.08.2008 – 160 F 10520/07, FamRZ 2009, 987 (987); AG Wittlich, Beschl. v. 04.07.2005 – 8 F 551/04, KirchE 47, 275 (276); OLG Köln, Beschl. v. 25.02.2004 – 21 UF 257/03, KirchE 45, 161 (162); OLG München, Beschl. v. 14.12.1999 – 12 UF 1359/99, FamRZ 2000, 1042 (1042); AG Meschede, Beschl. v. 28.01.1997 – 7 F 276/95, NJW 1997, 2962 (2962); OLG Oldenburg, Beschl. v. 07.11.1996 – 11 UF 131/96, NJW 1997, 2962 (2962); OLG Hamm, Beschl. v. 22.10.1996 – 17 UF 177/95, FuR 1997, 56 (56); OLG Hamm, Beschl. v. 03.05.1996 – 12 UF 41/96, NJWE-FER 1997, 54 (54); OLG Düsseldorf, Urt. v. 31.01.1996 – 4 UF 163/95, KirchE 34, 27 (27); OLG Düsseldorf, Beschl. v. 01.02.1995 – 3 UF 1/95, FamRZ 1995, 1511 (1512); OLG Hamburg, Beschl. v. 13.08.1985 – 12 UF 8/85 S, NJW-RR 1986, 754 (754).

666 OLG Brandenburg, Beschl. v. 12.02.2008 – 9 WF 7/08, FamRZ 2008, 1557 (1557).

667 OLG Köln, Beschl. v. 25.02.2004 – 21 UF 257/03, KirchE 45, 161 (162); OLG Celle, Beschl. v. 22.10.1996 – 17 UF 177/95, KirchE 34, 400 (401); OLG Hamm, Beschl. v. 22.10.1996 – 17 UF 177/95, FuR 1997, 56 (56); OLG Frankfurt, Beschl. v. 14.10.1996 – 3 UF 62/96, FamRZ 1997, 573 (574).

668 OVG Berlin, Urt. v. 14.12.1995 – 5 B 20/94, NVwZ 1996, 478, 481.

669 *Oelkers*, FamRZ, Bd. 42: 1995, S. 1100.

670 OLG Hamm, Beschl. v. 28.10.1988 – 5 UF 46/88, FamRZ 1989, 654 (655).

Gerichte, in Zweifelsfällen zu einer Entscheidung zu kommen, die am ehesten dem Kindeswohl entspricht[671]. Im Rahmen dieser Entscheidungsfindung wird vermieden, von allgemeinen Lehren und Praktiken der betreffenden religiösen Gruppierung auf mögliche Gefahren für das Kindeswohl zu schließen[672]. Stattdessen wird auf die konkreten Folgen der Erziehung des Kindes abgestellt[673]. Ob etwa Erziehungsprinzipien der jeweiligen Religionsgemeinschaft repressiven Charakter haben und zur sozialen Isolation des Kindes führen, ist jeweils für den konkreten Einzelfall zu beurteilen[674]. Hier ist nach allgemeinen Kriterien festzustellen, ob das Verhalten der Eltern dem Kindeswohl entspricht oder zuwiderläuft[675]. Im Unterschied zu der Bewertung von Glaubenssätzen der betreffenden Religion kann die Berücksichtigung von deren Auswirkungen auf das Kind allerdings rechtlich zulässig sein[676]. Denn die bloße Tatsache, dass das elterliche Verhalten auf religiöser Überzeugung basiert, gebietet keinen uneingeschränkten Schutz[677]. Die Glaubens- und Bekenntnisfreiheit der Eltern steht der Prüfung und Bewertung konkreter Auswirkungen auf das Kindeswohl nicht entgegen, da das Kindeswohl in diesem Zusammenhang Priorität genießt[678].

Damit stellt die Zugehörigkeit der Eltern zu einer Religionsgemeinschaft keine Kindeswohlgefährdung dar, solange das Kind nicht über die religiöse Betätigung der Eltern hinaus von prägenden Grundlagen der Religionsgemeinschaft betroffen ist[679]. Familiengerichtliche Maßnahmen zugunsten des Kindeswohls, die sich auf die Zugehörigkeit der Eltern zu einer bestimmten Religionsgemeinschaft stützen, sind folglich nur dann zulässig, wenn aus der praktizierten Lebensweise der Religionsgemeinschaft erhebliche Bedrohungen für das Kindeswohl resultieren[680].

cc) Anwendung dieser Grundsätze auf die Zugehörigkeit zu den Zeugen Jehovas

Überwiegend existiert diese Fragestellung in der Rechtsprechung im Zusammenhang mit der Mitgliedschaft eines Elternteils in der Glaubensgemeinschaft der Zeugen Jehovas aufgrund der möglichen, auf religiösen Gründen beruhenden

---

671 *Oelkers/Kraeft*, FuR 1997, S. 165.
672 *Scholz*, DRiZ, Bd. 71: 1993, S. 151.
673 OLG Oldenburg, Beschl. v. 07.11.1996 – 11 UF 131/96, NJW 1997, 2962 (2962).
674 *Fahrenhorst*, EuGRZ, Bd. 23: 1996, S. 636; Weinreich/Klein/*Ziegler*, FAKomm-FamR, § 1671 Rn. 45. So beispielsweise in AG Tempelhof-Kreuzberg, Beschl. v. 08.08.2008 – 160 F 10520/07, FamRZ 2009, 987 (987) zum Verbot, ein Kind, das erhebliche Angstzustände aufweist, gegen seinen Willen in einem durch die Lehre Scientologys geprägten Internat unterzubringen und es zu Besuchen in sonstige Einrichtungen oder Schulungen der Organisation Scientology zu bewegen.
675 OLG Oldenburg, Beschl. v. 07.11.1996 – 11 UF 131/96, NJW 1997, 2962 (2962).
676 *Fahrenhorst*, EuGRZ, Bd. 23: 1996, S. 633 f.
677 *Fahrenhorst*, EuGRZ, Bd. 23: 1996, S. 634.
678 Weinreich/Klein/*Ziegler*, FAKomm-FamR, § 1671 Rn. 45.
679 MüKoBGB/*Olzen*, § 1666 Rn. 53.
680 OLG Celle, Beschl. v. 22.10.1996 – 17 UF 177/95, KirchE 34, 400 (401).

Verweigerung der Vornahme von Bluttransfusionen am Kind[681]. Hierbei ist zu beurteilen, ob sich allein aus der Möglichkeit dieser Konstellation bereits Schlüsse für die Beurteilung des Kindeswohls ziehen lassen und sich dadurch die Versagung des Sorgerechts begründen lässt. In diesem Fall sind allerdings gleich zwei Faktoren unsicher. Zum einen ist ungewiss, ob eine Bluttransfusion erforderlich wird, und zum anderen ist nicht sicher, ob sich der betreffende Elternteil in der von der Glaubensgemeinschaft vorgegebenen Weise gegen die Vornahme einer Bluttransfusion entscheidet[682].

Voraussetzung für gerichtliches Einschreiten ist in einem solchen Fall eine Kindeswohlgefährdung, die ihrer Definition zufolge eine gegenwärtige und in solchem Maße vorhandene Gefahr bedeutet, dass sich bei weiterer Entwicklung des Kindes eine erhebliche Schädigung mit ziemlicher Sicherheit voraussagen lässt, wobei die eigentliche Schädigung des Kindesinteresses künftig drohen muss[683]. Bei der Beurteilung des Kindeswohls kommt es auf die Umstände des Einzelfalls an[684]. Die ablehnende Haltung der Zeugen Jehovas Bluttransfusionen

---

681 Etwa OLG Hamm, Beschl. v. 26.01.2011 – 8 UF 228/10, FamRZ 2011, 1306 (1306); AG Helmstedt, Beschl. v. 21.03.2007 – 5 F 143/06 SO, FamRZ 2007, 1837 (1837); AG Wittlich, Beschl. v. 04.07.2005 – 8 F 551/04, KirchE 47, 275 (275); AG Peine, Beschl. v. 13.04.2004 – 20 F 2373/03 SO, KirchE 45, 218 (218); OLG Köln, Beschl. v. 25.02.2004 – 21 UF 257/03, KirchE 45, 161 (161); AG Ribnitz-Damgarten, Beschl. v. 19.01.2004 – 4 F 294/03, KirchE 45, 53 (53); OLG Karlsruhe, Beschl. v. 13.08.2001 – 5 UF 140/01, FamRZ 2002, 1728 (1728); OLG Koblenz, Beschl. v. 04.02.2000 – 11 UF 348/99, FamRZ 2000, 1391 (1391); OLG München, Beschl. v. 14.12.1999 – 12 UF 1359/99, FamRZ 2000, 1042 (1042); AG Meschede, Beschl. v. 28.01.1997 – 7 F 276/95, NJW 1997, 2962 (2962); OLG Oldenburg, Beschl. v. 07.11.1996 – 11 UF 131/96, NJW 1997, 2962 (2962); OLG Celle, Beschl. v. 22.10.1996 – 17 UF 177/95, KirchE 34, 400 (400); OLG Hamm, Beschl. v. 22.10.1996 – 17 UF 177/95, FuR 1997, 56 (56); OLG Oldenburg, Beschl. v. 03.07.1996 – 11 UF 23/96, KirchE 34, 223 (223); OLG Hamm, Beschl. v. 03.05.1996 – 12 UF 41/96, NJWE-FER 1997, 54 (54); OLG Düsseldorf, Urt. v. 31.01.1996 – 4 UF 163/95, KirchE 34, 27 (27); OLG Saarbrücken, Beschl. v. 10.11.1995 – 6 WF 72/95, FamRZ 1996, 561 (561); OLG Hamburg, Beschl. v. 21.06.1995 – 15 UF 215/94, FamRZ 1996, 684 (684); OLG Düsseldorf, Beschl. v. 01.02.1995 – 3 UF 1/95, FamRZ 1995, 1511 (1511); OLG Stuttgart, Beschl. v. 19.04.1994 – 15 UF 53/94, FamRZ 1994, 1290 (1290). Vgl. auch die Darstellung in MüKoBGB/*Olzen*, § 1666 Rn. 53 Fn. 143 m.w.N. Vereinzelt wurde auch die Zugehörigkeit zu der Bhagwan-Bewegung, zum Beispiel in OLG Hamburg, Beschl. v. 13.08.1985 – 12 UF 8/85 S, NJW-RR 1986, 754 (754), und zu Scientology, vgl. dazu AG Tempelhof-Kreuzberg, Beschl. v. 08.08.2008 – 160 F 10520/07, FamRZ 2009, 987 (987); OLG Frankfurt, Beschl. v. 14.10.1996 – 3 UF 62/96, FamRZ 1997, 573 (573), in der Rechtsprechung thematisiert.

682 AG Peine, Beschl. v. 13.04.2004 – 20 F 2373/03 SO, KirchE 45, 218 (219); OLG München, Beschl. v. 14.12.1999 – 12 UF 1359/99, FamRZ 2000, 1042 (1042).

683 OLG Brandenburg, Beschl. v. 12.02.2008 – 9 WF 7/08, FamRZ 2008, 1557 (1557).

684 Sachs/*Kokott,* GG, Art. 4 Rn. 76.

gegenüber reicht nicht aus, um von einer gegenwärtigen Gefahr für das Wohl des betreffenden Kindes auszugehen, da es sich sowohl bei der Erforderlichkeit der Vornahme als auch bei der Verweigerung einer Bluttransfusion um zunächst unwahrscheinliche und hypothetische Ereignisse und damit auch unwahrscheinliche und hypothetische, also abstrakte Gefährdungen handelt[685]. Für das Vorliegen einer Kindeswohlgefährdung ist in diesem Zusammenhang erforderlich, dass als konkrete Gefährdung in naher Zukunft eine Bluttransfusion vonnöten und dabei mit der Ablehnung dieser Behandlung durch die Eltern zu rechnen ist[686]. Andernfalls kann von einer gegenwärtigen Gefährdung nicht ausgegangen werden und somit das Familiengericht nicht in den Verantwortungsbereich der Eltern eingreifen[687].

c) Fazit

Allein die Zugehörigkeit eines Elternteils zu einer Religionsgemeinschaft kann aus zweierlei Gründen keine Kindeswohlgefährdung begründen. Zum einen spricht die verfassungsrechtlich gewährte Glaubens- und Bekenntnisfreiheit aus Art. 4 Abs. 1 GG gegen eine derartige Wertung. Zum anderen ist für das Vorliegen einer Kindeswohlgefährdung Voraussetzung, dass konkrete Umstände gefährdend wirken. Somit kann das Familiengericht erst einschreiten, wenn über die bloße Zugehörigkeit zu einer bestimmten Religionsgemeinschaft hinaus Anhaltspunkte dafür vorliegen, dass der religiös motivierten Lebensweise eine konkrete Gefahr für das Wohl des Kindes entspringt.

Dies bietet Zeugen Jehovas den Vorteil, sich in der konkreten Notsituation für den speziellen Fall persönlicher Betroffenheit erneut mit ihren Glaubenssätzen auseinandersetzen und ihre eventuell zuvor überzeugt gelebte Ablehnung von Bluttransfusionen überdenken zu können, was bei präventiver Entziehung der elterlicher Sorge oder von Teilen des Sorgerechts allein aufgrund der Zugehörigkeit zu ihrer Religionsgemeinschaft nicht möglich wäre.

3. Verweigerung einer ärztlich indizierten Bluttransfusion am Kind durch Zeugen Jehovas als Kindeswohlgefährdung

Eng mit der Frage verwoben, ob allein die Zugehörigkeit zu einer bestimmten Religionsgemeinschaft schon Einfluss auf das Kindeswohl haben und gerichtliche Maßnahmen erfordern kann, ist die Frage nach dem rechtlichen Umgang mit religiös motivierten Verweigerungen von Bluttransfusionen am Kind durch Eltern,

---

685 Viefhues/*Poncelet/Onstein*, jurisPK-BGB, § 1666 Rn. 27; Weinreich/Klein/*Ziegler*, FAKomm-FamR, § 1671 Rn. 45; AG Meschede, Beschl. v. 28.01.1997 – 7 F 276/95, NJW 1997, 2962 (2962).

686 AG Meschede, Beschl. v. 28.01.1997 – 7 F 276/95, NJW 1997, 2962 (2962).

687 AG Meschede, Beschl. v. 28.01.1997 – 7 F 276/95, NJW 1997, 2962 (2962).

die den Zeugen Jehovas[688] angehören. Hier ist fraglich, ob und in welcher Form das Familiengericht die Möglichkeit hat, zugunsten des Kindeswohls einzuschreiten, wenn Eltern bei aus medizinischer Sicht notwendiger Behandlung mit Bluttransfusionen ihren Kindern eine solche verweigern.

a) Begründung der glaubensgeprägten Verweigerung von Bluttransfusionen

Einem ihrer Glaubensgrundsätze zufolge sind Zeugen Jehovas dazu verpflichtet, sich jeglichen Blutes zu enthalten[689]. Davon umfasst sind neben Vollblut auch die Hauptbestandteile von Blut und neben der Fremdblut- auch die Eigenblutspende[690]. Diese Verpflichtung wird aus diversen Bibelpassagen abgeleitet[691]. *Bender* stellt in seiner Untersuchung zum religiösen Hintergrund der Ablehnung einer Transfusion von Blut oder Blutprodukten durch Zeugen Jehovas die folgenden drei Bibelstellen als primäre Grundlagen dieser Überzeugung zusammen[692]:

> „Denn es gefällt dem Heiligen Geist und uns, euch weiter keine Last aufzuerlegen als nur diese notwendigen Dinge: daß ihr euch enthaltet vom Götzenopfer und vom Blut und vom Ersticken und von Unzucht. Wenn ihr euch davor bewahrt, tut ihr recht." (Apostelgeschichte 15: 28, 29)

> „Allein esset das Fleisch nicht mit seinem Blut, in dem sein Leben ist." (1. Mose 9: 4)

> „Ihr sollt auch kein Blut essen, weder vom Vieh noch von Vögeln, überall, wo ihr wohnt. Jeder, der Blut ißt, wird ausgerottet werden aus seinem Volk." (3. Mose 7: 26, 27)

Wird entgegen diesem Glaubensgrundsatz eine Bluttransfusion durchgeführt, kann dies den Ausschluss aus der Religionsgemeinschaft zur Folge haben[693].

---

688 Vertiefend zu Entstehung und Existenz dieser religiösen Gruppierung, die seit Ende des 19. Jahrhunderts in Deutschland aktiv ist, BVerfG, Urt. v. 19.12.2000 – 2 BvR 1500/97, NJW 2001, 429 (429).

689 *Bender*, MedR, Bd. 17: 1999, S. 260; *Oelkers/Kraeft*, FuR 1997, S. 163.

690 *Deutsch et al.*, Transfusionsrecht, Rn. 1215. Von diesen Beschränkungen wird bei Kultushandlungen sowie bei der sogenannten Hämodialye und der Verwendung einer Herz-Lungen-Maschine eine Ausnahme gemacht. Sofern bei letzteren medizinischen Maßnahmen keine Zwischenlagerung des Blutes erfolgt, wird die äußere Schlauchleitung als Erweiterung des Kreislaufsystems gesehen, *Bender*, MedR, Bd. 17: 1999, S. 260.

691 *Bender*, MedR, Bd. 17: 1999, S. 260; *Deutsch et al.*, Transfusionsrecht, Rn. 1214.

692 Siehe *Bender*, MedR, Bd. 17: 1999, S. 260.

693 OVG Berlin, Urt. v. 24.03.2005 – 5 B 12/01, NVwZ 2005, 1450 (1451); *Bender*, MedR, Bd. 17: 1999, S. 267; *Deutsch et al.*, Transfusionsrecht, Rn. 1228, 1274 f.; *Oelkers/Kraeft*, FuR 1997, S. 164.

b) *Entscheidungsbefugnis über Vornahme und Nichtvornahme medizinischer Maßnahmen nach allgemeinen Grundsätzen*

Zunächst ist allgemein zu klären, in welchen Fällen die Eltern befugt sind, über medizinische Maßnahmen, die ihr minderjähriges Kind betreffen, zu entscheiden.

Die Einwilligung in eine ärztliche Heilmaßnahme betrifft im Gegensatz zu dem Behandlungsvertrag, der sich auf das Vermögen bezieht, den Körper[694]. Ärztliche Eingriffe, die die Voraussetzungen einer Körper- oder Gesundheitsverletzung im Sinne des § 823 Abs. 1 BGB erfüllen, können mithilfe einer Einwilligung gerechtfertigt werden, wodurch die grundsätzlich bestehende Schadensersatzpflicht entfällt[695]. Eine Einwilligung im Sinne von § 823 BGB bezeichnet der BGH in Abgrenzung zur Einwilligung nach § 183 BGB und der rechtsgeschäftlichen Willenserklärung als „Gestattung oder Ermächtigung zur Vornahme tatsächlicher Handlungen, die in den Rechtskreis des Gestattenden eingreifen“[696].

aa) *Grundsatz der Entscheidungsfreiheit des Patienten über Vornahme und Nichtvornahme medizinischer Maßnahmen*

Grundsätzlich kommt dem Betroffenen ein Selbstbestimmungsrecht in Bezug auf Vornahme und Nichtvornahme ärztlicher Eingriffe und Behandlungsmaßnahmen zu[697]. Voraussetzung ist, dass der Betroffene einwilligungsfähig ist, das heißt, die Fähigkeit aufweist, Bedeutung und Tragweite des Eingriffs und der Gestattung dieses Eingriffs einschätzen zu können[698].

bb) *Entscheidungsbefugnis der Eltern über Vornahme und Nichtvornahme medizinischer Maßnahmen an Minderjährigen*

Das Personensorgerecht der Eltern aus § 1626 Abs. 1 BGB i.V.m. § 1631 Abs. 1 BGB umfasst auch das Recht und die Pflicht, für die Gesundheit des minderjährigen Kindes Sorge zu tragen[699]. Die Vertretungsmacht der Eltern gem. § 1629 Abs. 1 BGB beinhaltet auch Einwilligungen in das Kind betreffende medizinische Maßnahmen[700]. Anstelle des Minderjährigen entscheiden daher grundsätzlich die Eltern[701]. Bei der Einwilligung in ärztliche Maßnahmen sind die Eltern über § 1627 S. 1 BGB an das Kindeswohl gebunden[702].

---

694 *Kern*, NJW 1994, S. 753.
695 MüKoBGB/*Huber*, § 1626 Rn. 40.
696 BGH, Urt. v. 05.12.1958 – VI ZR 266/57, BGHZ 29, 33 (36); MüKoBGB/*Huber*, § 1626 Rn. 40; *Kern*, NJW 1994, S. 753.
697 *Kern*, NJW 1994, S. 755; *Sternberg-Lieben/Reichmann*, NJW 2012, S. 258.
698 *Kern*, NJW 1994, S. 753.
699 *Belling*, FuR 1990, S. 71.
700 Weinreich/Klein/*Ziegler*, FAKomm-FamR, § 1629 Rn. 2.
701 *Kern*, NJW 1994, S. 756.
702 *Kern*, NJW 1994, S. 756.

cc) Entscheidungsbefugnis des Minderjährigen selbst

Daneben kommt im Rahmen einer ärztlichen Behandlung auch die Einwilligung des Minderjährigen in Betracht[703]. Die Abgrenzung der Einwilligung von der rechtsgeschäftlichen Willenserklärung führt dazu, dass die §§ 107 ff. BGB nicht direkt angewandt werden können[704].

Überwiegend wird angenommen, dass der Minderjährige selbst in ärztliche Maßnahmen einwilligen kann, soweit er nach seiner geistigen und sittlichen Reife Bedeutung und Tragweite des Eingriffs zu beurteilen vermag, sodass eine dem Minderjährigenschutz dienende analoge Anwendung der §§ 107 ff. BGB entbehrlich ist[705]. Bei entsprechendem Urteilsvermögen wird er als grundsätzlich ausreichend einsichtsfähig gesehen, um selbständig rechtfertigend in den ärztlichen Eingriff einzuwilligen[706]. Von diesem Grundsatz schließt der BGH die Fälle aus, in denen es sich um einen nicht unwichtigen, andererseits nicht dringlichen Eingriff handelt, für den die Einholung einer vorherigen Einwilligung der Eltern problemlos möglich ist[707], während in der Literatur überwiegend vertreten wird, allein auf die Einsichtsfähigkeit abzustellen[708]. Aus § 1626 Abs. 2 S. 1 BGB und der darin normierten Pflicht der Eltern zur Berücksichtigung der wachsenden Fähigkeit und des wachsenden Bedürfnisses des Kindes zu selbständigem verantwortungsbewusstem Handeln in Kombination mit dem Grundsatz der Entscheidungsfreiheit des Betroffenen wird zum Teil abgeleitet, dass neben der Einwilligung des Minderjährigen nicht auch die Einwilligung der Eltern erforderlich ist[709]. Zudem wird hervorgehoben, dass sein ihm über Art. 2 Abs. 2 S. 1 GG verfassungsrechtlich gewährtes Recht auf körperliche Unversehrtheit betroffen sei und primär er selbst mit den Folgen ärztlicher Eingriffe belastet werde, sodass es bei Einwilligungsfähigkeit allein auf seine Zustimmung ankommen müsse[710].

Ebenso wie nach Ansicht des BGH ist jedoch auch nach überwiegender Auffassung in der Literatur die Schwelle zur wirksamen Einwilligung zu erhöhen,

---

703 MüKoBGB/*Huber*, § 1626 Rn. 38.

704 MüKoBGB/*Huber*, § 1626 Rn. 40.

705 BGH, Urt. v. 05.12.1958 – VI ZR 266/57, BGHZ 29, 33 (36). *Belling*, FuR 1990, S. 76; *Kern*, NJW 1994, S. 755. So auch m.w.N zum Streitstand MüKoBGB/*Huber*, § 1626 Rn. 40. Nach anderer Ansicht ist ein gemeinsames Entscheidungsrecht vorzuziehen, MüKoBGB/*Olzen*, § 1666 Rn. 79. Argumentiert wird mit der dadurch entstehenden Entlastung des Arztes, der im Streitfall die Einwilligungsfähigkeit des Minderjährigen beweisen müsste, sowie damit, dass das Familiengericht dadurch einbezogen werden kann, dass sowohl Eltern als auch Minderjähriger entscheiden, MüKoBGB/*Olzen*, § 1666 Rn. 79.

706 MüKoBGB/*Huber*, § 1626 Rn. 40; *Kern*, NJW 1994, S. 755.

707 BGH, Urt. v. 16.11.1971 – VI ZR 76/70, NJW 1972, 335 (337).

708 M.w.N. MüKoBGB/*Huber*, § 1626 Rn. 42; *Sternberg-Lieben/Reichmann*, NJW 2012, S. 259; Weinreich/Klein/*Ziegler*, FAKomm-FamR, § 1629 Rn. 3.

709 *Kern*, NJW 1994, S. 755.

710 *Belling*, FuR 1990, S. 76.

indem die Anforderungen an die Einsichtsfähigkeit von der Schwere des Eingriffs abhängig gemacht werden und nur bei unbedeutenden Eingriffen überhaupt von ausreichender Einsichtsfähigkeit und entsprechend wirksamer Einwilligung ausgegangen wird[711]. Zumindest für schwerwiegende Eingriffe wird angenommen, dass die Einwilligung des Minderjährigen allein nicht ausreicht[712]. So kommen BGH und Literatur letztlich zu ähnlichen Ergebnissen. Gegen das Erfordernis, dass die Einwilligung der Eltern nicht noch rechtzeitig eingeholt werden kann, wird argumentiert, dass die Einwilligungsfähigkeit gerade geprüft wird, um im gegebenen Fall dem Minderjährigen für diesen Bereich eine Teilmündigkeit zuzusprechen, was unterlaufen würde, wenn man ihm nicht die damit attestierte Selbständigkeit gewährte[713].

In Notfällen kann anstelle ausdrücklicher die mutmaßliche Einwilligung der Eltern ausreichen[714].

Dem Minderjährigen kommt ebenfalls das Recht zu, den ärztlichen Eingriff zu verweigern[715]. Auf die Ablehnung ärztlicher Eingriffe werden die eben genannten Grundsätze mit der Abwandlung angewandt, dass die Schwelle zur Einsichtsfähigkeit niedriger liegen kann als die zur Zustimmung[716].

dd) Entscheidungsbefugnis des Gerichts

Entsprechen Gestattung oder Verweigerung ärztlicher Eingriffe durch die Eltern dem Kindeswohl, wacht der Staat lediglich darüber, dass die Eltern ihr Erziehungsrecht nicht missbrauchen[717]. § 1666 BGB begrenzt die Entscheidungsfreiheit der Eltern über die Einwilligung in medizinische Maßnahmen, die ihr Kind betreffen[718]. Widerspricht die Einwilligung der Eltern dem Kindeswohl, an das sie gem. § 1627 S. 1 BGB bei Ausübung der elterlichen Sorge gebunden sind, kann das Gericht daher über § 1666 BGB korrigierend eingreifen[719].

c) Anwendung der allgemeinen Grundsätze zur Einwilligung in medizinische Maßnahmen auf die Verweigerung von Bluttransfusionen durch die Eltern

Sofern es also auf die Einwilligung der Eltern ankommt, stellt sich die Frage, ob und wie das Familiengericht gegen die religiös motivierte verweigerte Zustimmung zur Vornahme von Bluttransfusionen am Kind vorgehen darf.

---

711 MüKoBGB/*Huber*, § 1626 Rn. 42.
712 *Kern*, NJW 1994, S. 755.
713 MüKoBGB/*Huber*, § 1626 Rn. 43.
714 *Kern*, NJW 1994, S. 755 f.
715 BGH, Urt. v. 10.10.2006 – VI ZR 74/05, NJW 2007, 217 (218).
716 MüKoBGB/*Huber*, § 1626 Rn. 44.
717 *Belling*, FuR 1990, S. 71.
718 MüKoBGB/*Huber*, § 1626 Rn. 45.
719 *Kern*, NJW 1994, S. 756.

aa) Beurteilung der Fragestellung in der Rechtsprechung am Beispiel von OLG Celle, Beschl. v. 21.02.1994 – 17 W 8/94

Wie die Rechtsprechung diese Frage beantwortet, wird im Folgenden anhand der in diesem Zusammenhang vielzitierten[720] Gerichtsentscheidung OLG Celle, Beschl. v. 21.02.1994 – 17 W 8/94 veranschaulicht, in der sowohl auf verfassungs- als auch auf familienrechtliche Aspekte eingegangen wird[721].

(1) Zusammenfassung des Sachverhalts

Das OLG Celle hatte über die Vornahme einer ärztlich indizierten Bluttransfusion an einem Neugeborenen zu entscheiden, die die Eltern dem Kind aufgrund ihrer Zugehörigkeit zu den Zeugen Jehovas und den dieser Religionsgemeinschaft entspringenden Glaubenssätzen verweigerten[722]. Da sich das in der 27. Schwangerschaftswoche geborene Kind zum Zeitpunkt der Geburt in lebensbedrohlichem Zustand befand und mit hoher Wahrscheinlichkeit, möglicherweise auch sehr kurzfristig und zur Rettung des Lebens, eine Bluttransfusion erforderlich werden würde, deren Vornahme die Eltern verweigerten, wandte sich der Stationsarzt des Krankenhauses an das mit der Sache zunächst befasste Vormundschaftsgericht[723]. Dem Vater wurde mitgeteilt, dass das Krankenhaus Kontakt zu dem Vormundschaftsgericht aufgenommen hatte[724]. Das Vormundschaftsgericht entzog den Eltern gem. § 1666 BGB mithilfe einstweiliger Anordnung teilweise das Personensorgerecht und übertrug dieses auf das Stadtjugendamt, das insoweit als Pfleger für das Kind fungieren sollte[725]. Dabei wurde dem Stadtjugendamt der Teil des Personensorgerechts übertragen, mit dem es über ärztliche Behandlungen, insbesondere über Bluttransfusionen, entscheiden konnte, um Leben oder Gesundheit des Kindes zu bewahren[726]. Gegen diesen Beschluss legten die Eltern Beschwerde ein, das Vormundschaftsgericht half der Beschwerde nicht ab, sondern legte die Akten dem Beschwerdegericht vor, welches die Beschwerde zurückwies[727].

---

720 Siehe zum Beispiel Bamberger/Roth/*Veit*, BGB, § 1666 Rn. 35.3; *Bender*, MedR, Bd. 17: 1999, S. 265 Fn. 56; *Deutsch et al.*, Transfusionsrecht, Rn. 1260; *Fahrenhorst*, EuGRZ, Bd. 23: 1996, S. 635; *Oelkers/Kraeft*, FuR 1997, S. 165 Fn 67; MüKoBGB/*Olzen*, § 1666 Rn. 81; Schulz/Hauß/*Schmid*, HK-FamR, § 1666 Rn. 11.

721 OLG Celle, Beschl. v. 21.02.1994 – 17 W 8/94, NJW 1995, 792 (792).

722 OLG Celle, Beschl. v. 21.02.1994 – 17 W 8/94, NJW 1995, 792 (792).

723 OLG Celle, Beschl. v. 21.02.1994 – 17 W 8/94, NJW 1995, 792 (792). Vormundschaftsgerichte wurden mit Inkrafttreten des Gesetzes zur Reform des Verfahrens in Familiensachen und in den Angelegenheiten der freiwilligen Gerichtsbarkeit abgeschafft und ihre Aufgaben auf Betreuungs- und Familiengerichte übertragen, *Leutheusser-Schnarrenberger*, FPR 2009, S. 42 f.

724 OLG Celle, Beschl. v. 21.02.1994 – 17 W 8/94, NJW 1995, 792 (792 f.)

725 OLG Celle, Beschl. v. 21.02.1994 – 17 W 8/94, NJW 1995, 792 (792).

726 OLG Celle, Beschl. v. 21.02.1994 – 17 W 8/94, NJW 1995, 792 (792).

727 OLG Celle, Beschl. v. 21.02.1994 – 17 W 8/94, NJW 1995, 792 (793).

(2) Wesentlicher Inhalt des Gerichtsbeschlusses

Das OLG Celle führte hinsichtlich des Einwirkens auf die elterliche Sorge aufgrund möglicherweise entgegen dem Elternwillen vorzunehmender Bluttransfusionen Folgendes aus: Der Bestellung eines Pflegers bedürfe es nicht[728]. Gem. § 1666 BGB habe das Gericht die zur Abwendung einer konkreten Kindeswohlgefährdung erforderlichen Maßnahmen zu treffen, soweit die Eltern selbst nicht gewillt oder in der Lage seien, die Gefahr abzuwenden[729]. Diesen Voraussetzungen entspreche es, wenn das Kind lebensnotwendig auf Blut oder Blutprodukte angewiesen sei und die Eltern ihm eine solche Behandlung verwehrten[730]. Auch das elterliche Erziehungsrecht und die Glaubens- und Gewissensfreiheit der Eltern ständen einem gerichtlichen Einschreiten nicht entgegen, da diese dem Grundrecht des Kindes auf Leben und körperliche Unversehrtheit aus Art. 2 Abs. 2 S.1 GG weichen müssten[731]. Zudem hielt das OLG Celle eine Maßnahme nach § 1666 BGB aufgrund der hohen Wahrscheinlichkeit, eine Bluttransfusion zum Einsatz kommen lassen zu müssen, und des entgegenstehenden Willens der Eltern für erforderlich, um die drohende Gefahr für das Leben des Kindes abzuwenden[732]. Man habe nicht erst tatsächlichen Bedarf an einer Bluttransfusion abwarten müssen, sondern durch die frühzeitige gerichtliche Entscheidung für eventuellen kurzfristigen Bedarf Verzögerungen der Behandlung durch eine spätere Beteiligung des Gerichts vermeiden können[733]. Die besondere Eilbedürftigkeit der Maßnahme rechtfertige auch die fehlende Anhörung und die ebenso fehlende Gewährung rechtlichen Gehörs vor Treffen der vorläufigen Anordnung[734]. Aufgrund der kurzfristig zu treffenden Entscheidung sei auch kein Eingehen auf von den Eltern später angesprochene mögliche alternative Behandlungsmethoden vonnöten gewesen[735].

In den Entscheidungen von Vormundschaftsgericht und Landgericht sei allerdings der Verhältnismäßigkeitsgrundsatz nicht in ausreichendem Maße beachtet worden[736]. Denn Eingriffe in die Personensorge seien lediglich insoweit zulässig, als es zur Abwendung der Kindeswohlgefährdung geboten sei[737]. Es sei nicht ersichtlich, dass die Sicherstellung der Behandlung die teilweise Entziehung des Personensorgerechts erfordert habe[738]. Stattdessen seien die zustimmenden Willenserklärungen

---

728 OLG Celle, Beschl. v. 21.02.1994 – 17 W 8/94, NJW 1995, 792 (793).
729 OLG Celle, Beschl. v. 21.02.1994 – 17 W 8/94, NJW 1995, 792 (793).
730 OLG Celle, Beschl. v. 21.02.1994 – 17 W 8/94, NJW 1995, 792 (793).
731 OLG Celle, Beschl. v. 21.02.1994 – 17 W 8/94, NJW 1995, 792 (793).
732 OLG Celle, Beschl. v. 21.02.1994 – 17 W 8/94, NJW 1995, 792 (793).
733 OLG Celle, Beschl. v. 21.02.1994 – 17 W 8/94, NJW 1995, 792 (793).
734 OLG Celle, Beschl. v. 21.02.1994 – 17 W 8/94, NJW 1995, 792 (793).
735 OLG Celle, Beschl. v. 21.02.1994 – 17 W 8/94, NJW 1995, 792 (793).
736 OLG Celle, Beschl. v. 21.02.1994 – 17 W 8/94, NJW 1995, 792 (793).
737 OLG Celle, Beschl. v. 21.02.1994 – 17 W 8/94, NJW 1995, 792 (793).
738 OLG Celle, Beschl. v. 21.02.1994 – 17 W 8/94, NJW 1995, 792 (793).

der Eltern über § 1666 Abs. 2 BGB[739] zu ersetzen, wodurch bereits die drohende Gefahr für das Kindeswohl abgewendet werden könne[740].

Die elterliche Einwilligung in die Vornahme von Bluttransfusionen wurde vormundschaftsgerichtlich ersetzt[741].

bb) Beurteilung der verweigerten Zustimmung zur Vornahme von Bluttransfusionen am Kind in der übrigen Rechtsprechung und Literatur

In Übereinstimmung mit der eben besprochenen Entscheidung wird die aus religiösen Gründen verweigerte Zustimmung von Zeugen Jehovas zur indizierten Bluttransfusion zugunsten ihres Kindes in Rechtsprechung und Literatur ganz überwiegend als Kindeswohlgefährdung beurteilt, die gerichtliches Einschreiten über § 1666 BGB gebietet[742]. Der Entzug der elterlichen Sorge und die Bestellung eines Pflegers im Falle der aus religiösen Gründen verweigerten lebensnotwendigen und indizierten Bluttransfusion werden grundsätzlich als nicht notwendig erachtet, weil die Einwilligung in die Durchführung der Bluttransfusion schon über eine gerichtliche Anordnung gem. § 1666 Abs. 3 Nr. 5 BGB erreicht werden kann[743]. Ferner kann sich der Arzt in Notfällen auch über die verweigerte Zustimmung hinwegsetzen[744]. Wird die Einwilligung der Eltern über § 1666 Abs. 3 Nr. 5 BGB ersetzt, wird darin keine Verletzung von Art. 4 Abs. 1 GG gesehen, weil die Einwilligung nicht im Widerspruch zu ihrer religiösen Überzeugung erzwungen, sondern gerade ersetzt wird[745]. Darüber hinaus geht das Grundrecht des Kindes auf Leben und

---

739 Heute findet sich nach Aufnahme eines Maßnahmenkatalogs in § 1666 Abs. 3 BGB durch das Gesetz zur Erleichterung familiengerichtlicher Maßnahmen bei Gefährdung des Kindeswohls vom 04.07.2008 die Möglichkeit der gerichtlichen Ersetzung von Erklärungen des Inhabers der elterlichen Sorge in § 1666 Abs. 3 Nr. 5 BGB, MüKoBGB/*Olzen*, § 1666 Rn. 4.

740 OLG Celle, Beschl. v. 21.02.1994 – 17 W 8/94, NJW 1995, 792 (793).

741 OLG Celle, Beschl. v. 21.02.1994 – 17 W 8/94, NJW 1995, 792 (793).

742 So beispielsweise OVG Berlin, Urt. v. 24.03.2005 – 5 B 12/01, NVwZ 2005, 1450 (1451); BVerwG, Urt. v. 17.05.2001 – 7 C 1/01, NVwZ 2001, 924 (925); AG Meschede, Beschl. v. 28.01.1997 – 7 F 276/95, NJW 1997, 2962 (2962); *Abel*, NJW 1999, S. 334; *Deutsch et al.*, Transfusionsrecht, Rn. 1260; *Fahrenhorst*, EuGRZ, Bd. 23: 1996, S. 635; MüKoBGB/*Huber*, § 1626 Rn. 45; MüKoBGB/*Olzen*, § 1666 Rn. 81; Schulz/Hauß/*Schmid*, HK-FamR, § 1666 Rn. 11; v. Mangoldt/Klein/Starck/*Starck*, GG, Art. 4 Rn. 142. A.A. *Hessler/Glockentin*, MedR, Bd. 18: 2000, S. 419, die die ärztliche Behandlung mithilfe von Bluttransfusionen grundlegend kritisieren und sich dementsprechend gegen eine auf der Indikation von Bluttransfusionen basierende Einschätzung der Kindeswohlgefährdung aussprechen.

743 OVG Berlin, Urt. v. 24.03.2005 – 5 B 12/01, NVwZ 2005, 1450 (1451); BVerwG, Urt. v. 17.05.2001 – 7 C 1/01, NVwZ 2001, 924 (925); Bamberger/Roth/*Veit*, BGB, § 1666 Rn. 35.3; *Fahrenhorst*, EuGRZ, Bd. 23: 1996, S. 635; MüKoBGB/*Hennemann*, § 1671 Rn. 117.

744 OVG Berlin, Urt. v. 24.03.2005 – 5 B 12/01, NVwZ 2005, 1450 (1451).

745 *Deutsch et al.*, Transfusionsrecht, Rn. 1272.

körperliche Unversehrtheit aus Art. 2 Abs. 2 S. 1 GG den Grundrechten der Eltern aus Art. 6 Abs. 2 S. 1 GG und Art. 4 Abs. 1 GG vor[746]. Sofern allerdings die Eltern nach Einschätzung des Gerichts im Falle einer indizierten Bluttransfusion alles unternehmen würden, um die Behandlung zu verhindern, oder die Eltern solches bereits versucht haben, kann zumindest der Entzug der Verantwortung für medizinische Eingriffe als Teil des Sorgerechts in Betracht kommen[747].

d) Fazit

Im Gegensatz zur bloßen Zugehörigkeit zu einer Religionsgemeinschaft kann die Verweigerung der im konkreten Fall indizierten Bluttransfusion durch die Eltern eine Kindeswohlgefährdung bedeuten. Schwerwiegenden Eingriffen in Form von teilweisem oder vollständigem Entzug der elterlichen Sorge wird die Ersetzung der Einwilligung in die medizinische Maßnahme über § 1666 Abs. 3 Nr. 5 BGB als milderes Mittel vorgezogen, sofern dadurch der Kindeswohlgefährdung abgeholfen werden kann.

4. Religiös motivierte Beschneidung und Genitalverstümmelung des Kindes als Kindeswohlgefährdung

Weitere Fallgruppen in diesem Zusammenhang sind die religiös motivierte Beschneidung und Genitalverstümmelung von Kindern.

a) Religiös motivierte Beschneidung des männlichen Kindes

Im Folgenden wird zunächst die Möglichkeit des Familiengerichts untersucht, bei bevorstehender oder bereits erfolgter religiös motivierter Beschneidung des männlichen Kindes mithilfe von Anordnungen einzuschreiten, ehe im Anschluss auf die Genitalverstümmelung des weiblichen Kindes eingegangen wird.

Fraglich ist insbesondere, ob die religiös motivierte Beschneidung selbst als Kindeswohlgefährdung zu qualifizieren ist.

aa) Begriff, Ursprung, Durchführung und Verbreitung der Beschneidung

Unter Beschneidung des männlichen Kindes ist in Deutschland die an ärztlich-professionellen Handlungsvorgaben orientierte Entfernung der Vorhaut zu verstehen[748]. Dieser Eingriff wird in der Medizin als Zirkumzision bezeichnet[749]. Beschneidung gilt als einer der ältesten und weltweit am meisten verbreiteten chirurgischen

746 *Oelkers/Kraeft*, FuR 1997, S. 164 f.; Sachs/*Kokott*, GG, Art. 4 Rn. 73.

747 *Deutsch et al.*, Transfusionsrecht, Rn. 1273; Weinreich/Klein/*Ziegler*, FAKomm-FamR, § 1671 Rn. 45.

748 So mit Verweis auf die die Beschneidung des männlichen Kindes betreffende neu eingefügte Vorschrift § 1631d BGB *Rixen*, NJW 2013, S. 260.

749 *Putzke*, NJW 2008, S. 1568.

Eingriffe[750]. Die Gründe einer Beschneidung können religiöser, kultureller, sozialer und medizinischer Art sein[751]. Eingriffe dieser Art erfolgten nachweislich bereits 4.000 vor Christus[752].

Wird die Beschneidung, wie für die vorliegende Arbeit relevant, aus religiösen Gründen vorgenommen, so ist die genaue Art und Weise der Durchführung abhängig von der jeweiligen Religion[753].

Im Judentum wird die Säuglingsbeschneidung am achten Tag nach der Geburt als Zeichen des Bundes mit Gott praktiziert[754]. Daneben gilt die Beschneidung als Zeichen für die verpflichtende Gemeinschaft des Juden mit seinem Volk[755]. Das Erfordernis der Beschneidung lässt sich der Tora entnehmen[756]. Zwar kommt es in Bezug auf die Religionszugehörigkeit eines Kindes allein auf die Abstammung von einer jüdischen Mutter an[757]. Dennoch wird ein unbeschnittener Jude nicht als vollwertiges Mitglied der Religionsgemeinschaft angesehen[758]. Der Brauch ist daher als bindendes Gebot höchst bedeutsam[759]. Das jüdische Beschneidungsritual hat den folgenden Ablauf: Der Beschneider, der sogenannte Mohel[760], versteift das Glied des Kindes mit Daumen und Zeigefinger und zieht mithilfe einer Pinzette die Vorhaut vor die Eichel[761]. Anschließend wird die überstehende Vorhaut mit einem Messer senkrecht abgetrennt[762]. Die übrige an der Penisspitze hängende Vorhaut wird, ursprünglich mit einem lang und spitz zugefeilten Daumennagel, später mit einer Schere oder einem sonstigen chirurgischen Instrument, abgerissen[763]. Ursprünglich wurde schließlich der blutende Penis vom Beschneider in den Mund genommen und das Blut abgesaugt, ehe die Wunde mit Wein bespuckt wurde, was heutzutage bisweilen aseptischeren Methoden gewichen ist[764]. In Deutschland werden jährlich etwa 200 jüdische Neugeborene und etwa weitere 200 ältere jüdische Jungen und Männer beschnitten[765].

---

750 BT-Dr 17/11295, S. 6; *Großmann*, HRRS, Bd. 12: 2013, S. 515.
751 BT-Dr 17/11295, S. 6.
752 BT-Dr 17/11295, S. 6; *Großmann*, HRRS, Bd. 12: 2013, S. 515.
753 *Jerouschek*, NStZ 2008, S. 315.
754 *Jerouschek*, NStZ 2008, S. 313.
755 *Schwarz*, JZ, Bd. 23: 2008, S. 1126.
756 BT-Dr 17/11295, S. 6 f.
757 *Jerouschek*, NStZ 2008, S. 314.
758 *Schwarz*, JZ, Bd. 23: 2008, S. 1126.
759 BT-Dr 17/11295, S. 7.
760 BT-Dr 17/11295, S. 8.
761 *Jerouschek*, NStZ 2008, S. 315.
762 *Jerouschek*, NStZ 2008, S. 315.
763 *Jerouschek*, NStZ 2008, S. 315.
764 *Jerouschek*, NStZ 2008, S. 315.
765 *Großmann*, HRRS, Bd. 12: 2013, S. 516.

Im Islam stellt die Beschneidung ebenfalls einen bedeutsamen Brauch dar, der primär auf einem Verweis im Koran auf die Lebensweise des Propheten Abraham basiert[766]. Im Gegensatz zum Judentum ist nicht vorgeschrieben, wann die Beschneidung zu erfolgen hat[767]. Üblicherweise findet die islamische Jünglingsbeschneidung zwischen dem 3. und 14. Lebensjahr statt[768]. Bei der Durchführung wird im Gegensatz zur jüdischen Beschneidung abhängig von regionalen Bräuchen variiert[769]. Hier ist lediglich das Erfordernis der Beschneidung selbst festgelegt[770]. Schätzungsweise 46.000 muslimische männliche Kinder werden jährlich in Deutschland beschnitten[771].

Während islamische Beschneidungen in Deutschland von niedergelassenen Ärzten oder in Krankhäusern vorgenommen werden, wird im Judentum eine von Ärzten durchgeführte Beschneidung nicht als rituell anerkannt[772].

Schätzungen zufolge ist etwa ein Drittel der männlichen Weltbevölkerung über 15 Jahren beschnitten[773]. Der hohen Anzahl von beschnittenen Jungen und Männern entsprechend ist weltweit kein Staat bekannt, in dem die mit Einwilligung der Eltern fachmännisch fehlerfrei durchgeführte religiös motivierte Beschneidung des männlichen Kindes ausdrücklich verboten ist[774].

Im Gegensatz zu Juden und Muslimen ist unter in Deutschland lebenden Christen die Durchführung von Beschneidung nicht üblich, obgleich sie sowohl im Alten als auch im Neuen Testament mehrfach erwähnt wird[775]. Ebenso wenig wurde und wird in Deutschland die Beschneidung als nahezu routinemäßige Präventionsmaßnahme anlässlich unterschiedlichster medizinischer Indikationen wie Gebärmutterhalskrebsprophylaxe, Peniskrebsprävention und HIV-Prophylaxe durchgeführt, wie sie beispielsweise in den Vereinigten Staaten seit dem späten 19. Jahrhundert mit abnehmender Tendenz bis heute weit verbreitet ist[776].

bb) Das „Beschneidungsurteil“: LG Köln, Urt. v. 07.05.2012 – 151 Ns 169/11

Die Vornahme der Beschneidung eines männlichen Kindes, die aufgrund des vollständigen Entfernens der Penisvorhaut den Tatbestand einer Körperverletzung nach § 223 Abs. 1 StGB erfüllt, kann bei wirksamer Einwilligung gem. § 228 StGB

766 *Großmann*, HRRS, Bd. 12: 2013, S. 516; *Jerouschek*, NStZ 2008, S. 314.
767 *Jerouschek*, NStZ 2008, S. 314.
768 *Jerouschek*, NStZ 2008, S. 314.
769 *Jerouschek*, NStZ 2008, S. 315.
770 *Jerouschek*, NStZ 2008, S. 315.
771 *Großmann*, HRRS, Bd. 12: 2013, S. 516.
772 *Großmann*, HRRS, Bd. 12: 2013, S. 516.
773 BT-Dr 17/11295, S. 6; *Großmann*, HRRS, Bd. 12: 2013, S. 515.
774 BT-Dr 17/11295, S. 10.
775 *Jerouschek*, NStZ 2008, S. 313.
776 *Jerouschek*, NStZ 2008, S. 314.

gerechtfertigt sein[777]. Über die Frage, ob Eltern auf diese Weise wirksam in eine Beschneidung ihres nicht einsichtsfähigen minderjährigen Sohnes einwilligen können, hatte im Mai 2012 eine Kölner Strafkammer zu entscheiden[778].

(1) Zusammenfassung des Sachverhalts

Der angeklagte Arzt hatte in seiner Praxis auf Wunsch der muslimischen Eltern an einem Vierjährigen mithilfe eines Skalpells eine unter örtlicher Betäubung erfolgende religiöse Beschneidung vorgenommen, die Wunden vernäht und den Patienten am selben Abend im Wege eines Hausbesuchs erneut versorgt[779]. Eine medizinische Indikation für die Beschneidung lag nicht vor[780]. Aufgrund von Nachblutungen brachte die Mutter ihr Kind wenig später in die Kindernotaufnahme der Universitätsklinik in Köln, wo die Blutungen gestillt werden konnten[781]. Die Staatsanwaltschaft warf dem Angeklagten Körperverletzung mittels eines gefährlichen Werkzeugs gem. §§ 223 Abs. 1, 224 Abs. 1 Nr. 2 Alt. 2 StGB vor[782]. Das AG Köln sprach den Angeklagten frei[783]. Die Staatsanwaltschaft legte Berufung ein[784].

(2) Wesentlicher Inhalt des Gerichtsurteils

Die Strafkammer des Kölner Landgerichts entschied, dass die Beschneidung des nicht einsichtsfähigen Vierjährigen den Tatbestand einer Körperverletzung im Sinne des § 223 Abs. 1 StGB erfülle, während das Skalpell bei wie vorliegend erfolgter bestimmungsgemäßer Verwendung durch einen Arzt kein gefährliches Werkzeug im Sinne von § 224 Abs. 1 Nr. 2 Alt. 2 StGB darstelle[785]. Der Einwilligung der Eltern in die Beschneidung des nicht einwilligungsfähigen Kindes komme jedoch keine rechtfertigende Wirkung zu, weil die Beschneidung nicht dem Kindeswohl entsprochen habe[786]. Dies begründete das Gericht damit, dass dem Recht der Eltern auf religiöse Kindererziehung in Abwägung zum Recht des Kindes auf körperliche Unversehrtheit und auf Selbstbestimmung kein Vorrang zukomme, weshalb mit der Einwilligung in die Beschneidung ein Widerspruch zum Kindeswohl

777 *Peschel-Gutzeit*, NJW 2013, S. 3617.
778 LG Köln, Urt. v. 07.05.2012 – 151 Ns 169/11, NJW 2012, 2128 (2128 ff.); *Peschel-Gutzeit*, NJW 2013, S. 3617.
779 LG Köln, Urt. v. 07.05.2012 – 151 Ns 169/11, NJW 2012, 2128 (2128).
780 LG Köln, Urt. v. 07.05.2012 – 151 Ns 169/11, NJW 2012, 2128 (2128).
781 LG Köln, Urt. v. 07.05.2012 – 151 Ns 169/11, NJW 2012, 2128 (2128).
782 LG Köln, Urt. v. 07.05.2012 – 151 Ns 169/11, NJW 2012, 2128 (2128).
783 LG Köln, Urt. v. 07.05.2012 – 151 Ns 169/11, NJW 2012, 2128 (2128).
784 LG Köln, Urt. v. 07.05.2012 – 151 Ns 169/11, NJW 2012, 2128 (2128).
785 LG Köln, Urt. v. 07.05.2012 – 151 Ns 169/11, NJW 2012, 2128 (2128).
786 LG Köln, Urt. v. 07.05.2012 – 151 Ns 169/11, NJW 2012, 2128 (2128 f.).

und eine entsprechende Vorschrift daher auch dort anzusiedeln[827]. Inhalt und Grenzen der elterlichen Sorge seien vorrangig im Familienrecht definiert[828]. Folglich sei auch die Regelung, ob und unter welchen Voraussetzungen das Sorgerecht die Eltern im Verhältnis zu ihrem männlichen Kind berechtige, in eine nicht medizinisch indizierte Beschneidung einzuwilligen, im Recht der elterlichen Sorge in §§ 1626 ff. BGB zu verorten[829]. Die Befugnis der Eltern zur Einwilligung in die Beschneidung sei auch in allen anderen Rechtsgebieten zu beachten, soweit es dort für die Rechtmäßigkeit des Eingriffs auf die elterliche Einwilligung ankomme[830].

Mandla hingegen hätte eine Verortung der Regelung der Beschneidung des männlichen Kindes im Strafrecht für vorzugswürdig gehalten[831]. Höchstens die Strafbarkeit hätte seiner Ansicht nach ausgeschlossen werden sollen, um das Beschneiden nicht als Recht der Eltern anzuerkennen, sondern als geduldetes Tun[832]. Auch *Großmann* zufolge hätte das Strafgesetzbuch als Regelungsstandort gewählt werden müssen[833]. Er hingegen bevorzugt die Normierung eines Tatbestandsausschlusses, um zu vermeiden, dass der Beschneidung der Makel anhaftet, tatbestandlich eine Körperverletzung darzustellen[834].

(bb) Ausreichende Berücksichtigung von Verfassungsrecht

§ 1631d BGB wird zum Teil für verfassungswidrig gehalten[835].

Peschel-Gutzeit kritisiert, dass in der Gesetzesbegründung nicht auf die schon im Urteil des LG Köln im Rahmen der Abwägung der jeweils tangierten Grundrechte von Kind und Eltern angesprochene Unverhältnismäßigkeit eingegangen werde[836]. Unter Verweis auf die dauerhafte und irreversible Veränderung des Körpers des Kindes und darauf, dass im Gegensatz dazu die Eltern keinen Schaden nähmen, wenn sie statt frühzeitiger Entscheidung über eine Beschneidung Mündigkeit und Einsichtsfähigkeit des Kindes abwarteten, hält *Peschel-Gutzeit* die Ausdehnung der Einwilligungskompetenz der Eltern für fragwürdig[837].

Spickhoff zufolge trägt die fehlende Differenzierung nach der Motivation der Eltern für die Vornahme der Beschneidung dem Umstand kaum genügend Rechnung, dass der durch eine Beschneidung erfolgende Eingriff in die verfassungsrechtlich geschützte körperliche Integrität des Kindes zu legitimieren sei[838]. Die

---

827 BT-Dr 17/11295, S. 16.
828 BT-Dr 17/11295, S. 16.
829 BT-Dr 17/11295, S. 16.
830 BT-Dr 17/11295, S. 16.
831 *Mandla*, FPR 2013, S. 250.
832 *Mandla*, FPR 2013, S. 250.
833 *Großmann*, HRRS, Bd. 12: 2013, S. 521 f.
834 *Großmann*, HRRS, Bd. 12: 2013, S. 522.
835 *Hörnle*, NJW-Beilage 2014, S. 35.
836 *Peschel-Gutzeit*, NJW 2013, S. 3618.
837 *Peschel-Gutzeit*, NJW 2013, S. 3618 f.
838 *Spickhoff*, FamRZ 2013, S. 339.

Religionsfreiheit sei das ausschlaggebende Argument für die Zulässigkeit eines Eingriffs in die körperliche Integrität[839]. Weiter merkt er an, dass fraglich sei, ob der Eingriff vor dem Hintergrund des staatlichen Wächteramtes auch dann hingenommen werden könne, wenn die Religionsfreiheit den Eingriff vor Eintritt der Einwilligungsfähigkeit nicht zwingend erfordere, der Eingriff also unter Verhältnismäßigkeitsaspekten zur Realisierung der durch Art. 4 GG geschützten Interessen nicht erforderlich sei[840]. Auch unter Berücksichtigung des Gesetzesvorbehaltes des Art. 2 Abs. 2 S. 3 GG ließen sich gezielte Eingriffe in die körperliche Unversehrtheit nur bei Verwirklichung übergeordneter Zwecke rechtfertigen[841]. Das in Art. 6 Abs. 2 GG genannte und in §§ 1626 ff. BGB konkretisierte Eltern- bzw. Sorgerecht genüge dazu für sich genommen nicht ohne Weiteres[842]. *Spickhoff* stellt daher infrage, ob andere als religiöse zwingende Gründe einen entsprechenden Eingriff in die körperliche Integrität des Kindes vor Erreichen der eigenen Selbstbestimmungsfähigkeit legitimierten[843]. Auch für *Morlok* kann lediglich die Berufung auf eine religiöse Motivation für die Vornahme der Beschneidung den schweren Eingriff in die Rechte des Kindes rechtfertigen[844].

Scheinfeld sieht in der Abtrennung der Vorhaut unter anderem einen Eingriff in das Recht des Kindes auf körperliche Unversehrtheit gem. Art. 2 Abs. 2 S. 1 GG durch Abschneiden eines funktionales Körperteils, einen Eingriff in das Persönlichkeitsrecht des Kindes aus Art. 2 Abs. 1 GG i.V.m. Art. 1 Abs. 1 GG aufgrund der lebenslang fortdauernden Beeinflussung des sexuellen Empfindens und Erlebens und somit seiner Intimsphäre sowie im Falle religiöser Beschneidungen einen Eingriff in das Recht auf negative Religionsfreiheit aus Art. 4 Abs. 1 GG durch das lebenslang wirkende Identifikationsmerkmal einer Religion[845]. Eine Möglichkeit der Rechtfertigung dieser Eingriffe in die Grundrechte des Kindes sieht er weder in der Religionsfreiheit der Eltern noch in deren Erziehungsrecht[846]. Die Religionsfreiheit der Eltern gebe ihnen nicht das Recht, den Körper anderer Personen zu verletzen, sei es, weil dazu ein Freiheitsrecht seinen Träger schon grundrechtstheoretisch niemals befuge, sei es, weil Art. 140 GG, Art. 136 WRV dies positivrechtlich so bestimmten, sei es, weil eine Abwägung widerstreitender Grundrechte von Kind und Eltern den Vorrang der Kinderrechte ergebe[847]. Auch die Religionsfreiheit des Kindes kann

839 *Spickhoff*, FamRZ 2013, S. 339.
840 *Spickhoff*, FamRZ 2013, S. 339.
841 *Spickhoff*, FamRZ 2013, S. 341 f.
842 *Spickhoff*, FamRZ 2013, S. 342.
843 *Spickhoff*, FamRZ 2013, S. 342.
844 Dreier/*Morlok*, GG, Art. 4 Rn. 82.
845 *Scheinfeld*, HRRS, Bd. 14: 2013, S. 269 f. Zum Eingriff in das religiöse Selbstbestimmungsrecht des Kindes durch Vornahme der Beschneidung, die den Betroffenen zumindest in dessen Bewusstsein lebenslang als einer Religion zugehörig ausweist, schon Dreier/*Morlok*, GG, Art. 4 Rn. 81.
846 *Scheinfeld*, HRRS, Bd. 14: 2013, S. 271.
847 *Scheinfeld*, HRRS, Bd. 14: 2013, S. 271.

seiner Meinung nach nichts daran ändern, da ein Kind noch keine sachhaltigen religiösen Überzeugungen besitze[848]. Das Erziehungsrecht der Eltern eines Jungen hingegen könne nicht umfassen, was bei vergleichbarer Schwere den Eltern eines Mädchens untersagt sei[849].

Scheinfeld kritisiert außerdem, dass sich daraus, dass Formen der Mädchenbeschneidung, die dem Schweregrad der Knabenbeschneidung gleichständen oder dahinter zurückblieben, nicht durchgeführt werden dürften, eine Ungleichbehandlung ergebe[850]. Für diese Ungleichbehandlung gebe es keinen Sachgrund[851]. Sie verstoße mit Blick auf die ungeschützten Jungen gegen Art. 3 Abs. 1, Abs. 3 GG mit Art. 2 Abs. 2 S. 1 GG und mit Blick auf die Einwilligungssperre für die Eltern von Mädchen gegen Art. 3 Abs. 1, Abs. 3 GG mit Art. 6 Abs. 2 GG[852].

Hörnle setzt sich ebenfalls mit der Verfassungswidrigkeit der Vorschrift auseinander, für deren Vorliegen es auf das elterliche Erziehungsrecht aus Art. 6 Abs. 2 S. 1 GG und darauf ankomme, ob der Staat sein Wächteramt aus Art. 6 Abs. 2 S. 2 GG vernachlässigt habe, das aber nur in Extremfällen elterlichen Versagens eine Schutzpflicht begründe[853]. Ihr zufolge sei allerdings bei derzeitigem Erkenntnisstand, dass es sich nicht um einen vollkommen harmlosen Eingriff handle, aber sich auch kein dramatisches Bild ergebe, nicht davon auszugehen, dass die Grenzen des verfassungsrechtlich zugestandenen Spielraums überschritten worden seien[854]. Dennoch spricht sie sich für weitere Forschung hierzu und die Überprüfung der Norm in eigeninitiierter Selbstkontrolle durch den Gesetzgeber aus[855].

(cc) Kindeswohlgefährdung als Grenze wirksamer Einwilligung der Eltern

Bemängelt wird von *Mandla* außerdem, in welcher Weise der Einwilligung in eine Beschneidung Grenzen gesetzt werden[856]. Dadurch, dass das Gesetz keine bestimmten Gründe, etwa religiöse oder kulturelle Motivation, für die Beschneidung voraussetze, gebe es praktisch keine Beschränkung[857]. Aus *Mandlas* Sicht wird damit der Eindruck erweckt, der Eingriff an sich sei völlig harm- und folgenlos[858]. Unklar sei, wann die scheinbare Beschränkung in Form der Kindeswohlgefährdung eintrete[859]. Die Gesetzesbegründung nenne zwei Einschränkungsgründe, rein ästhetische

848 *Scheinfeld*, HRRS, Bd. 14: 2013, S. 271.
849 *Scheinfeld*, HRRS, Bd. 14: 2013, S. 272.
850 *Scheinfeld*, HRRS, Bd. 14: 2013, S. 270.
851 *Scheinfeld*, HRRS, Bd. 14: 2013, S. 270.
852 *Scheinfeld*, HRRS, Bd. 14: 2013, S. 270.
853 *Hörnle*, NJW-Beilage 2014, S. 35.
854 *Hörnle*, NJW-Beilage 2014, S. 35.
855 *Hörnle*, NJW-Beilage 2014, S. 35.
856 *Mandla*, FPR 2013, S. 246.
857 *Mandla*, FPR 2013, S. 246.
858 *Mandla*, FPR 2013, S. 246.
859 *Mandla*, FPR 2013, S. 246.

Gründe und das Ziel, die Masturbation zu erschweren[860]. Dadurch aber, dass es nach seinem Verständnis den Anschein mache, die Beschneidung sei fast völlig harmlos und lediglich aufgrund des Substanzverlustes eine Körperverletzung, gebe es keine plausiblen Gründe, sie einzuschränken[861].

Ähnlich kritisiert auch *Scheinfeld*, dass erstens unklar bleibe, warum die Beschneidung selbst nicht schon als Kindeswohlgefährdung einzustufen sei, und zweitens aufgrund dieser fehlenden Beurteilungsbasis nicht ersichtlich sei, was zu der Verletzung hinzutreten müsse, damit bei der Beschneidung des männlichen Kindes das Kindeswohl gefährdet sei[862]. Auch *Hörnle* merkt an, dass körperlichen und psychischen Folgen der Beschneidung im Rahmen des Gesetzgebungsverfahrens wenig Aufmerksamkeit zugekommen sei[863].

Scheinfeld bemängelt, dass es in der Gesetzesbegründung einerseits heiße, die Regelung differenziere nicht nach der Motivation der Eltern[864], während andererseits bestimmte Motive wie ästhetische Verschönerung und Masturbationserschwerung zur Kindeswohlgefährdung führen sollten[865]. Zudem wird bezweifelt, dass es Beschneidern und Richtern möglich sei, die wahren Gründe für die Beschneidung herauszufinden[866].

Auch *Spickhoff* übt, wie eben gezeigt, unter Verweis auf das Verfassungsrecht Kritik daran, dass nicht nach der Motivation der Eltern differenziert wird[867].

(dd) Einhaltung der Regeln der ärztlichen Kunst als Voraussetzung wirksamer Einwilligung

Weiter weist *Scheinfeld* darauf hin, dass die fachärztlichen Vereinigungen der Kinderärzte und Kinderchirurgen es ablehnten, ein Kind ohne medizinische Notwendigkeit zu beschneiden und somit die Voraussetzung in § 1631d Abs. 1 S. 1 BGB, die Beschneidung nach den Regeln der ärztlichen Kunst durchzuführen, unpassend sei[868].

---

860 *Mandla*, FPR 2013, S. 246. Vgl. BT-Dr 17/11295, S. 18.

861 *Mandla*, FPR 2013, S. 246.

862 *Scheinfeld*, HRRS, Bd. 14: 2013, S. 278.

863 *Hörnle*, NJW-Beilage 2014, S. 35.

864 So in BT-Dr 17/11295, S. 16.

865 BT-Dr 17/11295 S. 18; *Scheinfeld*, HRRS, Bd. 14: 2013, S. 279.

866 *Scheinfeld*, HRRS, Bd. 14: 2013, S. 280. Interessant ist auch der Vergleich, dass sich ein fundamentalistischer Vater, der seinen achtjährigen Sohn beim Onanieren erwischt und ihm zur Abgewöhnung eine heftige Ohrfeige gibt, strafbar macht, während er unter Berufung auf religiöse Gründe, aus seiner Sicht etwa die Verhinderung einer schweren Sünde, für die Masturbationsverhinderung seinen Sohn auf Basis des neuen Gesetzes wohl sogar beschneiden lassen könnte, *Scheinfeld*, HRRS, Bd. 14: 2013, S. 279f.

867 *Spickhoff*, FamRZ 2013, S. 339.

868 *Scheinfeld*, HRRS, Bd. 14: 2013, S. 275.

(ee) Von einer Religionsgesellschaft zur Durchführung der Beschneidung vorgesehene Personen

Mandla kritisiert, die Regelung bleibe hinsichtlich der von einer Religionsgesellschaft zur Durchführung der Beschneidung vorgesehenen Personen vage und widersprüchlich[869]. Es werde keine bestimmte Ausbildung, kein bestimmtes Zulassungsverfahren bei den Religionsgesellschaften und auch keine behördliche Genehmigung vorausgesetzt[870]. Vergleichbar befähigt solle hier zwar gleichermaßen befähigt heißen, sei tatsächlich aber nur vergleichbar und zwar im Sinne von weniger[871]. Die Gesetzesbegründung verweise ausdrücklich auf eine Reihe von Kenntnissen und Fähigkeiten, nicht aber bezüglich der Schmerzbehandlung[872]. Der Arztvorbehalt des AMG und BtMG solle unberührt bleiben[873]. Diesen gebe es aber, weil nur ein Arzt diesbezüglich entsprechend ausgebildet sei[874]. Offenbar habe also der religiöse Beschneider diese Fähigkeiten nicht und brauche sie wohl auch nicht zu haben[875]. Auch weist *Mandla* darauf hin, dass eine dem Arzt vergleichbare Befähigung dem religiösen Beschneider auch eine Aufklärung abverlange[876].

Großmann kritisiert ebenfalls, dass die fachliche Qualifikation des Beschneiders, insbesondere dessen Zulassung und die Sicherstellung seiner Fähigkeiten, nicht geregelt worden sei[877]. Ebenso wie *Mandla* bemängelt er, dass der Beschneider zwar einem Arzt vergleichbar zur Beschneidung befähigt sein müsse, der Arztvorbehalt des BtMG und AMG aber laut Gesetzesbegründung unberührt bleiben solle[878]. Im Umkehrschluss könne sich daraus nur ergeben, dass Beschneider eben doch nicht im selben Maße fähig seien, die Beschneidung durchzuführen[879].

(b) Umgang mit der neu eingefügten Vorschrift in der Rechtsprechung: OLG Hamm, Beschl. v. 30.08.2013 – 3 UF 133/13

Die erste veröffentlichte Gerichtsentscheidung, die sich mit den Voraussetzungen des neu eingefügten § 1631d BGB befasst, stammt vom OLG Hamm[880].

869 *Mandla*, FPR 2013, S. 247.
870 *Mandla*, FPR 2013, S. 247.
871 *Mandla*, FPR 2013, S. 247.
872 *Mandla*, FPR 2013, S. 247.
873 *Mandla*, FPR 2013, S. 247.
874 *Mandla*, FPR 2013, S. 247.
875 *Mandla*, FPR 2013, S. 247.
876 *Mandla*, FPR 2013, S. 247.
877 *Großmann*, HRRS, Bd. 12: 2013, S. 519 f.
878 *Großmann*, HRRS, Bd. 12: 2013, S. 520. Siehe dazu die Gesetzesbegründung in BT-Dr 17/11295, S. 19.
879 *Großmann*, HRRS, Bd. 12: 2013, S. 520.
880 OLG Hamm, Beschl. v. 30.08.2013 – 3 UF 133/13, NJW 2013, 3662.

(aa) Zusammenfassung des Sachverhalts

Das Gericht hatte sich mit der Frage auseinanderzusetzen, ob der sechsjährige Sohn der geschiedenen Eltern ohne medizinische Indikation beschnitten werden sollte[881]. Der Sohn und seine Schwester lebten seit der Trennung der Eltern im Haushalt der kenianischen Mutter, der die alleinige elterliche Sorge für die beiden Kinder übertragen worden war[882]. Die von der Mutter beabsichtigte zeitnahe Beschneidung des Jungen führte dazu, dass das AG Dortmund auf Initiative des Vaters hin der Mutter vorläufig die Gesundheitsfürsorge für ihren Sohn entzog und auf das Jugendamt als Ergänzungspfleger übertrug, welches sich ausdrücklich gegen die Vornahme des Eingriffs aussprach[883]. Später änderte es seine Entscheidung dahingehend ab, der Mutter das Recht der Gesundheitsfürsorge mit Ausnahme des Rechts zur Beschneidung des Kindes zurückzuübertragen[884]. Während der Vater sich unter Berufung auf eine Gefährdung des Kindeswohls gegen die Beschneidung seines Sohnes aussprach, begründete die Mutter ihr Anliegen damit, dass sie ihren Sohn entsprechend dem kulturellen Ritus in ihrem Heimatland Kenia beschneiden lassen wolle, da er ansonsten bei seinen Besuchen dort nicht als vollwertiger Mann angesehen werde[885]. Die Frage der Beschneidung sei außerdem eine Frage von Hygiene und Sauberkeit[886]. Die Mutter legte Beschwerde gegen die vorläufige Entziehung eines Teils der Gesundheitsfürsorge ein[887].

(bb) Wesentlicher Inhalt des Gerichtsbeschlusses

Das OLG Hamm entwickelte in seinem Beschluss einige Grundsätze, die für die Beurteilung der Einwilligung in eine Beschneidung gelten sollen[888]. Der Entscheidung sind die folgenden allgemeingültigen Aussagen zu entnehmen.

§ 1631d BGB setze zunächst voraus, dass die Personensorge gegeben sei[889]. Weiter dürfe das betroffene Kind nicht einsichts- und urteilsfähig sein[890]. Personensorgeberechtigte und der Arzt hätten sich im Einzelfall ein Bild über die Einsichts- und Urteilsfähigkeit zu machen sowie darüber, was dessen Wünsche und Neigungen seien[891]. Auch wenn Einsichts- und Urteilsfähigkeit noch nicht festzustellen sei, sei ein etwa bei einer Anhörung geäußerter Wille des Kindes nicht von vornherein

881 OLG Hamm, Beschl. v. 30.08.2013 – 3 UF 133/13, NJW 2013, 3662 (3662).
882 OLG Hamm, Beschl. v. 30.08.2013 – 3 UF 133/13, NJW 2013, 3662 (3662).
883 OLG Hamm, Beschl. v. 30.08.2013 – 3 UF 133/13, NJW 2013, 3662 (3662).
884 OLG Hamm, Beschl. v. 30.08.2013 – 3 UF 133/13, NJW 2013, 3662 (3662).
885 OLG Hamm, Beschl. v. 30.08.2013 – 3 UF 133/13, NJW 2013, 3662 (3664).
886 OLG Hamm, Beschl. v. 30.08.2013 – 3 UF 133/13, NJW 2013, 3662 (3664).
887 OLG Hamm, Beschl. v. 30.08.2013 – 3 UF 133/13, NJW 2013, 3662 (3662).
888 *Peschel-Gutzeit*, NJW 2013, S. 3619.
889 OLG Hamm, Beschl. v. 30.08.2013 – 3 UF 133/13, NJW 2013, 3662 (3663).
890 OLG Hamm, Beschl. v. 30.08.2013 – 3 UF 133/13, NJW 2013, 3662 (3663).
891 OLG Hamm, Beschl. v. 30.08.2013 – 3 UF 133/13, NJW 2013, 3662 (3663).

unbeachtlich[892]. Dies begründet das OLG Hamm mit § 1626 Abs. 2 S. 2 BGB und § 1631 Abs. 2 BGB[893]. Familiengericht, Sorgeberechtigte und im Falle des § 1631d Abs. 1 BGB der Arzt hätten mit dem Kind jeweils in einer seinem Alter und Entwicklungsstand entsprechenden Art und Weise die das Sorgerecht betreffende Frage des Eingriffs der Beschneidung in die körperliche Unversehrtheit des Kindes zu besprechen[894]. Die sorgeberechtigten Elternteile hätten gem. § 1626 Abs. 2 S. 2 BGB zu versuchen, mit dem Kind in kindgerechter Weise Einvernehmen herzustellen[895]. Des Weiteren dürfe die Beschneidung nicht medizinisch geboten sein[896]. Gleichwohl müsse die Beschneidung nach den Regeln der ärztlichen Kunst durchgeführt werden[897]. Die Wirksamkeit der Einwilligung des Personensorgeberechtigten in die Beschneidung hänge von einer ordnungsgemäßen und umfassenden Aufklärung des gesetzlichen Vertreters über die Chancen und Risiken des Eingriffs ab[898]. Dadurch, dass der Gesetzgeber in § 1631d Abs. 1 S. 2 BGB auch den Zweck der Beschneidung mit in die Berücksichtigung einbeziehe, habe er deutlich gemacht, dass das Kindeswohl kein feststehender Begriff sei[899]. Je nach Schutzwürdigkeit des Motivs für die Beschneidung könne die Schwelle einer Kindeswohlgefährdung niedriger als nach dem allgemeinen Maßstab des § 1666 BGB anzusetzen sein[900].

Damit legt das OLG Hamm neben den in der Norm genannten Voraussetzungen, dass eine Einwilligung nur möglich ist, wenn das männliche Kind nicht einsichts- und urteilsfähig ist, die Beschneidung nach den Regeln ärztlicher Kunst erfolgt und sie auch unter Berücksichtigung ihres Zwecks das Kindeswohl nicht gefährdet, als weitere, ungeschriebene Voraussetzungen fest, dass eine umfassende Aufklärung erfolgt sein muss und die geplante Beschneidung mit dem noch nicht einsichts- und urteilsfähigen Kind besprochen wurde und dessen Wünsche berücksichtigt werden[901]. Diese weiteren Voraussetzungen entsprechen den oben angesprochenen ungeschriebenen Merkmalen, die auch in der Gesetzesbegründung als Wirksamkeitsvoraussetzungen genannt wurden.

Letztlich wies das OLG die Beschwerde der Mutter zurück[902]. Es kam zu dem Ergebnis, dass eine Beschneidung mit überwiegender Wahrscheinlichkeit eine Kindeswohlgefährdung herbeiführen würde[903]. Die vorgebrachten rituellen Gründe für die Beschneidung wurden aufgrund des ständigen Lebensmittelpunktes des Kindes

---

892 OLG Hamm, Beschl. v. 30.08.2013 – 3 UF 133/13, NJW 2013, 3662 (3663).
893 OLG Hamm, Beschl. v. 30.08.2013 – 3 UF 133/13, NJW 2013, 3662 (3663).
894 OLG Hamm, Beschl. v. 30.08.2013 – 3 UF 133/13, NJW 2013, 3662 (3663).
895 OLG Hamm, Beschl. v. 30.08.2013 – 3 UF 133/13, NJW 2013, 3662 (3663).
896 OLG Hamm, Beschl. v. 30.08.2013 – 3 UF 133/13, NJW 2013, 3662 (3663).
897 OLG Hamm, Beschl. v. 30.08.2013 – 3 UF 133/13, NJW 2013, 3662 (3663).
898 OLG Hamm, Beschl. v. 30.08.2013 – 3 UF 133/13, NJW 2013, 3662 (3664).
899 OLG Hamm, Beschl. v. 30.08.2013 – 3 UF 133/13, NJW 2013, 3662 (3664).
900 OLG Hamm, Beschl. v. 30.08.2013 – 3 UF 133/13, NJW 2013, 3662 (3664).
901 *Faber*, juris – Die Monatszeitschrift 2014, S. 103.
902 OLG Hamm, Beschl. v. 30.08.2013 – 3 UF 133/13, NJW 2013, 3662 (3662).
903 OLG Hamm, Beschl. v. 30.08.2013 – 3 UF 133/13, NJW 2013, 3662 (3664).

in Deutschland und nur selten erfolgender Besuche in Kenia für wenig schutzwürdig gehalten[904]. Zudem konnte das OLG nicht die Überzeugung gewinnen, dass Intimhygiene und Sauberkeit des Kindes konkret gefährdet sein könnten und damit eine Beschneidung erfordern würden[905].

(3) Bedeutung der Gesetzesänderung für die Möglichkeit des Familiengerichts zum Einschreiten bei bevorstehender oder erfolgter Beschneidung des männlichen Kindes

Liegen die Voraussetzungen für eine wirksame Einwilligung im Sinne des § 1631d BGB nicht vor, ist eine Beschneidung als strafbare Körperverletzung durch den Beschneider zu werten[906]. Damit verstoßen die Personensorgeberechtigten gegen die ihnen aus § 1631 Abs. 2 BGB obliegende Pflicht, eine gewaltfreie Erziehung zu gewährleisten und dem Familiengericht käme die Möglichkeit zu, mithilfe von Sorgemaßnahmen einzuschreiten[907]. In allen anderen Fällen, in denen die Anforderungen, die § 1631d BGB an eine wirksame Einwilligung stellt, erfüllt sind, bietet allein die bevorstehende oder bereits durchgeführte Beschneidung des männlichen Kindes dem Familiengericht keine Möglichkeit, über Anordnungen Einfluss zu nehmen.

(4) Auswirkungen der neu eingefügten Vorschrift auf das Strafrecht

Auf dem Gebiet des Strafrechts stellte sich stets die Frage, ob die Beschneidung aus religiösen Gründen eine Körperverletzung im Sinne von § 223 StGB bedeutete[908]. Dies wurde aufgrund des Substanzverlustes und damit einhergehender erheblicher Verletzung der körperlichen Integrität ganz überwiegend bejaht[909]. Aus der Tatsache, dass der Gesetzgeber eine wirksame Einwilligung in eine Beschneidung für erforderlich hält, was sich aus der Normierung der Voraussetzungen einer solchen in § 1631d BGB ergibt, lässt sich schließen, dass er davon ausgeht, dass die Beschneidung einen Eingriff in die körperliche Unversehrtheit darstellt beziehungsweise den Tatbestand einer Körperverletzung erfüllt[910]. Für die Möglichkeit, die Rechtswidrigkeit durch Einwilligung der Eltern in die Beschneidung entfallen zu lassen, müssten die Eltern dispositionsbefugt sein[911]. Im Strafrecht ist zugunsten der Einheit der Rechtsordnung eine Einwilligung, die den Voraussetzungen des § 1631d BGB entspricht, sowie auch die Veranlassung einer der Norm entsprechenden Beschneidung nicht rechtswidrig[912]. Weder derjenige, der die Beschneidung durchführt, noch der

---

904 OLG Hamm, Beschl. v. 30.08.2013 – 3 UF 133/13, NJW 2013, 3662 (3664).
905 OLG Hamm, Beschl. v. 30.08.2013 – 3 UF 133/13, NJW 2013, 3662 (3664).
906 *Faber*, juris – Die Monatszeitschrift 2014, S. 102.
907 *Faber*, juris – Die Monatszeitschrift 2014, S. 102.
908 *Putzke*, NJW 2008, S. 1569.
909 So Dreier/*Morlok*, GG, Art. 4 Rn. 81; *Putzke*, NJW 2008, S. 1569.
910 *Mandla*, FPR 2013, S. 245.
911 *Putzke*, NJW 2008, S. 1569.
912 *Spickhoff*, FamRZ 2013, S. 343.

Sorgeberechtigte, der in die Beschneidung eingewilligt hat, machen sich in dem Falle strafbar[913]. Stattdessen rechtfertigt eine Einwilligung der Eltern in die Beschneidung ihres Kindes, die den Voraussetzungen des § 1631d BGB entspricht, die tatbestandsmäßige Körperverletzung im Sinne des § 223 StGB[914]. Auch eine zivilrechtliche Haftung entfällt[915]. Steht die Beschneidung allerdings im Widerspruch zu § 1631d BGB, liegt eine rechtswidrige Körperverletzung vor[916]. Wird das Instrument, mit dessen Hilfe die Beschneidung vorgenommen wird, bestimmungsgemäß durch den Arzt oder den nicht ärztlichen Beschneider im Sinne von § 1631d Abs. 2 BGB verwendet, kommt § 224 Abs. 1 Nr. 2 Alt. 2 StGB nicht zum Tragen[917].

dd) Fazit

Für den Aufgabenbereich des Familiengerichts ergibt sich über die neu eingefügte Vorschrift § 1631d BGB, dass sich allein aus einer bevorstehenden oder bereits durchgeführten religiös motivierten Beschneidung des männlichen Kindes, die den in der Norm genannten Anforderungen entspricht, noch keine Kindeswohlgefährdung ableiten lässt. Vielmehr wurde durch Einfügen der Vorschrift in das Familienrecht klargestellt, dass die Einwilligung in die Beschneidung des männlichen Kindes vorbehaltlich der Einhaltung der normierten Voraussetzungen von der elterlichen Sorge, genauer der Personensorge, umfasst ist. Entsprechend kann allein mit einer in den Grenzen des § 1631d BGB durchzuführenden oder durchgeführten Beschneidung noch keine familiengerichtlich angeordnete Maßnahme begründet werden. Entspricht die Beschneidung des männlichen Kindes allerdings nicht den gesetzlich genannten Voraussetzungen, bleibt familiengerichtliches Einschreiten möglich.

Ob die Norm der oben angedeuteten Kritik künftig standhält oder ob insbesondere das Verfassungsrecht eine weitere Änderung erforderlich macht, wird sich zeigen. Das OLG Hamm jedenfalls schien die Verfassungsmäßigkeit der Norm nicht anzuzweifeln[918].

b) Religiös motivierte Genitalverstümmelung des weiblichen Kindes

Vor dem Hintergrund der neu eingefügten Vorschrift § 1631d BGB zur Beschneidung des männlichen Kindes stellt sich die Frage, wie die auf religiöse Motive gestützte Genitalverstümmelung des weiblichen Kindes nach deutschem Recht bewertet wird.

913 *Spickhoff*, FamRZ 2013, S. 343.
914 *Rixen*, NJW 2013, S. 261.
915 *Spickhoff*, FamRZ 2013, S. 343.
916 *Hörnle*, NJW-Beilage 2014, S. 35.
917 *Rixen*, NJW 2013, S. 261.
918 *Rogalla*, FamFR 2013, S. 484.

aa) Begriff, Durchführung und Verbreitung der Genitalverstümmelung

Unter Genitalverstümmelung an Mädchen und Frauen versteht man das Herausschneiden der Klitorisvorhaut, der Klitoris, der inneren und zusätzlich oder wahlweise der äußeren Schamlippen[919]. Es wird angelehnt an die Typisierung der Weltgesundheitsorganisation zwischen vier Formen von Genitalverstümmelung unterschieden[920].

Die erste Form ist die Klitoridektomie, bei der die Klitoris teilweise oder vollständig sowie zusätzlich oder alternativ die Vorhaut der Klitoris entfernt wird[921]. Die zweite Form von Genitalverstümmelung bildet die Exzision, bei der Klitoris und innere Schamlippen teilweise oder vollständig und wahlweise zusätzlich die äußeren Schamlippen ebenfalls entfernt werden[922]. Daneben existiert die Infibulation, bei der die Vaginalöffnung durch einen Nahtverschluss nach der teilweisen oder kompletten Entfernung der Schamlippen und der Klitoris verengt wird[923]. Die letzte Gruppe bilden sonstige Veränderungen an den weiblichen Genitalien, die von der ersten bis dritten Gruppe nicht erfasst werden[924]. Hierunter fallen etwa Einschnitte, Ätzungen und Ausbrennen[925]. Die Eingriffe erfolgen oft ohne Betäubung, medizinische Kenntnisse der den Eingriff vornehmenden Person und hinreichende Hygienemaßnahmen[926]. Während die Beschneidung des männlichen Kindes in einigen Fällen medizinische Vorteile mit sich bringen kann[927], fehlt es bei der Genitalverstümmelung des weiblichen Kindes an Vorteilen, vielmehr droht die Gefahr schwerwiegender Gesundheitsrisiken und weitreichender Folgen[928]. Welche der vielfältigen möglichen Folgen der Eingriff nach sich zieht, hängt unter anderem von der Form der Genitalverstümmelung, aber auch von erfolgten Hygienemaßnahmen und dem allgemeinen Gesundheitszustand der Betroffenen ab[929]. Denkbar sind akute Beschwerden wie Infektionen, Schwierigkeiten beim Wasserlassen, Verletzungen benachbarter Organe oder Blutungen[930]. Möglich sind aber auch gravierendere Folgen in Form von Komplikationen während Schwangerschaft und Geburt oder Versterben der Betroffenen[931]. Ferner können psychische Folgen wie Angst, Depressionen und chronische Reizbarkeit auftreten[932].

---

919 *Wüstenberg*, FamRZ 2007, S. 692.
920 *Hahn*, ZRP 2010, S. 37.
921 *Hahn*, ZRP 2010, S. 37.
922 *Hahn*, ZRP 2010, S. 37.
923 *Hahn*, ZRP 2010, S. 37.
924 *Hahn*, ZRP 2010, S. 37.
925 *Hahn*, ZRP 2010, S. 37.
926 *Hahn*, ZRP 2010, S. 37.
927 BT-Dr 17/11295, S. 7 f.
928 BT-Dr 17/11295, 14.
929 BT-Dr 17/13707, S. 4.
930 BT-Dr 17/13707, S. 4.
931 BT-Dr 17/13707, S. 4.
932 BT-Dr 17/13707, S. 4.

Die Weltgesundheitsorganisation lehnt es ab, bei derartigen Eingriffen an Mädchen und Frauen von Beschneidung zu sprechen[933]. Durch den Begriff Genitalverstümmelung soll einem Vergleich dieser Eingriffe mit Beschneidungen an Jungen und Männern entgegengewirkt werden[934]. Zudem soll die Bezeichnung als Genitalverstümmelung die Schwere des Eingriffs und den aus ihm resultierenden körperlichen Schaden hervorheben, der im Regelfall, wie sich aus den eben genannten vier Kategorien ergibt, viel weitreichender ist als bei Beschneidung von Jungen und Männern[935].

Die Verstümmelung weiblicher Geschlechtsorgane wird vor allem in Afrika sowie in einigen Teilen Asiens und Lateinamerikas bis heute durchgeführt[936]. Erst durch Einwanderungsbewegungen gewann das Phänomen auch in Europa an Bedeutung[937].

Zumeist wird Genitalverstümmelung an Mädchen ab dem Säuglingsalter bis zu einem Alter von circa 15 Jahren vorgenommen[938]. Etwa 140 Millionen Mädchen und Frauen weltweit sind von Genitalverstümmelung betroffen[939]. Jährlich erhöht sich die Zahl Schätzungen zufolge um weitere drei Millionen[940]. In Deutschland leben etwa 20.000 Mädchen und Frauen, an denen ein solcher Eingriff vorgenommen wurde[941].

bb) Ursprung der Genitalverstümmelung – Abgrenzung von religiös und kulturell geprägten Verhaltensweisen

Da in der vorliegenden Arbeit religiös motiviertes Verhalten der Eltern untersucht wird, ist die Frage relevant, ob die Genitalverstümmelung als ein Eingriff zu verstehen ist, der auf den Regeln einer Religion basiert. Oftmals handelt es sich bei Verhaltensweisen, die dazu verleiten, sie einer bestimmten Religion zuzuordnen, statt um religiöses eher um kulturell bedingtes Handeln[942]. Überwiegend anerkannt ist ein solcher kultureller Ursprung zum Beispiel für Ehrenmorde und Blutrache[943]. Auch Zwangsheirat findet nicht etwa nur unter Muslimen statt, sondern existiert in unterschiedlichsten religiösen und ethnischen Gruppen und ist damit kein einer

---

933 *World Health Organization,* Eliminating Female Genital Mutilation, S. 22.
934 *World Health Organization,* Eliminating Female Genital Mutilation, S. 22.
935 *World Health Organization,* Eliminating Female Genital Mutilation, S. 22.
936 *Hahn,* ZRP 2010, S. 37.
937 *Rosenke,* ZRP 2001, S. 377.
938 BT-Dr 17/11295, S. 14.
939 BT-Dr 17/11295, S. 13; *Hahn,* ZRP 2010, S. 37.
940 *Hahn,* ZRP 2010, S. 37.
941 *Hahn,* ZRP 2010, S. 38.
942 *Waldhoff,* Neue Religionskonflikte und staatliche Neutralität, S. D 36 f.
943 *Waldhoff,* Neue Religionskonflikte und staatliche Neutralität, S. D 37.

bestimmten Religion zuzuordnendes beziehungsweise kein rein religiöses Phänomen[944]. Vor allen Dingen die Glaubenslehren des Islam werden vielfach fälschlicherweise als Motive für bestimmte Entscheidungen ausgemacht, die stattdessen kulturellen Überlieferungen und Prägungen zuzuschreiben sind[945]. Schwierigkeiten bei einer solchen Abgrenzung ergeben sich unter anderem daraus, dass im Islam keine mit Deutschland vergleichbare strikte Trennung zwischen gesellschaftlichen und staatlichen Vorschriften zu existieren scheint[946].

Die Existenz einer religiösen Grundlage für Genitalverstümmelung an Mädchen und Frauen gilt in Deutschland als nicht belegbar[947]. Insbesondere lässt sich das Erfordernis der Genitalverstümmelung nicht anhand von religiösen Schriften nachweisen[948]. Ursprung dieses Eingriffs sind vorwiegend verschiedene Kulturen beziehungsweise Traditionen[949]. Genitalverstümmelung soll bewirken, dass die Frau zu einem vollwertigen und sozial akzeptierten Mitglied der Gesellschaft wird[950]. Zwar wird Genitalverstümmelung in den Ländern, in denen diese Praxis verbreitet ist, neben der Verhinderung vorehelicher und außerehelicher sexueller Aktivitäten und hygienischen und ästhetischen Gründen unter anderem auch auf religiöse Gründe gestützt[951]. Es sind allerdings Anhängerinnen aller in diesen Ländern vertretenen Religionen genitalverstümmelt[952]. Insofern handelt es sich vielmehr um eine regionale kulturelle Tradition, die religionsübergreifend praktiziert wird[953]. Da die religiöse Gebotenheit regelmäßig nicht überzeugend dargelegt werden kann, fallen derartige Praktiken entsprechend auch nicht in den Schutzbereich von Art. 4 GG[954].

Als Pendant zur religiösen Beschneidung des männlichen Kindes, die unstreitig zumindest in Judentum und Islam als erforderlich angesehen wird, wird Genitalverstümmelung trotz nicht eindeutig religiösen Hintergrundes in der vorliegenden Arbeit behandelt, um die Unterschiede des rechtlichen Umgangs mit religiös motivierten Beschneidungen an Genitalien bei Jungen und Mädchen aufzuzeigen.

---

944 *Schubert/Moebius*, ZRP 2006, S. 34.
945 *Waldhoff*, Neue Religionskonflikte und staatliche Neutralität, S. D 36 f.
946 *Waldhoff*, Neue Religionskonflikte und staatliche Neutralität, S. D 37.
947 *Coester*, FPR 2009, S. 552; *Waldhoff*, Neue Religionskonflikte und staatliche Neutralität, S. D 55.
948 BT-Dr 17/11295, S. 13.
949 *Hahn*, ZRP 2010, S. 37.
950 *Hahn*, ZRP 2010, S. 37.
951 *Hahn*, ZRP 2010, S. 37.
952 *Hahn*, ZRP 2010, S. 37.
953 BT-Dr 17/11295, S. 13.
954 Dreier/*Morlok*, GG, Art. 4 Rn. 83; *Waldhoff*, Neue Religionskonflikte und staatliche Neutralität, S. D 55.

cc) Die neu eingefügte Vorschrift § 226a StGB

Durch das Siebenundvierzigste Gesetz zur Änderung des Strafgesetzbuches – Strafbarkeit der Verstümmelung weiblicher Genitalien vom 24.09.2013, das am 28.09.2013 in Kraft trat, wurde mit § 226a StGB erstmals ein Tatbestand geschaffen, der sich explizit gegen Genitalverstümmelung richtet[955].

(1) Inhalt der Vorschrift § 226a StGB

Gem. § 226a Abs. 1 StGB wird mit Freiheitsstrafe nicht unter einem Jahr bestraft, wer die äußeren Genitalien einer weiblichen Person verstümmelt. Nach § 226a Abs. 2 StGB ist in minder schweren Fällen auf Freiheitsstrafe von sechs Monaten bis zu fünf Jahren zu erkennen.

Die Vorschrift soll dazu beitragen, zugunsten eines höheren Schutzes der Betroffenen die Bekämpfung der Genitalverstümmelung zu verstärken und das Bewusstsein der Öffentlichkeit für das durch den Eingriff erfolgende Unrecht zu schärfen[956]. Sie dient dem Schutz der körperlichen Integrität von Mädchen und Frauen[957].

Der Begriff der Verstümmelung soll verdeutlichen, dass es sich um negative Veränderungen von einigem Gewicht handeln muss[958]. Unter Verstümmelungen sind Eingriffe zu verstehen, bei denen gewaltsam gekürzt, schwer verletzt, entstellt, schlimm beziehungsweise übel zugerichtet oder durch Abtrennen eines oder mehrerer Glieder schwer verletzt wird[959]. Rein kosmetische Eingriffe sollen von der Vorschrift nicht erfasst werden[960].

Die Unwirksamkeit der Einwilligung in eine Genitalverstümmelung ergibt sich der Gesetzesbegründung zufolge bereits aus § 228 StGB und wurde daher nicht explizit geregelt[961].

Von § 226a Abs. 2 StGB sollen solche Fälle erfasst werden, die „unter Berücksichtigung von Tatausführung und Tatfolgen vom Durchschnittsfall so stark abweichen, dass eine mildere Bestrafung geboten erscheint“[962]. Eine mildere Bestrafung kann zum Beispiel dann geboten sein, wenn das Ausmaß der Verstümmelung nicht wesentlich dasjenige kosmetischer Eingriffe übersteigt und körperliche und psychische Folgen durch die Verstümmelung den üblichen Folgen von Genitalverstümmelung gegenüber wesentlich geringer sind[963].

---

955 BGBl. I 2013, 3671; *Hörnle*, NJW-Beilage 2014, S. 35; Kühl/Heger/*Heger*, StGB, § 226a Rn. 1.

956 BT-Dr 17/13707, S. 1.

957 Kühl/Heger/*Heger*, StGB, § 226a Rn. 2.

958 BT-Dr 17/13707, S. 6.

959 BT-Dr 17/13707, S. 6.

960 BT-Dr 17/13707, S. 6.

961 BT-Dr 17/13707, S. 6.

962 BT-Dr 17/13707, S. 6.

963 BT-Dr 17/13707, S. 6.

(2) Resonanz auf die Gesetzesänderung in der Literatur

Während die neu eingefügte Vorschrift § 1631d BGB die Möglichkeit der Rechtfertigung von Beschneidungen männlicher Kinder bietet, kategorisiert der ebenfalls neu eingefügte § 226a StGB Genitalverstümmelung an Mädchen und Frauen als Verbrechen[964].

Hörnle zufolge ist diese unterschiedliche rechtliche Behandlung zwar aufgrund der in der Regel erheblichen Schädigungen bei Genitalverstümmelung im Grundsatz nachvollziehbar[965]. Sie bemängelt allerdings, dass verkannt worden sei, dass es seltene phänomenologisch anders gelagerte Sachverhalte wie Verstümmelungen männlicher und geringfügige Verletzungen weiblicher Opfer geben könne[966]. Daher spricht sie sich dafür aus, bei der Auslegung von § 226a StGB zu beachten, dass nicht alle Veränderungen bei weiblichen Genitalien unter die Kategorie der Verstümmelung fielen, soweit der Eingriff mit der Beschneidung des männlichen Kindes vergleichbar sei, wenn also beispielsweise lediglich die Vorhaut der Klitoris betroffen sei[967].

Ihrer Meinung nach ist der Strafrahmen des § 226a StGB an den des § 226 StGB anzugleichen[968]. Während Genitalverstümmelung mit den schweren Folgen nach § 226 StGB vergleichbar sei, werde trotz der regelmäßig vorliegenden Absicht deutlich milder bestraft[969]. Zudem spricht sie sich dafür aus, den Tatbestand geschlechtsneutral zu fassen[970]. Dies begründet sie mit dem möglichen Eintreten schlimmerer Verletzungen jenseits der konventionellen Formen der Vorhautentfernung[971]. Daneben befürwortet sie eine Erweiterung von § 5 StGB um den Fall, dass eine im Ausland vorgenommene Genitalverstümmelung eine Person betrifft, die zur Zeit der Tat ihren Wohnsitz oder gewöhnlichen Aufenthalt im Inland hat[972].

Walter beanstandet, dass der Tatbestand sämtliche Veränderungen an den weiblichen Genitalien erfasse, worunter auch die nur teilweise Entfernung der Klitorisvorhaut und bloße Einschnitte in diese fielen[973]. Dies sei deshalb bemerkenswert, weil diese Vorhaut das Gegenstück zur Vorhaut des Mannes sei, deren Beschneidung nicht nur keinen Straftatbestand erfülle, sondern sogar mit § 1631d BGB ausdrücklich legalisiert worden sei[974]. § 226a StGB verstoße gegen einen zentralen Satz des Grundgesetzes, nämlich dass niemand wegen seines Geschlechts benachteiligt oder

---

964 *Hörnle*, NJW-Beilage 2014, S. 35.
965 *Hörnle*, NJW-Beilage 2014, S. 35.
966 *Hörnle*, NJW-Beilage 2014, S. 35.
967 *Hörnle*, NJW-Beilage 2014, S. 35.
968 *Hörnle*, NJW-Beilage 2014, S. 35.
969 *Hörnle*, NJW-Beilage 2014, S. 35.
970 *Hörnle*, NJW-Beilage 2014, S. 35.
971 *Hörnle*, NJW-Beilage 2014, S. 35.
972 *Hörnle*, NJW-Beilage 2014, S. 35.
973 *Walter*, Genitalverstümmelung, S. 1. So BT-Dr 17/13707, S. 6.
974 *Walter*, Genitalverstümmelung, S. 1.

bevorzugt werden dürfe[975]. Denn eine Teilentfernung der weiblichen Vorhaut, erst recht ein bloßer Einschnitt in sie, sei nicht gravierender als die Beschneidung eines Jungen[976]. Im Gegenteil gehe das radikale, vollständige Wegschneiden der Vorhaut weiter[977]. Die Vorhaut habe bei beiden Geschlechtern die gleiche Funktion[978]. Sie schütze ein kleines Körperteil, das sexuelle Erregungen auslöse, ohne selbst Teil dieses Erregungssystems zu sein[979]. Auch die Motive glichen sich bei Mann und Frau[980]. Bei Kindern gehe es um einen Initiationsritus oder um eine religiöse Norm[981]. Dass sich die Beschneidung gegen die Sexualität richten könne, gelte auch für Jungen[982]. Objektiv würden Jungen durch den Eingriff desensibilisiert, weil die Eichel ungeschützt an der Kleidung reibe[983]. Subjektiv habe die Beschneidung von Jungen millionenfach den Zweck gehabt, ihnen die Selbstbefriedigung zu erschweren[984].

Auch *Müller* weist auf die Möglichkeit der Verfassungswidrigkeit der Vorschrift hin[985]. Ebenso wie *Walter* bezieht er sich dabei auf den Vergleich von Genitalverstümmelung und Beschneidung[986]. Einerseits könne nun die Beschneidung von männlichen Kindern als rechtmäßiges und damit strafloses Verhalten angesehen werden, andererseits werde die Verstümmelung von weiblichen Genitalien zum Verbrechen aufgewertet[987]. Es frage sich, ob § 226a StGB gegen das Verfassungsgebot der Gleichbehandlung aus Art. 3 GG verstoße[988]. Wenn das Gesetz die Qualifikation auf Verstümmelung beschränke, werde man in der Praxis zwischen weniger schweren Beschneidungsformen und der verbrecherischen Genitalverstümmelung differenzieren müssen[989]. Unter dieser Prämisse sei eine bloße nicht-verstümmelnde Beschneidung männlicher wie weiblicher Kinder nach wie vor grundsätzlich als gefährliche Körperverletzung strafbar, aber könne auch als seitens der Erziehungsberechtigten bei männlichen Kinder einwilligungsfähige straflose Handlung unter

975 *Walter*, Genitalverstümmelung, S. 1.
976 *Walter*, Genitalverstümmelung, S. 1.
977 *Walter*, Genitalverstümmelung, S. 1.
978 *Walter*, Genitalverstümmelung, S. 1.
979 *Walter*, Genitalverstümmelung, S. 1.
980 *Walter*, Genitalverstümmelung, S. 1.
981 *Walter*, Genitalverstümmelung, S. 1.
982 *Walter*, Genitalverstümmelung, S. 1.
983 *Walter*, Genitalverstümmelung, S. 1.
984 *Walter*, Genitalverstümmelung, S. 1.
985 *Müller*, Der neue § 226a StGB: Verstümmelung weiblicher Genitalien – verfassungswidrig?.
986 *Müller*, Der neue § 226a StGB: Verstümmelung weiblicher Genitalien – verfassungswidrig?.
987 *Müller*, Der neue § 226a StGB: Verstümmelung weiblicher Genitalien – verfassungswidrig?.
988 *Müller*, Der neue § 226a StGB: Verstümmelung weiblicher Genitalien – verfassungswidrig?.
989 *Müller*, Der neue § 226a StGB: Verstümmelung weiblicher Genitalien – verfassungswidrig?.

§ 1631d BGB subsumiert werden[990]. *Müller* spricht sich dafür aus, das Wort „weiblich“ in der Überschrift und im Wortlaut des § 226a StGB zu streichen[991].

Dem Einwand, dass der Gleichheitsgrundsatz dadurch verletzt wird, dass § 226a StGB nur Mädchen und Frauen, nicht aber Jungen und Männer vor der Verstümmelung äußerer Genitalien schützt, hält *Heger* entgegen, dass männliche Genitalverstümmelung gerade nicht in einigen Kulturen als rituelle Handlungen verbreitet seien und entsprechend kein Bedürfnis für eine Spezialregelung erkennbar sei[992]. Für den Fall, dass lediglich die Klitorisvorhaut beschnitten wird, lässt *Heger* einen solchen verhältnismäßig milden Eingriff im Wege teleologischer Reduktion schon nicht unter den Tatbestand fallen, da der Gesetzgeber bewusst davon abgesehen habe, die bloße Beschneidung als Fall einer weiblichen Genitalverstümmelung in § 226a StGB aufzunehmen[993]. Aus seiner Sicht fallen die nicht als Verstümmelung erfassbaren weiblichen Genitalbeschneidungen auch nicht unter die Fälle des § 226a Abs. 2 StGB[994].

Des Weiteren befasst *Heger* sich mit der Möglichkeit einer Rechtfertigung von Genitalverstümmelung. § 1631d BGB könne dem Wortlaut zufolge nicht als Rechtfertigung einer Genitalverstümmelung dienen[995]. Rechtfertigende Einwilligungen über § 228 StGB seien, entgegen den Ausführungen des Gesetzgebers, bei medizinisch indizierten oder an Volljährigen erfolgten Eingriffen denkbar[996].

(3) Auswirkungen der neu eingefügten Vorschrift auf das Strafrecht

Ehe § 226a StGB in das Strafgesetzbuch eingefügt wurde, machte sich in den Fällen, in denen das deutsche Strafrecht, gegebenenfalls unter Berücksichtigung von §§ 5 und 7 StGB[997], zur Anwendung kam, gem. § 223 Abs. 1 StGB wegen vorsätzlicher Körperverletzung strafbar, wer eine Genitalverstümmelung herbeiführte[998]. Auch vom Vorliegen einer gefährlichen Körperverletzung mittels einer Waffe oder einem anderen gefährlichen Werkzeug im Sinne des § 224 Abs. 1 Nr. 2 StGB wurde ausgegangen[999]. Skalpell, Messer oder sonstige Hilfsmittel wurden als gefährliches Werkzeug eingestuft[1000]. Daneben kam eine Strafbarkeit gem. § 225 StGB wegen

990 *Müller,* Der neue § 226a StGB: Verstümmelung weiblicher Genitalien – verfassungswidrig?.

991 *Müller,* Der neue § 226a StGB: Verstümmelung weiblicher Genitalien – verfassungswidrig?.

992 Kühl/Heger/*Heger,* StGB, § 226a Rn. 1.

993 Kühl/Heger/*Heger,* StGB, § 226a Rn. 3.

994 Kühl/Heger/*Heger,* StGB, § 226a Rn. 7.

995 Kühl/Heger/*Heger,* StGB, § 226a Rn. 6.

996 Kühl/Heger/*Heger,* StGB, § 226a Rn. 6. A.A. BT-Dr 17/13707, S. 8.

997 *Wüstenberg,* FamRZ 2007, S. 692.

998 BT-Dr 17/13707, S. 4.

999 *Hahn,* ZRP 2010, S. 38; BT-Dr 17/11295, S. 14; BT-Dr 17/13707, S. 1.

1000 *Hahn,* ZRP 2010, S. 38.

Misshandlung von Schutzbefohlenen in Betracht[1001]. Teilweise wurden auch die Qualifikationen des § 226 Abs. 1 Nr. 1 StGB durch Verlieren der Fortpflanzungsfähigkeit oder § 226 Abs. 1 Nr. 2 StGB durch Verlieren eines wichtigen Glieds des Körpers als erfüllt angesehen[1002]. Auch eine Strafbarkeit nach § 171 StGB war denkbar[1003].

Rechtfertigungsgründe wurden weder in der Einwilligung des Opfers noch in der Religionsfreiheit des Opfers oder der Erziehungsfreiheit der Eltern als unmittelbare verfassungsrechtliche Rechtfertigungsgründe gesehen[1004]. Die elterliche Einwilligung wurde über § 1631 Abs. 2 S. 2 BGB als unwirksam beurteilt[1005].

Hahn etwa kritisierte die alte Rechtslage dahingehend, dass die lebenslangen, schweren Folgen für die Opfer durch den Tatbestand der gefährlichen Körperverletzung mit einer Mindestfreiheitsstrafe von sechs Monaten nicht berücksichtigt würden[1006]. Dies genüge für eine angemessene Bestrafung und eine entsprechend deutliche abschreckende Wirkung nicht[1007]. Ob darüber hinaus §§ 225, 226 StGB einschlägig seien, hänge von den Umständen des Einzelfalls ab[1008]. Zudem sei der Verlust der Fortpflanzungsfähigkeit gegebenenfalls erst viele Jahre nach der Tat feststellbar, wenn die Genitalverstümmelung an sehr jungen Mädchen begangen werde[1009].

Heute gibt es eigens für die Verstümmelung weiblicher Genitalien einen Straftatbestand. Erfüllen bestimmte Eingriffe nicht den Tatbestand des § 226a StGB, bleibt immer noch eine Strafbarkeit nach §§ 223, 224 und 226 StGB möglich[1010]. Für leichte Eingriffe, die die Voraussetzungen von § 226a StGB nicht erfüllen, wird aufgrund Art. 3 Abs. 3 GG diskutiert, ob eine Rechtfertigung analog § 1631d BGB möglich ist[1011].

1001 *Hahn*, ZRP 2010, S. 38; BT-Dr 17/11295, S. 14; BT-Dr 17/13707, S. 4.

1002 *Hahn*, ZRP 2010, S. 38; BT-Dr 17/11295, S. 14; BT-Dr 17/13707, S. 4. Gegen das Vorliegen einer schweren Körperverletzung im Sinne des § 226 Abs. 1 Nr. 2 StGB durch das Entfernen der Klitoris wurde argumentiert, dass die Klitoris kein wichtiges Glied, sondern ein Organ darstelle. Ein Glied im Sinne der Norm setze ein Gelenk voraus, was der Klitoris fehle. So *Wüstenberg*, FPR 2012, S. 452.

1003 *Wüstenberg*, FamRZ 2007, S. 692.

1004 *Wüstenberg*, FPR 2012, S. 452 f.; BT-Dr 17/11295, S. 14. Zur fehlenden Möglichkeit verfassungsrechtlicher Rechtfertigung einer Genitalverstümmelung aus immanentem Verfassungsrecht Dreier/*Morlok*, GG, Art. 4 Rn. 83. So auch unter Zweifeln, ob selbst eine religiös motivierte Genitalverstümmelung aufgrund der irreversiblen und die körperliche Unversehrtheit beeinträchtigenden Folgen und Risiken wie Unfruchtbarkeit, Entbindungskomplikationen und verändertes Sexualempfinden in den Schutzbereich von Art. 4 Abs. 1 GG fiele, Sachs/*Kokott*, GG, Art. 4 Rn. 74.

1005 *Wüstenberg*, FPR 2012, S. 453.

1006 *Hahn*, ZRP 2010, S. 38.

1007 *Hahn*, ZRP 2010, S. 38.

1008 *Hahn*, ZRP 2010, S. 38.

1009 *Hahn*, ZRP 2010, S. 38.

1010 Kühl/Heger/*Heger*, StGB, § 226a Rn. 1.

1011 Kühl/Heger/*Heger*, StGB, § 226a Rn. 1.

(4) Bedeutung der Gesetzesänderung für die Möglichkeit des Familiengerichts zum Einschreiten bei bevorstehender oder bereits erfolgter Genitalverstümmelung

Für die vorliegende Arbeit, die einen Ausschnitt des Familienrechts behandelt, ist primär relevant, inwiefern sich über die neu eingefügte Vorschrift § 226a StGB Änderungen hinsichtlich des möglichen familiengerichtlichen Einschreitens bei Kindeswohlgefährdung durch bevorstehende oder bereits erfolgte Genitalverstümmelung ergeben.

(a) Rechtslage vor Existenz des § 226a StGB

Bereits vor Existenz des § 226a StGB wurde auf dem Gebiet des Familienrechts eine bevorstehende Genitalverstümmelung durch gerichtliche Maßnahmen zu unterbinden versucht.

Schon dem verfassungsrechtlich gewährleisteten Elternrecht konnte die Genitalverstümmelung von Mädchen aufgrund der Schädigung von körperlicher und seelischer Unversehrtheit nicht zugeordnet werden[1012].

Die für das Vorliegen einer Gefahr für das Kindeswohl vorausgesetzte erhebliche Beeinträchtigung oder Schädigung des körperlichen, geistigen oder seelischen Wohls wurde mit dem irreparablen Eingriff in die körperliche Unversehrtheit gem. §§ 223 ff. StGB und dem damit zumeist einhergehenden Wegfall des sexuellen Lustempfindens begründet[1013]. Hinzu kommen musste die einzelfallabhängige Feststellung, dass die erhebliche Beeinträchtigung oder Schädigung des Kindes mit ziemlicher Sicherheit eintreten würde[1014]. Bei konkreter Gefahr hatte das Familiengericht zum Schutz des gefährdeten Kindes eine Sorgerechtsregelung herbeizuführen[1015].

Über § 1666 Abs. 1 BGB konnte das Familiengericht unter anderem das elterliche Aufenthaltsbestimmungsrecht beschränken[1016]. So konnte Eltern verwehrt werden, ihre Tochter zum Zwecke der Genitalverstümmelung in den außereuropäischen Herkunftsstaat reisen zu lassen[1017]. Erforderlichenfalls konnte auch über § 1684 Abs. 4 S. 1 BGB das Umgangsrecht eingeschränkt oder ausgeschlossen und der die Genitalverstümmelung befürwortende Elternteil zu begleitetem Umgang verpflichtet werden[1018].

Lebten die Eltern zusammen, konnte das Familiengericht auf Antrag eines Elternteils über § 1628 BGB die Entscheidung in einer Angelegenheit der elterlichen Sorge, deren Regelung für das Kind von erheblicher Bedeutung war, einem der

1012 Dreier/*Brosius-Gersdorf*, GG, Art. 6 Rn. 163.
1013 *Wüstenberg*, FPR 2012, S. 453.
1014 *Wüstenberg*, FPR 2012, S. 453.
1015 *Wüstenberg*, FamRZ 2007, S. 692.
1016 *Wüstenberg*, FPR 2012, S. 453.
1017 *Wüstenberg*, FPR 2012, S. 453.
1018 *Wüstenberg*, FPR 2012, S. 453.

Elternteile übertragen[1019]. Die Genitalverstümmelung wies durch den Eingriff in die körperliche Unversehrtheit eine solche Erheblichkeit auf[1020]. Das Gericht konnte auf diesem Wege die alleinige Entscheidungskompetenz auf denjenigen Elternteil übertragen, der sich gegen die Genitalverstümmelung aussprach oder zumindest bereit war, sich über die Folgen und Risiken und die Meinung des Kindes zu informieren[1021]. Auch Beschränkungen und Auflagen konnten mit der Übertragung der Entscheidungskompetenz verbunden werden[1022]. So konnte etwa die Auflage erteilt werden, regelmäßige medizinische Untersuchungen der Tochter durch einen Arzt dem Gesundheitsamt zu melden[1023].

Bei nicht nur vorübergehend getrennt lebenden Elternteilen konnte eine bevorstehende Genitalverstümmelung bereits Anlass für das Familiengericht sein, gem. § 1671 Abs. 1 S. 1 BGB die elterliche Sorge ganz oder teilweise zu übertragen[1024].

Eine Einwilligung der Eltern in die Vornahme einer Genitalverstümmelung wurde über § 1631 Abs. 2 S. 2 BGB für unwirksam gehalten[1025].

So entschied etwa der BGH, dass die Gefahr, dass bei einem Mädchen gambischer Staatsangehörigkeit während eines Aufenthalts in Gambia eine Beschneidung vorgenommen werde, es rechtfertige, der Mutter das Aufenthaltsbestimmungsrecht gem. § 1666 Abs. 1 BGB insoweit zu entziehen, als es um die Entscheidung gehe, ob das Kind nach Gambia verbracht werde[1026]. Ob diese Maßnahme allein ausreiche, um einen effektiven Schutz des Kindes zu gewährleisten, habe der Tatrichter im Rahmen seines Auswahlermessens zu entscheiden[1027]. Der BGH beurteilte den Eingriff als eine das Kindeswohl in ganz erheblicher Weise beeinträchtigende Behandlung[1028]. Bei Genitalverstümmelung handele es sich um einen schweren Eingriff,

1019 *Wüstenberg*, FamRZ 2007, S. 693.
1020 *Wüstenberg*, FamRZ 2007, S. 693.
1021 *Wüstenberg*, FamRZ 2007, S. 693.
1022 *Wüstenberg*, FamRZ 2007, S. 693.
1023 *Wüstenberg*, FamRZ 2007, S. 693.
1024 *Wüstenberg*, FamRZ 2007, S. 693.
1025 *Wüstenberg*, FPR 2012, S. 453.
1026 BGH, Beschl. v. 15.12.2004 – XII ZB 166/03, NJW 2005, 672 (672). Vgl. zum gesamten Instanzenzug AG Dresden, Beschl. v. 08.05.2003 – 306 F 10/03; OLG Dresden, Beschl. v. 15.07.2003 – 20 UF 401/03, FamRZ 2003, 1862 ff.; BGH, Beschl. v. 15.12.2004 – XII ZB 166/03, NJW 2005, 672 ff.; OLG Dresden, Beschl. v. 19.10.2005 – 23 UF 401/03. Auch in den Entscheidungen AG Bremen, Beschl. v. 28.08.2007 – 61 F 2311/07, ZKJ 2008, 338 und AG Bonn, Beschl. v. 22.02.2008 – 47 F 86/08, ZKJ 2008, 256 wurde eine Einschränkung des Aufenthaltsbestimmungsrechts nach § 1666 BGB durch Untersagen von Auslandsreisen des Kindes als gerechtfertigt angesehen, wenn zu befürchten ist, dass im Heimatland eines Elternteils eine Genitalverstümmelung des weiblichen Kindes droht.
1027 BGH, Beschl. v. 15.12.2004 – XII ZB 166/03, NJW 2005, 672 (672).
1028 BGH, Beschl. v. 15.12.2004 – XII ZB 166/03, NJW 2005, 672 (673).

der bleibende psychische und physische Schäden zur Folge habe[1029]. Dies gelte selbst dann, wenn er nach allen Regeln ärztlichen Könnens erfolge[1030]. Eine Unterscheidung nach der Art der Verstümmelung verbiete sich, denn in allen Fällen liege eine grausame, folgenschwere und durch nichts zu rechtfertigende Misshandlung vor[1031].

In ähnlicher Weise beurteilte auch das OLG Karlsruhe die Genitalverstümmelung des weiblichen Kindes in einer Entscheidung über den Sorgerechtsentzug wegen der Gefahr der Genitalverstümmelung bei einer Reise der Tochter nach Äthiopien. Das OLG Karlsruhe führte aus, ein Eingriff in das Sorgerecht der Eltern setze eine gegenwärtige oder zumindest unmittelbar bevorstehende Gefährdung des Kindeswohls voraus[1032]. An den Grad der Wahrscheinlichkeit der Gefährdung des Kindeswohls seien umso geringere Anforderungen zu stellen, je größer und gewichtiger der drohende Schaden sei[1033]. Bestehe dieser Schaden in einer Beschneidung beziehungsweise genitalen Verstümmelung, bedürfe es deshalb nur geringer Anzeichen für eine entsprechende Gefahr, um einen Eingriff nach § 1666 BGB zu rechtfertigen[1034]. Das bedeute jedoch nicht, dass auf das Vorliegen konkreter Verdachtsmomente gänzlich verzichtet werden könne und bereits eine abstrakte Gefährdung ausreiche, um ein Eingreifen zu rechtfertigen[1035].

(b) Rechtslage nach Einfügen des § 226a StGB

Die Genitalverstümmelung weiblicher Kinder wird von § 1631d BGB nicht erfasst[1036]. Bereits aus der Regelung der Beschneidung nur des männlichen Kindes lässt sich aber ein Verbot der Genitalverstümmelung weiblicher Kinder ableiten[1037]. Bei der Anwendung von § 1627 S. 1 BGB ist die Wertung des § 1631d BGB zu berücksichtigen[1038]. Demnach sind Einwilligungen in Genitalverstümmelungen nicht von der Personensorge umfasst und können somit keine Wirksamkeit entfalten[1039]. Mit der neu eingefügten Vorschrift des § 226a StGB ergibt sich das Verbot der Genitalverstümmelung nun explizit aus dem Strafgesetzbuch. Da zuvor allerdings auch schon angenommen wurde, dass eine bevorstehende Genitalverstümmelung zur Kindeswohlgefährdung führen kann und auch die Einwilligung der Eltern in diesen Eingriff nicht von Relevanz ist, haben die Möglichkeiten, die

1029 BGH, Beschl. v. 15.12.2004 – XII ZB 166/03, NJW 2005, 672 (673).
1030 BGH, Beschl. v. 15.12.2004 – XII ZB 166/03, NJW 2005, 672 (673).
1031 BGH, Beschl. v. 15.12.2004 – XII ZB 166/03, NJW 2005, 672 (673).
1032 OLG Karlsruhe, Beschl. v. 25.05.2009 – 5 UF 224/08, NJW 2009, 3521 (3521).
1033 OLG Karlsruhe, Beschl. v. 25.05.2009 – 5 UF 224/08, NJW 2009, 3521 (3521).
1034 OLG Karlsruhe, Beschl. v. 25.05.2009 – 5 UF 224/08, NJW 2009, 3521 (3521).
1035 OLG Karlsruhe, Beschl. v. 25.05.2009 – 5 UF 224/08, NJW 2009, 3521 (3521). Zustimmend etwa Bamberger/Roth/*Veit*, BGB, § 1666 Rn. 11.1.
1036 *Rixen*, NJW 2013, S. 259.
1037 *Rixen*, NJW 2013, S. 259.
1038 *Rixen*, NJW 2013, S. 259.
1039 *Rixen*, NJW 2013, S. 259.

dem Familiengericht zur Verfügung stehen, durch die neu eingefügte Vorschrift des § 226a StGB keinen Wandel erfahren. Vielmehr wurde die zuvor übliche rechtliche Beurteilung von Genitalverstümmelung am weiblichen Kind durch die Einfügung der Norm bestätigt.

dd) Fazit

Zwar ist nicht belegt, dass bestimmte Religionen Genitalverstümmelungen erfordern. Berufen sich Eltern aber bei dem Vorhaben, eine Genitalverstümmelung an ihrer Tochter vornehmen zu lassen, auf ihre Religionszugehörigkeit, kann das Familiengericht wie bei allen anderen Motiven für diesen Eingriff auch aufgrund von Kindeswohlgefährdung nach den Voraussetzungen der Vorschriften des Familienrechts einschreiten. Der neu in das Strafgesetzbuch eingefügte § 226a StGB stützt die bislang verbreitete Ansicht, dass es sich bei Genitalverstümmelung um eine für das Kindeswohl nachteilige, sogar strafbare Handlung handelt.

c) Vergleich der rechtlichen Behandlung von Beschneidung des männlichen und Genitalverstümmelung des weiblichen Kindes

Während die Einwilligung in die Beschneidung des männlichen Kindes unter den Voraussetzungen des § 1631d Abs. 1 S. 1 BGB von der Personensorge umfasst ist, wird die Genitalverstümmelung des weiblichen Kindes als Straftat eingeordnet, die dem Kindeswohl zuwider läuft und deren Bevorstehen ein Eingreifen des Familiengerichts verbunden mit entsprechenden Maßnahmen zur Abwendung einer Kindeswohlgefährdung nach sich ziehen kann. Diese unterschiedliche rechtliche Behandlung kann alleine dadurch gerechtfertigt werden, dass es sich um zwei voneinander zu unterscheidende Arten von Eingriffen handelt. Sowohl im Rahmen von § 1631d BGB als auch bezüglich § 226a StGB wurden nach Einführung der Norm Zweifel an der Verfassungsmäßigkeit der Vorschrift laut. Insbesondere kann § 226a StGB dahingehend interpretiert werden, dass er sich nicht nur gegen gravierende Fälle von Genitalverstümmelung richtet, sondern auch gegen mit einer Beschneidung des männlichen Kindes vergleichbare Eingriffe, und zur Beurteilung der Strafbarkeit allein an das Geschlecht des Opfers angeknüpft wird. Dafür würde auch die Existenz von § 226a Abs. 2 StGB sprechen, der gerade für Fälle geschaffen wurde, die nicht der gewöhnlichen Eingriffsschwere entsprechen. Um einer Ungleichbehandlung und damit einer Verfassungswidrigkeit nicht mithilfe einer Gesetzesänderung entgegenwirken zu müssen, dürfte es zumindest erforderlich sein, die Definition der Genitalverstümmelung im Sinne des § 226a StGB so zu fassen, dass die Begründung der unterschiedlichen rechtlichen Behandlung mit der Verfassung in Einklang steht, möglicherweise unter Bezugnahme auf fehlende religiöse Motive im Gegensatz zu der Beschneidung.

III. Zusammenfassung

Sofern keine spezielleren Vorschriften einschlägig sind, kann § 1666 BGB als zentrale Kindesschutzbestimmung herangezogen werden, um die vorrangig zu berücksichtigenden Interessen des Kindes bei Konflikten innerhalb der Eltern-Kind-Beziehung zu schützen, die durch religiös motiviertes Verhalten der Eltern entstehen können. Voraussetzung für staatliches Eingreifen ist dabei insbesondere eine konkrete Gefährdung des Kindeswohls und die fehlende Bereitschaft oder Fähigkeit der Eltern, diese Gefahr abzuwenden. Bei der Anordnung der zur Abwendung der Gefahr erforderlichen Maßnahmen durch das Familiengericht sind vor allem das Recht der Eltern aus Art. 6 Abs. 2 S. 1 GG und ebendieses in Verbindung mit Art. 4 Abs. 1 und 2 GG zu beachten.

Ob ein bestimmtes religiös motiviertes Verhalten der Eltern grundsätzlich als kindeswohlgefährdend eingestuft wird, ist abhängig von der jeweiligen Fallkonstellation.

Entscheiden sich Eltern aus religiösen Gründen dagegen, für den Schulbesuch ihres Kindes Sorge zu tragen, und unterrichten es stattdessen selbst, liegt darin ein Verstoß gegen die grundsätzlich bestehende Schulpflicht. Homeschooling wird in der Rechtsprechung als Alternative zum Schulbesuch mit der Begründung abgelehnt, dass der Schulbesuch nicht nur der reinen Wissensvermittlung, sondern auch der Eingliederung in die Gesellschaft diene, an der ein Allgemeininteresse bestehe und die im Rahmen von Homeschooling nicht in ausreichendem Maße gewährleistet werden könne. Diese Argumentation wird im Familienrecht aufgegriffen mit dem Unterschied, dass zur Begründung einer Kindeswohlgefährdung auf das Individualinteresse des Kindes an der Eingliederung in die Gesellschaft und damit am Schulbesuch abgestellt wird. Bei religiös motiviertem Homeschooling und gleichzeitiger Verweigerung der Gewährleistung des Schulbesuchs kann das Familiengericht gem. § 1666 Abs. 1 BGB den Eltern gegenüber die zur Einhaltung der Schulpflicht erforderlichen Maßnahmen anordnen.

Allein die Zugehörigkeit der Eltern zu einer bestimmten Religionsgemeinschaft stellt noch keine Kindeswohlgefährdung im Sinne von § 1666 Abs. 1 BGB dar. Zum einen steht Art. 4 Abs. 1 GG einer solchen Bewertung einer Religion entgegen, zum anderen fehlt es an konkret gefährdenden Umständen, deren Vorliegen für die Annahme einer Kindeswohlgefährdung vorausgesetzt wird, um familiengerichtliches Einschreiten nach § 1666 Abs. 1 BGB zu rechtfertigen.

Bei der Verweigerung einer indizierten Bluttransfusion am Kind durch Zeugen Jehovas hingegen liegen solche konkret gefährdenden Umstände vor, sodass eine Kindeswohlgefährdung angenommen werden und das Familiengericht gem. § 1666 Abs. 1 BGB die zur Durchführung der medizinischen Maßnahme erforderlichen Maßnahmen anordnen kann.

Die Einwilligung der Eltern in die Beschneidung des männlichen Kindes ist gem. § 1631d Abs. 1 S. 1 BGB von der Personensorge umfasst, sodass eine bevorstehende oder erfolgte Beschneidung grundsätzlich nicht die Anordnung familiengerichtlicher Maßnahmen auslöst. Die Genitalverstümmelung des weiblichen

Kindes hingegen wird im deutschen Recht über § 226a Abs. 1 StGB als Straftat eingeordnet. Im Gegensatz zur Beschneidung wird ein ihr zugrunde liegender religiöser Hintergrund nicht anerkannt. Der strafrechtlichen Wertung entsprechend wird Genitalverstümmelung im Familienrecht als kindeswohlgefährdend beurteilt und kann das Eingreifen des Familiengerichts gem. § 1666 Abs. 1 BGB erfordern.

C. Familiengerichtliche Maßnahmen nach australischem Recht bei Gefährdung des Kindeswohls aufgrund religiös motivierten Verhaltens der Eltern

Im Folgenden wird dargestellt, inwiefern die Familiengerichte Australiens nach dortigem Recht bei Gefährdung des Kindeswohls aufgrund religiös motivierten Verhaltens der Eltern einschreiten können. Für die Bearbeitung dieser Fragestellung ist es zunächst erforderlich, zu untersuchen, wie das australische Rechtssystem aufgebaut ist und inwieweit das Familiengericht im Allgemeinen auf das Verhalten der Eltern ihren Kindern gegenüber einwirken kann, ehe erläutert wird, welche speziellen Fallgruppen in Australien auftreten.

I. Relevante allgemeine Aspekte des australischen Rechtssystems und Analyse relevanter familienrechtlicher Rechtsnormen und Rechtsprechung

Zum adäquaten Verständnis des zu diskutierenden speziellen Ausschnitts des australischen Familienrechts wird zunächst das Rechtssystem Australiens vorgestellt. Im Anschluss werden die den Forschungsgegenstand betreffenden Rechtsnormen und die Rechtsprechung erörtert.

1. Das australische Rechtssystem im Allgemeinen

Das australische Recht ist Teil des *Common-Law*–Rechtskreises und weist damit Charakteristika auf, die sich grundlegend vom deutschen Recht unterscheiden.

a) Das australische Rechtssystem des Common Law in Abgrenzung zum deutschen Recht

Australien wurde 1788 durch die ersten Briten besiedelt[1040]. Australiens Ureinwohner galten zu diesem Zeitpunkt mangels durch die Briten anerkannten Rechtssystems nicht als zivilisiertes Volk[1041]. Entsprechend der *doctrine of terra nullius* wurde Australien daher zum unbesiedelten Land erklärt und aufgrund dieser Annahme im Unterschied zu den meisten anderen britischen Kolonien nicht als erkämpft,

1040 *Cook et al.*, Laying Down the Law, Rn. 3.1.
1041 *Carvan*, Understanding the Australian Legal System, Rn. 2.25; *Cook et al.*, Laying Down the Law, Rn. 3.4.

sondern lediglich als besiedelt betrachtet[1042]. Mit der Besiedelung hielt auch das britische Rechtssystem Einzug[1043]. Daher weist das australische Rechtssystem bis heute wesentliche Parallelen zum britischen Recht auf[1044].

Der Begriff *Common Law* wird in dreierlei Hinsicht verwendet[1045]. Zum einen kann er im Zusammenhang mit Australien als das der britischen Kolonie auferlegte und trotz der seit 1986 bestehenden Unabhängigkeit der Rechtsordnung[1046] bis heute durch britisches Recht geprägte Rechtssystem verstanden werden[1047]. Das *common law system* basiert auf Einflüssen aus Gewohnheitsrecht, richterlicher Rechtsgewinnung und Parlamentsgesetzen[1048]. Daneben steht das *Common Law* für einen bestimmten Teil des materiellen Rechts mit eigenen Regeln[1049] sowie für das *Case Law* als Rechtsquelle[1050].

Das in Australien herrschende Rechtssystem des *Common Law* ließ sich ursprünglich von dem unter anderem in Deutschland geltenden, auf dem Römischen Recht basierenden *Civil Law*[1051] insbesondere dadurch unterscheiden, dass es sich vorrangig nach Präzedenzfällen statt nach kodifiziertem Recht richtete[1052]. Diese Unterscheidung verliert allerdings durch die seit dem 20. Jahrhundert fortschreitende Kodifizierung im *Common Law*[1053] sowie den zunehmenden Einfluss von Rechtsprechung im *Civil Law* und die damit einhergehende Annäherung der beiden Rechtssysteme immer mehr an Bedeutung[1054].

1042 *Cook et al.*, Laying Down the Law, Rn. 3.4.

1043 Ausführlich zu der *doctrine of reception* und der darauf basierenden Anwendung des britischen Rechts in der Kolonie Australien *Cook et al.*, Laying Down the Law, Rn. 3.5.*Cook et al.*, Laying Down the Law, Rn. 3.4.

1044 *Cook et al.*, Laying Down the Law, Rn. 3.1.

1045 *Carvan*, Understanding the Australian Legal System, Rn. 1.65.

1046 *Babeck*, Einführung in das australische Recht, § 2 Rn. 4.

1047 *Babeck*, Einführung in das australische Recht, § 2 Rn. 3; *Carvan*, Understanding the Australian Legal System, Rn. 1.70.

1048 *Carvan*, Understanding the Australian Legal System, Rn. 1.70.

1049 *Carvan*, Understanding the Australian Legal System, Rn. 1.75.

1050 *Babeck*, Einführung in das australische Recht, § 2 Rn. 3; *Carvan*, Understanding the Australian Legal System, Rn. 1.80.

1051 *Babeck*, Einführung in das australische Recht, § 1 Fn. 1.

1052 *Babeck*, Einführung in das australische Recht, § 1 Rn. 1.

1053 *Babeck*, Einführung in das australische Recht, § 1 Rn. 5. Zur zunehmenden Kodifizierung in Australien s. *Cook et al.*, Laying Down the Law, Rn. 1.7.

1054 *Babeck*, Einführung in das australische Recht, § 1 Rn. 1. Siehe zur Annäherung von *Common Law* und *Civil Law* auch *Gordley*, ZEuP 1993, S. 517. Vergleiche zu den Gemeinsamkeiten von *Common Law* und *Civil Law* auch die Ausführungen von *Zimmermann*, der diese unter anderem mit historischen Verbindungen zwischen den beiden Rechtskreisen begründet, *Zimmermann*, ZEuP 1993, S. 7 ff. Es habe ein ständiger Kontakt zwischen den beiden Rechtskulturen hinsichtlich der Ideen, Konzepte, Regeln, Institutionen und philosophischen Grundströmungen bestanden,

Vielmehr weisen die beiden Rechtssysteme eine unterschiedliche Herangehensweise an rechtliche Fragestellungen auf[1055]. Während im *Common Law* erst aus mehreren konkreten Einzelfallbeurteilungen Prinzipien entwickelt werden, ist charakteristisch für das *Civil Law* ein auf der Grundlage von abstrakten Rechtsprinzipien ausgehender Schluss vom Allgemeinen auf das Besondere[1056]. Im *Common Law* findet folglich ein induktiver Prozess statt, im *Civil Law* dagegen ein deduktiver[1057].

Ein weiterer Unterschied besteht in der Bindungswirkung von Gerichtsentscheidungen. Das *Common Law* bindet den Richter so lange an die Grundlagen eines Präzedenzfalles, bis diese durch eine höhere Instanz oder per Gesetzgebung ihre Gültigkeit verlieren, während der deutsche Richter aufgrund von Art. 97 Abs. 1 GG grundsätzlich nur an das Gesetz gebunden ist, sofern nicht eine Ausnahme wie § 31 Abs. 2 BVerfGG vorliegt[1058].

b) Gesetzgebung und Rechtsquellen in Australien

Gesetzgebung und Rechtsquellen Australiens weisen erhebliche Unterschiede zu denjenigen des deutschen Rechts auf.

aa) Gesetzgebungskompetenzen auf dem Gebiet des Familienrechts

Das Commonwealth of Australia besteht aus sechs Bundesstaaten und zehn Territorien, die rechtlich dadurch voneinander abzugrenzen sind, dass es nur den Bundesstaaten zusteht, eigene Parlamente zu errichten und selbst Gesetze zu verabschieden[1059]. Gesetze für die Territorien entstammen nach section[1060] 122 *Commonwealth of Australia Constitution Act*[1061] grundsätzlich dem australischen Parlament[1062]. Zum Zwecke der Selbstverwaltung wurden allerdings durch Bundesgesetz auch den beiden sich im Inland befindenden Territorien Australian Capital Territory und Northern Territory den Bundesstaaten ähnliche Befugnisse erteilt, wobei das Recht

---

infolgedessen viele der Doktrinen Englands von dem ius commune inspiriert, geprägt oder beeinflusst worden seien, so *Zimmermann*, ZEuP 1993, S. 8 f.

1055 *Babeck*, Einführung in das australische Recht, § 1 Rn. 2.

1056 *Babeck*, Einführung in das australische Recht, § 1 Rn. 2.

1057 *Cook et al.*, Laying Down the Law, Rn. 1.2.

1058 *Babeck*, Einführung in das australische Recht, § 1 Rn. 5.

1059 *Babeck*, Einführung in das australische Recht, § 2 Rn. 1.

1060 Die Bezeichnung section, die dem Auffinden der Gesetzesfundstelle dient, wird im Folgenden mit „s“ im Singular und „ss“ im Plural abgekürzt. Vgl. zu dieser Handhabung die Angaben in *Cook et al.*, Laying Down the Law, Rn. 8.36, 8.43.

1061 Im Folgenden wird der *Commonwealth of Australia Constitution Act* verkürzt als *Constitution* bezeichnet.

1062 *Babeck*, Einführung in das australische Recht, § 2 Rn. 1. Hieraus folgt der Schluss, dass das Commonwealth Parlament hinsichtlich der Territorien die ausschließliche Gesetzgebungskompetenz in allen Bereichen des Familienrechts innehat, *Dickey*, Family Law, Rn. 2.10.

auf Selbstverwaltung einfachem Recht entstammt und dadurch auch das australische Parlament gemäß der Verfassung Gesetze für die Territorien erlassen kann[1063].

Im Hinblick auf das gesamte Gebiet des Familienrechts steht weder dem Commonwealth noch den Bundesstaaten die ausschließliche Gesetzgebungskompetenz zu[1064].

Die dem Commonwealth Parlament übertragenen Bereiche des Familienrechts lassen sich vorwiegend s 51 (xxi) und (xxii) *Constitution* entnehmen[1065]. Alle dort nicht genannten Bereiche fallen unter die Kompetenz der Bundesstaaten[1066]. Demnach steht dem Parlament des Commonwealth die Gesetzgebungskompetenz bezüglich Eheschließung sowie Scheidung und Ehesachen und in Beziehung dazu bezüglich der Rechte der Eltern, Sorgerecht, Vormundschaft und Pflegschaft zu[1067]. Daneben fallen auch solche Regelungen in den Kompetenzbereich des Commonwealth Parlaments, die die Zielsetzungen der genannten Gebiete unterstützen[1068].

Zwischen 1986 und 1990 übertrugen alle Bundesstaaten bis auf Western Australia Gesetzgebungskompetenzen, die familienrechtliche Regelungen in Bezug auf Kinder betrafen, auf das Commonwealth Parlament, die diesem nicht schon durch die Verfassung zugewiesen wurden[1069]. Diese Übertragung erfolgte auf Grundlage von s 51(xxxvii) *Constitution*[1070]. Auch Western Australia hat inzwischen einige Regelungen des Parlaments auf diesem Gebiet übernommen[1071]. Unter anderem betreffen die durch die Bundesstaaten übertragenen Kompetenzen Sorgerecht, Vormundschaft und Pflegschaft sowie Umgangsrechte und ergänzende Bereiche[1072]. Somit können nun auch Regelungen getroffen werden, die Kinder unverheirateter Paare betreffen, was allein auf Grundlage der Verfassung dem Commonwealth Parlament nicht möglich war. Familiengerichtliche Maßnahmen bei drohender oder bestehender Beeinträchtigung des Wohls des Kindes aufgrund religiös motivierten

---

1063 *Babeck*, Einführung in das australische Recht, § 2 Rn. 1.

1064 *Harland et al.*, Family Law Principles, Rn. 2.10; *Mills/Ebejer*, Family Law, Rn. 2.7.

1065 *Dickey*, Family Law, Rn. 2.10.

1066 *Harland et al.*, Family Law Principles, Rn. 2.10.

1067 Hinsichtlich der Gesetzesauslegung herrschte Unstimmigkeit. Unter anderem resultierte dies aus der Nennung des Scheidungsbegriffs neben dem Begriff der Ehesachen. Zur Interpretation des Inhalts dieser Aufzählung im Einzelnen *Dickey*, Family Law, Rn. 2.30 ff.

1068 *Mills/Ebejer*, Family Law, Rn. 2.9 f.; *Moens/Trone*, The Constitution of the Commonwealth of Australia Annotated, Rn. 303.

1069 Die Übertragung basierte auf *Commonwealth Powers (Family Law – Children) Act 1986* (N.S.W), *Commonwealth Powers (Family Law – Children) Act 1986* (Vic), *Commonwealth Powers (Family Law – Children) Act 1990* (Qld), *Commonwealth Powers (Family Law) Act 1986* (SA), *Commonwealth Powers (Family Law) Act 1987* (Tas), dazu *Dickey*, Family Law, Rn. 2.340 f.; *Harland et al.*, Family Law Principles, Rn. 2.20.

1070 *Mills/Ebejer*, Family Law, Rn. 2.29.

1071 *Dickey*, Family Law, Rn. 2.350.

1072 *M v H* [1994] FLC 92–453 at 80,699; *Dickey*, Family Law, Rn. 2.350.

Verhaltens der Eltern werden folglich von Gesetzen des Commonwealth Parlaments erfasst. Im Folgenden wird der Vergleich mit Deutschland auf dessen Gesetze gestützt, da diese das Recht des überwiegenden Teils Australiens repräsentieren.

bb) Rechtsquellen Australiens

Das Recht Australiens wird ausgestaltet durch Verfassung[1073], *Common Law*, Parlamentsgesetze, Billigkeitsrecht sowie delegierte Gesetzgebung[1074]. Daneben finden Internationales Recht und das Gewohnheitsrecht der indigenen Bevölkerung Australiens Anwendung[1075].

(1) *Common Law* – Bindung an zu einem früheren Zeitpunkt ergangene Gerichtsentscheidungen

Ist das *Common Law* Rechtsquelle, so richtet sich die Rechtslage nach zu einem früheren Zeitpunkt ergangenen Gerichtsentscheidungen zu der entsprechenden Rechtsfrage[1076].

(a) *Doctrine of precedent* oder *stare decisis*

Dieses Vorgehen wird durch die *doctrine of precedent* konkretisiert[1077]. Diese Lehre besagt, dass ein in einer Entscheidung aufgestellter und angewandter Grundsatz auch in späteren vergleichbaren Entscheidungen gelten soll[1078]. Spezifiziert wird dies in Staaten, deren Rechtsordnung dem englischen *Common Law* entspringt, durch die dort geltende *doctrine of stare decisis*, der zufolge Gerichte an Präzedenzfälle gebunden sind[1079]. In durch das *Common Law* geprägten Rechtsordnungen gelten gemäß der *doctrine of precedent* die folgenden Grundsätze: Jedes Gericht ist an Entscheidungen hierarchisch übergeordneter Gerichte gebunden[1080]. Gerichtsentscheidungen

1073 Es existieren in Australien zum einen die Verfassung des Commonwealth of Australia und zum anderen die Verfassungen der sechs Bundesstaaten, *Carvan*, Understanding the Australian Legal System, Rn. 1.40.

1074 *Babeck*, Einführung in das australische Recht, § 2 Rn. 2; *Carvan*, Understanding the Australian Legal System, Rn. 2.05.

1075 *Babeck*, Einführung in das australische Recht, § 2 Rn. 2.

1076 *Babeck*, Einführung in das australische Recht, § 2 Rn. 6.

1077 *Cook et al.*, Laying Down the Law, Rn. 5.8; *Parkinson*, Tradition and Change in Australian Law, Rn. 8.70.

1078 *Carvan*, Understanding the Australian Legal System, Rn. 5.05; *Cook et al.*, Laying Down the Law, Rn. 5.7.

1079 *Atiyah/Summers*, Form and Substance in Anglo-American Law, S. 115. Siehe dazu auch *Cook et al.*, Laying Down the Law, Rn. 5.8.

1080 *Carvan*, Understanding the Australian Legal System, Rn. 5.10; *Cook et al.*, Laying Down the Law, Rn. 5.8. Hierzu ist anzumerken, dass auf selber Hierarchieebene ein Einzelrichter zwar nicht an die frühere Entscheidung eines Einzelrichters gebunden ist. Haben allerdings auf dieser Hierarchieebene in der Vergangenheit

höherer Gerichte anderer Hierarchie oder hierarchisch untergeordneter Gerichte können zwar zur Nachahmung empfohlen sein, entfalten aber keine Bindungswirkung[1081]. Ein Gericht ist nicht an seine eigenen früheren Entscheidungen gebunden, soll aber nur mit Zurückhaltung davon abweichen[1082]. Lediglich die *ratio decidendi*, die Entscheidungsgründe[1083], einer früher ergangenen Entscheidung sind bindend[1084]. Ein *obiter dictum*, ein nichttragender Entscheidungsgrund, bindet das Gericht nicht, ist aber zur Nachahmung empfohlen[1085]. Präzedenzfälle verlieren ihre Wirkung nicht durch Zeitablauf[1086].

Zwar sind australische Gerichte nicht an Gerichtsentscheidungen anderer Länder gebunden[1087]. Entscheidungen sonstiger durch das *Common Law* geprägter Länder werden durch die Gerichte allerdings ebenso wie australische Entscheidungen zur Argumentation herangezogen[1088]. Eine solche Vorbildfunktion kommt aufgrund der historischen Entwicklung des australischen Rechtssystems in erster Linie der Rechtsprechung Englands zu[1089].

(b) Verhältnis von Common Law und Gesetz

Die Anwendung kodifizierten Rechts geht in Australien gemäß der *doctrine of parliamentary supremacy* dem *Common Law* vor[1090].

(2) *Equity* – Billigkeitsrecht

Das dem deutschen § 242 BGB ähnelnde, als *equity* bezeichnete Billigkeitsrecht ergänzt das *Common Law*[1091]. Im Fall des Konflikts zwischen *equity* und *Common Law* hat das Billigkeitsrecht Vorrang[1092].

---

zu einer vergleichbaren Sache mehrere Richter entschieden, besteht Bindungswirkung, dazu *Cook et al.*, Laying Down the Law, Rn. 6.2, 6.10.

1081 *Carvan*, Understanding the Australian Legal System, Rn. 5.10; *Cook et al.*, Laying Down the Law, Rn. 5.8.

1082 *Cook et al.*, Laying Down the Law, Rn. 5.8.

1083 *Carvan*, Understanding the Australian Legal System, Rn. 5.20.

1084 *Cook et al.*, Laying Down the Law, Rn. 5.8.

1085 *Cook et al.*, Laying Down the Law, Rn. 5.8.

1086 *Cook et al.*, Laying Down the Law, Rn. 5.8.

1087 *Cook et al.*, Laying Down the Law, Rn. 6.27.

1088 *Saunders*, The Constitution of Australia, S. 102 ff.

1089 *Cook et al.*, Laying Down the Law, Rn. 6.27. Daneben findet etwa auch die Rechtsprechung Neuseelands, Kanadas und der USA Beachtung, *Cook et al.*, Laying Down the Law, Rn. 6.27.

1090 *Cook et al.*, Laying Down the Law, Rn. 5.31.

1091 *Babeck*, Einführung in das australische Recht, § 2 Rn. 10.

1092 Ursprünglicher Zweck dieser Regel war es, dem Staatsoberhaupt mehr Macht zu verschaffen, als es das *Common Law* alleine vermochte. Dazu *Cook et al.*, Laying Down the Law, Rn. 2.9.

(3) Kodifiziertes Recht als Hauptquelle australischen Rechts

Während des 20. Jahrhunderts entwickelten sich Gesetze zur Hauptquelle des australischen Rechts und lösten in dieser Bedeutung das bis dahin vorherrschende *Common Law* ab[1093]. Unter anderem zählen zum kodifizierten Recht die *statutes*, auch *Acts* genannt, bei denen es sich um kodifizierte Parlamentsgesetze handelt[1094]. Daneben existiert die durch das Parlament übertragene Gesetzgebung, die *delegated legislation*[1095].

Das für das australische Familienrecht bedeutendste und für die hier zu bearbeitende Thematik ausschlaggebende Gesetz ist der *Family Law Act 1975* (Cth.)[1096] des Commonwealth Parlaments[1097].

(a) Gewichtung der Gesetze

Ein von einem früheren Gesetz abweichendes neues Gesetz hebt das frühere auf[1098]. *Acts* gehen übertragener Gesetzgebung vor, es sei denn, es wurde Gegenteiliges durch ein Parlamentsgesetz festgesetzt[1099]. Die Verfassung des Commonwealth legt in s 109 fest, dass die Gesetzgebung des Parlaments des Commonwealth derjenigen der Parlamente der Bundesstaaten gegenüber bei sich widersprechenden Inhalten Vorrang hat[1100].

(b) Neben gesetzlichen Vorgaben zur Gesetzesinterpretation geltende allgemeine Auslegungsregeln des *Common Law*

Commonwealth, Bundesstaaten und Territorien Australiens haben jeweils eigene gesetzliche Vorgaben zur Vorgehensweise bei der Gesetzesinterpretation[1101]. Daneben gelten allgemeine Auslegungsregeln des *Common Law*, die durch die gesetzlichen Vorgaben nicht an Geltung verloren haben[1102].

(aa) *Literal approach* und *golden rule*

Zum einen kennt das australische *Common Law* den *literal approach*, die grammatische Auslegungsmethode[1103]. Hier ist die gewöhnliche Bedeutung des Wortlauts des

1093 *Cook et al.*, Laying Down the Law, Rn. 5.1.
1094 *Cook et al.*, Laying Down the Law, Rn. 2.20.
1095 *Carvan*, Understanding the Australian Legal System, Rn. 1.35; *Cook et al.*, Laying Down the Law, Rn. 8.2.
1096 Im Folgenden wird der *Family Law Act 1975* (Cth.) verkürzt als FLA bezeichnet.
1097 *Dickey*, Family Law, Rn. 2.20.
1098 *Cook et al.*, Laying Down the Law, Rn. 8.4.
1099 *Cook et al.*, Laying Down the Law, Rn. 8.4.
1100 *Carvan*, Understanding the Australian Legal System, Rn. 3.60.
1101 *Cook et al.*, Laying Down the Law, Rn. 9.2.
1102 *Cook et al.*, Laying Down the Law, Rn. 9.2.
1103 *Cook et al.*, Laying Down the Law, Rn. 9.3.

Gesetzes zur Auslegung der einzelnen Wörter heranzuziehen[1104], sofern diese eindeutig ist[1105]. Ergänzend gestattet die *golden rule*, von der grammatischen Auslegungsmethode abzuweichen, wenn deren Anwendung zu absurden Ergebnissen führt[1106].

(bb) *Purposive approach*

Neben dem *literal approach* wird der *purposive approach* zur Auslegung von Gesetzen herangezogen[1107]. Diese Auslegungsmethode hat ihre Wurzeln in der *mischief rule*, deren Hauptzweck die Bestimmung des Missstandes und des Mangels ist, den das Gesetz beseitigen sollte[1108].

(4) Sonstiges Recht

Daneben existieren weitere Rechtsquellen wie das Recht der indigenen Bevölkerung Australiens, internationales Recht und Standardverträge[1109].

c) *Abgrenzung zum Recht der indigenen Bevölkerung Australiens*

Zu den australischen Ureinwohnern, den Torres Strait Islanders und Aboriginal people, gehört eine Person aus rechtlicher Sicht, sofern sie von den Ureinwohnern

---

1104 *Amalgamated Society of Engineers v Adelaide Steamship Company Limited* (1920) 28 CLR 129 at 162; *Carvan*, Understanding the Australian Legal System, Rn. 6.60; *Cook et al.*, Laying Down the Law, Rn. 9.3. Siehe diesbezüglich auch die Ausführungen zum englischen Rechtssystem in *Cownie et al.*, English Legal System in Context, S. 111.

1105 *Parkinson*, Tradition and Change in Australian Law, Rn. 9.60.

1106 *Grey v Pearson* (1857) 6 HL Cas 61; *Carvan*, Understanding the Australian Legal System, Rn. 6.65; *Cook et al.*, Laying Down the Law, Rn. 9.5. Zur diesbezüglichen Handhabung im englischen Recht siehe auch *Cownie et al.*, English Legal System in Context, S. 114.

1107 *Cook et al.*, Laying Down the Law, Rn. 9.2, 9.7. Diese Auslegungsmethode findet sich auch im Gesetz wieder, etwa in s 15AA *Acts Interpretation Act 1901* (Cth.), *Parkinson*, Tradition and Change in Australian Law, Rn. 9.90. Zum englischen Recht *Cownie et al.*, English Legal System in Context, S. 115.

1108 *Heydon's Case* (1584) 3 Co Rep 7a; *Carvan*, Understanding the Australian Legal System, Rn. 6.70; *Cook et al.*, Laying Down the Law, Rn. 9.7. Siehe dazu auch *Cownie et al.*, English Legal System in Context, S. 115 ff. Neben den hier vorgestellten Auslegungsmethoden werden zum Teil auch sogenannte *extrinsic materials* herangezogen. Dies sind solche Materialien, die sich außerhalb der Gesetze finden lassen und Teil des Hintergrunds oder Kontext eines Gesetzes sind. Dazu eingehend *Cook et al.*, Laying Down the Law, Rn. 10.1 ff. Zudem finden sich auch Interpretationshilfen im Gesetz, die *intrinsic materials, Carvan, Understanding the Australian Legal System, Rn. 6.80.* Hierzu zählen unter anderem Titel, Präambeln, Überschriften und Beispiele, aber auch gesetzlich verankerte Definitionen und Interpretationsvorgaben, s. *Cook et al.*, Laying Down the Law, Rn. 11.1 ff. Des Weiteren hält das *Common Law* eine Reihe rechtlicher Vermutungen zur Interpretation von Gesetzen bereit, dazu im Einzelnen *Cook et al.*, Laying Down the Law, Rn. 12.1 ff.

1109 *Babeck*, Einführung in das australische Recht, § 2 Rn. 19 ff.

abstammt, sich selbst als Teil der Urbevölkerung versteht und von der indigenen Bevölkerung als ihr zugehörig angesehen wird[1110]. Das Recht dieser Ureinwohner auf ihr Land wurde ihnen mit Anwendung der *doctrine of terra nullius* seit Gründung der britischen Kolonie abgesprochen[1111]. Erst mit der sogenannten Mabo-Entscheidung aus dem Jahre 1992[1112], der Leitentscheidung zur Anerkennung indigener Rechtsordnungen, wurde die Anwendung der *doctrine of terra nullius* auf Australien für fehlerhaft erklärt[1113]. Aufgrund dieser Entwicklung ist das ursprünglich britische Recht das hauptsächlich angewandte in Australien. Folglich findet auch nur dieses in der vorliegenden Arbeit Beachtung.

2. Aufbau des australischen Gerichtssystems

Um die im Folgenden genannte australische Rechtsprechung der Hierarchie der Gerichte zuordnen zu können, erfolgt an dieser Stelle ein kurzer Überblick[1114] über das australische Gerichtssystem. Besonders relevant ist der Aufbau des Gerichtssystems vor dem Hintergrund der oben angesprochenen *doctrine of precedent* oder *stare decisis*[1115].

Als Konsequenz des föderalen Staatsaufbaus ist das Gerichtssystem Australiens in wiederum mehrere Gerichtssysteme unterteilt[1116]. Einerseits existiert das Gerichtssystem des Staatenbundes, das *federal system*, welches in ganz Australien wirkt[1117]. Daneben besteht das *state system* der Bundesstaaten, dessen Wirkbereich sich auf den jeweiligen Bundesstaat beschränkt[1118]. Grundsätzlich ist das *federal system* zuständig für Recht des föderalen Systems, das *state system* für Recht der Bundesstaaten[1119]. Darüber hinaus haben auch die beiden Territorien Australiens eigene Gerichtssysteme[1120].

1110 *Babeck*, Einführung in das australische Recht, § 3 Rn. 3.

1111 *Cook et al.*, Laying Down the Law, Rn. 3.4.

1112 *Mabo v Queensland [No 2]* (1992) 175 CLR 1.*Cook et al.*, Laying Down the Law, Rn. 4.3

1113 *Carvan*, Understanding the Australian Legal System, Rn. 2.45; *Cook et al.*, Laying Down the Law, Rn. 4.3.

1114 Eine ausführliche Darstellung erfolgt beispielsweise in *Carvan*, Understanding the Australian Legal System, Rn. 4.05 ff.

1115 *Cook et al.*, Laying Down the Law, Rn. 6.1.

1116 *Carvan*, Understanding the Australian Legal System, Rn. 4.05.

1117 *Carvan*, Understanding the Australian Legal System, Rn. 4.05.

1118 *Babeck*, Einführung in das australische Recht, § 17 Rn. 1; *Carvan*, Understanding the Australian Legal System, Rn. 4.05.

1119 *Carvan*, Understanding the Australian Legal System, Rn. 4.100.

1120 *Carvan*, Understanding the Australian Legal System, Rn. 4.05. Obwohl so mehrere Gerichtshierarchien nebeneinander bestehen, existiert in Australien ein einheitliches *Common Law*, über das in höchster Instanz der High Court of Australia entscheidet, *Saunders*, The Constitution of Australia, S. 68.

a) Bedeutung des High Court of Australia

Trotz der Unterschiede im Aufbau unterstehen beide Systeme an höchster Stelle dem High Court of Australia[1121]. Hebt der High Court eine Entscheidung eines Gerichts auf, sind australische Gerichte hier ausnahmsweise nicht nur an die *ratio decidendi* gebunden, vielmehr entsteht auch eine gewisse Bindungswirkung durch die *obiter dicta*[1122].

b) Aufbau des federal court system

Die Hierarchie des *federal court system* beginnt mit dem rangniedrigsten Federal Circuit Court[1123]. Dem übergeordnet sind der Family Court of Australia und auf derselben Ebene der Federal Court[1124]. Ranghöchstes Gericht ist der High Court[1125].

Erst mit dem FLA wurde die gesetzliche Grundlage zur Errichtung eines Family Court of Australia geschaffen[1126]. Dieses Gericht stellt einen *federal court* im Sinne von s 71 *Constitution* dar und ist grundsätzlich in allen Staaten sowie dem Australian Capital Territory bis auf Western Australia für die Anwendung des FLA zuständig[1127]. Der Family Court of Australia kann gem. ss 33B und 33C FLA durch den Federal Circuit Court entlastet werden[1128].

c) Aufbau der State court systems *und* Territory court systems

Die *State court systems* und *Territory court systems* sind mit einigen Abweichungen in einzelnen Staaten und Territorien[1129] im Grundsatz wie folgt aufgebaut[1130]: Die Rangfolge beginnt auf niedrigster Hierarchieebene mit dem Local Court[1131], teilweise wird das Gericht dieser Ebene auch Magistrates Court genannt[1132]. Auf

---

1121 *Babeck*, Einführung in das australische Recht, § 17 Rn. 1; *Cook et al.*, Laying Down the Law, Rn. A.2.

1122 *Cook et al.*, Laying Down the Law, Rn. 6.2.

1123 Im Jahre 2013 wurde das ehemals als Federal Magistrates Court bezeichnete Gericht umbenannt, *Dickey*, Family Law, Rn. 6.290.

1124 *Babeck*, Einführung in das australische Recht, § 17 Rn. 2 ff.

1125 *Babeck*, Einführung in das australische Recht, § 17 Rn. 1.

1126 *Dickey*, Family Law, Rn. 5.10.

1127 *Dickey*, Family Law, Rn. 6.10, 8.10, 8.20.

1128 *Dickey*, Family Law, Rn. 6.290; *Harland et al.*, Family Law Principles, Rn. 2.30.

1129 Einzelheiten in *Carvan*, Understanding the Australian Legal System, Rn. 4.35 ff.

1130 In der Literatur findet sich zum Teil, etwa in *Babeck*, Einführung in das australische Recht, § 17 Rn. 1, lediglich eine Unterscheidung zwischen *State system* und *federal system*. In der vorliegenden Arbeit werden der Vollständigkeit halber an dieser Stelle auch die *Territory court systems* erwähnt, wie beispielsweise auch in *Carvan*, Understanding the Australian Legal System, Rn. 4.05. Vertiefend zu den *Territory court systems Cook et al.*, Laying Down the Law, Rn. A.4.

1131 *Carvan*, Understanding the Australian Legal System, Rn. 4.20.

1132 *Carvan*, Understanding the Australian Legal System, Rn. 4.40 ff.

nächsthöherer Ebene folgt der District Court[1133], in Victoria der County Court[1134]. Dem übergeordnet ist der Supreme Court[1135], schließlich folgt als höchstes Gericht der High Court[1136].

Im Northern Territory wird der FLA mangels dauerhaft anwesenden Richters des Family Court of Australia durch den dortigen Supreme Court, den Family Court of Australia und den Federal Circuit Court of Australia angewandt[1137].

S 41 FLA ermöglicht die Bildung von State Family Courts, die befähigt sind, Familienrecht sowohl des Commonwealth als auch der Bundesstaaten anzuwenden, wodurch Schwierigkeiten, die durch eine geteilte Rechtsprechung im Familienrecht entstehen können, vorgebeugt werden soll[1138]. Bislang hat lediglich Western Australia von dieser Möglichkeit Gebrauch gemacht[1139]. Entsprechend dem Vorgehen im *federal system* wird auch der Family Court of Western Australia durch den rangniedrigeren Magistrates Court bei weniger komplexen Materien unterstützt[1140].

3. Einschlägige familienrechtliche Vorschriften sowie Rechtsprechung zugunsten des Kindesschutzes bei religiös motiviertem Verhalten der Eltern

Im Folgenden werden die für den Untersuchungsgegenstand relevanten familienrechtlichen Vorschriften sowie die entsprechende Rechtsprechung dargestellt.

a) Grundsätze elterlicher Verantwortung im australischen Recht

Zunächst ist zu untersuchen, welche Grundsätze das australische Recht hinsichtlich der elterlichen Verantwortung kennt.

Die Rechte und Pflichten der Eltern dem Kind gegenüber sind im Familienrecht des Commonwealth mit dem Begriff der *parental responsibility*, der elterlichen Verantwortung, belegt[1141]. Ebenso wie der deutsche Begriff der elterlichen Sorge stellt

1133 *Vermeesch*, in: John Pyke / Alastair MacAdam (Hg.): Legal Institutions and Method, 4. Aufl., 2010, Rn. 3.4.

1134 *Hinchy*, The Australian Legal System, Rn. 7.3. Tasmania, dem Australian Capital Territory und dem Northern Territory fehlt eine solche mittlere Gerichtsebene, *Hinchy*, The Australian Legal System, Rn. 7.3.

1135 *Babeck*, Einführung in das australische Recht, § 17 Rn. 8 ff.

1136 *Babeck*, Einführung in das australische Recht, § 17 Rn. 1.

1137 *Dickey*, Family Law, Rn. 8.10; *Fehlberg/Behrens*, Australian Family Law: The Contemporary Context, S. 82. Zu den historischen Gründen der Zuständigkeit des Supreme Court *Dickey*, Family Law, Rn. 8.10.

1138 *Dickey*, Family Law, Rn. 6.340.

1139 *Harland et al.*, Family Law Principles, Rn. 2.30.

1140 *Dickey*, Family Law, Rn. 6.360.

1141 *Dickey*, Family Law, Rn. 18.20.

die Bezeichnung auch hier anstelle der Rechte in erster Linie die dem Kind gegenüber zu tragende Verantwortung in den Vordergrund[1142].

aa) Inhalt der parental responsibility

Eine Legaldefinition des Rechtsbegriffs *parental responsibility* findet sich in s 61B FLA, wonach darunter alle rechtlich[1143] vorgesehenen Rechte und Pflichten der Eltern in Bezug auf ihre Kinder zu verstehen sind[1144]. Anhaltspunkte für derartige Rechte und Pflichten finden sich beispielsweise in s 4(1) FLA, die Regelungen zu Bildung, religiöser und kultureller Erziehung, Belangen der Gesundheit des Kindes und der Entscheidung über den Kindesnamen enthält[1145].

Mit zunehmender geistiger Reife des Minderjährigen nimmt die Bedeutung der *parental responsibility* ab[1146].

bb) Personaler Geltungsbereich der parental responsibility

Unter *parents* versteht der FLA primär die biologischen Eltern eines Kindes[1147]. Handelt es sich um ein adoptiertes Kind, so haben die Adoptiveltern anstelle der biologischen Eltern gem. s 4(1) FLA den Status der rechtlichen Eltern inne[1148]. Eltern sind auch diejenigen Personen, denen ein Gericht gem. s 60HB FLA in Bezug auf eine Leihmutterschaft den Elternstatus zugesprochen hat[1149]. Im Rahmen einer künstlichen Befruchtung fällt derjenigen Person der Elternstatus über s 60H(1) und para. (c) FLA zu, deren Elternschaft intendiert war[1150].

1142 *Dickey*, Family Law, Rn. 18.20.

1143 Das Recht der Ureinwohner Australiens findet in dieser Hinsicht keine Beachtung, *Dickey*, Family Law, Rn. 18.60.

1144 *Dickey*, Family Law, Rn. 18.40, 18.70. Die einzelnen Rechte und Pflichten lassen sich wie eben dargestellt dem australischen Recht entnehmen. Eine knappe Darstellung erfolgt in *Dickey*, Family Law, Rn. 18.80.

1145 *Harland et al.*, Family Law Principles, Rn. 7.70.

1146 So der High Court of Australia in *Secretary, Department of Health and Community Services v JWB and SMB* (1992) 175 CLR 218 at 237–238, 239, 278, 290, 293–294, 311, 314–315, 316–317. *Dickey*, Family Law, Rn. 18.110 ff. Zur Grundsatzentscheidung *Gillick v West Norfolk and Wisbech Area Health Authority and the DHSS* [1986] AC 112, aufgrund derer ein Minderjähriger, der die geistige Reife aufweist, ihn betreffende Entscheidungen zu fällen, heute als „Gillick-competent" bezeichnet wird, *Harland et al.*, Family Law Principles, Rn. 7.70.

1147 *B v J* [1996] FLC 92–716 at 83,614; *In the Marriage of Tobin* [1999] FLC 92–848 at 85,938–85,939; *Dickey*, Family Law, Rn. 4.20. Zu den gesetzlichen Vermutungen die Elternschaft betreffend in Pt. VII, Div. 12, Subdiv. D FLA, *Dickey*, Family Law, Rn. 17.60 ff. Für den besonderen Fall einer Samenspende gilt s. 60H(1)(d) FLA, *Dickey*, Family Law, Rn. 4.50.

1148 *Dickey*, Family Law, Rn. 4.20.

1149 *Dickey*, Family Law, Rn. 4.20.

1150 *Dickey*, Family Law, Rn. 4.30.

Gem. s 61C(1) FLA besteht *parental responsibility* grundsätzlich für jeden Elternteil eines Kindes unter 18 Jahren unabhängig von einer Veränderung der Beziehung zwischen den Kindeseltern[1151]. Diese Verantwortung kann durch Tod eines Elternteils, gerichtliche Anordnung, Adoption des Kindes, Volljährigkeit des Kindes sowie Heirat des Kindes enden[1152].

Unter dem Begriff *child* im Sinne eines Minderjährigen versteht Pt. VII FLA grundsätzlich eine bereits geborene Person unter 18 Jahren, es sei denn, dem Kontext kann Gegenteiliges entnommen werden[1153]. Im Hinblick auf die Beziehung zu den Eltern ist mit Ausnahme speziellerer gesetzlicher Angaben sowohl das eheliche als auch das außereheliche Kind gemeint[1154], obgleich der FLA zwischen ehelichen und unehelichen Kindern unterscheidet[1155]. Grundsätzlich sind im Familienrecht des Commonwealth unter ehelichen Kindern die Kinder von Ehegatten zu verstehen, unabhängig davon, ob die Kinder vor oder während der Ehe geboren werden, sowie solche, die von einem Ehepaar adoptiert werden[1156].

cc) Zweck der parental responsibility

Die Aufgabe der *parental responsibility* besteht darin, dem Kind zu ermöglichen, sein volles Potential unter Mitwirkung beider Elternteile in einem gewaltfreien Umfeld auszuschöpfen[1157].

1151 *Harland et al.*, Family Law Principles, Rn. 7.70; *Livermore*, The Family Law Handbook, S. 242.

1152 *Dickey*, Family Law, Rn. 19.30.

1153 Dies ergibt sich beispielsweise aus s 4(1) FLA, *Dickey*, Family Law, Rn. 4.80. Dem *Common Law* zufolge endet die Minderjährigkeit mit Vollendung des 21. Lebensjahres, *Re Agar-Ellis; Agar Ellis v Lascelles* (1883) 24 Ch.D. 317 at 335; *Carvan*, Understanding the Australian Legal System, Rn. 7.105; *Dickey*, Family Law, Rn. 18.210. Für das Recht des Commonwealth gilt diese Grenze bis heute, sofern das Gesetz nicht Gegenteiliges vorsieht, *Dickey*, Family Law, Rn. 18.210. Die Bundesstaaten und Territorien hingegen haben mittlerweile die Altersgrenze von 21 Jahren auf 18 Jahre gesenkt, *Mills/Ebejer*, Family Law, Rn. 2.22. Siehe diesbezüglich *Minors (Property and Contracts) Act 1970* (NSW); *Age of Majority Act 1974* (Qld); *Age of Majority (Reduction) Act 1970* (SA); *Age of Majority Act 1973* (Tas); *Age of Majority Act 1977* (Vic); *Age of Majority Act 1972* (WA); *Age of Majority Act 1974* (NT); *Age of Majority Act 1974* (ACT); *Dickey*, Family Law, Rn. 18.210.

1154 *Dickey*, Family Law, Rn. 4.80; *Harland et al.*, Family Law Principles, Rn. 7.10.

1155 *Dickey*, Family Law, Rn. 16.10.

1156 *Dougherty v Dougherty* (1987) 163 CLR 278 at 294–295. Weiter wird der Begriff in den Fällen von s 60F FLA verstanden. Demnach können eheliche Kinder auch solche sein, die von nur einem Ehegatten adoptiert wurden, die aufgrund Vereinbarung über künstliche Befruchtung oder Leihmutterschaft als Kind der Ehegatten gelten. Auch gelten Kinder nach Beendigung der Ehe weiterhin als ehelich. Dazu *Dickey*, Family Law, Rn. 4.140.

1157 *Dickey*, Family Law, Rn. 18.90.

(1) Grundsatz der Gewährleistung der *best interests of children* in section 60B(1) *Family Law Act 1975* (Cth.)

Diesen Zweck konkretisiert die für den gesamten Pt. VII FLA geltende Vorschrift s 60B(1) FLA[1158]. Dieser Rechtsnorm zufolge sollen sämtliche Vorschriften des Pt. VII FLA gewährleisten, dass mithilfe von in der Norm aufgezählten Aspekten die *best interests of children* ausreichend Berücksichtigung finden[1159]. Hierzu zählt gemäß der Vorschrift, dass beide Elternteile in größtmöglichem Umfang, der durch die *best interests* des Kindes gedeckt wird, am Leben des Kindes teilhaben, dass Kinder vor physischen und psychischen Schäden durch Missbrauch, Vernachlässigung und Gewalt in der Familie bewahrt werden, dass sichergestellt wird, dass Kinder hinreichende und angemessene Erziehung erhalten, um ihr volles Potential zu entfalten und dass Eltern ihre Pflichten bezüglich Pflege, Wohl und Entwicklung des Kindes wahrnehmen.

(2) Prinzipien des Kindesschutzes in section 60B(2) *Family Law Act 1975* (Cth.)

Die eben genannten Ziele werden wiederum durch fünf Prinzipien in s 60B(2) FLA ergänzt, die für den gesamten Pt. VII des *Act* gelten[1160]. Diesen ist zu entnehmen, dass, solange dies den *best interests* des Kindes nicht widerspricht, Kinder das Recht haben, beide Elternteile zu kennen und von beiden Elternteilen versorgt zu werden unabhängig davon, ob die Eltern verheiratet sind, getrennt leben, nie geheiratet oder nie zusammen gelebt haben. Des Weiteren gilt das Prinzip, dass Kinder das Recht haben, regelmäßig Zeit mit beiden Elternteilen und anderen für Pflege, Wohl und Entwicklung wesentlichen Personen wie Großeltern und anderen Verwandten zu verbringen und mit diesen regelmäßig in Verbindung zu stehen. Darüber hinaus ist normiert, dass die Eltern ihre Aufgaben gemeinsam erfüllen, gemeinsame Verantwortung bezüglich Pflege, Wohl und Entwicklung ihrer Kinder tragen sowie sich hinsichtlich künftiger Erziehung ihrer Kinder einig sein sollen. Kindern wird das Recht zugesprochen, ihre Kultur auszuleben einschließlich des Rechts, ihre Kultur mit anderen Angehörigen ihrer Kultur gemeinsam auszuleben.

Die beschriebenen Prinzipien stellen allerdings lediglich Richtlinien dar, sie sind keine vollstreckbaren Rechtsvorschriften[1161]. Es handelt sich um eine nicht abschließende Aufzählung von Prinzipien, die s 60B(1) FLA zugrunde liegen[1162].

1158 *Dickey*, Family Law, Rn. 18.90.

1159 Die Priorität der *best interests of children* spiegelt sich entsprechend auch in der Rechtsprechung des Family Court of Australia wider, *In the Marriage of B* [1997] FLC 92–755 at 84,214.

1160 *Dickey*, Family Law, Rn. 18.100.

1161 *Dickey*, Family Law, Rn. 18.100.

1162 *Dickey*, Family Law, Rn. 18.100.

b) *Einschlägige familienrechtliche Vorschriften und Rechtsprechung zugunsten des Kindesschutzes bei religiös motiviertem Verhalten der Eltern*

Pt. VII FLA enthält zwei wesentliche Arten von Anordnungen zum Schutz und zur Förderung des Wohls eines Kindes, zum einen die *parenting order* und zum anderen die *welfare order*[1163].

aa) Parenting order *gem. section 64B(1)* Family Law Act 1975 *(Cth.)*

Unter *parenting order* im Sinne von s 64B(1) FLA ist eine Anordnung zu verstehen, die sich auf die Ausübung der *parental responsibility* bezieht[1164]. Sie kann gemäß s 65C FLA von einem oder beiden Elternteilen, von dem betroffenen Kind selbst, von einem Großelternteil oder einer anderen mit Pflege, Wohl und Entwicklung befassten Person beantragt werden[1165].

(1) *Best interests principle* gem. section 60CA und section 65AA *Family Law Act 1975* (Cth.)

S 60CA FLA greift das *best interests principle* auf, dem zufolge die *best interests* des Kindes bei Entscheidungen über *parenting orders* in Bezug auf das Kind von höchster Priorität[1166] sind. In s 65AA FLA wird dieser Grundsatz wiederholt. Der Begriff *interests* in Bezug auf das Kind beinhaltet gem. s 4(1) FLA Belange hinsichtlich Pflege, Wohl und Entwicklung des Kindes.

(a) Allgemeine Bedeutung der *best interests*

Der Ausdruck *best interests* umfasst sowohl das wirtschaftliche als auch das physische und psychische Wohl des Kindes[1167]. Als weiteres wichtiges Element der *best interests* wird teilweise die Förderung der Selbstdisziplin des Kindes genannt[1168]. Was den *best interests* des Kindes am ehesten entspricht, hat der Richter je nach Einzelfall zu entscheiden[1169]. Hierzu gehört, dass das Gericht auf die jeweiligen Werte der betroffenen Personen in kultureller, ethnischer, religiöser sowie sozialer Hinsicht eingeht und vor

---

1163 *Dickey*, Family Law, Rn. 21.10.

1164 *Dickey*, Family Law, Rn. 21.10.

1165 *Mills/Ebejer*, Family Law, Rn. 5.35.

1166 In Rechtsprechung und Literatur herrschte Uneinigkeit darüber, ob die *best interests* des Kindes lediglich primär Berücksichtigung finden oder gar einziger zu berücksichtigender Aspekt sein sollten. Heute wird in der Rechtsprechung Ersteres angenommen. Zu dieser Fragestellung *Dickey*, Family Law, Rn. 23.230.

1167 *Dickey*, Family Law, Rn. 23.30.

1168 *Gallaghan v Gallaghan* (1966) 9 FLR 331 at 335–336; *In the Marriage of Keaton* [1986] FLC 91–745 at 75,435.

1169 *Dickey*, Family Law, Rn. 23.40.

diesem Hintergrund die *best interests* des Kindes definiert[1170]. Sofern möglich, hat das Gericht eine langfristige Beurteilung der Verhältnisse vorzunehmen[1171].

(b) Inhalt der *best interests* vor dem Hintergrund der Vorschriften des *Family Law Act 1975* (Cth.)

S 60CC FLA konkretisiert mithilfe bestimmter Erwägungen, den *primary considerations* in subsection (2) und *additional considerations* in subsection (3), wie die *best interests* vor dem Hintergrund von s 60B FLA bestimmt werden können[1172]. Vorrangig zu berücksichtigen sind entsprechend ihrer Bezeichnung die *primary considerations*[1173]. Für die Rangfolge innerhalb der *primary considerations* bestimmt s 60CC(2A) FLA, dass der Schutz vor physischen und psychischen Beeinträchtigungen einer tiefer gehenden Beziehung zu beiden Elternteilen vorgeht.

Insbesondere verdient s 60CC(3)(a) FLA Beachtung. Hier wird den Ansichten des Kindes bei Auffinden der *best interests* des Kindes grundsätzlich Bedeutung beigemessen, während die Tragweite dieser Ansichten wiederum im Ermessen des Gerichts liegt und von weiteren Faktoren wie der geistigen Reife des Kindes abhängt[1174].

Explizit als Rechte des Kindes werden in s 60B(2) FLA das Recht, beide Elternteile zu kennen und von diesen betreut zu werden, und das Recht, regelmäßig mit beiden Elternteilen und anderen für das Kind bedeutsamen Personen Zeit zu verbringen und zu kommunizieren, genannt[1175]. Diese Rechte des Kindes werden auch in s 60CC(3)(e) FLA aufgegriffen[1176].

Sind mehrere Kinder von der Entscheidung des Gerichts in Angelegenheiten eines Kindes betroffen, gilt zwar das *best interests principle* nur demjenigen Kind gegenüber, das Grund der Entscheidung des Gerichts ist[1177], die übrigen Kinder

---

1170 So beispielsweise in *B and R and the Separate Representative* [1995] FLC 92–636; siehe auch *In the Marriage of Morrison* [1995] FLC 92–639 at 82,448; *Dickey*, Family Law, Rn. 23.50.

1171 *Harland et al.*, Family Law Principles, Rn. 8.30.

1172 *Dickey*, Family Law, Rn. 23.70 ff.; *Mills/Ebejer*, Family Law, Rn. 5.39.

1173 *In the Marriage of Mulvany and Lane* [2009] FLC 93–404 at 83,450–83,451; *Champness v Hanson* [2009] FLC 93–407 at 83,502; *Dickey*, Family Law, Rn. 23.160; *Livermore*, The Family Law Handbook, S. 249.

1174 *Dickey*, Family Law, Rn. 24.240; *Livermore*, The Family Law Handbook, S. 252. Mit zahlreichen Beispielen aus der Rechtsprechung auch *Harland et al.*, Family Law Principles, Rn. 8.120.

1175 *Dickey*, Family Law, Rn. 23.210.

1176 *Dickey*, Family Law, Rn. 23.210. Wichtig in diesem Zusammenhang ist die explizite Bezeichnung als Rechte der Kinder hinsichtlich s 43(1)(c) FLA, der zufolge das Gericht die Rechte der Kinder zu schützen hat. Werden Rechte der Kinder auch ausdrücklich als solche bezeichnet, kann ihnen vor diesem Hintergrund eine tragende Rolle beigemessen werden, *Dickey*, Family Law, Rn. 23.210.

1177 *Harland et al.*, Family Law Principles, Rn. 8.60.

werden jedoch über s 43(1)(c) FLA, die dem Gericht die Verpflichtung auferlegt, zu beachten, dass das Wohl von Kindern zu fördern ist, ebenfalls geschützt[1178].

(2) Arten der *parenting order*

Die einzelnen Bereiche, in denen eine *parenting order* erfolgen kann, sind in s 64B(2) FLA festgelegt. Hierzu zählt zunächst gem. s 64B(2)(a) FLA die Anordnung, bei welcher Person oder welchen Personen das Kind leben soll. Unter einer Person ist in dieser subsection gem. s 64B(2) FLA ein Elternteil oder eine sonstige Person zu verstehen. Wurden daneben keine weiteren Anordnungen bezüglich der Erziehung des Kindes getroffen und ist deren Regelung unklar, so gilt die Person, mit der das Kind zusammenlebt, über s 61D(2)(b) FLA als verantwortlich[1179]. S 64B(2)(b) FLA ermöglicht Anordnungen bezüglich der Zeit, die ein Kind mit einer anderen Person oder anderen Personen verbringen soll. S 64B(2)(c) FLA bezieht sich auf Anordnungen, die die Zuweisung der *parental responsibility* für das Kind betreffen. Als mögliche Adressaten der Zuteilung der einzelnen Bereiche kommen Elternteile, aber auch sonstige Personen in Betracht[1180]. Des Weiteren wird in s 64B(2)(d) FLA festgelegt, dass eine Anordnung dahingehend möglich ist, die Form der Beratung mehrerer die *parental responsibility* innehabender Personen, die über die Ausübung dieser Verantwortung zu entscheiden haben, zu bestimmen. In s 64B(2)(e) FLA findet sich die Möglichkeit einer Anordnung hinsichtlich der Kommunikation des Kindes mit einer anderen Person oder anderen Personen. S 64B(2)(f) FLA bezieht sich auf den Kindesunterhalt. S 64B(2)(g) und (h) FLA regeln Anordnungen bezüglich der erforderlichen Schritte zur Abänderung einer *order* sowie zum Vorgehen bei Streitfragen bezüglich einer solchen. S 64B(2)(i) FLA enthält eine Auffangklausel für sonstige Pflege, Wohl und Entwicklung des Kindes sowie die *parental responsibility* betreffende Anordnungen[1181]. Jedoch darf die Freiheit des Elternteils nicht ohne Weiteres eingeschränkt werden, es muss vielmehr eine direkte Beziehung zwischen Anordnung und Wohl des Kindes herzustellen sein[1182].

Gem. s 64B(1)(b) FLA ist die auf eine bestehende *parenting order* bezogene Anordnung wiederum eine *parenting order*.

(3) Vermutung der *equal shared parental responsibility*

S 61DA(1) FLA enthält die Vermutung der *equal shared parental responsibility*, die besagt, dass es grundsätzlich den *best interests* des Kindes entspricht, wenn die Eltern die *parental responsibility* für das Kind gleichberechtigt teilen[1183]. Nicht

1178 *Dickey*, Family Law, Rn. 23.240.
1179 *In the Marriage of B* [1997] FLC 92–755 at 84,217; *Dickey*, Family Law, Rn. 21.60.
1180 *Dickey*, Family Law, Rn. 21.80.
1181 *Dickey*, Family Law, Rn. 21.90.
1182 *Jacks v Samson* [2008] FLC 93–387 at 83,010; *Dickey*, Family Law, Rn. 21.90.
1183 *Dickey*, Family Law, Rn. 21.100; *Livermore*, The Family Law Handbook, S. 243.

gemeint ist, dass beide Elternteile gleich viel Zeit mit dem Kind verbringen[1184]. Die Vermutung gilt nach s 61DA(3) FLA grundsätzlich unabhängig davon, ob die Anordnung nur vorläufige oder endgültige Wirkung entfaltet.

Von der Vermutung kann entweder nach s 61DA(2) FLA bei Annahme von Kindesmissbrauch oder häuslicher Gewalt abgewichen werden. In diesen Fällen wird die Vermutung gar nicht erst angewandt. Oder sie kann gem. s 61DA(4) FLA dadurch widerlegt werden, dass das Gericht zu der Erkenntnis gelangt, dass eine gleichberechtigte Aufteilung dieser Rechte und Pflichten auf beide Elternteile nicht den *best interests* des Kindes entspricht[1185]. Letzteres wird anhand von s 60CC FLA untersucht[1186].

Die Anwendung dieser Vermutung bei der gerichtlichen Anordnung regelt s 65 DAA FLA. Danach muss das Gericht prüfen, ob das Kind gleich viel Zeit oder, wenn dies gem. s 65DAA(2) FLA nicht sachgerecht ist[1187], wichtige und wesentliche Zeit mit beiden Elternteilen verbringen soll[1188]. Durch das Merkmal der wichtigen und wesentlichen Zeit soll beiden Elternteilen gegenüber gewährleistet werden, am Alltag des Kindes teilzuhaben[1189]. S 65DAA(3) FLA führt dieses Merkmal näher aus. Gemäß der Norm sind damit Tage gemeint, die an Wochenenden und in den Ferien, aber auch Tage, die außerhalb dieser Zeit liegen. Des Weiteren zählen dazu der Alltag des Kindes und bestimmte Ereignisse und Anlässe, die einen besonderen Stellenwert für das Kind, sowie auch solche, die einen besonderen Stellenwert für den Elternteil haben. Diese Aufzählung ist nicht abschließend, vielmehr gestattet s 65DAA(4) FLA die Einbeziehung weiterer Kriterien durch das Gericht[1190].

Das Gericht hat nicht nur auf die *best interests* des Kindes zu achten, sondern gem. s 65DAA(5) FLA auch die praktische Umsetzbarkeit der *equal shared parental responsibility* zu prüfen.

(4) Charakter der *parenting order*

Parenting orders binden grundsätzlich jedermann[1191]. Sie haben nie endgültigen Charakter, vielmehr können sie über s 65D(2) FLA nachträglich geändert werden[1192].

1184 *Mills/Ebejer*, Family Law, Rn. 5.18.

1185 Sollte die Vermutung durch das Gericht als nicht anwendbar erachtet werden, kann es dennoch zu der Entscheidung kommen, dass es den *best interest* des Kindes entspricht, wenn die Zeit, die die Eltern mit dem Kind verbringen, auf beide Elternteile gleichmäßig verteilt wird. Dazu *In the Marriage of Goode* [2006] FLC 93–286 at 80,895, 80,908; *Dickey*, Family Law, Rn. 21.210.

1186 *Fehlberg/Behrens*, Australian Family Law: The Contemporary Context, S. 266.

1187 *Harland et al.*, Family Law Principles, Rn. 8.90.

1188 *Livermore*, The Family Law Handbook, S. 245.

1189 *Dickey*, Family Law, Rn. 21.190.

1190 *Harland et al.*, Family Law Principles, Rn. 8.90.

1191 *Dickey*, Family Law, Rn. 21.230.

1192 *Dickey*, Family Law, Rn. 21.240.

(5) Ausschluss der Anordnung einer *parenting order*

Gem. s 65H(1) und (2) FLA ist eine *parenting order* ausgeschlossen beziehungsweise entfaltet sie keine Wirkung mehr, wenn das Kind das 18. Lebensjahr vollendet hat, es in einem Alter von unter 18 Jahren geheiratet hat oder in einer nichtehelichen Lebensgemeinschaft lebt. Das Gericht kann Letzteres gem. s 65H(3) FLA feststellen. Des Weiteren verliert die *parenting order* grundsätzlich ihre Wirkung bei Adoption des Kindes gem. s 65J(2) FLA[1193], durch Tod des Kindes[1194] sowie gem. s 64D(1), (2) FLA durch einen später erstellten *parenting plan* der Eltern, soweit dieser eine Regelung enthält, die mit der *order* nicht übereinstimmt[1195].

(6) Entscheidungsspielraum des Gerichts bei der Anordnung einer *parenting order*

Im Folgenden stellt sich die Frage, in welchem Umfang dem Gericht bei der Anordnung einer *parenting order* ein Entscheidungsspielraum zukommt.

(a) Voraussetzungen von section 65D(1) *Family Law Act 1975* (Cth.)

Das Gericht kann gem. s 65D(1) FLA vorbehaltlich der ss 61DA und 65DAB FLA grundsätzlich solche *parenting orders* erteilen, die es für angemessen hält, und hat dementsprechend einen weiten Entscheidungsspielraum[1196]. Eingeschränkt wird dies allerdings durch die an dieser Stelle im Gesetz genannten Merkmale. Das Gericht muss die Vermutung der *equal shared parental responsibility* beachten[1197]. Des Weiteren muss das Gericht auch auf Vereinbarungen bezüglich der *parental responsibility* zwischen den Eltern Rücksicht nehmen, sofern dies den *best interests* des Kindes dient[1198]. Darüber hinaus muss die Anordnung des Gerichts mit den Vorschriften des Pt. VII Div. 6 FLA übereinstimmen[1199]. Schließlich muss die Anordnung auch angemessen sein[1200]. Vor dem Hintergrund des Pt. VII FLA ist die Anordnung angemessen, wenn sie eindeutig dem Kindeswohl dient[1201]. Die vorrangige Berücksichtigung des Kindeswohls ist s 60CA FLA zu entnehmen und wird in s 65AA FLA wiederholt verdeutlicht[1202].

1193 *Dickey*, Family Law, Rn. 21.620.
1194 *Dickey*, Family Law, Rn. 21.630.
1195 *Dickey*, Family Law, Rn. 21.640.
1196 *Dickey*, Family Law, Rn. 21.350.
1197 *Dickey*, Family Law, Rn. 21.350.
1198 Die Möglichkeit derartiger Vereinbarungen, der *parenting plans*, zwischen den Eltern eröffnet Pt. VII Div. 4 FLA, *Dickey*, Family Law, Rn. 20.30 ff., 21.350, 21.460. Zu den Voraussetzungen eines *parenting plans* gem. s 63C FLA *Mills/Ebejer*, Family Law, Rn. 5.29.
1199 *Dickey*, Family Law, Rn. 21.350.
1200 *Dickey*, Family Law, Rn. 21.350.
1201 *VR v RR* [2002] FLC 93–099 at 88,940; *Dickey*, Family Law, Rn. 21.350.
1202 *Dickey*, Family Law, Rn. 21.360.

Eine *parenting order* kann gem. s 64C FLA sowohl zugunsten eines Elternteils als auch zugunsten einer sonstigen Person erfolgen. Voraussetzung ist, dass die betroffene Person gewillt ist, die Verantwortung zu tragen[1203]. Andernfalls ist ein anderer Verantwortungsträger zu wählen[1204].

Weist das betreffende Kind die erforderliche geistige Reife auf, bestimmte Entscheidungen selbst zu treffen, so kann das Gericht zwar diesbezüglich Anordnungen treffen, die Ausübung der *parental responsibility* ist jedoch entsprechend eingeschränkt[1205].

Weiter ist gem. s 61F FLA auf die kulturellen Gegebenheiten der Ureinwohner Australiens Rücksicht zu nehmen, sofern diese für die Anordnung von Relevanz sind[1206].

Trotz des grundsätzlich weiten Entscheidungsspielraums ist es gängige Praxis, dass das Gericht hinsichtlich einer Anordnung, die von bei entsprechenden Anträgen gewöhnlich getroffenen Anordnungen abweichen könnte, den Parteien Raum zur Einwirkung auf die Entscheidung gibt[1207].

(b) Anwendungsmöglichkeiten der section 65D(1) *Family Law Act 1975* (Cth.)

Parenting orders können bewirken, dass die *parental responsibility* zum Teil oder im Ganzen auf eine oder auf mehrere Personen übertragen wird[1208]. Wird sie auf mehrere Personen übertragen, wird angestrebt, die beteiligten Personen bei ihrer Entscheidungsfindung zur Kooperation im Sinne von s 65DAC FLA zu bewegen[1209]. Diese Konstellation ist abzugrenzen von dem Fall, dass das Gericht die gemeinsame Ausübung der *parental responsibility* nicht anordnet, sie aber dennoch von zwei Personen als Folge von s 61C FLA ausgeübt wird[1210]. Hier bleibt es den Beteiligten überlassen, ob die Ausübung gemeinsam oder unabhängig voneinander erfolgt[1211].

Möglich ist auch eine Aufteilung der Verantwortung in zeitlicher Hinsicht[1212]. Es können sowohl kurzzeitige als auch langfristige Aspekte der *parental responsibility* Gegenstand der Anordnung sein[1213].

1203 *Faulkner v McPherson* [1995] 120 FLR (Eng.) 64 at 69; *Re CP* [1997] FLC 92–741 at 83,991; *W v G (No 1)* [2005] FLC 93–247 at 80,050; *Secretary, Department of Health and Human Services v Ray* [2010] FLC 93–457 at 85,249; *Dickey*, Family Law, Rn. 21.370.

1204 *W v G (No 1)* [2005] FLC 93–247 at 80,050–80,051; *Dickey*, Family Law, Rn. 21.370.

1205 *Dickey*, Family Law, Rn. 21.390.

1206 *Dickey*, Family Law, Rn. 21.400.

1207 *Dickey*, Family Law, Rn. 21.410.

1208 *Dickey*, Family Law, Rn. 21.470.

1209 *Harland et al.*, Family Law Principles, Rn. 7.90.

1210 *Fehlberg/Behrens*, Australian Family Law: The Contemporary Context, S. 258.

1211 *Fehlberg/Behrens*, Australian Family Law: The Contemporary Context, S. 258.

1212 *Dickey*, Family Law, Rn. 21.480.

1213 *Dickey*, Family Law, Rn. 21.490.

(c) Ausübung von *parental responsibility* durch das Gericht selbst

Dem weiten Ermessensspielraum ist es geschuldet, dass das Gericht auch selbst Teile der *parental responsibility* ausüben kann[1214]. In der Praxis treffen Gerichte solche Entscheidungen allerdings mit Zurückhaltung und nur in den Fällen, in denen eine Entscheidung der sonst zuständigen Person offensichtlich den *best interests* des Kindes zuwiderliefe[1215].

(d) Einbeziehung eines *family consultant*

Darüber hinaus besteht die Möglichkeit, dass das Gericht die Ausübung der *parental responsibility* durch einen *family consultant*[1216] überprüfen beziehungsweise unterstützen lässt, wenn dies den *best interests* des Kindes dient[1217].

bb) Welfare order *gem. section 67ZC(1)* Family Law Act 1975 *(Cth.)*

Als zweite Möglichkeit einer gerichtlichen Anordnung zugunsten der *best interests* des Kindes kommt die *welfare order* gem. s 67ZC(1) FLA in Betracht.

(1) Parens-Patriae-Prinzip des *Common Law* als Ursprung der *welfare order*

Sie beruht auf dem Parens-Patriae-Prinzip des *Common Law*, dem zufolge der Staat befugt ist, diejenigen Personen, die aus rechtlichen Gründen nicht in der Lage sind, zu ihren Gunsten selbst zu handeln, zu schützen[1218].

(2) Beschränkung des Anwendungsbereichs durch Gesetzgebungskompetenzen

Die Gesetzgebung bezüglich der *welfare order* muss wie auch der übrige FLA entweder über s 51(xxi) oder 51(xxxvii) *Constitution* gedeckt sein[1219]. Die Bundesstaaten nahmen bislang in Bezug auf *welfare orders* keine Übertragung der Angelegenheiten nichtehelicher Kinder auf das Commonwealth Parlament vor[1220]. Aus diesem Grund kann s 67ZC FLA nur auf Sachverhalte angewandt werden, die eheliche Kinder betreffen, für nichteheliche Kinder gilt in dieser Hinsicht das Recht der Bundesstaaten[1221].

1214 *In the Marriage of Palmer and Chapman* (1978) 34 FLR 405; *Dickey*, Family Law, Rn. 21.500.

1215 *VR v RR* [2002] FLC 93–099 at 88,940; *Dickey*, Family Law, Rn. 21.500.

1216 Eine Definition des *family consultant* findet sich in s 11B FLA.

1217 *Dickey*, Family Law, Rn. 21.530.

1218 *Mills/Ebejer*, Family Law, Rn. 5.23.

1219 *Dickey*, Family Law, Rn. 22.30.

1220 *Fehlberg/Behrens*, Australian Family Law: The Contemporary Context, S. 73 f.

1221 *Fehlberg/Behrens*, Australian Family Law: The Contemporary Context, S. 73 f.

(3) Sachlicher Anwendungsbereich

Auf diese Art von Anordnung kann nur zurückgegriffen werden, sofern die *parenting order* nicht anwendbar oder unzureichend ist, um das Wohl des Kindes zu schützen[1222]. Auch die *welfare order* betrifft im Wesentlichen die *parental responsibility* und damit die Beziehung zwischen Eltern und Kind[1223].

Fraglich ist, in welchen Fällen die *parenting order* nicht anwendbar ist, weil die Befugnis zur Entscheidung eines Sachverhalts nicht unter die *parental responsibility* fällt und daher auf die *welfare order* zurückgegriffen werden muss. Vor dem Hintergrund des weiten Anwendungsbereichs der *parenting orders* wird die Grenze zum Anwendungsbereich der *welfare orders* in der juristischen Literatur teilweise als unklar beschrieben[1224]. Zur Grenzziehung bedient man sich in der Literatur der Gerichtsentscheidungen zu *welfare orders*[1225]. Hauptsächlich wurden *welfare orders* in der Vergangenheit auf Sachverhalte angewandt, die die Sterilisation von weiblichen Minderjährigen mit geistiger Behinderung betrafen[1226]. Daneben wurde auch in Bezug auf Entscheidungen über Knochenmarkspenden[1227]und die Anordnung einer Hormontherapie aufgrund Geschlechtsidentitätsstörung[1228] von *welfare orders* Gebrauch gemacht.

Bezüglich medizinischer Maßnahmen ist der Rechtsprechung des High Court of Australia zu entnehmen, dass eine gerichtliche Zustimmung bei einem Eingriff stets erforderlich ist, der das Risiko einer Fehlentscheidung in sich birgt[1229]. Einerseits kann dies im Hinblick auf das aktuelle oder künftige Einverständnis des Kindes mit der Entscheidung der Fall sein[1230]. Im Besonderen zeigt sich dieses Risiko aber bei gravierenden Folgen einer falschen Entscheidung[1231]. Daneben wird der Rechtsprechung des High Court of Australia zufolge der Rahmen der *parental responsibility* bei invasiven, irreversiblen und bedeutsamen Operationen des Kindes überschritten[1232].

1222 *Dickey*, Family Law, Rn. 21.10.

1223 *Re Bernadette* [2011] FLC 93–463 at 85,584–85,585; *Dickey*, Family Law, Rn. 22.80.

1224 *Fehlberg/Behrens*, Australian Family Law: The Contemporary Context, S. 74 mit anschließendem Versuch der Eingrenzung des Anwendungbereichs in *Fehlberg/Behrens*, Australian Family Law: The Contemporary Context, S. 74 ff.

1225 *Fehlberg/Behrens*, Australian Family Law: The Contemporary Context, S. 261 f.

1226 Im Detail *Fehlberg/Behrens*, Australian Family Law: The Contemporary Context, S. 74.

1227 *In the Marriage of GWW and CMW* (1997) 21 Fam LR 612, *Fehlberg/Behrens*, Australian Family Law: The Contemporary Context, S. 74.

1228 *Re Alex (hormonal treatment for gender identity dysphoria)* (2004) 31 Fam LR 503, *Fehlberg/Behrens*, Australian Family Law: The Contemporary Context, S. 74 f.

1229 *Secretary, Department of Health and Community Services v JWB and SMB* (1992) 175 CLR 218. *Fehlberg/Behrens*, Australian Family Law: The Contemporary Context, S. 261.

1230 *Mills/Ebejer*, Family Law, Rn. 5.23.

1231 *Mills/Ebejer*, Family Law, Rn. 5.23.

1232 *Secretary, Department of Health and Community Services v JWB and SMB* (1992) 175 CLR 218; *Fehlberg/Behrens*, Australian Family Law: The Contemporary Context, S. 261.

Als Standardbeispiel aus der Rechtsprechung gilt diesbezüglich die Gestattung der Sterilisation des Kindes, die aus nicht therapeutischen Zwecken vorgenommen werden kann, sofern dies den *best interests* des Kindes entspricht[1233]. Die Anwendung von *welfare orders* auf diesen und vergleichbare Sachverhalte wird mit der Irreversibilität der Entscheidung begründet[1234].

Welfare orders können sowohl in Fällen erfolgen, in denen Eltern die Entscheidung über die Angelegenheit nicht zusteht, als auch in solchen, in denen die Eltern grundsätzlich entscheidungsbefugt wären[1235]. Relevant sind die *best interests* des Kindes[1236].

(4) Personaler Anwendungsbereich

Mangels gesetzlicher Angaben in den Regelungen zur *welfare order* ist zur Bestimmung der Altersgrenze in Bezug auf das betreffende Kind die Rechtsprechung des Family Court of Australia heranzuziehen, der zufolge die Grenze bei 18 Jahren liegt[1237].

(5) Inhaltliche Ausgestaltungsmöglichkeiten der *welfare order*

Inhalt dieser Anordnung kann jedwede Bestimmung sein, die das Gericht im Hinblick auf Pflege, Schutz und Wohl des Kindes für angemessen hält, sofern ihr zu entnehmen ist, auf welches unmittelbare Recht oder auf welche unmittelbare Pflicht sie gestützt wird[1238].

c) Zusammenfassung

Wirkt sich religiös motiviertes Verhalten von Eltern nachteilig auf ihr Kind aus, hat der Family Court of Australia die Möglichkeit, entweder mittels *parenting orders* gem. s 64B(1) FLA oder subsidiär anzuwendenden *welfare orders* gem. s 67ZC(1) FLA dergestalt auf den Verantwortungsbereich der Eltern einzuwirken, dass die in dieser Hinsicht primär zu berücksichtigenden Belange des Kindes geschützt werden.

1233 *Secretary, Department of Health and Community Services v JWB and SMB* (1992) 175 CLR 218. *Dickey*, Family Law, Rn. 22.70.

1234 *Harland et al.*, Family Law Principles, Rn. 7.80.

1235 *Mills/Ebejer*, Family Law, Rn. 5.23.

1236 *Mills/Ebejer*, Family Law, Rn. 5.23.

1237 *Re Bernadette* [2011] FLC 93–463 at 85,586, 85,588, 85,589; *Dickey*, Family Law, Rn. 22.50.

1238 *HR and DR and Minister for Immigration and Multicultural and Indigenous Affairs* [2003] FLC 93–156 at 78,576. Dies folgt aus den verfassungsrechtlichen Vorgaben in ss 75, 76 und 77 *Constitution*, so *Dickey*, Family Law, Rn. 22.20. Im Besonderen bei dritten Personen muss diesem Grundsatz entsprechend deutlich gemacht werden, auf welcher Grundlage ihnen Pflichten auferlegt werden, *Re Bernadette* [2011] FLC 93–463 at 85,584–85,585; *Dickey*, Family Law, Rn. 22.80.

4. Einfluss des Verfassungsrechts auf familiengerichtliche Maßnahmen bei Beeinträchtigung der *best interests* durch religiös motiviertes Verhalten der Eltern

Es stellt sich nun die Frage, welche höherrangigen australischen Normen, namentlich solche der Verfassung des Commonwealth, bei der Anordnung familiengerichtlicher Maßnahmen auf Grundlage des FLA wegen Beeinträchtigung der *best interests* des Kindes durch religiös motiviertes Verhalten der Eltern zu beachten sind.

Im Gegensatz zu anderen Rechtssystemen existiert im australischen Recht keine Grundrechtecharta[1239]. Trotz zahlreicher Ansätze zu einer Erweiterung des verfassungsrechtlichen Grundrechtsschutzes blieb die Normierung von Grundrechten bis heute sporadisch[1240]. Entsprechend kommt Grundrechten in australischer Rechtsprechung und Literatur auch eine geringere Bedeutung als in anderen Rechtsordnungen zu[1241]. Vielmehr ist die Herbeiführung des Schutzes von Rechten als Resultat des Bestehens eines auf dem *Common Law* basierenden Rechtssystems weiterhin Aufgabe gewählter Organe, insbesondere der *Commonwealth* und *State Parliaments*[1242], und vor allem der unabhängigen Gerichte geblieben, die die Grundsätze des *Common Law* anwenden, weiterentwickeln und interpretieren[1243].

a) Religionsfreiheit nach section 116 Commonwealth of Australia Constitution Act

Eines der wenigen in der Verfassung genannten Grundrechte ist die Religionsfreiheit[1244]. Gleichzeitig ist es das einzige Grundrecht, dem in der vorliegenden Arbeit Beachtung zu schenken ist.

S 116 *Constitution* schränkt die Gesetzgebung zugunsten der Religionsfreiheit in vierfacher Weise ein[1245]. Die Vorschrift verbietet Recht, welches die Etablierung oder die Befolgung einer bestimmten Religion vorsieht und solches, das die freie

1239 *Saunders*, The Constitution of Australia, S. 257.

1240 *Moens/Trone*, The Constitution of the Commonwealth of Australia Annotated, Rn. 29; *Saunders*, The Constitution of Australia, S. 257, 283 f.

1241 *Saunders*, The Constitution of Australia, S. 257.

1242 *Saunders*, The Constitution of Australia, S. 262 ff.

1243 *Saunders*, The Constitution of Australia, S. 260, 268; *Zines*, The High Court and the Constitution, S. 567 ff. Auf das entsprechende Fallrecht wird im Rahmen der Besprechung der einzelnen Fallgruppen im weiteren Verlauf der Arbeit eingegangen. Die bis heute beibehaltene Relevanz der Rechtsprechung für den Schutz elementarer Rechte macht eine Darstellung der Rechtsprechung zu familiengerichtlichen Maßnahmen bei Kindeswohlgefährdung aufgrund religiös motivierten Verhaltens der Eltern geradezu erforderlich.

1244 *Fehlberg/Behrens*, Australian Family Law: The Contemporary Context, S. 297.

1245 *Pyke*, Constitutional Law, Rn. 14.8.

Religionsausübung verhindert. Ebenfalls untersagt wird die Durchführung eines Religionstests als Voraussetzung für den Zugang zu öffentlichen Ämtern.

Natürliche Personen und Religionsgemeinschaften werden über die Verfassungsvorschrift hinaus dadurch vor Beeinträchtigung ihres Glaubens und dessen Ausübung durch das Commonwealth geschützt, dass in dem für das Commonwealth geltenden Zuständigkeitskatalog Angelegenheiten, die die Religion betreffen, fehlen[1246]. Insofern ist ein spezieller Schutz über s 116 *Constitution* nur in den Fällen relevant, in denen das Commonwealth von einer seiner Gesetzeskompetenzen Gebrauch macht und dadurch einen in dieser Vorschrift genannten Glaubensaspekt tangiert[1247].

Dass dem Verfassungswortlaut zufolge nur Gesetze, die für[1248] eine der drei genannten Varianten eingesetzt werden, in den Anwendungsbereich der Norm fallen, verdeutlicht, dass das untersagte Ergebnis zumindest einen der Gesetzeszwecke der verbotenen Gesetze darstellen muss[1249].

Die Norm schützt nicht nur die Religionsfreiheit, sondern auch das Recht, keiner Religion anzugehören[1250].

b) Normadressaten

Die Vorschrift ist zwar unter Kapitel V der Verfassung mit dem Titel „The States" normiert, richtet sich aber nicht an die Staaten, sondern ihrem Wortlaut entsprechend nur an das Commonwealth[1251]. Der Standort der Norm ist ein Relikt unterschiedlicher Gesetzesentwürfe im Laufe der Normentstehung[1252]. Ursprünglich sollten auch die Staaten in die Vorschrift einbezogen werden[1253]. Um vor dem Hintergrund der Nennung des christlichen Gottes, des „Almighty God", in der Präambel der Verfassung zu betonen, dass das Commonwealth im Umgang mit Religion Einschränkungen unterliegt, entschied man sich schließlich dafür, allein das Commonwealth zu nennen[1254]. Den Staaten sollte weiterhin ihre Freiheit in

---

1246 *Pyke*, Constitutional Law, Rn. 14.8.

1247 *Pyke*, Constitutional Law, Rn. 14.8.

1248 Im Originalwortlaut ist dies unmissverständlich durch das Wort „for" ausgedrückt.

1249 *Pyke*, Constitutional Law, Rn. 14.8.2.

1250 *Adelaide Company of Jehovah's Witnesses Inc v Commonwealth* (1943) 67 CLR 116 at 123; *Blackshield/Williams*, Australian Constitutional Law and Theory, S. 1166.

1251 *Moens/Trone*, The Constitution of the Commonwealth of Australia Annotated, Rn. 796.

1252 *Pyke*, Constitutional Law, Rn. 14.8.

1253 *Kruger v Commonwealth* (1997) 190 CLR 1 at 60; *Guy*, Constitutional Law Principles, Rn. 6.310.

1254 *Kruger v Commonwealth* (1997) 190 CLR 1 at 60; *Guy*, Constitutional Law Principles, Rn. 6.310.

der Gesetzgebung in Religionsangelegenheiten gewährt werden, was sich aus der Position der Norm und der nicht erfolgten Nennung der Staaten ableiten lässt[1255].

c) *Definition von Religion und Religionsausübung*

Die Charakteristika von Religion und Religionsausübung wurden in der diesbezüglichen Leitentscheidung, einer Entscheidung zur Steuerbefreiung Scientologys aus Religionsgründen, grundlegend diskutiert[1256]. Zuvor galt das Definieren dieser Begriffe als schwierig, wenn nicht gar unmöglich[1257]. Dennoch wagte man auch früher schon den Ansatz einer Umschreibung von Religion als System von Glaubensinhalten oder Behauptung von Glaubenslehren, welche einen Verhaltenskodex oder eine Art Ritual oder religiöse Heiligung vorschreiben[1258].

Im sogenannten *Scientology Case* wurde die Notwendigkeit einer ausreichend flexiblen Definition festgestellt, um auch Minderheiten und neue Glaubensgemeinschaften einschließen zu können[1259]. Dem wird bis heute zugestimmt, daneben aber die Gefahr gesehen, dass durch eine zu weite Definition jeder Gruppe, die ihre Religiosität behauptet, der Schutz der Norm gewährt wird, statt dem Missbrauch der Religionsfreiheit schon durch eine entsprechende Definition entgegenzuwirken[1260].

Zwei der zuständigen Richter sahen zum einen den Glauben an Übernatürliches als Merkmal an[1261]. Daneben wiesen sie auf die Annahme bestimmter Verhaltensregeln zur Ausübung dieses Glaubens als weiteres Charakteristikum hin[1262].

Zwei weitere in derselben Entscheidung zuständige Richter entwickelten daraus fünf Indizien, die ihrer Ansicht nach zur Frage des Bestehens einer Religion herangezogen werden sollten[1263]. Ihnen zufolge besteht kein Erfordernis, feststehende Kriterien aufzustellen, vielmehr solle anhand flexibler Richtlinien, die dem Vergleich zu bereits anerkannten Religionen entsprängen, die Frage nach dem Vorliegen einer

---

1255 *Keyzer*, Principles of Australian Constitutional Law, Rn. 16.2.

1256 *Church of the New Faith v Commissioner for Pay-Roll Tax (Vic)* (1983) 154 CLR 120; *Keyzer*, Principles of Australian Constitutional Law, Rn. 16.6; *Moens/Trone*, The Constitution of the Commonwealth of Australia Annotated, Rn. 797.

1257 *Adelaide Company of Jehovah's Witnesses Inc v Commonwealth* (1943) 67 CLR 116 at 123.

1258 *Adelaide Company of Jehovah's Witnesses Inc v Commonwealth* (1943) 67 CLR 116 at 124.

1259 *Church of the New Faith v Commissioner for Pay-Roll Tax (Vic)* (1983) 154 CLR 120 at 123; *Guy*, Constitutional Law Principles, Rn. 6.350.

1260 *Keyzer*, Principles of Australian Constitutional Law, Rn. 16.6.

1261 *Church of the New Faith v Commissioner for Pay-Roll Tax (Vic)* (1983) 154 CLR 120 at 134.

1262 *Church of the New Faith v Commissioner for Pay-Roll Tax (Vic)* (1983) 154 CLR 120 at 135.

1263 *Church of the New Faith v Commissioner for Pay-Roll Tax (Vic)* (1983) 154 CLR 120 at 174.

Religion zu beantworten sein[1264]. Diesen Richtern zufolge sind Indizien für das Vorliegen einer Religion der Glaube an Übernatürliches, bestimmte Vorstellungen bezüglich der Natur des Menschen und seinem Platz im Universum und der Beziehung zu übernatürlichen Dingen, einem auf dieser Grundlage vorgeschriebenen Verhaltenskodex oder Bräuche, die einen übernatürlichen Sinn hätten, sowie eine identifizierbare Gruppe oder mehrere Gruppen von Anhängern dieser Anschauung[1265]. Schließlich wurde als ein weiteres, von den Richtern aber selbst für angreifbar gehaltenes Indiz genannt, dass die Anhänger ihre Vorstellungen und Bräuche selbst als Religion ansehen[1266]. Die Richter hoben hervor, dass je nach Einzelfall auch Bedarf an einem offeneren Religionsbegriff bestehen könne als demjenigen, den sie durch ihre Indizien skizzierten[1267].

Auf einen solchen weiter gefassten Begriff ging der fünfte Richter ein. Er sprach sich dafür aus, festzustellen, welches die Mindestvoraussetzungen seien, um von einer Religion ausgehen zu können[1268].

Er hielt es im Einzelfall für möglich, eine Institution schon dann als Religion anzuerkennen, wenn sie ihre Religiosität behaupte und gleichzeitig wiederauflebende oder früheren ähnelnde Glaubenssätze und Kulte ausgemacht werden könnten oder die Behauptung aufgestellt werde, an übernatürliches Sein zu glauben, oder das Angebot gemacht werde, einen Weg zu finden, Bedeutung und Ziel des Lebens zu erkennen[1269].

d) *Auslegung des Begriffs „law" in section 116* Commonwealth of Australia Constitution Act

Der Wortlaut der Norm, „The Commonwealth shall not make any law", lässt erkennen, dass die ersten drei Varianten nur die Gesetzgebung, nicht aber Verwaltungshandeln einschränken sollen[1270]. Allerdings ist auch Verwaltungshandeln, das sich im Rahmen der gesetzlichen Befugnisse hält, mittelbar von s 116 *Constitution* betroffen, wenn es auf Grundlage eines gegen die Verfassungsnorm verstoßenden Gesetzes erfolgt[1271].

1264 *Church of the New Faith v Commissioner for Pay-Roll Tax (Vic)* (1983) 154 CLR 120 at 173–174.
1265 *Church of the New Faith v Commissioner for Pay-Roll Tax (Vic)* (1983) 154 CLR 120 at 174.
1266 *Church of the New Faith v Commissioner for Pay-Roll Tax (Vic)* (1983) 154 CLR 120 at 174.
1267 *Church of the New Faith v Commissioner for Pay-Roll Tax (Vic)* (1983) 154 CLR 120 at 173.
1268 *Church of the New Faith v Commissioner for Pay-Roll Tax (Vic)* (1983) 154 CLR 120 at 151.
1269 *Church of the New Faith v Commissioner for Pay-Roll Tax (Vic)* (1983) 154 CLR 120 at 151.
1270 *Pyke*, Constitutional Law, Rn. 14.8.2.
1271 *Pyke*, Constitutional Law, Rn. 14.8.2.

Die direkte Anwendung der Norm auch auf die Rechtsprechung wurde in *New v New* durch den High Court of Australia im Jahre 1982 mit dem Argument verneint, dass sich die Vorschrift dem Wortlaut nach auf Gesetze beziehe, nicht aber auf Richter[1272].

Dies ergänzen *Williams* und *Hume* allerdings dahingehend, dass nach der gegenwärtig maßgeblichen Rechtsprechung durch s 116 *Constitution* nicht die rein gerichtlichen Befugnisse beschränkt würden[1273]. Als Beispiel hierfür wird im Unterschied zur Befugnis zur Interpretation und Anwendung von Gesetzen die gerichtliche Befugnis genannt, das *Common Law* festzulegen[1274]. Ihnen zufolge könne dies zu dem Schluss führen, dass das *Common Law* nicht den Garantien in s 116 *Constitution* entsprechen müsse[1275]. Die in s 116 *Constitution* erkennbar ausgedrückten Werte könnten dennoch in der Lage sein, die Entwicklung des *Common Law* zu lenken, wenn dies nicht gar notwendigerweise erfolge[1276].

e) *Besonderheiten einzelner Varianten der section 116* Commonwealth of Australia Constitution Act

Einige der Varianten in s 116 *Constitution* weisen Besonderheiten auf.

aa) *Etablieren einer bestimmten Religion*

Die erste Variante der Norm dient dazu, das Errichten und Anerkennen einer Staatskirche sowie das Bevorteilen einer Religion anderen Religionen gegenüber zu verhindern[1277]. Soweit dieser Rahmen eingehalten wird, steht es dem Commonwealth frei, Religionen anzuerkennen und zu unterstützen[1278]. S 116 *Constitution* verhindert nicht, dass das Commonwealth Gesetze in ihm unterliegenden Bereichen erlässt, die aus rechtlichen Gründen einige Religionen anerkennen, während andere nicht anerkannt werden[1279].

1272 *New v New*, High Court of Australia, Special Leave Application 5 March 1982; *Moens/Trone*, The Constitution of the Commonwealth of Australia Annotated, Rn. 796.

1273 *Williams/Hume*, Human Rights Under the Australian Constitution, S. 260.

1274 *Williams/Hume*, Human Rights Under the Australian Constitution, S. 260.

1275 *Williams/Hume*, Human Rights Under the Australian Constitution, S. 260.

1276 *Williams/Hume*, Human Rights Under the Australian Constitution, S. 260. Zum selben Schluss kommt schon der Supreme Court of New South Wales in *Evers v Evers* (1972) 19 FLR 296 at 302.

1277 *Guy*, Constitutional Law Principles, Rn. 6.370; *Moens/Trone*, The Constitution of the Commonwealth of Australia Annotated, Rn. 798.

1278 *Pyke*, Constitutional Law, Rn. 14.8.3.

1279 *Keyzer*, Principles of Australian Constitutional Law, Rn. 16.9.

bb) Staatlich auferlegte religiöse Heiligung

Diese zweite Variante schließt Lücken der ersten Variante[1280]. Sie dient, wie auch die erste Variante, besonders dem Schutz des Rechts einer Person, keiner Religion angehören zu müssen[1281].

cc) Freie Religionsausübung

Die dritte Variante betont das Prinzip der Religionsfreiheit[1282]. Sie garantiert den Schutz vor Strafe und jeglicher Form von Diskriminierung aufgrund des Glaubens[1283]. Dabei bezieht sich dieser Schutz neben diskriminierenden Gesetzen auch auf solche, die den Glauben oder die Glaubensausübung erschweren[1284]. Von dieser Regelung umfasst werden sowohl der positive als auch der negative Glaube[1285].

Die Religionsfreiheit gilt allerdings nicht absolut[1286]. Die Vorschrift gewährt keine allgemeine Freistellung von Beschränkungen durch geltendes Recht aus Gründen des Glaubens[1287]. Begründet wird dies damit, dass jeglicher Schutz von Freiheit als ein Recht innerhalb einer Gesellschaft notwendigerweise das kontinuierliche Bestehen dieser Gesellschaft voraussetze[1288]. Der Schutz wird dort versagt, wo aufgrund der religiösen Einstellung geltendes Recht verletzt wird[1289] und wo unsoziales oder staatsfeindliches Verhalten die vernünftigerweise gebotene Grenze zum Schutz der Gemeinschaft und der Interessen der Gesellschaftsordnung überschreitet[1290].

Zur Frage, ob Religionsfreiheit durch ein Gesetz verletzt wird oder die Ausübung der Religionsfreiheit selbst das betreffende Gesetz verletzt, wird unter Verweis auf

---

1280 *Pyke*, Constitutional Law, Rn. 14.8.4.

1281 *Adelaide Company of Jehovah's Witnesses Inc v Commonwealth* (1943) 67 CLR 116 at 123; *Pyke*, Constitutional Law, Rn. 14.8.4.

1282 *Moens/Trone*, The Constitution of the Commonwealth of Australia Annotated, Rn. 800.

1283 *Moens/Trone*, The Constitution of the Commonwealth of Australia Annotated, Rn. 800.

1284 *Moens/Trone*, The Constitution of the Commonwealth of Australia Annotated, Rn. 800.

1285 *Moens/Trone*, The Constitution of the Commonwealth of Australia Annotated, Rn. 800.

1286 *Adelaide Company of Jehovah's Witnesses Inc v Commonwealth* (1943) 67 CLR 116 at 149–150.

1287 *Church of the New Faith v Commissioner for Pay-Roll Tax (Vic)* (1983) 154 CLR 120 at 135–136; *Pyke*, Constitutional Law, Rn. 14.8.

1288 *Adelaide Company of Jehovah's Witnesses Inc v Commonwealth* (1943) 67 CLR 116 at 131–132.

1289 *Adelaide Company of Jehovah's Witnesses Inc v Commonwealth* (1943) 67 CLR 116 at 122, 129–131.

1290 *Adelaide Company of Jehovah's Witnesses Inc v Commonwealth* (1943) 67 CLR 116 at 155. *Moens/Trone*, The Constitution of the Commonwealth of Australia Annotated, Rn. 801.

das Wort „for“ in der Norm auf den Zweck dieses Gesetzes abgestellt[1291]. Die Religionsausübung wird nur durch solche Gesetze verletzt, die den Zweck haben, die freie Religionsausübung zu unterbinden[1292].

f) Zusammenfassung

Wird auf religiös motiviertes Verhalten der Eltern, das sich nachteilig auf die Belange des Kindes auswirken kann, durch den Family Court of Australia basierend auf familienrechtlichen Vorschriften reagiert, ist mangels ausführlicher Grundrechtecharta als übergeordnetes Verfassungsrecht allein die Religionsfreiheit nach s 116 *Constitution* zu berücksichtigen.

5. Fazit

Australische Familiengerichte haben die Möglichkeit, unter Berücksichtigung der in der Verfassung verankerten Religionsfreiheit auf religiös motiviertes Verhalten von Eltern, das die *best interests* ihres Kindes beeinträchtigt, mit *parenting orders* und *welfare orders* zu reagieren.

Sämtliche Rechte und Pflichten der Eltern dem Kind gegenüber werden als *parental responsibility* zusammengefasst. Der Einfluss der Eltern nimmt mit zunehmender geistiger Reife des Minderjährigen ab. Die Vorschriften in Pt. VII FLA sollen gem. s 60B(1) FLA gewährleisten, dass die *best interests*, das heißt alle Belange, die das Wohl des Kindes betreffen, berücksichtigt werden. Das australische Recht kennt zwei wesentliche Arten von Anordnungen zum Schutz und zur Förderung des Wohls eines Kindes.

Die *parenting order* gem. s 64B(1) FLA bezieht sich auf die Ausübung der *parental responsibility*. Im Rahmen dieser Anordnung haben die *best interests* eines Kindes gem. s 60CA FLA Priorität. Die einzelnen Bereiche, in denen *parenting orders* erfolgen können, sind in s 64B(2) FLA festgelegt. S 64B(2)(i) FLA enthält eine Auffangklausel für nicht normierte Fälle von Anordnungen, die die *parental responsibility* betreffen. Gem. s 65D(1) FLA kann das Gericht grundsätzlich solche *parenting orders* erteilen, die es für angemessen hält. Eingeschränkt wird dies durch die Vermutung, dass es den *best interests* des Kindes am ehesten entspricht, wenn die Eltern die *parental responsibility* gleichberechtigt teilen. Zudem muss Rücksicht auf Vereinbarungen der Eltern untereinander genommen werden, sofern dies den *best interests* zugute kommt. Alle Aspekte der *parenting order* müssen eindeutig den *best interests* des Kindes dienen.

Daneben können mithilfe von *welfare orders* gem. s 67ZC(1) FLA ebenfalls gerichtliche Anordnungen zugunsten der *best interests* des Kindes erfolgen. Sie kommen den *parenting orders* gegenüber subsidiär zur Anwendung, wenn diese nicht anwendbar oder unzureichend sind, um das Wohl des Kindes schützen. Sie

1291 *Kruger v Commonwealth* (1997) 190 CLR 1 at 132.
1292 *Kruger v Commonwealth* (1997) 190 CLR 1 at 132.

betreffen ebenfalls die *parental responsibility. Welfare orders* können sowohl in Fällen angewandt werden, in denen Eltern die Entscheidung über die betreffende Angelegenheit nicht zusteht, als auch in solchen, in denen sie grundsätzlich entscheidungsbefugt wären. Primär zu berücksichtigen sind auch hier die *best interests* des Kindes. Denkbar ist jedwede Anordnung, die das Gericht für angemessen hält.

Aufgrund der Tatsache, dass in Australien keine Grundrechtecharta existiert und nur eine sporadische Normierung von wenigen verfassungsrechtlich gewährleisteten Rechten vorgenommen wurde, haben die in der Verfassung normierten Grundsätze eine geringere Bedeutung als in Deutschland. Einzig relevant für die Fälle, in denen durch elterliches religiös motiviertes Verhalten die *best interests* des Kindes gefährdet werden, ist die Religionsfreiheit in s 116 *Constitution.*

II. Fallgruppen der Beeinträchtigung der *best interests* des Kindes durch religiös motiviertes Verhalten der Eltern im australischen Recht

Grundsätzlich fallen Entscheidungen der Eltern über die religiöse Erziehung des Kindes in den Bereich der *parental responsibility*[1293]. Unter bestimmten Umständen kann mithilfe von *parenting orders* staatlicherseits in diesen Bereich der Erziehung eingegriffen werden[1294].

Im folgenden Abschnitt dieser Arbeit werden diejenigen Fallgruppen aus der australischen Rechtsprechung vorgestellt und besprochen, die besonders aktuell sind.

1. Homeschooling als Beeinträchtigung der *best interests* des Kindes?

Die Entscheidung der Eltern, Homeschooling aus religiösen Gründen dem Schulunterricht vorzuziehen, erhält in Australien im Gegensatz zu Deutschland keine gesteigerte Aufmerksamkeit. Gerade wegen der abweichenden rechtlichen Handhabung lohnt sich allerdings ein Blick auf diesen Teil des australischen Rechts.

a) Ausschnitte des Interviews mit Chelsea Wybrow *zu ihren persönlichen Erfahrungen mit Homeschooling in Australien*

In dem im Anhang abgedruckten Interview vom 11.04.2014 mit *Chelsea Wybrow* zieht die australische Geigenlehrerin die Bilanz des ihr im Wege des Homeschoolings erteilten Unterrichts[1295]. Im Folgenden verschaffen einige Ausschnitte des Interviews einen ersten Eindruck von Homeschooling in Australien.

1293 *Harland et al.*, Family Law Principles, Rn. 8.230.

1294 *Harland et al.*, Family Law Principles, Rn. 8.230.

1295 An dieser Stelle sei auf das im Anhang vollständig abgedruckte Interview mit *Chelsea Wybrow* verwiesen. Anhand nachfolgend vorgestellter Ergebnisse verschiedener

Sarah Jasmin Rüegg[1296]: Aus welchen Gründen haben Ihre Eltern Sie zuhause unterrichtet?

Chelsea Wybrow[1297]: Weil ich mit vier Jahren äußerst gut lesen und schreiben konnte, hatten meine Eltern das Gefühl, dass Schulunterricht Zeitverschwendung gewesen wäre. Meine Mutter hatte den Eindruck, mir mehr Möglichkeiten bieten zu können, meine Fähigkeiten auszuschöpfen, als es in konventioneller Schulumgebung der Fall gewesen wäre.

SJR: Was halten Sie davon, dass befürchtet oder unterstellt wird, dass Kinder durch Homeschooling keine hinreichende Sozialkompetenz entwickeln können? Halten Sie dies für ein triftiges Argument gegen Homeschooling?

CW: Dem stimme ich nicht zu. Wenn ein Kind sehr intelligent zu sein scheint, kann es autistische Züge haben, durch die es sozial unbeholfen wirkt. Im Fall von religiösen oder gesundheitlichen Gründen für Homeschooling kann der Mangel an sozialen Kontakten problematisch sein. Aber im Allgemeinen denke ich, dass es ein schwaches Argument ist, das von Leuten vorgetragen wird, die weder den Lebensstil des Homeschoolings verstehen noch die Gemeinschaft, die den Familien, die sich für Homeschooling entscheiden, offensteht.

SJR: Sie gingen eine Zeit lang zur Schule. Wie empfanden Sie den Übergang von Homeschooling in das Schulsystem und umgekehrt, insbesondere im Hinblick auf Lernen und soziale Kontakte?

CW: Der Übergang von Homeschooling in das Schulsystem war leicht. Die Arbeit war langweilig, die Hausaufgaben waren umfangreich und, wie ich fand, überwiegend ohne Relevanz. Die Hausaufgaben waren lästig und führten zuhause oft zu Konflikten. Während mein Leben außerhalb der Schule gedieh, war mein Leben in der Schule trostlos. Dadurch, dass ich zwei oder drei Jahre jünger als meine Klassenkameraden war, fiel ich sehr aus der Reihe. Ich wurde zu einer Kuriosität und wurde besonders von eine bestimmten Gruppe von Mädchen schikaniert. Zweieinhalb Jahre später verließ ich nach viel Widerstand meines Vaters die Schule. Ich war am Rande eines Nervenzusammenbruchs nach Jahren dürftiger Kommunikation der Lehrer. Mein Sportlehrer bekam nicht mit, dass ich so viel jünger als alle anderen war. Mein Mathelehrer bezichtigte mich der Täuschung in Tests, weil ich lediglich die Ergebnisse aufschrieb, statt die einzelnen Schritte schriftlich festzuhalten. Es war ein Fiasko und ich hätte die Schule eher verlassen sollen. Meine spätere Rückkehr in das Schulsystem im Alter von 15 Jahren war eine völlig andere Erfahrung.

---

australischer Studien zum Thema Homeschooling wird erkennbar, dass ihre Äußerungen nicht lediglich einen Einzelfall betreffen, sondern die Kernaussagen repräsentativ für die meisten zuhause unterrichteten und befragten Homeschool-Schüler sind.

1296 Im Folgenden mit *SJR* abgekürzt.

1297 Im Folgenden mit *CW* abgekürzt.

SJR: Welche Vorteile und Nachteile haben Homeschooling und das traditionelle Schulsystem in Ihren Augen?

CW: Zuhause hat man die Freiheit, den eigenen Interessen so weit wie möglich nachzugehen, ohne an einen Stundenplan, Termine und Fristen oder belanglose Vorschriften gebunden zu sein. In der Schule wird man durch andere Leute ausgebremst, man schaltet ab und lernt, sich abzukoppeln, wird ausgesondert anhand des Kriteriums der Leistungsfähigkeit.

SJR: Haben Sie jemals Vorteile des jeweils anderen Systems vermisst?

CW: Ja, absolut. Während ich zur Schule ging, verlor ich die Freiheit, meinen Interessen nachzugehen. Die Konformität und Langeweile waren erstickend.

SJR: Haben Sie positive oder negative Rückmeldungen von Lehrern zu Ihrem Lernstand durch Homeschooling erhalten?

CW: Meine Lehrer waren verblüfft. Ich war, wie gesagt, zwei bis drei Jahre jünger als meine Klassenkameraden beziehungsweise zwei bis drei Jahre weiter als gleichaltrige Schüler. Ich nahm an Mathematik- und Englischkursen der neunten Klasse teil, bis ich wieder am Unterricht der siebten Klasse teilnehmen musste, weil die Stundenpläne nicht kompatibel waren. Mein Geigenspiel war ein weiterer Bereich, in dem ich vortreffliche Leistungen erbrachte. Ich war im Grunde der talentierte Sonderling. Sie bemerkten, dass mein Erinnerungsvermögen und meine Lerngeschwindigkeit beeindruckend waren und dass ich, wenn ich an einem Thema interessiert war, außerordentlich wissbegierig war. Wenn ich kein Interesse hatte, in Geografie zum Beispiel, war es mir einerlei, durchzufallen.

SJR: Haben Sie einen Unterschied in der Art und Weise des Arbeitens zwischen Ihnen und Mitstudenten feststellen können?

CW: Ja. Ich warte nicht darauf, am Gängelband geführt zu werden.

b) Beurteilung von Homeschooling nach australischem Recht in Bezug auf die best interests *des Kindes*

Im nachfolgenden Abschnitt wird die rechtliche Anerkennung und Behandlung des Homeschoolings in Australien unter Verweis auf die historischen Wurzeln und die Verbreitung dieser Unterrichtsart dargestellt. Es lässt sich schwerlich vermeiden, die Möglichkeit einer erfolgreichen Anwendung des Homeschoolings und damit die erziehungswissenschaftliche Seite bei der im Rahmen des Rechtsvergleichs zu führenden Diskussion der unterschiedlichen rechtlichen Behandlung in Deutschland und Australien völlig außer Acht zu lassen. Einzelne praxisrelevante Aspekte des Homeschoolings finden daher im Rahmen der Berücksichtigung australischer, vorwiegend erziehungswissenschaftlicher Forschungsliteratur zu diesem Thema Beachtung. Mithilfe der dadurch gewonnenen Erkenntnisse kann gerade bei der Diskussion von Vor- und Nachteilen des Homeschoolings auf Erfahrungswerte aus der Praxis zurückgegriffen werden, statt sich lediglich auf Mutmaßungen zur Durchführbarkeit des Homeschoolings zu stützen. Die konkrete pädagogische Durchführung und die Darstellung unterschiedlicher pädagogischer Ansätze in Australien, den Unterricht zuhause zu gestalten, werden allerdings in der vorliegenden Abend aufgrund des juristischen Schwerpunkts nur im Rahmen rechtlicher Relevanz näher erläutert[1298].

aa) Begriff und Definition des Homeschoolings nach australischem Recht

In Australien werden sowohl die Begriffe *home schooling* als auch *home education* verwendet, wobei ersterer auf eine strukturierte Art des Lehrens und Lernens hindeutet[1299].

Homeschooling ist in ganz Australien als Alternative zur Schulpflicht rechtlich anerkannt[1300]. Entsprechend wurde der Begriff nicht nur durch Homeschooling-Netzwerke selbst, sondern auch in rechtlicher Hinsicht geprägt[1301].

S 129 *Education Act 2004* (ACT) versteht unter *home education* den von einem oder beiden Elternteilen zuhause durchgeführten Unterricht.

S 3 *Education Act 1990* (NSW) definiert den Begriff als Schulausbildung im Zuhause des Kindes in Abgrenzung zu Fernunterricht angeboten durch die Regierung oder eine registrierte nicht-staatliche Schule, in die das Kind eingeschult wird.

S 205 *Education (General Provisions) Act 2006* (Qld) versteht *home education* als von einem oder beiden Elternteilen oder einem registrierten Lehrer durchgeführten Unterricht des Kindes, der hauptsächlich an dem gewöhnlichen Wohnsitz des Kindes erfolgt.

Auch auf Ebene des Commonwealth wird Homeschooling in s 5C(a) und s 5C(b) *Social Security Act 1991* (Cth) erwähnt. Hiernach handelt es sich bei der Lehrperson um eine Person, deren Kind den Unterricht erhält, der im Wesentlichen den Unterricht ersetzt, den das Kind ansonsten erhalten hätte, indem es zur Schule gegangen wäre, und die den Voraussetzungen des Rechts des Staates oder Territoriums entspricht. Daraus lässt sich ableiten, dass unter Homeschooling derjenige Unterricht zu verstehen ist, der im Wesentlichen den Unterricht ersetzt, den das Kind ansonsten in der Schule erhalten hätte[1302].

1298 Angaben zu den unterschiedlichen pädagogischen Ansätzen des Homeschoolings in Australien werden etwa in *Allan/Jackson*, International Journal of Law & Education, Bd. 15: 2010, S. 57 ff. gemacht. Den Fokus auf die pädagogische Seite des Homeschoolings legen beispielsweise *Krivanek*, Children Learn at Home; *Thomas*, Educating Children at Home; *Thomas/Pattison*, How Children Learn at Home.

1299 *Allan/Jackson*, International Journal of Law & Education, Bd. 15: 2010, S. 56.

1300 *Allan/Jackson*, International Journal of Law & Education, Bd. 15: 2010, S. 56. Vgl. s 10(2)(b) *Education Act 2004* (ACT); s 5(d) *Education Act 1990* (NSW); s 20E *Northern Territory of Australia Education Act 2010* (NT); s 199 *Education (General Provisions) Act 2006* (Qld);); s 76(2)(b) *Education Act 1972* (SA); s 17 *Education Act 1994* (Tas); s 2.1.1 *Education and Training Reform Act 2006* (Vic); s 48 *School Education Act 1999* (WA).

1301 *Jackson*, More than One Way to Learn: Home Educated Students' Transitions Between Home and School, S. 5.

1302 *Allan/Jackson*, International Journal of Law & Education, Bd. 15: 2010, S. 56.

Vergleicht man die hier vorgestellten Definitionen miteinander, ist zu erkennen, dass sie voneinander abweichen. Es wird darin nicht einheitlich vorausgesetzt, dass es sich bei der Lehrperson um einen Elternteil handeln, der Unterricht zuhause stattfinden und der Lehrinhalt des Homeschoolings demjenigen staatlicher Schulen entsprechen muss[1303].

Das unterschiedliche Verständnis von Homeschooling und die damit einhergehend voneinander abweichenden Definitionen spiegeln sich auch in den später zu untersuchenden gesetzlichen Vorschriften wider[1304].

bb) Ursprung und Verbreitung von Homeschooling in Australien

Hausunterricht stellte ab dem Zeitpunkt der Besiedelung Australiens durch die Briten die ursprüngliche Form des Unterrichts dar[1305]. 1788 begann in Sydney der Brauch sogenannter *dame schools*, einer Art von Unterricht, den Frauen in ihren dafür zur Verfügung gestellten Wohnzimmern oder Küchen erteilten[1306]. Kinder von Strafgefangenen wurden kostenlos unterrichtet, während Kinder der Soldaten den Unterricht gegen geringes Honorar erhielten[1307]. Später stellten große Distanzen zu sonstigen Bildungsangeboten einen weiteren Grund für den im Privaten stattfindenden Unterricht dar[1308]. Schon 1793 fiel die Verantwortung für die Bildung von Kindern jedoch in kirchliche Hände[1309]. Diese Zuständigkeit übertrugen die australischen Kolonien im Laufe des 19. Jahrhunderts nach und nach auf den Staat, bis dieser schließlich 1895 die alleinige Bildungsverantwortung innehatte[1310].

Heutzutage findet Homeschooling in Australien wieder zunehmend Zuspruch[1311]. Dieses Phänomen ist sowohl in ländlichen Gegenden als auch in Hauptstädten und kleineren Städten zu finden, was darauf hindeutet, dass große Distanzen zu Schulen nicht der hauptsächliche Beweggrund dafür sind, Unterricht im eigenen Haus zu erteilen[1312]. Für gewöhnlich werden Kinder im Alter von vier bis 18 Jahren zuhause

---

1303 *Allan/Jackson*, International Journal of Law & Education, Bd. 15: 2010, S. 56.

1304 *Allan/Jackson*, International Journal of Law & Education, Bd. 15: 2010, S. 56 f.

1305 *Barratt-Peacock*, Evaluation and Research in Education, Bd. 17: 2003, S. 101; *Harding/Farrell*, Home Schooling and Legislated Education, S. 2.

1306 *Harding/Farrell*, Home Schooling and Legislated Education, S. 2.

1307 *Harding/Farrell*, Home Schooling and Legislated Education, S. 2.

1308 *Lindsay*, BYU Education and Law Journal 2003, S. 84.

1309 *Harding/Farrell*, Home Schooling and Legislated Education, S. 3.

1310 *Harding/Farrell*, Home Schooling and Legislated Education, S. 3; *Varnham*, Public Space: The Journal of Law and Social Justice, Bd. 2: 2008, S. 14.

1311 *Kidd/Kaczmarek*, Issues in Educational Research, Bd. 20: 2010, S. 259; *Varnham/Squelch*, Education and the Law, Bd. 20: 2008, S. 194.

1312 *Allan/Jackson*, International Journal of Law & Education, Bd. 15: 2010, S. 64; *Jackson*, More than One Way to Learn: Home Educated Students' Transitions Between Home and School, S. 13, 74.

unterrichtet[1313]. Da nicht alle Fälle von Homeschooling gemeldet werden und es daneben auch an einer zentralen Anlaufstelle für Statistiken über Homeschooling in Australien fehlt, kann die Anzahl der betroffenen Kinder nicht zuverlässig ermittelt und beziffert werden[1314]. *Varnham* und *Squelch* verwiesen 2008 auf Schätzungen, denen zufolge zugunsten von 26.500 Schülern in 15.000 Familien von der Möglichkeit des Homeschoolings Gebrauch gemacht wurde[1315].

cc) Aufteilung der Bildungsverantwortung auf Staat und Eltern vor dem Hintergrund der Möglichkeit des Homeschoolings

Mangels verfassungsrechtlicher Übertragung auf das Commonwealth liegt die gesetzliche Regelung von Bildung im Verantwortungsbereich von Bundesstaaten und Territorien[1316]. In allen Bundesstaaten und Territorien Australiens gilt eine allgemeine Bildungspflicht für Minderjährige, Homeschooling ist jedoch überall als Alternative zum Schulbesuch rechtlich anerkannt[1317].

Die Bundesstaaten und Territorien tragen einen Großteil der Verantwortung für die Bildung der Minderjährigen, worauf schon die Tatsache der gesetzlichen Regelung dieses Bereichs und die Gewährung des Homeschoolings nur als Ausnahme zum staatlichen Bildungssystem hindeuten[1318]. Den Eltern wird grundsätzlich die Pflicht auferlegt, für den regelmäßigen Schulbesuch ihrer Kinder Sorge zu tragen[1319]. Auch darüber hinaus wird erwartet, dass Eltern sich in die Bildungslaufbahn ihrer Kinder aktiv einbringen[1320]. Daneben gewährt das Gesetz den Eltern die Freiheit, im Wege des Homeschoolings in hohem Maße auf die Bildungsvermittlung zugunsten der Kinder Einfluss zu nehmen[1321]. Die Mehrheit der Homeschool-Eltern unterrichtet ihre Kinder in der Überzeugung, dass vornehmlich ihnen die Verantwortung für

---

1313 *Allan/Jackson*, International Journal of Law & Education, Bd. 15: 2010, S. 64; *Jackson*, More than One Way to Learn: Home Educated Students' Transitions Between Home and School, S. 13.

1314 *Jackson/Allan*, International Electronic Journal of Elementary Education, Bd. 2: 2010, S. 350; *Reilly*, Progressive Modifications: How Parents Deal with Home Schooling Their Children with Intellectual Disabilities, S. 7.

1315 *Varnham/Squelch*, Education and the Law, Bd. 20: 2008, S. 196.

1316 *Jackson/Allan*, International Electronic Journal of Elementary Education, Bd. 2: 2010, S. 356.

1317 *Allan/Jackson*, International Journal of Law & Education, Bd. 15: 2010, S. 68. Zur gesetzlichen Regelung der Bildungspflicht siehe s 10(2) *Education Act 2004* (ACT); s 21B *Education Act 1990* (NSW); s 20 *Northern Territory of Australia Education Act 2010* (NT); s 9 *Education (General Provisions) Act 2006* (Qld); s 75 *Education Act 1972* (SA); s 4 *Education Act 1994* (Tas); s 2.1.1 *Education and Training Reform Act 2006* (Vic); s 9 *School Education Act 1999* (WA).

1318 *Varnham/Squelch*, Education and the Law, Bd. 20: 2008, S. 200.

1319 *Varnham/Squelch*, Education and the Law, Bd. 20: 2008, S. 198.

1320 *Varnham/Squelch*, Education and the Law, Bd. 20: 2008, S. 199.

1321 *Varnham/Squelch*, Education and the Law, Bd. 20: 2008, S. 198.

und die Kontrolle über die Bildung ihrer Kinder zukommt[1322]. Die Freiheit und Verantwortung der Eltern ist allerdings trotz der Möglichkeit, selbst für den Unterricht ihrer Kinder zu sorgen, nicht mit der Verantwortung des Staates für die Bildung der Kinder vergleichbar. Die Verantwortung für die Bildung der Minderjährigen tragen zwar in gewissem Umfang sowohl Bundesstaaten und Territorien als auch die Eltern[1323]. Die letztendliche Verantwortung für das Angebot von Bildungsmöglichkeiten, die Kontrolle über den Zugang zu diesen Angeboten und die Einhaltung gewisser Bildungsstandards liegen aber im Verantwortungsbereich des Staates[1324]. Insofern ist auch s 4(b) *Education Act* 1990 (NSW), der die Eltern explizit als vornehmlich für die Bildung ihrer Kinder Verantwortliche bezeichnet, dahingehend abzuschwächen, dass diese Freiheit der Eltern durch staatlich festgesetzte Rahmenbedingungen beschränkt wird[1325]. Grund für den staatlichen Einfluss auf die Bildung ist das Bestreben, das ökonomische Wohlergehen der Gesellschaft und das Wachstum des intellektuellen Kapitals zu sichern[1326].

Die Verantwortung für die Bildung der Minderjährigen kann somit zwar sowohl dem Staat als auch den Eltern zukommen, der Staat sichert allerdings die Einhaltung der Bildungsvermittlung und trägt somit die Letztverantwortung.

dd) Rechtliche Voraussetzungen des Homeschoolings und Besonderheiten bei seiner Durchführung in den verschiedenen Bundesstaaten und Territorien

Die jeweils durch Bundesstaaten und Territorien festgelegten rechtlichen Rahmenbedingungen des Homeschoolings weichen voneinander ab[1327]. Beispielsweise wird zum Teil die Registrierung des Homeschoolings vorausgesetzt[1328], teilweise ist erforderlich, dass eine Ausnahme von der Pflicht zum Schulbesuch gewährt wird[1329]. Ohne Registrierung oder Zustimmung zu einer Ausnahmeerteilung kann Homeschooling zu Sanktionen den Eltern gegenüber führen[1330]. Auch die Ausgestaltungsmöglichkeiten

---

1322 *Varnham/Squelch*, Education and the Law, Bd. 20: 2008, S. 198.
1323 *Varnham/Squelch*, Education and the Law, Bd. 20: 2008, S. 198.
1324 *Varnham/Squelch*, Education and the Law, Bd. 20: 2008, S. 199.
1325 *Varnham/Squelch*, Education and the Law, Bd. 20: 2008, S. 199 f.
1326 *Varnham/Squelch*, Education and the Law, Bd. 20: 2008, S. 205.
1327 *Jackson*, More than One Way to Learn: Home Educated Students' Transitions Between Home and School, S. 3.
1328 S 10(2)(b) *Education Act 2004* (ACT); s 71 *Education Act 1990* (NSW); s 207 *Education (General Provisions) Act 2006* (Qld); s 17 *Education Act 1994* (Tas); s 2.1.1(b) *Education and Training Reform Act 2006* (Vic); s 10(1)(b), s 48 *School Education Act 1999* (WA).
1329 S 20(3)(b) *Northern Territory of Australia Education Act 2010* (NT); ss 76(2)(b), 76(2a)(a) *Education Act 1972* (SA).
1330 *Harding/Farrell*, Home Schooling and Legislated Education, S. 3. So beispielsweise gem. s 23(1)(b) *Education Act* 1990 (NSW).

des Homeschoolings in pädagogischer Hinsicht sind abhängig von den jeweiligen rechtlichen Regelungen der Bundesstaaten und Territorien[1331].

(1) Australian Capital Territory

Die Registrierung des Homeschoolings im Australian Capital Territory gilt gem. s 134 *Education Act* 2004 (ACT) für maximal zwei Jahre. Regelmäßige Kontrollbesuche innerhalb dieses Zeitraums sind nicht vorgesehen[1332]. Voraussetzung für die Registrierung ist gem. s 132 *Education Act* 2004 (ACT), dass dem Kind qualitativ hochwertiger Unterricht geboten werden kann, die Eltern ihre pädagogischen Möglichkeiten und Lernstrategien darlegen und bei Nachfrage umfassend über Lehrplan, Materialen und sonstige Hilfsmittel für den Unterricht informieren können. Unter den in s 135 *Education Act* 2004 (ACT) genannten Voraussetzungen kann die Registrierung wieder aufgehoben werden. Ein bestimmter Lehrplan ist nicht vorgeschrieben[1333]. Gem. s 11H(1)(a) *Education Act* 2004 (ACT) kann eine Ausnahme vom Erfordernis der Registrierung des Homeschoolings gemacht werden. Gem. s 12A(1)(a) *Education Act* 2004 (ACT) wird diese Entscheidung im Hinblick auf die *best interests* des Kindes getroffen. Hierbei können gem. s 12A(2) *Education Act* 2004 (ACT) Gesundheit, Erziehung sowie ethnische, religiöse und kulturelle Identität und die Entwicklung des Kindes eine Rolle spielen. Eine solche Ausnahme kann gem. s 12A(3)(a) *Education Act* 2004 (ACT) entweder für die Zeit bis zur Vollendung des siebzehnten Lebensjahres oder für einen kürzeren Zeitraum gewährt werden.

(2) New South Wales

Die Registrierung für Homeschooling gilt gem. s 73(3) *Education Act* 1990 (NSW) für bis zu zwei Jahre. Sie kann bei Vorliegen der Voraussetzungen von s 74 *Education Act* 1990 (NSW) vor Ablauf der gewährten Zeit wieder aufgehoben werden. Es sind keine regelmäßigen Hausbesuche vorgesehen[1334]. Die zu unterrichtenden Fächer werden vorgeschrieben[1335]. Eine Ausnahme von dem Erfordernis der Registrierung kann gem. s 75(c) *Education Act* 1990 (NSW) aus Glaubensgründen gemacht werden[1336]. Das Office of the Board of Studies New South Wales stellt jedoch klar, dass lediglich auf das Erfordernis der Registrierung verzichtet wird[1337]. Homeschooling

---

1331 *Jackson/Allan*, International Electronic Journal of Elementary Education, Bd. 2: 2010, S. 349.

1332 *Allan/Jackson*, International Journal of Law & Education, Bd. 15: 2010, S. 69 f.

1333 *Jackson/Allan*, International Electronic Journal of Elementary Education, Bd. 2: 2010, S. 360.

1334 *Allan/Jackson*, International Journal of Law & Education, Bd. 15: 2010, S. 69.

1335 *Office of the Board of Studies New South Wales*, Registration for Home Schooling in NSW – Information Package, S. 23 ff.

1336 *Allan/Jackson*, International Journal of Law & Education, Bd. 15: 2010, S. 70.

1337 *Office of the Board of Studies New South Wales*, Registration for Home Schooling in NSW – Information Package, S. 9.

wird auch hier nur gewährt, wenn genügend Anzeichen dafür vorhanden sind, dass eine Registrierung im Falle eines Antrags erfolgt wäre[1338].

(3) Northern Territory

Das Northern Territory weist die strengsten Voraussetzungen unter den Bundesstaaten und Territorien auf[1339]. Die Gewährung des Homeschoolings gilt nach s 20E(4)(a) *Northern Territory of Australia Education Act* 2010 (NT) jeweils für ein Schuljahr. Die durch das Department of Education and Training der Regierung des Northern Territory aufgestellten Kriterien für die Antragstellung und Durchführung des Homeschoolings sprechen dafür, dass das Northern Territory einen strukturierten Ansatz des Homeschoolings vorsieht[1340]. Es ist unter anderem anzugeben, aus welchem Grund Homeschooling erfolgen soll und durch welche Personen, an welchem Ort und unter Zuhilfenahme welcher Hilfsmittel das Kind unterrichtet werden soll[1341]. Ebenfalls anzugeben sind die genaue Zeitaufteilung von Unterrichtsstunden pro Tag, pro Woche und pro Jahr und der Stundenumfang pro Unterrichtsfach[1342]. Erforderlich ist auch das Erstellen und Befolgen eines Lehrplans[1343]. Es erfolgt jährlich staatlicherseits ein Hausbesuch, um den Lernfortschritt des vorangegangenen Jahres anhand eines eigens dazu zu erstellenden Überblicks über genaue Lernzeiten und Lerninhalte zu überprüfen[1344]. Im Northern Territory wird Wert darauf gelegt, dass die Eltern im Wege des Antrags auf Erlaubnis des Homeschoolings über die Möglichkeit des Aufbauens sozialer Kontakte ihres Kindes zu Gleichaltrigen Bericht erstatten, sofern das Kind zuhause alleine unterrichtet werden soll[1345].

(4) Queensland

Die Registrierung des Homeschoolings in Queensland erfolgt gem. s 217(2)(a) *Education (General Provisions) Act* 2006 (Qld) jährlich. Zur jährlichen Registrierung ist gem. s 217(1) *Education (General Provisions) Act* 2006 (Qld) insbesondere erforderlich, dass dargelegt wird, dass dem Kind qualitativ hochwertiger Unterricht

1338 *Office of the Board of Studies New South Wales*, Registration for Home Schooling in NSW – Information Package, S. 9.

1339 *Allan/Jackson*, International Journal of Law & Education, Bd. 15: 2010, S. 69.

1340 *Allan/Jackson*, International Journal of Law & Education, Bd. 15: 2010, S. 58.

1341 *Northern Territory Government, Department of Education and Training*, Information Booklet for Parents Applying for Home Education 2010, S. 3.

1342 *Northern Territory Government, Department of Education and Training*, Information Booklet for Parents Applying for Home Education 2010, S. 3.

1343 *Northern Territory Government, Department of Education and Training*, Information Booklet for Parents Applying for Home Education 2010, S. 5.

1344 *Northern Territory Government, Department of Education and Training*, Information Booklet for Parents Applying for Home Education 2010, S. 6.

1345 *Northern Territory Government, Department of Education and Training*, Information Booklet for Parents Applying for Home Education 2010, S. 3.

ermöglicht werden kann und inwieweit das Kind Lernfortschritte während des Homeschoolings zu verzeichnen hat. Die regelmäßige Überprüfung des Unterrichts durch Hausbesuche staatlicherseits ist nicht vorgesehen[1346]. Ein bestimmter Lehrplan ist ebenfalls nicht vorgeschrieben[1347]. Auf dem Antragsformular zur Registrierung für Homeschooling in Queensland wird gesondert auf das Erfordernis sozialer Entwicklung des Kindes hingewiesen[1348].

(5) South Australia

Homeschooling ist in South Australia nicht ausdrücklich gesetzlich geregelt[1349]. Stattdessen werden die Vorschriften über Ausnahmen zum Schulbesuch herangezogen[1350]. Wie im Northern Territory ist auch in South Australia ein jährlicher Hausbesuch staatlicherseits vorgesehen, bei dem geprüft wird, ob das Homeschooling aufrecht erhalten werden darf[1351]. Die Ausnahme von der Schulpflicht wird für jeweils zwölf Monate gewährt[1352]. Auch in South Australia müssen ein angemessener Lehrplan und Stundenplan, Hilfsmittel für den Unterricht sowie eine angemessene Umgebung zum Lernen nachgewiesen werden[1353]. Zu erlernende Unterrichtsinhalte, Schlüsselkompetenzen und die Herangehensweise der Lehrperson sind ebenfalls vorgeschrieben[1354]. In South Australia ist das Darlegen von Möglichkeiten sozialer Interaktion erforderlich[1355].

(6) Tasmania

Gem. s 17(5) *Education Act* 1994 (Tas) wird eine einmal gewährte Registrierung des Homeschoolings aufgehoben, wenn der verantwortliche Elternteil gegen eine das Homeschooling betreffende Regelung verstoßen oder ihr nicht entsprochen hat oder der Minister dies aus Gründen der *best interests* des Kindes für angebracht hält. In Tasmania wird die Durchführung des Homeschoolings alle zwei Jahre, üblicherweise im Rahmen eines Hausbesuches, überprüft[1356]. Den Angaben des *Tasmanian Home Education Advisory Council* ist zu entnehmen, dass keine präzisen Anforderungen an die Durchführung gestellt werden, sondern vielmehr während

1346 *Allan/Jackson*, International Journal of Law & Education, Bd. 15: 2010, S. 69 f.
1347 *Jackson/Allan*, International Electronic Journal of Elementary Education, Bd. 2: 2010, S. 360.
1348 *Queensland Government, Department of Education, Training and Employment*, About registration.
1349 *Jeffrey/Giskes*, Home Schooling, S. 35.
1350 *Jeffrey/Giskes*, Home Schooling, S. 35.
1351 *Government of South Australia*, Home education.
1352 *Government of South Australia*, Home education.
1353 *Government of South Australia*, Home education.
1354 *Government of South Australia*, Home education.
1355 *Government of South Australia*, Home education.
1356 *Tasmanian Home Education Advisory Council*, Monitoring Process.

der Kontrollbesuche Hilfestellungen mittels Informationen über mögliche Arten der Strukturierung und Durchführung von Homeschooling gegeben werden[1357]. Diesem Konzept entspricht auch, dass Tasmania zur Unterstützung des Homeschoolings Zugriff auf Unterrichtsmaterialien für den staatlich anerkannten Fernunterricht gewährt[1358]. Auch in Tasmania ist der Nachweis von sozialer Interaktion des Kindes erforderlich[1359].

(7) Victoria

Die Registrierung des Homeschoolings hat in Victoria gem. s 70 *Education and Training Reform Regulations* 2007 (Vic) jährlich zu erfolgen und kann unter den Voraussetzungen von s 72 *Education and Training Reform Regulations* 2007 (Vic) aufgehoben werden. Vorausgesetzte Lerninhalte und eine Aufzählung bestimmter bei Durchführung des Homeschoolings einzuhaltender Demokratieprinzipien finden sich in s 68 *Education and Training Reform Regulations* 2007 (Vic). Regelmäßige Kontrollbesuche staatlicherseits sind grundsätzlich nicht vorgesehen[1360]. Gem. s 2.1.5 *Education and Training Reform Act* 2006 (Vic) kann eine Ausnahme vom Erfordernis der Schulpflicht gemacht werden, die die Registrierung des Homeschoolings obsolet werden lässt[1361].

(8) Western Australia

Auch in Western Australia werden gem. s 51 *School Education Act* 1999 (WA) jährlich Konzept und Lernerfolg des Homeschoolings überprüft. Sollten diese nicht den Erwartungen entsprechen, kann die Registrierung des Homeschoolings gem. s 53 *School Education Act* 1999 (WA) aufgehoben werden. Der Lehrplan, der für das Homeschooling verwendet wird, muss dem staatlichen Lehrplan entsprechen[1362].

ee) Untersuchung einzelner Aspekte von Homeschooling in Australien

Es existieren nur wenige australische Forschungsarbeiten zum Thema Homeschooling[1363]. Diese werden im Folgenden dazu herangezogen, solche Aspekte zu beleuchten, die für die Diskussion über die Sinnhaftigkeit rechtlicher Anerkennung

1357 *Tasmanian Home Education Advisory Council,* Monitoring Process.
1358 *Allan/Jackson,* International Journal of Law & Education, Bd. 15: 2010, S. 66.
1359 *Tasmanian Home Education Advisory Council,* Preparing a Family Report.
1360 *Allan/Jackson,* International Journal of Law & Education, Bd. 15: 2010, S. 69.
1361 *Allan/Jackson,* International Journal of Law & Education, Bd. 15: 2010, S. 70.
1362 *Government of Western Australia, Department of Education,* Home Education.
1363 *Jackson,* More than One Way to Learn: Home Educated Students' Transitions Between Home and School, S. 12. Forschungsliteratur, auf die im Folgenden Bezug genommen wird, wird ausführlich besprochen in *Jackson,* More than One Way to Learn: Home Educated Students' Transitions Between Home and School, S. 12 ff.

des Homeschoolings von Interesse sind. Der Schwerpunkt wird hierbei auf den Lernerfolg des Homeschoolings und die Sozialisierung „trotz“ Homeschoolings gelegt[1364].

In Bezug auf die Ergebnisse australischer Studien weist die Erziehungswissenschaftlerin *Jackson*[1365] allerdings darauf hin, dass sämtliche Untersuchungen mit Teilnehmern durchgeführt worden seien, die sich dazu bereit erklärt hätten[1366]. Durch diese bereits im Vorfeld stattfindende Selektierung erscheint es problematisch, die gefundenen Ergebnisse zu verallgemeinern. Zudem ist eine rein zufällige Auswahl von Studienteilnehmern nicht möglich, weil vielfach Bundesstaaten und Territorien nicht über die Durchführung von Homeschooling in den betroffenen Familien in Kenntnis gesetzt werden[1367]. Somit können sich Studien nur auf diejenigen Familien beziehen, von denen überhaupt bekannt ist, dass sie Homeschooling betreiben[1368]. Ältere Studien, die aus Zeiten stammen, in denen anders als heute noch keine Registrierung des Homeschoolings erforderlich war, stützten sich gar auf Teilnehmer, die im Wege des Schneeballsystems gefunden worden waren[1369]. Ein vollständiges Erfassen von Homeschool-Familien in ganz Australien ist folglich bislang nicht möglich[1370]. Möglicherweise sehen aus diesem Grunde Autoren vieler Studien davon ab, ihre Forschungsergebnisse in Prozentangaben auszudrücken, und umschreiben

1364 Da sich diese Arbeit auf religiös motiviertes Verhalten von Eltern konzentriert, wird davon abgesehen, detailliert auf die positiven Auswirkungen des Homeschoolings für Schüler mit besonderen Lernbedürfnissen oder Behinderungen einzugehen, weil die Motivation für die Entscheidung der Eltern in diesen Fällen eine andere ist. Dennoch sei an dieser Stelle auf die Zusammenfassung von Studien zu diesem Thema verwiesen in *Jackson,* More than One Way to Learn: Home Educated Students' Transitions Between Home and School, S. 20 f.

1365 *Jackson/Allan,* International Electronic Journal of Elementary Education, Bd. 2: 2010, S. 349.

1366 *Jackson,* More than One Way to Learn: Home Educated Students' Transitions Between Home and School, S. 22. Daneben wird der ungenügende Zugang zu bereits vorhandener australischer Forschungsliteratur bemängelt, der unter anderem daher rührt, dass eine Vielzahl von wissenschaftlichen Arbeiten, die Homeschooling thematisieren, unveröffentlicht und aus diesem Grunde schwer zugänglich ist, *Jackson,* More than One Way to Learn: Home Educated Students' Transitions Between Home and School, S. 22.

1367 *Jackson,* More than One Way to Learn: Home Educated Students' Transitions Between Home and School, S. 60.

1368 *Broadhurst,* Investigating Young Children's Perceptions of Homeschooling, S. 2; *Jackson,* More than One Way to Learn: Home Educated Students' Transitions Between Home and School, S. 60.

1369 *Jackson,* More than One Way to Learn: Home Educated Students' Transitions Between Home and School, S. 60 ff.

1370 *Jackson,* More than One Way to Learn: Home Educated Students' Transitions Between Home and School, S. 60.

stattdessen, was Mehrheit und Minderheit der Studienteilnehmer entspricht[1371]. Diese Kritikpunkte hinsichtlich australischer Studien zum Thema Homeschooling sollten jedoch nicht dazu führen, vorhandene Forschungsergebnisse zu ignorieren und stattdessen lediglich Mutmaßungen über Vor- und Nachteile und den Erfolg des Homeschoolings anzustellen. Vielmehr ermöglichen diese Arbeiten trotz der bemängelten Schwachstellen, sich ein Bild von Homeschooling in Australien zu machen, und lassen gewisse Tendenzen erkennen.

(1) Wechsel zwischen Homeschooling und Schulunterricht und Bewertung des Wechsels in Bezug auf Leistung und Sozialisierung: Ergebnisse einer australischen Studie

Eine Studie *Jacksons* aus dem Jahre 2009 thematisiert den Übergang von Homeschooling in den Schulunterricht und umgekehrt[1372]. Ziel dieser Studie war das Untersuchen der Gründe für derartige Wechsel[1373]. Zu diesem Zwecke wurden 40 Schüler und 28 Elternteile, die Homeschooling betrieben hatten, sowie 17 Lehrkräfte, die an ihren jeweiligen Schulen Erfahrungen mit zuvor über Homeschooling beschulten Kindern gemacht hatten, zu unterschiedlichen Gesichtspunkten befragt[1374]. Die Befragungen bezogen sich auf Erfahrungen im Bundesstaat Victoria[1375]. Sämtliche Studienteilnehmer wurden nicht zufällig, sondern durch *Jackson* selbst ausgewählt[1376].

(a) Gründe für den Wechsel zwischen Homeschooling und Schulunterricht

Die Schüler begründeten ihren Wechsel von Homeschooling in die Schule mit dem Zugang zu Fachwissen und Gleichaltrigen[1377]. Für Schüler, die nicht mehr im

---

1371 Vgl. etwa *Jackson,* More than One Way to Learn: Home Educated Students' Transitions Between Home and School.

1372 *Jackson,* More than One Way to Learn: Home Educated Students' Transitions Between Home and School, S. 1.

1373 *Jackson,* More than One Way to Learn: Home Educated Students' Transitions Between Home and School, S. 1.

1374 *Jackson,* More than One Way to Learn: Home Educated Students' Transitions Between Home and School, S. 285.

1375 *Jackson,* More than One Way to Learn: Home Educated Students' Transitions Between Home and School, S. 8.

1376 *Jackson,* More than One Way to Learn: Home Educated Students' Transitions Between Home and School, S. 271. *Jackson* beschreibt es daher als ungewiss, ob ihre Ergebnisse verallgemeinerungsfähig sind, *Jackson,* More than One Way to Learn: Home Educated Students' Transitions Between Home and School, S. 271. Möglicherweise wird deshalb auch die Umschreibung der Ergebnisse präzisen Prozentangaben vorgezogen, vgl. *Jackson,* More than One Way to Learn: Home Educated Students' Transitions Between Home and School, S. 271 ff.

1377 *Jackson,* More than One Way to Learn: Home Educated Students' Transitions Between Home and School, S. 272.

Grundschulalter waren, war zusätzlich relevant, dass die Schule einen anerkannten Weg zur Weiterbildung bereitstellte[1378].

Der Hauptgrund für den Wechsel von Homeschooling in die Schule im Grundschulalter war die Erschöpfung der unterrichtenden Mutter[1379]. Daneben wurde die Entscheidung der Eltern zugunsten eines Schulbesuchs ihres Kindes ebenso wie die Entscheidung der Kinder durch den in der Schule existierenden Zugang zu Expertenwissen beeinflusst[1380]. Zudem sahen die Homeschool-Familien in einem frühzeitigen Schulbesuch die Möglichkeit, die Chancen des Kindes auf das Erlangen eines Schulabschlusses zu verbessern und dem Kind zu Kontakt zu Gleichaltrigen zu verhelfen[1381].

Andersherum begründeten die meisten der befragten Eltern den Entschluss, ihre Kinder nach vorherigem Schulbesuch über Homeschooling zu unterrichten, damit, dass auf ihre Bitte um angemessene Unterstützung ihrer Kinder, für die sich der Schulbesuch aus unterschiedlichen Gründen schwierig gestaltete, nicht in gewünschter Weise reagiert wurde[1382].

Die meisten der befragten Schüler und viele Kinder der befragten Eltern benötigten von der Norm abweichenden Unterricht, sei es aus Gründen der Hochbegabung, wegen eines verglichen mit Gleichaltrigen fortgeschrittenen Wissensstandes, aufgrund von Lernschwächen oder aus gesundheitlichen Gründen[1383].

In den Fällen, in denen die Schüler soziale Schwierigkeiten in der Schule erlebten, hielten diese die Durchführung von Homeschooling oder einen Schulwechsel für den einzigen Ausweg[1384].

(b) Bewertung des Wechsels in Bezug auf Leistung

Alle befragten Schüler schätzten die Möglichkeiten des Lernens, die ihnen das Homeschooling bot[1385]. Von besonderer Bedeutung war für sie dabei die Freiheit, über Lernzeiten, Lerninhalt und den Eintritt in das Schulsystem selbst bestimmen

---

1378 *Jackson,* More than One Way to Learn: Home Educated Students' Transitions Between Home and School, S. 284.

1379 *Jackson,* More than One Way to Learn: Home Educated Students' Transitions Between Home and School, S. 284.

1380 *Jackson,* More than One Way to Learn: Home Educated Students' Transitions Between Home and School, S. 284.

1381 *Jackson,* More than One Way to Learn: Home Educated Students' Transitions Between Home and School, S. 284.

1382 *Jackson,* More than One Way to Learn: Home Educated Students' Transitions Between Home and School, S. 285.

1383 *Jackson,* More than One Way to Learn: Home Educated Students' Transitions Between Home and School, S. 285.

1384 *Jackson,* More than One Way to Learn: Home Educated Students' Transitions Between Home and School, S. 272 f.

1385 *Jackson,* More than One Way to Learn: Home Educated Students' Transitions Between Home and School, S. 272.

zu können[1386]. Sämtliche Schüler beschrieben, zuhause effektiver lernen zu können als in der Schule, sahen aber zum Teil Verbesserungsbedarf für den zuhause stattfindenden Unterricht[1387]. Lediglich einem der 40 befragten Schüler hatte es Schwierigkeiten bereitet, dem Lernstandard seiner Klassenkameraden bei Eintritt in die Schule zu entsprechen, was aus seiner anerkannten Lernschwäche resultierte[1388].

Die befragten Lehrkräfte gaben an, dass die Schüler, die zuvor Homeschooling erhalten hätten, im Allgemeinen mit solidem Wissen ausgestattet gewesen seien[1389]. Schwierigkeiten einzelner Schüler in schulischer Hinsicht führten die Lehrer nicht etwa auf mangelhaftes vorangegangenes Homeschooling zurück, sondern auf Faktoren wie Lernschwächen[1390]. Zwar hoben die Lehrkräfte besonders ausgeprägte Fähigkeiten wie selbständiges Lernen, eigenverantwortliches Arbeiten und Belastbarkeit ehemaliger Homeschool-Schüler hervor, kritisierten aber, dass in Einzelfällen das Vermögen fehle, Kontakt zu Gleichaltrigen aufzunehmen, Fehleinschätzungen der eigenen Fähigkeiten durch die Schüler aufträten oder allgemeine Verhaltensregeln, die in der Schule gälten, nicht verstanden würden[1391]. Alle der über 18 Jahre alten und einige der jüngeren Befragten hatten erfolgreich den Weg hin zu einer Universitätsausbildung bestritten[1392].

(c) Bewertung des Wechsels in Bezug auf die Sozialisierung

Zur Sozialisierung äußerten sich Eltern und Homeschool-Schüler dahingehend, dass Bedenken von Allgemeinheit und Lehrkräften auf Fehlinformationen zurückzuführen und nur in Ausnahmefällen berechtigt seien[1393].

Die Schüler gaben an, durch Homeschooling ein hohes Selbstwertgefühl erhalten zu haben und froh zu sein, frei von Gruppenzwang leben zu können[1394].

1386 *Jackson,* More than One Way to Learn: Home Educated Students' Transitions Between Home and School, S. 272.

1387 *Jackson,* More than One Way to Learn: Home Educated Students' Transitions Between Home and School, S. 274 f.

1388 *Jackson,* More than One Way to Learn: Home Educated Students' Transitions Between Home and School, S. 283.

1389 *Jackson,* More than One Way to Learn: Home Educated Students' Transitions Between Home and School, S. 272.

1390 *Jackson,* More than One Way to Learn: Home Educated Students' Transitions Between Home and School, S. 272.

1391 *Jackson,* More than One Way to Learn: Home Educated Students' Transitions Between Home and School, S. 274.

1392 *Jackson,* More than One Way to Learn: Home Educated Students' Transitions Between Home and School, S. 280.

1393 *Jackson,* More than One Way to Learn: Home Educated Students' Transitions Between Home and School, S. 285.

1394 *Jackson,* More than One Way to Learn: Home Educated Students' Transitions Between Home and School, S. 272.

Obwohl viele Schüler mit den sozialen Kontakten, die ihnen der Unterricht zuhause ermöglichte, zufrieden waren, vermissten einige weitere Kontakte, was jedoch regelmäßig nicht als ausreichender Grund gesehen wurde, stattdessen wieder in die Schule zu gehen[1395]. Das Homeschooling ermöglichte ihnen meist Kontakt zu Personen jedes Alters, sodass die Sozialisierung im Allgemeinen kein Problem darstellte[1396]. Ausnahmen bildeten zwei Schüler, die sich aufgrund ihrer Wohnsituation in einer ländlichen Gegend isoliert fühlten[1397]. Der Wechsel in die Schule konnte jedoch neben den vermehrten sozialen Kontakten auch negative soziale Folgen mit sich bringen[1398]. Die Homeschool-Schüler schätzten die im Wege des Homeschoolings entwickelten Fähigkeiten, sich weniger durch Gleichaltrige beeinflussen zu lassen, Kontakt zu allen Altersgruppen zu knüpfen und gerne Zeit alleine zu verbringen, die bei Schülern in der Schule nicht unbedingt gegeben waren[1399]. In Fällen, in denen die Schüler in der Schule Schwierigkeiten im Umgang mit anderen Schülern hatten, lag dies nach ihren Angaben an ihren von Gleichaltrigen abweichenden Werten, an einer einzelne Schüler ausschließenden Cliquenbildung und Mobbing[1400].

Hinsichtlich der Annahme, es sei typisch für Homeschool-Schüler, ein hohes Selbstwertgefühl zu haben, stimmten Schüler, Eltern und Lehrer überein[1401].

Nach Einschätzung der Lehrkräfte wiesen die Schüler, die am Schulunterricht teilnahmen, nachdem sie im Wege des Homeschoolings unterrichtet worden waren, üblicherweise solide soziale Fähigkeiten auf[1402]. Vereinzelte soziale Schwierigkeiten der Schüler wurden durch die Lehrer mit familiären Umständen wie dem Umherziehen der Familie, familiären Problemen und ausschließenden Glaubensvorstellungen begründet[1403].

1395 *Jackson,* More than One Way to Learn: Home Educated Students' Transitions Between Home and School, S. 272.

1396 *Jackson,* More than One Way to Learn: Home Educated Students' Transitions Between Home and School, S. 279.

1397 *Jackson,* More than One Way to Learn: Home Educated Students' Transitions Between Home and School, S. 274.

1398 *Jackson,* More than One Way to Learn: Home Educated Students' Transitions Between Home and School, S. 279.

1399 *Jackson,* More than One Way to Learn: Home Educated Students' Transitions Between Home and School, S. 279.

1400 *Jackson,* More than One Way to Learn: Home Educated Students' Transitions Between Home and School, S. 272.

1401 *Jackson,* More than One Way to Learn: Home Educated Students' Transitions Between Home and School, S. 285.

1402 *Jackson,* More than One Way to Learn: Home Educated Students' Transitions Between Home and School, S. 272.

1403 *Jackson,* More than One Way to Learn: Home Educated Students' Transitions Between Home and School, S. 272.

(d) Fazit der Studie

Im Ergebnis bewertete *Jackson* den Wechsel zwischen Homeschooling und Schule als erfolgreich und lohnend[1404]. Auch das Homeschooling selbst hielt sie für eine erfolgreiche Alternative zum Schulbesuch, im Besonderen bei in Bezug auf das Lernen von der Norm abweichenden Ansprüchen des Kindes[1405].

Die Gründe für einen Wechsel in die Schule oder aus der Schule heraus in den Unterricht durch Homeschooling hatten neben der Überforderung des als Lehrperson fungierenden Elternteils sowohl Bezüge zur Leistung als auch zur Sozialisierung des Kindes.

Hinsichtlich der Lernerfolge durch Homeschooling kann zusammengefasst werden, dass zuhause tendenziell effektiver gelernt werden konnte als in der Schule, sei es aufgrund der größeren Freiheiten der Homeschool-Schüler oder aufgrund der auf die Bedürfnisse des Kindes abgestimmten Betreuungsmöglichkeiten. Dem effektiven Lernen im Rahmen des zuhause erfolgenden Unterrichts entspricht auch das Ergebnis, dass der Wechsel in die Schule nur einem der Schüler schwer gefallen war. Auch die erfolgreiche Aufnahme an höhere Bildungseinrichtungen wie Universitäten spricht für den Erfolg des Homeschoolings in dieser Hinsicht. In Bezug auf Leistungen waren damit keine signifikanten Nachteile des Homeschoolings, im Gegenteil sogar Erfolge im Vergleich zum Schulbesuch zu erkennen.

Einzig in sozialer Hinsicht wurden neben Vorteilen auch Nachteile von Homeschooling deutlich. Für und Wider von Homeschooling in Bezug auf die Sozialisierung waren allerdings davon abhängig, was dem einzelnen Schüler im jeweiligen Unterrichtssystem fehlte. Somit war die Bewertung der sozialen Komponente des Homeschoolings stets durch Gegebenheiten des Einzelfalls bedingt.

(2) Gründe der Eltern, Homeschooling regulärem Unterricht vorzuziehen

Die Beweggründe von Eltern in Australien, sich für Homeschooling zu entscheiden, sind vielfältig[1406]. Oft sind es mehrere Gründe zusammen, die Familien diese Entscheidung treffen lassen[1407].

Ergebnisse diverser Studien weisen darauf hin, dass die Entscheidung für Homeschooling einheitlich auf der Überzeugung basiert, dem Kind dadurch eine gute Bildung zu gewährleisten, die den Werten der Eltern entspricht[1408]. Maßgeblicher Grund für diese Entscheidung ist der Glaube der Eltern, mit Homeschooling den *best*

1404 *Jackson,* More than One Way to Learn: Home Educated Students' Transitions Between Home and School, S. 271.

1405 *Jackson,* More than One Way to Learn: Home Educated Students' Transitions Between Home and School, S. 275 f.

1406 *Allan/Jackson,* International Journal of Law & Education, Bd. 15: 2010, S. 64.

1407 *Chapman/O'Donoghue,* Education Research and Perspectives, Bd. 27: 2000, S. 24.

1408 *Allan/Jackson,* International Journal of Law & Education, Bd. 15: 2010, S. 65; *Barratt-Peacock,* Evaluation and Research in Education, Bd. 17: 2003, S. 102.

interests des Kindes zu entsprechen[1409]. Insbesondere Eltern von Kindern mit besonderen Lernbedürfnissen bevorzugen Homeschooling aufgrund der Flexibilität, des an die Bedürfnisse des Kindes angepassten Lernens und dadurch hervorgerufener positiver sozialer Auswirkungen und verbesserten Lernerfolgs[1410]. Auch für Eltern mit Kindern ohne Lernschwäche ist die mögliche Verbesserung des Lernerfolgs der Kinder ein wichtiger Antrieb, selbst zu unterrichten[1411]. Eltern, die sich für Homeschooling entschieden haben, nennen im Rahmen von Studien als positiven Antrieb für diese Entscheidung neben den eben genannten Gründen etwa die Möglichkeit, mit einem vielfältigeren Lehrplan als in der Schule arbeiten zu können, die Verbesserung des Selbstwertgefühls des Kindes, eine geringe Schüleranzahl pro Lehrer, ganzheitliches, mit der wirklichen Welt verbundenes Lernen, umfangreichere Möglichkeiten sozialer Erfahrungen durch Kontakte nicht nur innerhalb der eigenen Altersgruppe, Stärken der innerfamiliären Beziehungen und religiöse Gründe[1412]. Auch spielen bei der Entscheidung für Homeschooling ein gesteigertes Verantwortungsbewusstsein für die Bildung des eigenen Kindes und praktische Gründe wie das Einsparen von langen Schulwegen und Kosten eine Rolle[1413]. Daneben geben einige Eltern an, dass sie durch das Erfahren von Erfolg zufriedener mit ihrem eigenen Leben sind und somit auch ihr eigenes Selbstwertgefühl gestärkt wird[1414].

Umgekehrt wird das Nichtvorhandensein einiger dieser positiven Faktoren in Schulen bemängelt. Entsprechend werden als Nachteile von Schulen beispielsweise geringere Leistungserfolge, unzureichender Umgang mit Lernschwächen und gesundheitlichen Problemen der Schüler, nicht zufriedenstellende Lehrpläne, Mobbing und Gruppenzwang, Entstehen eines geringen Selbstwertgefühls, große Klassen,

---

1409 *Jackson,* More than One Way to Learn: Home Educated Students' Transitions Between Home and School, S. 13; *Jackson/Allan,* International Electronic Journal of Elementary Education, Bd. 2: 2010, S. 351.

1410 *Kidd/Kaczmarek,* Issues in Educational Research, Bd. 20: 2010, S. 260, 263, 266 f. Vgl. dazu auch *Reilly et al.,* Queensland Journal of Educational Research, Bd. 18: 2002, S. 38; *Reilly,* How Western Australian Parents Manage the Home Schooling of Their Children with Disabilities, S. 14; *Reilly,* Progressive Modifications: How Parents Deal with Home Schooling Their Children with Intellectual Disabilities, S. 11, 182.

1411 *Jackson,* More than One Way to Learn: Home Educated Students' Transitions Between Home and School, S. 14; *Jackson/Allan,* International Electronic Journal of Elementary Education, Bd. 2: 2010, S. 351.

1412 *Allan/Jackson,* International Journal of Law & Education, Bd. 15: 2010, S. 65; *Barratt-Peacock,* Evaluation and Research in Education, Bd. 17: 2003, S. 106 f.; *Broadhurst,* Investigating Young Children's Perceptions of Homeschooling, S. 2; *Harding/Farrell,* Home Schooling and Legislated Education, S. 5; *Jackson,* More than One Way to Learn: Home Educated Students' Transitions Between Home and School, S. 14, 271; *Jackson/Allan,* International Electronic Journal of Elementary Education, Bd. 2: 2010, S. 351.

1413 *Harding/Farrell,* Home Schooling and Legislated Education, S. 5; *Varnham/Squelch,* Education and the Law, Bd. 20: 2008, S. 194.

1414 *Hunter,* Unicorn, Bd. 20: 1994, S. 30.

eine von den Werten der Eltern abweichende Wertevermittlung und die Unzufriedenheit des Kindes in der Schule empfunden[1415].

(3) Bewertung des Homeschoolings durch die Homeschool-Schüler selbst

Auch die Ansichten der Homeschool-Schüler wurden untersucht. Der überwiegende Teil der in Studien befragten Homeschool-Schüler bewertet Homeschooling als eine positive Erfahrung[1416]. Als äußerst vorteilhaft werden die Unabhängigkeit im Hinblick auf die Frage, wann, wo und was gelernt werden soll, sowie die Freiheit bei der Entscheidung, ob ein Eintritt in das staatliche Schulsystem erfolgen soll, eingestuft[1417]. Als weitere positive Aspekte des Homeschoolings werden die Möglichkeit, sich zum Lernen in eine ruhige Umgebung zurückziehen zu können, das Lernen im herzlichen und unterstützenden familiären Umfeld und die vielfältigen Möglichkeiten, zu den zu bearbeitenden Themen Zugang zu finden, genannt[1418]. Einige Homeschool-Schüler geben an, Schulfreundschaften und Unterricht durch Experten im jeweiligen Fachgebiet zu vermissen, halten beides jedoch nicht für ausreichende Gründe, um Schulunterricht dem Hausunterricht vorzuziehen[1419].

(4) Eigenschaften und Qualifikation der Lehrenden

Bildungshintergründe, Berufe und Einkommen der Homeschool-Eltern sind vielfältig und lassen keinerlei Rückschlüsse auf die Entscheidung für Homeschooling zu[1420]. Homeschooling erfolgt größtenteils durch die Mütter[1421]. Den Anstoß zu dieser

1415 *Allan/Jackson*, International Journal of Law & Education, Bd. 15: 2010, S. 65; *Harding/Farrell*, Home Schooling and Legislated Education, S. 5; *Jackson*, More than One Way to Learn: Home Educated Students' Transitions Between Home and School, S. 14; *Jackson/Allan*, International Electronic Journal of Elementary Education, Bd. 2: 2010, S. 351; *Kidd/Kaczmarek*, Issues in Educational Research, Bd. 20: 2010, S. 263 ff.

1416 *Jackson*, More than One Way to Learn: Home Educated Students' Transitions Between Home and School, S. 18.

1417 *Jackson*, More than One Way to Learn: Home Educated Students' Transitions Between Home and School, S. 18, 272; *Jackson/Allan*, International Electronic Journal of Elementary Education, Bd. 2: 2010, S. 353.

1418 *Jackson/Allan*, International Electronic Journal of Elementary Education, Bd. 2: 2010, S. 353.

1419 *Jackson*, More than One Way to Learn: Home Educated Students' Transitions Between Home and School, S. 18.

1420 *Allan/Jackson*, International Journal of Law & Education, Bd. 15: 2010, S. 64; *Jackson*, More than One Way to Learn: Home Educated Students' Transitions Between Home and School, S. 75.

1421 *Allan/Jackson*, International Journal of Law & Education, Bd. 15: 2010, S. 64; *Broadhurst*, Investigating Young Children's Perceptions of Homeschooling, S. 5; *Jackson*, More than One Way to Learn: Home Educated Students' Transitions Between Home and School, S. 13, 74.

Art des Unterrichts geben aber zumeist beide Elternteile gleichermaßen[1422]. Überwiegend entscheiden sich die Eltern, von nur einem Einkommen zu leben[1423]. Daher sind die meisten der unterrichtenden Mütter Hausfrauen[1424]. Wenige üben ihren Beruf in Teilzeit aus[1425]. Alleinerziehende entscheiden sich selten für Homeschooling als Alternative zur staatlichen Schulausbildung[1426]. Nur in wenigen Fällen sind die unterrichtenden Elternteile ausgebildete Lehrkräfte, was sich jedoch nicht negativ auf die Lernergebnisse der Kinder auswirkt[1427].

(5) Effektivität des Lernens und zu verzeichnender Lernerfolg bei Homeschooling

Ein Vorurteil Homeschooling gegenüber ist, dass die Bildung der Kinder darunter zu leiden hat, dass der Unterricht nicht durch ausgebildete Lehrkräfte erfolgt[1428].

Es existiert keine auf ganz Australien bezogene Studie, die speziell Umfang und Qualität der durch Homeschooling erlernten Fähigkeiten zum Gegenstand hat[1429]. Dennoch bieten die Ergebnisse australischer Studien einige Anhaltspunkte zur Beantwortung dieser Fragestellung[1430].

Aus diesen kann geschlussfolgert werden, dass die durchschnittlichen Leistungen der getesteten und befragten Homeschool-Schüler mindestens denjenigen regulär beschulter Kinder entsprechen und damit einhergehend auch der Einstieg in das Schulsystem oder in höhere Bildungseinrichtungen wie Hochschulen keine Schwierigkeiten bereitet[1431].

1422 M.w.N. *Jackson/Allan*, International Electronic Journal of Elementary Education, Bd. 2: 2010, S. 351.

1423 M.w.N. *Jackson/Allan*, International Electronic Journal of Elementary Education, Bd. 2: 2010, S. 351.

1424 *Jackson*, More than One Way to Learn: Home Educated Students' Transitions Between Home and School, S. 13.

1425 *Jackson*, More than One Way to Learn: Home Educated Students' Transitions Between Home and School, S. 13.

1426 *Allan/Jackson*, International Journal of Law & Education, Bd. 15: 2010, S. 64; *Jackson*, More than One Way to Learn: Home Educated Students' Transitions Between Home and School, S. 13.

1427 *Allan/Jackson*, International Journal of Law & Education, Bd. 15: 2010, S. 64; *Jackson*, More than One Way to Learn: Home Educated Students' Transitions Between Home and School, S. 13.

1428 *Jeffrey/Giskes*, Home Schooling, S. 9.

1429 *Allan/Jackson*, International Journal of Law & Education, Bd. 15: 2010, S. 65; *Jackson*, More than One Way to Learn: Home Educated Students' Transitions Between Home and School, S. 14.

1430 *Jackson*, More than One Way to Learn: Home Educated Students' Transitions Between Home and School, S. 14; *Jackson/Allan*, International Electronic Journal of Elementary Education, Bd. 2: 2010, S. 352.

1431 *Allan/Jackson*, International Journal of Law & Education, Bd. 15: 2010, S. 65; *Broadhurst*, Investigating Young Children's Perceptions of Homeschooling, S. 2;

Schüler, die Erfahrungen mit beiden Unterrichtstypen gesammelt hatten, gaben an, zuhause effizienter gelernt zu haben als in der Schule und so mehr Zeit für andere Aktivitäten gewonnen zu haben[1432]. Die zwanglose Atmosphäre zuhause ermutigte die Kinder zum selbständigen Lernen[1433]. Durch Studien aufgezeigte Schwierigkeiten beim Lernen resultierten meist aus Lernschwächen der Kinder[1434]. Des Weiteren wurde festgestellt, dass sich Homeschooling bei Behinderungen und Lernschwächen positiv auf die Lernleistung auswirkt[1435]. Auch auf das Lernverhalten von Kindern, die in der Schule unter dem Verhalten anderer Kinder litten, hatte Homeschooling positive Auswirkungen[1436].

Keine australische Studie kommt zu dem Ergebnis, dass Homeschooling Nachteile in Bezug auf die Lernerfolge der Kinder mit sich bringt[1437].

Der Erziehungswissenschaftler *Hunter*[1438] merkt allerdings zu australischen Studien, die den Erfolg von Homeschooling messen, an, dass als Folge des erschwerten Zugangs zu sämtlichen diese Art des Unterrichts praktizierenden Familien und aufgrund der freiwilligen Teilnahme an solchen Studien damit zu rechnen sei, dass eher diejenigen Eltern ihre Schüler an derartigen Untersuchungen teilhaben ließen, deren Kinder gute Ergebnisse vorweisen könnten[1439].

(6) Sozialisierung des Kindes

Eine viel diskutierte Frage ist, ob Homeschooling dazu führt, dass den betreffenden Kindern der Anschluss an die Gesellschaft verwehrt wird[1440]. Ein diesbezügliches Vorurteil Homeschooling gegenüber lautet, dass es Homeschool-Schülern an angemessener Entwicklung in sozialer Hinsicht mangele und sie nicht zu selbstbewussten und ausgeglichenen Individuen heranreifen könnten[1441]. Damit wird

---

Harding, A Study Of Parents' Conceptions Of Their Roles As Home Educators Of Their Children, S. 22; *Hunter*, Unicorn, Bd. 20: 1994, S. 31; *Jackson*, More than One Way to Learn: Home Educated Students' Transitions Between Home and School, S. 14 f.; *Jackson/Allan*, International Electronic Journal of Elementary Education, Bd. 2: 2010, S. 352; *Kidd/Kaczmarek*, Issues in Educational Research, Bd. 20: 2010, S. 259.

1432 *Broadhurst*, Investigating Young Children's Perceptions of Homeschooling, S. 4.

1433 *Broadhurst*, Investigating Young Children's Perceptions of Homeschooling, S. 4.

1434 *Jackson/Allan*, International Electronic Journal of Elementary Education, Bd. 2: 2010, S. 352.

1435 *Allan/Jackson*, International Journal of Law & Education, Bd. 15: 2010, S. 65.

1436 *Allan/Jackson*, International Journal of Law & Education, Bd. 15: 2010, S. 65.

1437 *Allan/Jackson*, International Journal of Law & Education, Bd. 15: 2010, S. 66.

1438 *Hunter*, Unicorn, Bd. 20: 1994, S. 28.

1439 *Hunter*, Unicorn, Bd. 20: 1994, S. 31.

1440 *Allan/Jackson*, International Journal of Law & Education, Bd. 15: 2010, S. 61.

1441 *Jeffrey/Giskes*, Home Schooling, S. 9.

bezweifelt, dass ihnen ohne den Schulbesuch ausreichende Möglichkeiten zur Verfügung stehen, soziale Kontakte zu pflegen[1442].

(a) Entwicklung von Sozialkompetenz „trotz" Homeschoolings

Die Sozialisierung von Homeschool-Kindern unterscheidet sich von derjenigen der Schulkinder[1443]. Während in der Schule hauptsächlich Kontakte zu Gleichaltrigen geknüpft werden, führt Homeschooling dazu, dass Kontakte zu allen Altersgruppen entstehen[1444]. Die Sozialisierung erfolgt, wie bei Erwachsenen, vertikal statt horizontal[1445]. Soziale Kontakte entwickeln sich primär durch Nachgehen von Hobbys oder ehrenamtlicher Arbeit[1446]. Des Weiteren dienen diverse sogenannter *home education network groups* dazu, Kontakt zu anderen Kindern und Erwachsenen zu knüpfen[1447].

Es existiert keine australische Studie, deren Ergebnisse darauf hinweisen, dass Kinder, die im Wege des Homeschoolings unterrichtet werden, isoliert von der Gesellschaft aufwachsen oder Defizite hinsichtlich ihrer Sozialisierung erleiden[1448]. Vielmehr gibt es Anzeichen dafür, dass Homeschool-Schüler ihren Altersgenossen, die die Schule besuchen, in sozialen Fähigkeiten, sozialer Reife und Kommunikationsfähigkeit entsprechen, wenn nicht sogar überlegen sind, und größeres Selbstvertrauen und ein besseres Selbstwertgefühl aufweisen[1449].

(b) Beurteilung der Sozialisierung durch die Homeschool-Schüler selbst

Studienergebnisse zeigen, dass der Großteil der Kinder, die zuhause unterrichtet werden, es für erfüllend und erstrebenswert hält, Kontakt zu Menschen vieler Altersgruppen zu haben, wie es ihnen durch Homeschooling ermöglicht wird[1450]. Die Mehrheit der in australischen Studien zur Sozialisation befragten Homeschool-Schüler gibt an, in sozialer Hinsicht glücklich zu sein[1451]. Auch wenn festgestellt

1442 *Harding,* A Study Of Parents' Conceptions Of Their Roles As Home Educators Of Their Children, S. 24.

1443 *Allan/Jackson,* International Journal of Law & Education, Bd. 15: 2010, S. 61.

1444 *Allan/Jackson,* International Journal of Law & Education, Bd. 15: 2010, S. 61.

1445 *Allan/Jackson,* International Journal of Law & Education, Bd. 15: 2010, S. 61.

1446 *Allan/Jackson,* International Journal of Law & Education, Bd. 15: 2010, S. 61.

1447 *Allan/Jackson,* International Journal of Law & Education, Bd. 15: 2010, S. 61 f.; *Hunter,* Unicorn, Bd. 20: 1994, S. 32; *Jackson,* More than One Way to Learn: Home Educated Students' Transitions Between Home and School, S. 16; *Reilly,* Progressive Modifications: How Parents Deal with Home Schooling Their Children with Intellectual Disabilities, S. 221 ff.

1448 *Allan/Jackson,* International Journal of Law & Education, Bd. 15: 2010, S. 62.

1449 *Broadhurst,* Investigating Young Children's Perceptions of Homeschooling, S. 2; *Kidd/Kaczmarek,* Issues in Educational Research, Bd. 20: 2010, S. 259, 265 f.; *Nicholls,* Education in Rural Australia, Bd. 7: 1997, S. 22.

1450 *Allan/Jackson,* International Journal of Law & Education, Bd. 15: 2010, S. 62.

1451 *Jackson,* More than One Way to Learn: Home Educated Students' Transitions Between Home and School, S. 19.

wird, dass die Schule möglicherweise mehr soziale Kontakte bieten würde, wird dies mehrheitlich nicht als ausreichender Grund erachtet, zur Schule zu gehen[1452]. Vielfach wird durch Kinder berichtet, als Homeschool-Schüler im Gegensatz zu negativen Erfahrungen in der Schule positive soziale Erfahrungen gemacht zu haben[1453]. Trotz des durch das Homeschooling gestärkten Selbstbewusstseins des Kindes kann der Eintritt in das Schulsystem eine Herausforderung für das Selbstbewusstsein bedeuten[1454]. Studien lassen erkennen, dass die Familie für das Kind durch Homeschooling einen höheren Stellenwert erhält als für Kinder, die staatlich beschult werden, und die Beziehungen innerhalb der Familie sowie der familiäre Zusammenhalt gestärkt werden[1455].

(c) Beurteilung der Sozialisierung der Kinder durch ihre Eltern

Elterlicherseits bestehen laut Umfragen zwar zum Teil anfängliche Zweifel an der Möglichkeit ausreichender Sozialisierung des Kindes außerhalb der Schule, diese nehmen aber parallel zur stetig positiven Entwicklung des Kindes wieder ab[1456]. Viele Eltern halten die Sozialisierung innerhalb nur einer Altersgruppe, wie sie in der Schule entsteht, für das außerschulische Leben für irrelevant[1457]. Ihr wird die vertikale Sozialisierung durch Homeschooling vorgezogen[1458]. Teilweise wird die Sozialisierung in der Schule sogar für ungesund und schädlich gehalten[1459]. Viele

1452 *Jackson,* More than One Way to Learn: Home Educated Students' Transitions Between Home and School, S. 19.

1453 *Allan/Jackson,* International Journal of Law & Education, Bd. 15: 2010, S. 62; *Jackson,* More than One Way to Learn: Home Educated Students' Transitions Between Home and School, S. 15.

1454 *Allan/Jackson,* International Journal of Law & Education, Bd. 15: 2010, S. 62; *Jackson,* More than One Way to Learn: Home Educated Students' Transitions Between Home and School, S. 15; *Jackson/Allan,* International Electronic Journal of Elementary Education, Bd. 2: 2010, S. 353.

1455 *Allan/Jackson,* International Journal of Law & Education, Bd. 15: 2010, S. 62; *Jackson,* More than One Way to Learn: Home Educated Students' Transitions Between Home and School, S. 15.

1456 *Allan/Jackson,* International Journal of Law & Education, Bd. 15: 2010, S. 62; *Jackson,* More than One Way to Learn: Home Educated Students' Transitions Between Home and School, S. 16.

1457 *Allan/Jackson,* International Journal of Law & Education, Bd. 15: 2010, S. 62; *Jackson,* More than One Way to Learn: Home Educated Students' Transitions Between Home and School, S. 16.

1458 *Jackson,* More than One Way to Learn: Home Educated Students' Transitions Between Home and School, S. 16.

1459 *Allan/Jackson,* International Journal of Law & Education, Bd. 15: 2010, S. 62; *Jackson,* More than One Way to Learn: Home Educated Students' Transitions Between Home and School, S. 16.

Eltern geben an, dass die sozialen Fähigkeiten ihrer Kinder durch Homeschooling weiterentwickelt würden und sich ein gesundes Selbstbewusstsein entwickle[1460]. Im Allgemeinen nehmen Eltern die Problematik der Sozialisierung ernst und bieten dem Kind Gelegenheiten, Kontakte zu anderen Menschen zu knüpfen[1461]. Einigen Studien ist zu entnehmen, dass Eltern sich eine aufgeklärtere Gesellschaft in Bezug auf die Möglichkeiten der Sozialisierung von Homeschool-Familien wünschen[1462].

(d) Hürden bei der Sozialisierung

Man ist sich allerdings in der Literatur im Klaren darüber, dass sich die Erfahrungen mit Homeschooling nicht auf diese rein positiven Angaben beschränken werden, da wohl die meisten Menschen im Hinblick auf die eigene Sozialisierung oder die ihrer Kinder überwiegend positive Angaben machen würden, sondern dass die Kinder, die zuhause unterrichtet werden, genau wie andere Kinder auch negative Erfahrungen im Umgang mit anderen Menschen machen[1463].

Zudem ist die Zufriedenheit des Kindes mit der eigenen Sozialisierung abhängig von Einstellung und Verhalten der Eltern[1464]. Es bleibt immer einzelfallabhängig, ob das Kind ausreichende Möglichkeiten erhält, seine sozialen Fähigkeiten weiterzuentwickeln.

(7) Schwierigkeiten bei der Umsetzung von Homeschooling

Schwierigkeiten bei der Umsetzung von Homeschooling ergeben sich in Australien vor allem dadurch, dass die Mutter als typischerweise hauptsächliche Lehrkraft unter Stress und Überlastung durch die Verantwortlichkeit für Haushalt, allgemeine Kinderbetreuung und Unterricht sowie durch den Umgang mit anfallenden Verwaltungstätigkeiten, die das Homeschooling mit sich bringt, leidet[1465]. Diese Überlastung führt zum Teil dazu, dass das Homeschooling aufgegeben wird[1466].

1460 *Allan/Jackson*, International Journal of Law & Education, Bd. 15: 2010, S. 62; *Jackson*, More than One Way to Learn: Home Educated Students' Transitions Between Home and School, S. 16.

1461 *Allan/Jackson*, International Journal of Law & Education, Bd. 15: 2010, S. 62; *Jackson*, More than One Way to Learn: Home Educated Students' Transitions Between Home and School, S. 16

1462 *Allan/Jackson*, International Journal of Law & Education, Bd. 15: 2010, S. 62.

1463 *Allan/Jackson*, International Journal of Law & Education, Bd. 15: 2010, S. 62 f.

1464 M.w.N. *Jackson*, More than One Way to Learn: Home Educated Students' Transitions Between Home and School, S. 16.

1465 *Jackson*, More than One Way to Learn: Home Educated Students' Transitions Between Home and School, S. 21 f.; *Kidd/Kaczmarek*, Issues in Educational Research, Bd. 20: 2010, S. 267 f.

1466 *Jackson*, More than One Way to Learn: Home Educated Students' Transitions Between Home and School, S. 106.

Daneben kann es zu einer finanziellen Belastung führen, dass, wie meist der Fall, ein Elternteil von der Berufstätigkeit absieht, um sich vollständig dem Homeschooling widmen zu können[1467].

c) Fazit

In jedem Bundesstaat und Territorium Australiens ist die Durchführung von Homeschooling als Alternative zum Schulunterricht rechtlich anerkannt und möglich.

Schon dem im Anhang abgedruckten Interview mit *Chelsea Wybrow* kann aber die Tendenz entnommen werden, dass Homeschooling trotz rechtlicher Anerkennung auch in Australien Kritik ausgesetzt und mit Vorurteilen behaftet ist. Australische Wissenschaftler versuchten sich im Rahmen mehrerer Studien daran, zu prüfen, ob Kritik und Vorurteile an dieser Form des Unterrichts berechtigt sind. Obwohl die Untersuchungen nur eingeschränkt verallgemeinerungsfähig sind, sind doch gewisse Tendenzen erkennbar.

Viele der Antworten *Chelsea Wybrows* entsprechen den oben dargestellten Ergebnissen australischer Studien. Antrieb für ihre Eltern, sie zuhause zu unterrichten, war ihr überdurchschnittlicher Wissensstand zum Zeitpunkt eines möglichen Schuleintritts und die Auffassung, ihren Fähigkeiten am ehesten mit individuell ausgerichtetem Unterricht zu entsprechen. Die fehlende Lehrqualifikation der Mutter tat ihrer Bildungslaufbahn keinen Abbruch, vielmehr konnte das überdurchschnittliche Wissensniveau über Jahre gehalten werden, was ihr allerdings in der Schule die Stellung eines Sonderlings einbrachte. Auch innerhalb der Großfamilie erlebte sie eine gewisse Ausgrenzung aufgrund ihrer speziellen Lernsituation. Hier mögen Vorurteile Homeschool-Schülern gegenüber eine Rolle gespielt haben. Das Homeschooling selbst tat ihr gut. Soziale Kontakte fand sie auch ohne täglichen Schulbesuch. Zudem wirkten sich die vielen ihr gewährten Freiheiten und Freiräume positiv auf innerfamiliäre Beziehungen, Selbständigkeit und Selbstdisziplin aus. Sie erlebte Homeschooling als derart vorteilhaft, dass auch sie ihre Kinder auf diese Weise unterrichten möchte.

Diese größtenteils positiven Erfahrungen mit Homeschooling decken sich mit den Ergebnissen diverser Studien. Im Hinblick auf die Frage, ob auch nicht ausgebildete Homeschool-Lehrer für angemessene Bildungsvermittlung Sorge tragen können, stimmen sämtliche Forschungsarbeiten mit *Chelsea Wybrows* Aussagen überein. Der Unterricht durch Eltern, die zumeist keine ausgebildeten Lehrkräfte sind, hat Erfolg. Die Kenntnisse der Homeschool-Schüler entsprechen mindestens dem durchschnittlichen Lernniveau derjenigen Schüler, die regelmäßig die Schule besuchen.

Hingegen kann die Sozialisierung der Homeschool-Schüler nicht ganz so positiv beurteilt werden. Der Großteil der Homeschool-Schüler knüpft zwar auch ohne regelmäßigen Schulbesuch soziale Kontakte und ist auch bei einem Wechsel ist das Schulsystem in der Lage, sich auf seine Mitschüler einzustellen. Positiv wirken

1467 *Harding*, A Study Of Parents' Conceptions Of Their Roles As Home Educators Of Their Children, S. 244.

sich das Nachgehen von Freizeitaktivitäten sowie das Knüpfen von Kontakten mithilfe von Netzwerken der Homeschool-Familien aus. Ihnen gewährte Freiheiten und Freiräume lassen die Kinder zu selbständigen und selbstbewussten Individuen heranwachsen. Dennoch führt die Sonderrolle als nicht der Norm entsprechender Schüler in Einzelfällen zu sozialen Konflikten. Diesen Einzelfällen versuchen einige Bundesstaaten und Territorien entgegenzuwirken, indem sie voraussetzen, dass Eltern, die Homeschooling betreiben wollen, Angaben zu Möglichkeiten der Sozialisierung des Kindes machen.

Trotz vereinzelt auftretender sozialer Konfliktsituationen ist die Durchführung des Homeschoolings in Australien zusammenfassend als überwiegend erfolgreich zu bewerten.

Als Folge der rechtlichen Anerkennung von Homeschooling in Australien wird der im eigenen Heim erteilte Unterricht grundsätzlich nicht als Beeinträchtigung der *best interests* gewertet, sodass der Family Court of Australia bei religiös motiviertem Homeschooling den Eltern gegenüber in der Regel keine Maßnahmen zu dessen Abwendung ergreift.

2. Zugehörigkeit zu einer bestimmten Religionsgemeinschaft als Indiz für die Beeinträchtigung der *best interests* des Kindes

Diverse Entscheidungen befassen sich mit der Frage, ob schon allein die Zugehörigkeit zu einer bestimmten Religionsgemeinschaft ausreicht, um gerichtliche Maßnahmen den Eltern gegenüber zu rechtfertigen. Dies wird in der australischen Rechtsprechung und Literatur einheitlich verneint.

a) In the Marriage of Elspeth and Peter *[2006] FamCA 1385*

Die erste der drei zu diesem Thema vorzustellenden Entscheidungen stammt aus dem Jahre 2006 und wird durch das Gericht streng am Normtext diskutiert, was bei australischen Gerichtsentscheidungen nicht der Regel entspricht.

aa) Zusammenfassung des Sachverhalts

In der Entscheidung *In the Marriage of Elspeth and Peter* [2006] FamCA 1385 waren durch den Family Court of Australia erstinstanzlich *parenting orders* bezüglich der Fragen anzuordnen, bei welchem der getrennt lebenden Elternteile die drei minderjährigen der acht ehelichen Kinder künftig leben sollten und wie dabei die *parental responsibility* aufzuteilen sein würde. Unter anderem hatte das Gericht die Frage zu beantworten, ob und inwieweit die Zugehörigkeit zu einer bestimmten Religionsgemeinschaft die gerichtlichen Anordnungen beeinflussen kann.

Ursprünglich waren beide Elternteile Mitglieder der Exclusive Brethren Community[1468], einer Religionsgemeinschaft, deren Mitglieder streng getrennt von

1468 *In the Marriage of Elspeth and Peter* [2006] FamCA 1385 at [5].

Nichtmitgliedern leben[1469]. Der Vater hatte sich allerdings zum Zeitpunkt des Rechtsstreits bereits von der Glaubensgemeinschaft abgewandt[1470].

Mitglieder der Exclusive Brethren Community werden dazu angehalten, den Kontakt zu ehemaligen Mitgliedern abzubrechen[1471]. Den Mitgliedern ist nicht erlaubt, gemeinsam mit Nichtmitgliedern zu essen, weil das Essen ihrem Glauben zufolge religiöse Bedeutung hat[1472], oder in sonstiger Weise mit Nichtmitgliedern zu verkehren[1473]. Da der persönliche Nutzen moderner Technologien durch die Exclusive Brethren Community angezweifelt wird, ist es ihren Mitgliedern auch untersagt, technische Geräte wie Fernseher, Computer oder Handy zu verwenden[1474]. Ferner wird der Zugang zu höherer Bildung, etwa einem Studium an einer Hochschule, den Mitgliedern der Exclusive Brethren Community verwehrt[1475]. Steht das Verhalten eines Mitglieds im Widerspruch zu den Regeln der Gemeinschaft, wird es aus der Gemeinschaft ausgeschlossen und es gelten die Regeln für den Umgang mit Nichtmitgliedern[1476].

Der Vater beantragte, dass die drei jüngsten der gemeinsamen Kinder, die zum Zeitpunkt der Entscheidung acht, zwölf und sechzehn Jahre alt waren, bei ihm leben sollten[1477]. Weiter beantragte er die Anordnung von *equal shared parental responsibility* sowie, dass die Kinder Zeit mit ihrer Mutter verbringen und mit ihr in Kontakt stehen sollten[1478].

Die Mutter hingegen begehrte alleinige *parental responsibility* für die drei Kinder und beantragte, dass keine Anordnungen gemacht werden sollten, die den Kindern vorschrieben, Zeit mit ihrem Vater zu verbringen[1479]. Zum Zeitpunkt der Entscheidung wurden die Kinder hauptsächlich von der Mutter betreut[1480].

bb) Beurteilung der Bedeutung der Zugehörigkeit zu einer bestimmten Religionsgemeinschaft durch den Family Court of Australia

Im Rahmen der Anordnung verschiedener *parenting orders*[1481] war es Aufgabe des Gerichts, zunächst die Aufteilung der *parental responsibility* unter Zuhilfenahme von s 60CC FLA festzulegen[1482]. Weiter war anzuordnen, bei wem die Kinder leben

---

1469 *Mills/Ebejer*, Family Law, Rn. 5.60.
1470 *In the Marriage of Elspeth and Peter* [2006] FamCA 1385 at [5].
1471 *In the Marriage of Elspeth and Peter* [2006] FamCA 1385 at [113].
1472 *In the Marriage of Elspeth and Peter* [2006] FamCA 1385 at [276].
1473 *In the Marriage of Elspeth and Peter* [2006] FamCA 1385 at [73, 74, 82].
1474 *In the Marriage of Elspeth and Peter* [2006] FamCA 1385 at [82, 276].
1475 *In the Marriage of Elspeth and Peter* [2006] FamCA 1385 at [72, 113].
1476 *In the Marriage of Elspeth and Peter* [2006] FamCA 1385 at [276].
1477 *In the Marriage of Elspeth and Peter* [2006] FamCA 1385 at [1–2].
1478 *In the Marriage of Elspeth and Peter* [2006] FamCA 1385 at [2].
1479 *In the Marriage of Elspeth and Peter* [2006] FamCA 1385 at [4].
1480 *In the Marriage of Elspeth and Peter* [2006] FamCA 1385 at [7].
1481 *In the Marriage of Elspeth and Peter* [2006] FamCA 1385 at [50].
1482 *In the Marriage of Elspeth and Peter* [2006] FamCA 1385 at [46].

und mit wem sie wie viel Zeit verbringen und in Kontakt stehen sollten, wobei ebenfalls die *primary* und *additional considerations* in s 60CC FLA einzubeziehen waren[1483]. Dabei war gemäß s 65DAA FLA zu beachten, ob *equal shared responsibility* in Betracht kam oder zumindest bedeutsame und wesentliche Zeit mit beiden Elternteilen verbracht werden sollte[1484]. Bei Prüfung der Anwendbarkeit der *equal shared parental responsibility* war über s 61DA FLA auf die *best interests* der Kinder Rücksicht zu nehmen[1485].

Hierbei wurde klargestellt, es sei nicht Sache des Gerichts, zu beurteilen, ob eine Religion einer anderen oder dem Nichtglauben gegenüber vorzugswürdig sei[1486]. Auch lehnte das Gericht es ab, festzustellen, ob es sich bei der Exclusive Brethren Community um eine Sekte handelte[1487]. Vielmehr sei für die gerichtliche Entscheidung der Fokus statt auf die Religion als solche auf die *best interests* der Kinder und in diesem Zusammenhang auf das Ergründen der Bedeutung der Beziehung der Kinder zu dem jeweiligen Elternteil, den Geschwistern, weiteren Familienmitgliedern und den Mitgliedern ihrer Religionsgemeinschaft zu legen[1488]. Die Werte, Glaubensinhalte und Bräuche stellten lediglich einige von vielen Faktoren dar, die es im Rahmen der *best interests* zu bewerten gelte[1489].

Das Gericht nahm zwar die Wünsche der drei Kinder zur Kenntnis, künftig keinen Kontakt zu ihrem Vater haben zu wollen, vermutete aber, sie seien nicht frei von Einflüssen durch die Mutter, die weitere Familie, die aus Mitgliedern der Gemeinschaft bestand, und die Exclusive Brethren Community als solche[1490]. Aus diesem Grunde erfolgten Anordnungen, die im Widerspruch zu den Wünschen der Kinder standen[1491].

Trotz der Einschätzung der Mutter, die es auf Grundlage der religiösen Erziehung der Kinder und der Nichtmitgliedschaft des Vaters in ihrer Gemeinde für unrealistisch hielt, dass sich eine bedeutsame Beziehung zwischen Vater und Kindern herbeiführen lassen würde[1492], wurde *equal shared parental responsibility* angeordnet[1493], es wurde hingegen nicht für angemessen gehalten, das Verbringen von gleich viel oder wesentlicher Zeit mit jedem der beiden Elternteile anzuordnen[1494]. Die Kinder

1483 *In the Marriage of Elspeth and Peter* [2006] FamCA 1385 at [46].
1484 *In the Marriage of Elspeth and Peter* [2006] FamCA 1385 at [46].
1485 *In the Marriage of Elspeth and Peter* [2006] FamCA 1385 at [280].
1486 *In the Marriage of Elspeth and Peter* [2006] FamCA 1385 at [282].
1487 *In the Marriage of Elspeth and Peter* [2006] FamCA 1385 at [298].
1488 *In the Marriage of Elspeth and Peter* [2006] FamCA 1385 at [282–300].
1489 *In the Marriage of Elspeth and Peter* [2006] FamCA 1385 at [318].
1490 *In the Marriage of Elspeth and Peter* [2006] FamCA 1385 at [332, 333, 336].
1491 *In the Marriage of Elspeth and Peter* [2006] FamCA 1385 at [333].
1492 *In the Marriage of Elspeth and Peter* [2006] FamCA 1385 at [301].
1493 *In the Marriage of Elspeth and Peter* [2006] FamCA 1385 at [386].
1494 *In the Marriage of Elspeth and Peter* [2006] FamCA 1385 at [389, 390].

sollten weiterhin bei ihrer Mutter leben, während ihnen regelmäßiger Kontakt zu ihrem Vater ermöglicht werden sollte[1495].

b) In the Marriage of Firth; Boyer and Boyer (Interveners) *[1988] FLC 91–971*

Schon in der Entscheidung *In the Marriage of Firth; Boyer and Boyer (Interveners)* [1988] FLC 91–971 zeichnete sich die oben dargestellte Zurückhaltung bei der Bewertung der Zugehörigkeit zu einer bestimmten Religionsgemeinschaft ab. In dieser Gerichtsentscheidung wurde neben der Anwendung familienrechtlicher Normen ein Bezug zu s 116 *Constitution* hergestellt.

aa) Zusammenfassung des Sachverhalts

Die Großeltern mütterlicherseits legten im Wege des Prozessbeitritts Rechtsmittel gegen eine Entscheidung über *parenting orders* ein, die unter anderem das Verbleiben der beiden minderjährigen, ehelichen Kinder bei der vom Vater getrennt lebenden Mutter vorsahen und jeglichen Kontakt zu Mitgliedern der Religionsgemeinschaft Exclusive Brethren Community untersagten[1496].

Nach der Trennung der Eltern lebten die beiden Kinder bei ihren Großeltern mütterlicherseits, Mitgliedern der Exclusive Brethren Community[1497]. Die Eltern waren ursprünglich ebenfalls Mitglieder dieser Gemeinschaft gewesen, hatten sich allerdings schon vor ihrer Trennung von der Gemeinschaft distanziert[1498]. Der zunehmende Einfluss der Religionsgemeinschaft auf die Kinder durch den Aufenthalt bei den Großeltern mündete darin, dass die Kinder ihrer Mutter trotz deren regelmäßiger Bemühungen den Kontakt verwehrten, solange sie ihre Mitgliedschaft in der Exclusive Brethren Community nicht wieder aufnahm[1499].

Als einer der Unterschiede im Sachverhalt gegenüber *In the Marriage of Elspeth and Peter* [2006] FamCA 1385 wird die Tatsache deutlich, dass nicht die Eltern, sondern die Großeltern streng religiös waren und diese Religiosität im Rahmen der Entscheidung relevant wurde. Da aber die Quintessenz der Entscheidung auch auf die Zugehörigkeit eines Elternteils zu einer bestimmten Religionsgemeinschaft anwendbar ist und die Entscheidung im Gegensatz zu *In the Marriage of Elspeth and Peter* [2006] FamCA 1385 Bezüge zur verfassungsrechtlich geschützten Religionsfreiheit enthält, ist diese Entscheidung dennoch beachtenswert.

1495 *In the Marriage of Elspeth and Peter* [2006] FamCA 1385 at [391, 392]. Zu weiteren die Familie betreffenden Gerichtsentscheidungen, auf die in der vorliegenden Arbeit mangels neuer Erkenntnisse zu der hier zu diskutierenden Problematik nicht näher eingegangen wird, *Harland et al.*, Family Law Principles, Rn. 8.230.

1496 *In the Marriage of Firth; Boyer and Boyer (Interveners)* [1988] FLC 91–971 at 77,018.

1497 *In the Marriage of Firth; Boyer and Boyer (Interveners)* [1988] FLC 91–971 at 77,018.

1498 *In the Marriage of Firth; Boyer and Boyer (Interveners)* [1988] FLC 91–971 at 77,018.

1499 *In the Marriage of Firth; Boyer and Boyer (Interveners)* [1988] FLC 91–971 at 77,021.

Die Großeltern wandten sich mit der Begründung gegen die erste Entscheidung, dass die Nichtzugehörigkeit der Zugehörigkeit zu einer Religionsgemeinschaft gegenüber bevorzugt behandelt und durch das Verbot, mit Mitgliedern der Religionsgemeinschaft in Kontakt zu treten, das Recht auf freie Religionsausübung der Kinder und der Großeltern aus s 116 *Constitution* verletzt worden sei[1500].

bb) Beurteilung der Bedeutung der Zugehörigkeit zu einer bestimmten Religionsgemeinschaft durch den Family Court of Australia

Diese Behauptungen wurden mit der folgenden Begründung des Family Court of Australia zurückgewiesen. Es sei zulässig, im Wege der Untersuchung, welche *parenting order* den *best interests* der Kinder am ehesten entspreche, auch die Grundsätze und Bräuche desjenigen Glaubens in Augenschein zu nehmen, der für den Sachverhalt eine Rolle spiele, insbesondere wenn auf diese durch eine andere Prozesspartei hingewiesen worden sei, und diese Erkenntnisse im Rahmen der Entscheidungsfindung zu verwerten[1501]. Es sei eine angemessene Ausübung des Ermessens, diese Faktoren mit zu berücksichtigen und sie in die Abwägung mit allen anderen relevanten Faktoren einfließen zu lassen[1502]. Komme ein Gericht auf diesem Wege zu der Erkenntnis, dass es dem Wohl des Kindes abträglich sei, mit solchen Bräuchen aufzuwachsen, stelle dies entsprechend auch keine Verletzung des Rechts aus s 116 *Constitution* dar und führe auch nicht zu einer damit einhergehenden Nichtigkeit der getroffenen Anordnungen[1503].

c) In the Marriage of Paisio *[1979] FLC 90–659*

Auch in der Entscheidung *In the Marriage of Paisio* [1979] FLC 90–659 wird neben dem Familienrecht Bezug auf das Verfassungsrecht genommen. Sie basiert ebenfalls auf den in den ersten beiden Entscheidungen genannten Grundsätzen und lässt so die Kontinuität der Argumentation in der Rechtsprechung erkennen.

aa) Zusammenfassung des Sachverhalts

In der Entscheidung *In the Marriage of Paisio* [1979] FLC 90–659 hatte der Family Court of Australia darüber zu entscheiden, bei welchem der getrennt lebenden Elternteile das jüngste der drei ehelichen Kinder leben sollte und inwieweit die Zugehörigkeit der Mutter zu den Zeugen Jehovas zur Bewertung herangezogen werden konnte und das Wohl des Kindes beeinflusste. Die Mutter hatte gegen die ursprüngliche Anordnung, das Kind solle beim Vater leben und gelegentlichen

---

1500 *In the Marriage of Firth; Boyer and Boyer (Interveners)* [1988] FLC 91–971 at 77,018.
1501 *In the Marriage of Firth; Boyer and Boyer (Interveners)* [1988] FLC 91–971 at 77,025.
1502 *In the Marriage of Firth; Boyer and Boyer (Interveners)* [1988] FLC 91–971 at 77,025.
1503 *In the Marriage of Firth; Boyer and Boyer (Interveners)* [1988] FLC 91–971 at 77,025.

Kontakt zur Mutter haben, Rechtsmittel eingelegt[1504]. Das betreffende Kind lebte seit der Trennung der Eltern bei der Mutter, während die übrigen Kinder beim Vater aufwuchsen[1505].

bb) Beurteilung der Bedeutung der Zugehörigkeit zu einer bestimmten Religionsgemeinschaft durch den Family Court of Australia

Das Gericht rechtfertigte die Beachtung der Zugehörigkeit der Mutter zu einer bestimmten Religionsgemeinschaft damit, dass eine Untersuchung und Bewertung von Glaubensvorstellungen, -einstellungen sowie Bräuchen einer Religion im Rahmen eines Prozesses mit Sorgerechtsbezügen dem stets primär zu beachtenden Wohl des Kindes dienen und somit erforderlich sein könne[1506]. Ein australisches Gericht könne vor dem Hintergrund von s 116 *Constitution* zwar nicht eine Religion einer anderen oder dem Nichtglauben vorziehen[1507]. Gewisse Bräuche seien dem Wohl des Kindes aber im Einzelfall derart abträglich, dass das Kind dem Einfluss derer, die diese Bräuche befürworteten, entzogen werden müsse[1508]. Die Anordnungen der ersten Entscheidung, basierend auf der Intention, dass die drei Geschwister gemeinsam aufwachsen sollten, wurden entsprechend aufrechterhalten[1509].

d) Ergänzung und Fazit

Den eben dargestellten Gerichtsentscheidungen lässt sich eine einheitliche Linie der Rechtsprechung über mehrere Jahrzehnte hinweg entnehmen. Die Gerichte haben ausnahmslos dargelegt, in Fragen der *parental responsibility* nicht eine Religion einer anderen oder die religiöse Erziehung der nichtreligiösen gegenüber vorzuziehen. Ebenso verhält es sich mit zahlreichen weiteren Gerichtsentscheidungen zu dieser Frage[1510]. Es ist festzustellen, dass nach australischem Familienrecht allein aufgrund

---

1504 *In the Marriage of Paisio* [1979] FLC 90–659 at 78,512.

1505 *In the Marriage of Paisio* [1979] FLC 90–659 at 78,513.

1506 *In the Marriage of Paisio* [1979] FLC 90–659 at 78,513, 78,514–78,515.

1507 *In the Marriage of Paisio* [1979] FLC 90–659 at 78,513.

1508 *In the Marriage of Paisio* [1979] FLC 90–659 at 78,514–78,515.

1509 *In the Marriage of Paisio* [1979] FLC 90–659 at 78,518.

1510 *Chisholm et al.*, Annotated Family Law Legislation, S. 343; *Dickey*, Family Law, Rn. 24.100; *Fehlberg/Behrens*, Australian Family Law: The Contemporary Context, S. 298 ff.; *Mills/Ebejer*, Family Law, Rn. 5.60; *Young*, in: Geoff Monahan / Lisa Young (Hg.): Children and the Law in Australia, 2008, Rn. 16.10. Weitere Beispiele aus der Rechtsprechung zur selben Thematik unter dem FLA sind etwa *P and L* [2006] FamCA 947; *In the Marriage of Morrison* [1995] FLC 92–639; *In the Marriage of Sheridan* [1994] FLC 92–517; *In the Marriage of Goudge* [1984] FLC 91–534; *In the Marriage of N (No 2)* [1981] FLC 91–111; *In the Marriage of Plows* [1979] FLC 90–607; *Kennard v Kennard* (1979) 34 FLR 525 at 527. Bei Vorliegen einer Beeinträchtigung der Belange des Kindes wurde nicht nur auf die Beschränkung des Umfangs des Verantwortungsbereichs der Eltern zurückgegriffen. Zum Teil wurde

der Zugehörigkeit zu einer bestimmten Religionsgemeinschaft keine Maßnahmen staatlicherseits den Eltern gegenüber im Verhältnis zu ihren Kindern ergehen. Berührt eine Anordnung tatsächlich s 116 *Constitution*, kann dies, da diese Norm nicht absolute Freiheit gewährt, dennoch über den Schutz der Gemeinschaft und der Interessen der Gesellschaftsordnung gerechtfertigt sein[1511]. Die Balance zwischen dem Schutz der *best interests* und der Neutralität der Gerichte in Religionsfragen wird dadurch gehalten, dass die Religionszugehörigkeit, wie sonstige Faktoren auch, in Angelegenheiten der *parental responsibility* nur dann relevant wird, wenn sie den Gegebenheiten des Einzelfalls entsprechend die *best interests* des Kindes beeinflussen könnte[1512]. Im Ergebnis ist festzuhalten, dass Familiengerichte bei Entscheidungen, die die Zugehörigkeit eines Elternteils zu einer bestimmten Religionsgemeinschaft problematisierten, die oben im Rahmen der allgemeinen Grundsätze des Familienrechts genannten Maßnahmen im Wege der *parenting orders* anwandten, ohne eine besondere Behandlung aus Religionsgründen vorzunehmen.

3. Verweigerung einer ärztlich indizierten Bluttransfusion am Kind durch Zeugen Jehovas als Beeinträchtigung der *best interests* des Kindes

Eine weitere Fallgruppe, bei der die Religiosität der Eltern im Verhältnis zu den Kindern auf dem Gebiet des Familienrechts eine Rolle spielen kann, ist die durch die Eltern aufgrund ihrer Mitgliedschaft in der Glaubensgemeinschaft der Zeugen Jehovas verweigerte Zustimmung zur Durchführung von Bluttransfusionen an ihrem minderjährigen Kind.

---

die Interessenkollision auch durch bestimmte Ge- und Verbote gelöst, etwa das Verbot einer Zeugin Jehovas gegenüber, ihre Kinder während ihres Aufenthalts bei der Mutter am Missionieren teilhaben zu lassen, so in *In the Marriage of Wellington* (1976) 14 S.A.S.R. 321 at 327. Siehe zu der Frage, wie sich die Zugehörigkeit der Eltern zu einer bestimmten Religionsgemeinschaft im Familienrecht auswirkt, auch die diesbezüglich mit der australischen Rechtsprechung übereinstimmenden englischen Entscheidungen *In re C. (Minors)* (C.A.) [1978] Fam. 105 at 119 und *Re R (a Minor)* (CA) [1993] 2 FLR (Eng.) 163 at 164.

1511 Mit Verweis auf die bereits vor Geltung des FLA damit übereinstimmend abgegebene verfassungsrechtliche Begründung in *Evers v Evers* (1972) 19 FLR 296 at 302–303 *Guy*, Constitutional Law Principles, Rn. 6.410.

1512 Äußern kann sich eine Beeinträchtigung des Wohls des Kindes in diesen Fällen etwa durch strenges Kontrollieren des Kindes oder dadurch, dass das Kind von anderen Kindern oder Familienmitgliedern ferngehalten wird. Ebenso kann es den *best interests* des Kindes widersprechen, wenn das Kind unter großem Zeitaufwand religiösen Bräuchen nachgeht und sich dies mit den für Kinder üblichen Aktivitäten nicht vereinbaren lässt, m.w.N. *Chisholm et al.*, Annotated Family Law Legislation, S. 343; *Mills/Ebejer*, Family Law, Rn. 5.60.

a) *Entscheidungsbefugnis über medizinische Maßnahmen zugunsten des Kindes nach allgemeinen Grundsätzen*

Im Folgenden wird zunächst auf die Entscheidungsbefugnis über die Vornahme medizinischer Maßnahmen nach allgemeinen Grundsätzen eingegangen, die neben der Verweigerung von Bluttransfusionen für die im weiteren Verlauf der Arbeit aufgezeigten rechtlichen Aspekte von Beschneidung und Genitalverstümmelung ebenfalls relevant ist. Im Anschluss daran werden speziell die Verweigerung von Bluttransfusionen betreffende Aspekte ergänzt und es wird erläutert, inwieweit Eltern und Gericht diesbezüglich Einfluss nehmen können.

aa) *Grundsatz der Entscheidungsfreiheit des Patienten über Vornahme und Nichtvornahme medizinischer Maßnahmen*

Bei Vornahme medizinischer Maßnahmen ist grundsätzlich das Recht auf körperliche Unantastbarkeit zu beachten[1513]. Dem australischen Recht zufolge steht es im Allgemeinen jeder Person zu, selbst über die Vornahme oder Nichtvornahme sie betreffender medizinischer Maßnahmen zu entscheiden, sofern das Gesetz nicht etwas anderes bestimmt[1514]. Mit Ausnahme von Fällen, in denen keine Zustimmung erforderlich ist, kann es einen Gesetzesverstoß der behandelnden Person bedeuten, wenn an einem Patienten gegen dessen Willen eine medizinische Maßnahme vorgenommen wird[1515].

bb) *Entscheidungsbefugnis der Eltern über Vornahme und Nichtvornahme medizinischer Maßnahmen an Minderjährigen*

Eine Ausnahme von der grundsätzlich erforderlichen Zustimmung des jeweiligen Patienten bilden Konstellationen, in denen die Patienten minderjährig sind[1516]. Zu den Rechten und Pflichten der Eltern gehört die Entscheidungsbefugnis über ihr Kind betreffende medizinische Maßnahmen[1517]. Die Entscheidung hat allerdings zugunsten der *best interests* des Kindes zu erfolgen[1518]. Bei nicht therapeutischen Maßnahmen kann auf die Einhaltung dieses Erfordernisses gerade nicht schon alleine die Tatsache hinweisen, dass die Maßnahme medizinisch indiziert ist. Einer Entscheidung der Eltern, die nicht den *best interests* des Kindes entspricht, kann eine gerichtliche Entscheidung entgegenwirken[1519].

1513 *Mathews*, The Medical Journal of Australia, Bd. 194: 2011, S. 139.
1514 *Haberfield*, Monash University Law Review, Bd. 23: 1997, S. 102 f.
1515 *Skene*, Law and Medical Practice, Rn. 4.1.
1516 *Skene*, Law and Medical Practice, Rn. 4.1.
1517 *Haberfield*, Monash University Law Review, Bd. 23: 1997, S. 106.
1518 *Haberfield*, Monash University Law Review, Bd. 23: 1997, S. 107.
1519 *Mathews*, The Medical Journal of Australia, Bd. 194: 2011, S. 140.

cc) Entscheidungsbefugnis des Minderjährigen selbst

Die elterliche Entscheidungsbefugnis kann allerdings dadurch eingeschränkt sein, dass der Minderjährige selbst entscheiden kann. Grundsätzlich steht die Entscheidungsbefugnis den Eltern bis zur Volljährigkeit des Kindes mit Vollendung des 18. Lebensjahres oder bis zu einer vorher erfolgten Heirat des Kindes zu[1520]. Daneben ergeben sich aus *Common Law* und Gesetz Möglichkeiten für den Minderjährigen, schon zu einem früheren Zeitpunkt selbst über die Vornahme medizinischer Maßnahmen entscheiden zu können.

In der englischen Gerichtsentscheidung *Gillick v West Norfolk and Wisbech Area Health Authority and the DHSS* [1986] AC 112 wurde der Grundsatz entwickelt, dass die Rechte der Eltern ihrem Kind gegenüber mit zunehmendem Alter und zunehmender geistiger Reife des Minderjährigen abnehmen[1521]. Auf das australische Recht übertragen und weiter entwickelt wurde dieser Grundsatz durch den High Court of Australia in *Marion's Case* [1522], wonach Minderjährigen das Recht zustehen kann, mit zunehmender geistiger Reife über sie betreffende medizinische Maßnahmen selbst zu entscheiden, während die rechtlichen Einflussmöglichkeiten der Eltern entsprechend abnehmen[1523]. Sofern kein kodifiziertes Recht der Bundesstaaten oder Territorien bestimmt, ab wann ein Minderjähriger selbst hinsichtlich medizinischer Maßnahmen entscheiden kann, richtet sich seine Entscheidungsbefugnis entsprechend der eben genannten Gerichtsentscheidung nach dem Vorliegen der für das Verständnis der jeweiligen medizinischen Maßnahme erforderlichen geistigen Reife[1524].

In New South Wales und South Australia existieren gesetzlich festgelegte starre Altersgrenzen als Ausnahme zu der eben erwähnten einzelfallabhängigen Beurteilung.

S 49(2) *Minors (Property and Contracts) Act* 1970 (NSW) legt für New South Wales fest, dass der Einwilligung eines Minderjährigen ab Vollendung des 14. Lebensjahres dieselbe Wirksamkeit wie der eines Erwachsenen zukommt, wenn versucht wird, unter Berufung auf die Minderjährigkeit eine Körperverletzung geltend zu machen[1525]. Aus der Kombination dieses Absatzes mit s 49(1) *Minors (Property and Contracts) Act* 1970 (NSW) wird deutlich, dass mit Ausnahme von den Fällen aus s 49(3) *Minors (Property and Contracts) Act* 1970 (NSW) in medizinische

---

1520 *McIlwraith/Madden*, Health Care and the Law, Rn. 5.10.

1521 *Mason*, Journal of Law and Medicine, Bd. 9: 2001, S. 64.

1522 *Secretary, Department of Health and Community Services v JWB and SMB* (1992) 175 CLR 218 at 237.

1523 *Haberfield*, Monash University Law Review, Bd. 23: 1997, S. 106; *Mason*, Journal of Law and Medicine, Bd. 9: 2001, S. 64; *McIlwraith/Madden*, Health Care and the Law, Rn. 5.35.

1524 *Mathews*, The Medical Journal of Australia, Bd. 194: 2011, S. 140.

1525 *McIlwraith/Madden*, Health Care and the Law, Rn. 5.15.

Maßnahmen, die Minderjährige zwischen 14 und 16 Jahren betreffen, entweder die Minderjährigen selbst oder ihre Eltern einwilligen können, ab 16 Jahren jedoch nur noch die Minderjährigen[1526].

Nach dem Recht South Australias kann ein Minderjähriger gem. s 6 *Consent to Medical Treatment and Palliative Care Act* 1995 (SA) ab Vollendung des 16. Lebensjahres im Hinblick auf die Vornahme medizinischer Maßnahmen entscheiden[1527]. Im Gegensatz zur ansonsten grundsätzlich geltenden Altersgrenze von 18 Jahren kann der Norm zufolge schon ein 16-Jähriger wie ein Erwachsener über ihn betreffende medizinische Maßnahmen entscheiden, was bedeutet, dass einem entgegenstehenden Willen der Eltern keine Bedeutung mehr zukommt[1528]. Daneben findet sich auch der in *Marion's Case* genannte Grundsatz des *Common Law* in s 12 *Consent to Medical Treatment and Palliative Care Act* 1995 (SA) wieder[1529].

Bei Vorliegen des erforderlichen Alters beziehungsweise der erforderlichen geistigen Reife kann der Maßnahme ausdrücklich oder konkludent wirksam zugestimmt werden[1530].

dd) Entscheidungsbefugnis des Gerichts

Anstelle des Minderjährigen oder eines Elternteils kann die Entscheidungsbefugnis über die Vornahme medizinischer Maßnahmen auch einer durch Eltern oder Gericht dazu bestimmten sonstigen Person oder dem Gericht selbst zufallen[1531]. Dem Gegenstand der vorliegenden Arbeit entsprechend ist zu untersuchen, ob und inwieweit gerichtliches Einschreiten der elterlichen Entscheidungsbefugnis gegenüber vorrangig sein kann.

Entspricht die medizinische Maßnahme den *best interests* des Minderjährigen, ist grundsätzlich die Zustimmung der Eltern ausreichend, wenn dem Minderjährigen selbst die Entscheidungsbefugnis fehlt[1532]. In bestimmten Konstellationen ist allerdings stets erforderlich, gerichtlich zu prüfen, ob eine Maßnahme durchzuführen ist.

Wie oben im Rahmen der Besprechung der *welfare orders* bereits angedeutet, werden der Gerichtsentscheidung des High Court of Australia *Secretary, Department of Health and Community Services v JWB and SMB* (1992) 175 CLR 218 folgende Grundsätze in Bezug auf die Frage entnommen, in welchen Fällen eine medizinische Maßnahme gerichtlichen Eingreifens bedarf. Eine gerichtliche Zustimmung und eine damit einhergehend eingeschränkte *parental responsibility* kann erforderlich sein bei nicht therapeutischen invasiven, irreversiblen und

1526 *Kerridge et al.*, Ethics and Law for the Health Professions, S. 589.
1527 *McIlwraith/Madden*, Health Care and the Law, Rn. 5.10.
1528 *Richards/Louise*, Medical Law and Ethics, Rn. 4.31.
1529 *Richards/Louise*, Medical Law and Ethics, Rn. 4.31.
1530 *Mason*, Journal of Law and Medicine, Bd. 9: 2001, S. 64.
1531 *McIlwraith/Madden*, Health Care and the Law, Rn. 5.10.
1532 *Mason*, Journal of Law and Medicine, Bd. 9: 2001, S. 64.

größeren medizinischen Maßnahmen, die ein signifikantes Risiko einer Fehlentscheidung bezüglich des aktuellen oder künftigen Einverständnisses des Kindes oder hinsichtlich der *best interests* des entscheidungsunfähigen Kindes aufweisen, und bei denen die Konsequenzen einer Fehlentscheidung in besonderem Maße gravierend sind[1533].

Der Supreme Court ist über das Parens-Patriae-Prinzip zum Einschreiten berechtigt, während dem Family Court of Australia über seine *welfare*-Kompetenz ein nahezu identischer Aufgabenbereich zukommt[1534]. Beide Gerichtstypen können Anordnungen in Bezug auf medizinische Maßnahmen zugunsten des Kindeswohls treffen[1535]. Der Family Court of Australia kann auf Grundlage von s 67ZC(1) FLA über *welfare orders* eingreifen, sofern ihm dies im Rahmen der oben bereits erläuterten in s 51(xxi)-(xxii) *Constitution* normierten Gesetzgebungskompetenzen möglich ist[1536]. Mithilfe des FLA kann von der grundsätzlich geltenden Entscheidungsbefugnis der Eltern hinsichtlich medizinischer Maßnahmen zugunsten ihres Kindes abgewichen werden[1537]. Ist der wegen s 109 *Constitution* vorrangige FLA nicht einschlägig, kann der Supreme Court auf Grundlage des Rechts eines Bundesstaates oder Territoriums einschreiten[1538]. Auf der Basis einer dieser beiden Kompetenzen kann ein Gericht im Sinne der *best interests* des Kindes auf die Entscheidung über medizinische Behandlungen Einfluss nehmen, wenn die Eltern sich nicht einigen können oder sie eine Entscheidung getroffen haben, die den *best interests* ihres Kindes nicht entspricht[1539]. Die gerichtliche Kompetenz ist durch die Möglichkeit, stets auch über nicht therapeutische Maßnahmen entscheiden zu können, weiter gefasst als die *parental responsibility* der Eltern[1540].

Daneben kann der Family Court of Australia auch im Rahmen von *parenting orders* Einfluss auf den Umfang der *parental responsibility* hinsichtlich Pflege, Wohl und Entwicklung nehmen[1541]. Ob eine *parenting order* oder eine *welfare order* zur Anwendung kommen soll, richtet sich nach den oben genannten Abgrenzungskriterien.

1533 *Devereux/Moore*, Australian Medical Law, S. 204; *Tasmania Law Reform Institute,* Non-Therapeutic Male Circumcision, Rn. 5.4.1.

1534 *Kerridge et al.*, Ethics and Law for the Health Professions, S. 597.

1535 *McGivern*, in: Geoff Monahan / Lisa Young (Hg.): Children and the Law in Australia, 2008, Rn. 18.24.

1536 *McGivern*, in: Geoff Monahan / Lisa Young (Hg.): Children and the Law in Australia, 2008, Rn. 18.42; *Tasmania Law Reform Institute,* Non-Therapeutic Male Circumcision, Rn. 5.3.2.

1537 *McGivern*, in: Geoff Monahan / Lisa Young (Hg.): Children and the Law in Australia, 2008, Rn. 18.37.

1538 *Chisholm et al.*, Annotated Family Law Legislation, S. 495.

1539 *Kerridge et al.*, Ethics and Law for the Health Professions, S. 597 f.

1540 *Kerridge et al.*, Ethics and Law for the Health Professions, S. 598.

1541 *Tasmania Law Reform Institute,* Non-Therapeutic Male Circumcision, Rn. 5.3.1.

b) *Grundsätze zur Verweigerung medizinischer Maßnahmen und Bedarf an gerichtlichem Einschreiten bei Verweigerung der Bluttransfusion durch die Eltern des Minderjährigen*

Bei der Frage nach rechtlich möglicher Verweigerung von Bluttransfusionen aus religiösen Gründen durch die Eltern des betroffenen Minderjährigen ist zu untersuchen, wann das Recht der Eltern, dem Kind eine medizinisch tatsächlich indizierte Maßnahme zu verweigern, seine Grenze erreicht und das Gericht eingreifen kann.

In Bezug auf den Umfang der Befugnis des Minderjährigen, eine medizinische Maßnahme abzulehnen, verglichen mit dem Umfang der Befugnis zur Einwilligung in medizinische Maßnahmen, fehlt es an australischer Rechtsprechung, es wird jedoch angenommen, dass auf die Befugnis zur Verweigerung auch die Grundsätze zur Einwilligung in medizinische Maßnahmen anwendbar sind und die Entscheidungsfreiheit des entscheidungsfähigen Minderjährigen ebenfalls lediglich dann eingeschränkt wird, wenn die *best interests* betroffen sind[1542]. Auch bei Ablehnung medizinisch indizierter Maßnahmen geht das Wohl des Minderjährigen demnach seiner Selbstbestimmung vor, sodass jedenfalls der Minderjährige selbst nicht vor dem Eingreifen des Gerichts geschützt ist[1543]. Dem Supreme Court of Western Australia zufolge stand etwa die Gillick-Kompetenz eines 15 Jahre alten Mitglieds der Zeugen Jehovas, das die Bluttransfusion aus Glaubensgründen verweigerte, einer gegenteiligen gerichtlichen Anordnung nicht entgegen[1544].

Sind die Eltern grundsätzlich entscheidungsbefugt, stimmt aber ihre Verweigerung einer medizinisch indizierten Maßnahme zugunsten des Kindes nicht mit dessen *best interests* überein, kann anstelle der Eltern das zuständige Gericht entscheiden[1545]. Der Verweigerung durch die Eltern kann also neben der Entscheidungsbefugnis des Minderjährigen auch eine gerichtliche Entscheidung entgegenstehen. Schutz des Lebens und des Wohles des Kindes gehen den religiösen Beweggründen der Eltern, die zu einer Verweigerung der Bluttransfusion führen können, vor[1546]. Abweichungen von dem Grundsatz, dass Eltern für ihre Kinder über Vornahme oder Nichtvornahme medizinischer Behandlungen entscheiden können, gelten insbesondere in Notfällen und bei Lebensgefahr des Kindes[1547]. Im Falle der Verweigerung

1542 Dazu *McGivern*, in: Geoff Monahan / Lisa Young (Hg.): Children and the Law in Australia, 2008, Rn. 18.25 ff.; *Skene*, Law and Medical Practice, Rn. 4.25.

1543 *Kerridge et al.*, Ethics and Law for the Health Professions, S. 601.

1544 *Minister for Health v AS* (2004) 33 Fam LR 223 at 228. Dazu *Dickey*, Family Law, Rn. 18.170.

1545 *McIlwraith/Madden*, Health Care and the Law, Rn. 5.55.

1546 *Skene*, Law and Medical Practice, Rn. 4.50.

1547 *McIlwraith/Madden*, Health Care and the Law, Rn. 17.35.

einer lebensrettenden Bluttransfusion kann im Besonderen das Krankenhaus eine gerichtliche Zustimmung zur Vornahme der Bluttransfusion einholen[1548].

aa) Gesetzliche Grundlagen der Bundesstaaten und Territorien für die Verwendung von Bluttransfusionen ohne Zustimmung des Minderjährigen, der Eltern oder des Gerichts

Dem Grundgedanken der gerichtlichen Parens-Patriae-Kompetenz entsprechend haben alle Bundesstaaten und Territorien Australiens Gesetze erlassen, die es ermöglichen, unabhängig von einer Zustimmung durch eine entscheidungsbefugte Person Bluttransfusionen vorzunehmen, um das Leben des betroffenen Minderjährigen zu retten oder gravierende Beeinträchtigungen zu verhindern[1549]. So können auf Grundlage von s 23 *Transplantation and Anatomy Act* 1978 (ACT), s 37 *Guardianship Act* 1987 (NSW) und s 174 *Children and Young Persons (Care and Protection) Act* 1998 (NSW), s 2 und 3 *Emergency Medical Operations Act* (NT), s 20 *Transplantation and Anatomy Act* 1979 (Qld), s 13 *Consent to Medical Treatment and Palliative Care Act* 1995 (SA), s 21 *Human Tissue Act* 1985 (Tas), s 24 *Human Tissue Act* 1982 (Vic), s 21 *Human Tissue and Transplant Act* 1982 (WA) in derartigen Notfällen die notwendigen Maßnahmen auch ohne Einwilligung ergriffen werden[1550]. Sofern sich Sachverhalte unter die in den Normen genannten Notfälle subsumieren lassen, entfällt die Notwendigkeit eines Einschreitens des Gerichts[1551].

bb) Zuständigkeit des Family Court und des Supreme Court

Wird gerichtliches Einschreiten erforderlich, erfolgt dies entweder durch den Family Court of Australia im Rahmen seiner *welfare*-Zuständigkeit oder durch den Supreme Court des jeweiligen Bundesstaates oder Territoriums im Rahmen der Parens-Patriae-Kompetenz[1552].

cc) Beurteilung der Verweigerung der Bluttransfusion durch die Eltern des betroffenen Kindes in der Rechtsprechung

Wie oben bereits dargelegt, haben Supreme Court und Family Court of Australia in Bezug auf Sachverhalte, die die Vornahme medizinischer Maßnahmen an Minderjährigen betreffen, ähnliche Möglichkeiten, einzuschreiten. Mangels Beispielen an veröffentlichten Gerichtsentscheidungen des Family Court of Australia werden aufgrund der diesbezüglichen Vergleichbarkeit von Supreme Court und Family Court die eben genannten Grundsätze anhand von Rechtsprechung der Supreme Courts veranschaulicht.

1548 *Richards/Louise*, Medical Law and Ethics, Rn. 5.47.
1549 *Kerridge et al.*, Ethics and Law for the Health Professions, S. 598.
1550 *McIlwraith/Madden*, Health Care and the Law, Rn. 4.265.
1551 *Skene*, Law and Medical Practice, Rn. 4.47.
1552 *Skene*, Law and Medical Practice, Rn. 4.48.

(1) *Women's and Children's Health Network Inc v M, CN and Ors* [2013] SASC 16

Mithilfe von *Women's and Children's Health Network Inc v M, CN and Ors* [2013] SASC 16 wird im Folgenden anhand eines aktuellen Beispiels aus der Praxis des Supreme Court of South Australia geschildert, wie mit der ablehnenden Haltung von Zeugen Jehovas im Hinblick auf Bluttransfusionen, die zugunsten ihrer minderjährigen Kinder durchgeführt werden sollen, gerichtlich umgegangen wird.

(a) Zusammenfassung des Sachverhalts

Die Women's and Children's Health Network Incorporated beantragte beim Supreme Court of South Australia, das Women's and Children's Hospital zu autorisieren, Bluttransfusionen zugunsten eines minderjährigen Patienten vornehmen zu lassen, dessen Eltern sich weigerten, dieser Behandlungsmethode zuzustimmen[1553]. Die Eltern sprachen sich aufgrund ihrer Zugehörigkeit zu den Zeugen Jehovas und der Einhaltung der entsprechenden Glaubenssätze gegen die Vornahme dieser Behandlungsweise aus[1554]. Sie wiesen darüber hinaus auf die allgemeinen Gefahren von Bluttransfusionen hin und zogen alternative Verfahren in Erwägung, um Bluttransfusionen zu vermeiden[1555]. Die Eltern des Minderjährigen gaben allerdings an, im Falle einer ihrem Willen nicht entsprechenden gerichtlichen Entscheidung auch weiterhin die medizinische Behandlung ihres Sohnes unterstützen zu wollen[1556]. Bluttransfusionen sollten einen wesentlichen Bestandteil der Leukämiebehandlung des Dreijährigen bilden[1557]. Die Notwendigkeit der Behandlung ergab sich laut Sachverständigengutachten daraus, dass der Patient ohne sie mit großer Wahrscheinlichkeit würde sterben müssen, während mit Behandlung eine 85-90%ige Heilungschance bestand[1558]. Das Gericht wurde im Rahmen seiner Parens-Patriae-Kompetenz hinzugezogen, da s 13 *Consent to Medical Treatment and Palliative Care Act* 1995 (SA) auf den damaligen medizinischen Zustand des Minderjährigen nicht anwendbar war[1559]. Es galt zu untersuchen, ob die vorgeschlagene Behandlungsweise den *best interests* des Kindes entsprach[1560].

1553 *Women's and Children's Health Network Inc v M, CN and Ors* [2013] SASC 16 at 1.
1554 *Women's and Children's Health Network Inc v M, CN and Ors* [2013] SASC 16 at 9.
1555 *Women's and Children's Health Network Inc v M, CN and Ors* [2013] SASC 16 at 9.
1556 *Women's and Children's Health Network Inc v M, CN and Ors* [2013] SASC 16 at 11.
1557 *Women's and Children's Health Network Inc v M, CN and Ors* [2013] SASC 16 at 4.
1558 *Women's and Children's Health Network Inc v M, CN and Ors* [2013] SASC 16 at 6.
1559 *Women's and Children's Health Network Inc v M, CN and Ors* [2013] SASC 16 at 14.
1560 *Women's and Children's Health Network Inc v M, CN and Ors* [2013] SASC 16 at 17.

(b) Beurteilung der Verweigerung der Bluttransfusion durch den Supreme Court of South Australia

Das Gericht hielt die Bluttransfusionen für notwendig, da sie einen Teil der vorgesehenen Heilbehandlung gegen die Leukämieerkrankung darstellten[1561]. Aus Sicht des Gerichts wog die Wahrscheinlichkeit der Heilungschancen das geringe Risiko auf, das der Behandlung mithilfe von Bluttransfusionen im Allgemeinen innewohnt, zudem konnte es auf Basis des Sachverständigengutachtens keine vergleichbaren Alternativbehandlungen ausmachen[1562]. Die religiösen Anschauungen der Eltern wurden zwar berücksichtigt[1563]. Aus der Notwendigkeit der Maßnahme wurde allerdings geschlossen, dass die Durchführung von Bluttransfusionen den *best interests* des Kindes am ehesten entspreche[1564]. Diese Schlussfolgerung wurde durch die Bereitschaft der Eltern gestärkt, selbst im Falle einer nicht ihrem Willen entsprechenden gerichtlichen Entscheidung weiterhin für die Durchführung der medizinischen Maßnahmen Sorge zu tragen[1565]. Daher ordnete das Gericht die Durchführung der ärztlicherseits empfohlenen Bluttransfusionen an[1566].

dd) Zwischenfazit unter Vergleich mit weiterer Rechtsprechung

In der Rechtsprechung wird einheitlich der in der eben besprochenen Entscheidung herauszulesende Ansatz verfolgt, die Glaubenssätze der Zeugen Jehovas und damit der Eltern zwar in die Abwägung dessen, was den *best interests* des Kindes entsprechen könnte, einfließen zu lassen und zu respektieren, dennoch bei medizinischer Notwendigkeit die Gesundheit des Kindes und die Aussicht auf Heilung durch Anordnung von Bluttransfusionen als höherrangig einzustufen[1567].

1561 *Women's and Children's Health Network Inc v M, CN and Ors* [2013] SASC 16 at 1.5.

1562 *Women's and Children's Health Network Inc v M, CN and Ors* [2013] SASC 16 at 17.

1563 *Women's and Children's Health Network Inc v M, CN and Ors* [2013] SASC 16 at 18.

1564 *Women's and Children's Health Network Inc v M, CN and Ors* [2013] SASC 16 at 17.

1565 *Women's and Children's Health Network Inc v M, CN and Ors* [2013] SASC 16 at 11.

1566 *Women's and Children's Health Network Inc v M, CN and Ors* [2013] SASC 16 at 2.

1567 Vgl. etwa *Children, Youth and Women's Health Services Inc v YJL, MHL and TL* [2010] SASC 175; *Re Bernard* [2009] NSWSC 11; *Royal Alexandra Hospital for Children v J and Ors* (2005) 33 Fam LR 448. Auch in der unveröffentlichten Gerichtsentscheidung *Birkett v Director General of Family and Community Services* (unreportet, NSWSC, Equity Division, 3 February 1994) wurde auf Grundlage der Parens-Patriae-Kompetenz des Supreme Court in New South Wales einer Bluttransfusion zugunsten eines vier Tage alten Kindes gerichtlich zugestimmt, nachdem dessen Eltern die Zustimmung aufgrund ihrer Mitgliedschaft in der Glaubensgemeinschaft der Zeugen Jehovas verweigert hatten; zitiert in *Kerridge et al.*, Ethics and Law for the Health Professions, S. 599 f.

c) Fazit

Es konnte festgestellt werden, dass in Situationen, in denen der Minderjährige sich in Lebensgefahr befindet oder ihm schwerwiegende Beeinträchtigungen drohen, schon gesetzlich keine Zustimmung der Eltern vorausgesetzt wird. In diesen Fällen ist es ebenso wenig notwendig, das Gericht zu involvieren. Vielmehr können Bluttransfusionen ohne jegliche Zustimmung genutzt werden. In sonstigen Fällen ist entweder der Supreme Court des jeweiligen Bundesstaates oder Territoriums zuständig oder aber der Family Court of Australia. Ein gerichtliches Einschreiten des Family Court of Australia ist dann möglich, wenn er im Rahmen der *welfare*-Kompetenz zuständig ist. In diesem Fall bietet sich die Möglichkeit, mithilfe von *welfare orders* gerichtlich über die Durchführung von Bluttransfusionen zu entscheiden.

Unter Heranziehung von Rechtsprechung konnte dargelegt werden, dass die Religiosität der Eltern und ihre Bindung an Glaubensvorschriften zwar berücksichtigt werden, sie allerdings im Rahmen einer Abwägung mit möglicherweise eintretenden schwerwiegenden Gesundheitsbeeinträchtigungen des Kindes dessen *best interests* weichen müssen.

Auch hier gilt, dass, sofern sich die Problematik der Verweigerung von Bluttransfusionen in sonstiger Weise auf die *best interests* des Kindes auswirkt, weitere familienrechtliche Normen zum Tragen kommen können und eine gerichtliche Anordnung im Wege der *parenting orders* denkbar ist.

4. Religiös motivierte Beschneidung und Genitalverstümmelung des Kindes als Beeinträchtigung der *best interests* des Kindes

Auch im australischen Recht ist der Umgang mit Beschneidung des männlichen und Genitalverstümmelung des weiblichen Kindes von Belang. Im Gegensatz zu Fällen der Verweigerung von Bluttransfusionen, in denen die medizinische Maßnahme gerade indiziert ist, geht es bei der Frage nach rechtlich möglicher Durchführung von Beschneidung und Genitalverstümmelung an Minderjährigen darum, dass Eltern eine Maßnahme herbeiführen wollen, die gerade nicht medizinisch indiziert ist.

a) Religiös motivierte Beschneidung des männlichen Kindes

Mangels detaillierter australischer Rechtsprechung zum Umfang der *parental responsibility* bezüglich der Vornahme einer Beschneidung des männlichen Kindes wird in der australischen Literatur die englische Gerichtsentscheidung *Re J* [2000] 1 FLR (Eng.) 571 herangezogen[1568]. Jene erfüllt zwar nicht das Kriterium einer Fallgruppe, die unmittelbar der australischen Rechtspraxis entspringt. Weil allerdings,

1568 Beispielsweise in *Bates*, Journal of Law and Medicine, Bd. 9: 2001, S. 68; *Dickey*, Family Law, Rn. 18.180; *Marshall*, Circumcision in Australia: Reforming the Law, S. 82.

wie oben bereits ausgeführt, auch Rechtsprechung anderer durch das *Common Law* geprägter Rechtsordnungen zur Ausgestaltung des australischen Rechts herangezogen wird und man ihr in der australischen Literatur Bedeutung beimisst, soll die Entscheidung und mit ihr dieser Themenbereich an dieser Stelle Erwähnung finden.

aa) Verbreitung und Legalität der Beschneidung des männlichen Kindes und Umfang der Entscheidungsbefugnis der Eltern

Der rechtliche Umgang mit der Beschneidung des männlichen Kindes und der Umfang der Entscheidungsbefugnis der Eltern in Bezug auf diese medizinische Maßnahme werden dadurch beeinflusst, dass es sich hierbei um einen in Australien weit verbreiteten und gesellschaftlich akzeptierten Eingriff handelt.

(1) Verbreitung von Beschneidung in Australien

Bis Anfang der 1970er Jahre stellte die Beschneidung des männlichen Kindes bei Geburten in australischen Krankhäusern eine Routinemaßnahme dar[1569]. Sie wurde vorwiegend aus Gründen der Tradition und Hygiene vorgenommen[1570]. Gerade unter den Ureinwohnern Australiens stellt die Beschneidung einen Teil der Kultur dar, der bereits vor der Kolonisation weit verbreitet war[1571]. 1971 sprach sich die Australian Paediatric Association gegen die rein gewohnheitsmäßige Vornahme von Beschneidungen aus nicht therapeutischen Gründen aus mit der Konsequenz, dass ab diesem Zeitpunkt die Anzahl neonataler Beschneidungen zurückging[1572]. Basierend auf der Annahme, eine grundsätzliche medizinische Indikation der Beschneidung liege nicht vor, schlossen sich seither diverse Autoren medizinischer Veröffentlichungen dieser Auffassung an[1573]. Resultat der Negativ-Empfehlungen mag gewesen sein, dass immer mehr öffentliche Krankenhäuser die nicht therapeutische Beschneidung aus ihrem Behandlungsspektrum strichen. Hierzu zählen sämtliche öffentliche Krankhäuser der Bundesstaaten New South Wales, South Australia, Tasmania, Victoria und Western Australia[1574], sodass mittlerweile in den meisten

---

1569 *Ferris et al.*, Australian and New Zealand Journal of Public Health, Bd. 34: 2010, S. 160.

1570 M.w.N. *Xu/Goldman*, ANZ Journal of Surgery, Bd. 78: 2008, S. 1021.

1571 *Queensland Law Reform Commission,* Circumcision of Male Infants, S. 8 ff.; *Tasmania Law Reform Institute,* Non-Therapeutic Male Circumcision, Rn. 3.2.1.

1572 *Fox/Thomson*, Australian Feminist Studies, Bd. 24: 2009, S. 198.

1573 Vgl. etwa die zusammenfassenden Darstellungen m.w.N. in *Marshall,* Circumcision in Australia: Reforming the Law, S. 28 f.; *Queensland Law Reform Commission,* Circumcision of Male Infants, S. 18 f.; *Tasmania Law Reform Institute,* Non-Therapeutic Male Circumcision, Rn. 2.1.1.

1574 *Darby*, Australian and New Zealand Journal of Public Health, Bd. 35: 2011, S. 391; *Marshall,* Circumcision in Australia: Reforming the Law, S. 30; *Tasmania Law Reform Institute,* Non-Therapeutic Male Circumcision, Rn. 2.2.5.

öffentlichen Krankenhäusern Australiens die Durchführung nicht therapeutischer Beschneidungen nicht mehr ermöglicht wird[1575].

Entsprechend der ursprünglich großen Anzahl von Beschneidungen gaben im Rahmen einer 2010 veröffentlichten australischen Studie zu gesundheitlichen Auswirkungen von Beschneidung 58% der per Zufall ausgewählten befragten 4290 männlichen Australier im Alter von 16 bis 64 Jahren an, beschnitten worden zu sein[1576]. Im Jahre 2010 wurden noch 12,4% der männlichen Kinder unter sechs Monaten beschnitten[1577]. Damit handelt es sich bei der Beschneidung um ein noch immer in Australien verbreitetes Phänomen, dessen rechtliche Behandlung auch und gerade auf dem Gebiet des Familienrechts weiterhin relevant bleibt.

(2) Legalität der Beschneidung nach australischem Recht

Die nicht therapeutische Beschneidung des männlichen Kindes ist nach australischem Recht legal[1578]. Weder australische Gerichtsentscheidungen noch australisches kodifiziertes Recht untersagen die Beschneidung des männlichen Kindes aus nicht therapeutischen Gründen[1579]. Der Rechtsprechung lässt sich die Legalität religiöser Beschneidungen etwa in *Secretary of the Department of Health and Community Services v JWB and SMB* (1992) 175 CLR 218 at 297 entnehmen[1580]. Explizit im Gesetz genannt wird Beschneidung einzig im Rahmen einer beispielhaften Aufzählung von Fällen, in denen eine Person in eine Körperverletzung einwilligen kann, namentlich in s 22 *Criminal Law Consolidation Act* 1935 (SA)[1581]. Trotz zahlreicher Reformvorschläge in der Literatur wurde der Mangel an gesetzlichen Vorschriften bislang nicht behoben[1582].

(3) Umfang der Entscheidungsbefugnis der Eltern

Allein aus der Legalität der Maßnahme kann noch nicht auf ein Entfallen gerichtlichen Einflusses geschlossen werden. Vielmehr ist weiter zu untersuchen, inwieweit die Eltern entscheidungsbefugt sind und ob und in welchem Umfang das Gericht diesbezüglich einschreiten kann.

1575 *Marshall,* Circumcision in Australia: Reforming the Law, S. 94.

1576 *Ferris et al.*, Australian and New Zealand Journal of Public Health, Bd. 34: 2010, S. 161 f.

1577 *Darby,* Australian and New Zealand Journal of Public Health, Bd. 35: 2011, S. 391.

1578 *Mason,* Journal of Law and Medicine, Bd. 9: 2001, S. 65.

1579 *Marshall,* Circumcision in Australia: Reforming the Law, S. 2.

1580 *Marshall,* Circumcision in Australia: Reforming the Law, S. 59.

1581 *Marshall,* Circumcision in Australia: Reforming the Law, S. 74.

1582 Reformvorschläge finden sich besipielsweise in *Marshall,* Circumcision in Australia: Reforming the Law, S. 141 ff.; *Queensland Law Reform Commission,* Circumcision of Male Infants, S. 40 f.; *Tasmania Law Reform Institute,* Non-Therapeutic Male Circumcision, Rn. 9.7.1 ff.

Dazu ist zu klären, ob bereits nach den allgemeinen Grundsätzen zur Einwilligung in medizinische Maßnahmen dem Gericht die Entscheidungsbefugnis hinsichtlich der Vornahme einer Beschneidung zugewiesen werden kann und ob im Rahmen des *Common Law* speziellere Grundsätze zu beachten sind.

(a) Anwendung der allgemeinen Grundsätze zur Einwilligung in medizinische Maßnahmen auf die Vornahme von Beschneidungen

Zur Beantwortung der Frage nach dem Erfordernis einer gerichtlichen Entscheidung über die Beschneidung des minderjährigen Kindes ist vor dem Hintergrund von *Marion's Case* Folgendes festzuhalten: Bei der Beschneidung aus rein religiösen Gründen, die in der vorliegenden Arbeit thematisiert wird, liegt, zumindest im Regelfall, keine medizinische Indikation vor, sie kann also als nicht therapeutisch bezeichnet werden[1583]. Während die Beschneidung in der Literatur zudem durch die Schnitte ins Fleisch als invasiv und des Weiteren als praktisch irreversibel betrachtet wird, wird die Erheblichkeit der Maßnahme, im Besonderen durch den Vergleich mit der Genitalverstümmelung des weiblichen Kindes, aber auch aufgrund von in nur geringem Maße auftretenden Komplikationen in Zweifel gezogen[1584]. Dennoch wird diesem Kriterium nicht so viel Gewicht beigemessen, dass eine gerichtliche Entscheidung allein deshalb entbehrlich würde[1585]. Vielmehr solle ausschlaggebend sein, wie es um das Risiko und die Konsequenzen einer falschen Entscheidung stehe[1586].

Einerseits ist es für ein Gericht schwierig, zu beurteilen, ob es tatsächlich den *best interests* des Kindes entspricht und vor allem künftig entsprechen wird, einen derartigen Eingriff vorzunehmen, ehe der Minderjährige selbst darüber entscheiden kann[1587]. Andererseits spricht die Komplexität der Entscheidung mit Aspekten aus Religion, Medizin, Ethik, Psychologie und Recht für eine gerichtliche Entscheidung[1588]. Darüber hinaus kann vor Gericht zumindest in gewissem Maße gewährleistet werden, die Meinung aller beteiligten Personen und schließlich die *best interests* des Kindes zu berücksichtigen[1589]. Insbesondere in Fällen, in denen sich die Eltern über die Vornahme einer Beschneidung einig sind, kann allerdings nicht mit letzter Wahrscheinlichkeit davon ausgegangen werden, dass nur durch eine gerichtliche Entscheidung das Risiko, die falsche Entscheidung zu treffen, gesenkt werden kann[1590]. Auch die Konsequenzen einer Fehlentscheidung in körperlicher, sozialer und psychischer Hinsicht können nicht unbedingt nur durch gerichtliches Einschreiten verhindert werden, da sowohl die Entscheidung für als auch gegen eine

1583 *Tasmania Law Reform Institute,* Non-Therapeutic Male Circumcision, Rn. 5.4.4.
1584 *Tasmania Law Reform Institute,* Non-Therapeutic Male Circumcision, Rn. 5.4.6.
1585 *Tasmania Law Reform Institute,* Non-Therapeutic Male Circumcision, Rn. 5.4.7.
1586 *Tasmania Law Reform Institute,* Non-Therapeutic Male Circumcision, Rn. 5.4.7.
1587 *Tasmania Law Reform Institute,* Non-Therapeutic Male Circumcision, Rn. 5.4.8.
1588 *Tasmania Law Reform Institute,* Non-Therapeutic Male Circumcision, Rn. 5.4.9.
1589 *Tasmania Law Reform Institute,* Non-Therapeutic Male Circumcision, Rn. 5.4.10.
1590 *Tasmania Law Reform Institute,* Non-Therapeutic Male Circumcision, Rn. 5.4.10.

Beschneidung diese hervorrufen kann und die Folgen nicht immer vorhersehbar sind[1591]. Insofern kann allein durch Anwendung der in *Marion's Case* genannten Kriterien noch nicht eindeutig bestimmt werden, ob eine gerichtliche Entscheidung erforderlich ist[1592].

(b) Entscheidungsbefugnis der Eltern und möglicher Einfluss des Gerichts vor dem Hintergrund von *Re J* [2000] 1 FLR (Eng.) 571

In *Re J* [2000] 1 FLR (Eng.) 571 sprach sich das Gericht dagegen aus, bei religiöser Beschneidung des männlichen Kindes grundsätzlich eine gerichtliche Zustimmung vorauszusetzen.

(aa) Zusammenfassung des Sachverhalts

In *Re J* [2000] 1 FLR (Eng.) 571 hatte der English Court of Appeal über die Vornahme einer religiösen Beschneidung des fünfjährigen Sohnes einer Christin und eines Moslems zu entscheiden[1593]. Der Vater beantragte die gerichtliche Anordnung der Beschneidung, während die Mutter sich gegen die Beschneidung aussprach[1594]. Die Eltern lebten getrennt[1595]. Der Sohn wurde hauptsächlich durch die Mutter betreut[1596]. Beide Eltern praktizierten ihre Religion nicht[1597]. Die Religion des Sohnes wurde als nicht praktizierender Christ, während er sich bei der Mutter aufhielt, und als nicht praktizierender Moslem, während er seinen Vater besuchte, beschrieben[1598]. Der Vater war die einzige Person im Umfeld des Kindes, durch die es mit dem Islam in Berührung kam[1599].

(bb) Wesentlicher Inhalt der Gerichtsentscheidung

Dickey fasst als für die Übertragung auf das australische Recht wesentlichen Inhalt der Entscheidung zusammen, dass eine Zustimmung des Gerichts bei religiöser Beschneidung des männlichen Kindes grundsätzlich nicht erforderlich sei, obwohl es sich um einen irreversiblen medizinischen Eingriff handle, der üblicherweise nicht aus medizinischen Gründen erforderlich sei[1600]. Das Gericht legte dar, dass eine Beschneidung des männlichen Kindes aus anderen als medizinischen Gründen entweder bei einvernehmlicher Entscheidung der Eltern oder bei fehlendem

1591 *Tasmania Law Reform Institute,* Non-Therapeutic Male Circumcision, Rn. 5.4.11 f.
1592 *Tasmania Law Reform Institute,* Non-Therapeutic Male Circumcision, Rn. 5.4.14.
1593 *Re J* [2000] 1 FLR (Eng.) 571.
1594 *Re J* [2000] 1 FLR (Eng.) 571.
1595 *Re J* [2000] 1 FLR (Eng.) 571 at 572.
1596 *Re J* [2000] 1 FLR (Eng.) 571.
1597 *Re J* [2000] 1 FLR (Eng.) 571 at 572.
1598 *Re J* [2000] 1 FLR (Eng.) 571 at 572.
1599 *Re J* [2000] 1 FLR (Eng.) 571 at 572.
1600 *Dickey,* Family Law, Rn. 18.180.

Einvernehmen aufgrund gerichtlicher Anordnung zugunsten der *best interests* des Kindes erfolgen könne[1601]. Folglich ging es davon aus, dass bei Einvernehmen der Eltern kein Gericht in die Entscheidung involviert sein muss. Auch wurde betont, dass im Falle des Einschreitens durch das Gericht das Wohl des Kindes den religiösen Wünschen der Eltern vorginge[1602].

Vor dem Hintergrund, dass das Kind vorliegend hauptsächlich in einer nicht muslimischen Umgebung aufwuchs und seine Hauptbezugsperson, die Mutter, die Vornahme der Beschneidung nicht unterstützte, wurde zugunsten der *best interests* des Kindes von der Anordnung der Beschneidung abgesehen[1603].

(cc) Konsequenzen für die Möglichkeit gerichtlicher Maßnahmen Eltern gegenüber

Die Entscheidung verdeutlicht, dass bei einvernehmlicher Entscheidung der Eltern zur Herbeiführung der Beschneidung des männlichen Kindes aus religiösen Gründen nicht zwangsläufig Anlass besteht, aus Gründen der *best interests* gerichtlich auf die Entscheidung einzuwirken. Vielmehr können die Eltern grundsätzlich ohne gerichtliches Einwirken eine solche Entscheidung treffen, ohne dass automatisch von einer Beeinträchtigung des Wohls des Kindes ausgegangen wird. Die *parental responsibility* umfasst folglich auch Entscheidungen über die religiöse Beschneidung des männlichen Kindes[1604].

Sind sich die Eltern jedoch uneinig hinsichtlich der Frage, ob ihr Sohn beschnitten werden soll, kann das Gericht entscheiden[1605]. Auf die Entscheidung über eine Beschneidung als Teil der *parental responsibility* kann durch den Family Court of Australia im Rahmen von Pflege, Wohl und Entwicklung des Kindes im Wege einer *parenting order* Einfluss genommen werden[1606].

bb) Zwischenfazit

Nach australischem Recht sind allein durch die Vornahme einer religiös motivierten Beschneidung die *best interests* des Kindes noch nicht tangiert. Vielmehr bedarf es für das rechtmäßige Einschreiten des Family Court of Australia weiterer Voraussetzungen. Der Family Court of Australia kann einschreiten, wenn die *best interests* des Kindes tangiert sind. Insbesondere, wenn die Eltern sich nicht über die Vornahme der Beschneidung ihres Kindes einigen können, bedarf es einer gerichtlichen Entscheidung. Entstehen mit der Beschneidung sonstige Risiken für die *best interests* des Kindes, kann nach den allgemeinen Grundsätzen des Familienrechts durch das

1601 *Re J* [2000] 1 FLR (Eng.) 571 at 571, 573, 576.
1602 *Re J* [2000] 1 FLR (Eng.) 571.
1603 *Re J* [2000] 1 FLR (Eng.) 571.
1604 Vgl. zur Legalität der Beschneidung nach englischem Recht auch *Reg. v Brown* (H.L.(E.)) [1994] 1 AC 212 at 219.
1605 *Tasmania Law Reform Institute,* Non-Therapeutic Male Circumcision, Rn. 5.4.14.
1606 *Tasmania Law Reform Institute,* Non-Therapeutic Male Circumcision, Rn. 5.5.2.

Familiengericht ebenfalls im Wege der *parenting orders* auf das Verhalten der Eltern Einfluss genommen werden.

b) Religiös motivierte Genitalverstümmelung des weiblichen Kindes

Auch die Genitalverstümmelung des weiblichen Kindes kann auf dem Gebiet des Familienrechts relevant werden und wird in der australischen Literatur diskutiert[1607].

aa) Verbreitung und Illegalität von Genitalverstümmelung des weiblichen Kindes und Umfang der Entscheidungsbefugnis der Eltern

Zwar können gewisse Ähnlichkeiten zwischen Beschneidung und Genitalverstümmelung ausgemacht werden. Werden Beschneidung und Genitalverstümmelung unter Angabe religiöser Gründe durchgeführt, ähneln sie sich etwa in der Entbehrlichkeit des Eingriffs im Genitalbereich, zum Teil auch in Schmerz und Gesundheitsgefährdung und basieren vielmehr auf Tradition und gesellschaftlichen Werten denn auf medizinischer Indikation[1608]. In ihrer rechtlichen Einordnung unterscheiden sie sich jedoch deutlich voneinander.

(1) Verbreitung von Genitalverstümmelung in Australien

Die Durchführung von Genitalverstümmelung erfüllt in allen Bundesstaaten und Territorien Australiens einen Straftatbestand[1609]. Aufgrund der durch die Illegalität der Maßnahme bedingten Durchführung rein im Privaten gibt es keine zuverlässigen Schätzungen zur Anzahl von Genitalverstümmelungen in Australien[1610].

(2) Illegalität der Genitalverstümmelung nach australischem Recht

Die Illegalität von Genitalverstümmelung ergibt sich aus s 74 *Crimes Act* 1900 (ACT), s 45 *Crimes Act* 1900 (NSW), s 186B *Criminal Code Act* (NT), s 323A *Criminal Code Act* 1899 (Qld), s 33A *Criminal Law Consolidation Act* 1935 (SA), s 178A *Criminal Code Act* 1924 (Tas), s 32 *Crimes Act* 1958 (Vic), s 306 *Criminal Code Act Compilation Act* 1913 (WA) für sämtliche Bundesstaaten und Territorien[1611].

Gem. s 74(1) *Crimes Act* 1900 (ACT) drohen bei Vornahme vorsätzlicher Genitalverstümmelung an einer anderen Person bis zu 15 Jahre Haft. S 74(2) *Crimes Act* 1900 (ACT) zufolge lässt eine Einwilligung in die Handlung die Strafbarkeit nicht entfallen.

1607 Beispielsweise in *Ierodiaconou*, Melbourne University Law Review, Bd. 20: 1995, S. 566.

1608 *Richards*, Journal of Law and Medicine, Bd. 3: 1996, S. 373.

1609 *Sweet*, British Medical Journal 2012.

1610 *Mathews*, The Medical Journal of Australia, Bd. 194: 2011, S. 139.

1611 *Mathews*, The Medical Journal of Australia, Bd. 194: 2011, S. 140 Fn. 14–21.

Nach s 45(1)(a) und (b) *Crimes Act* 1900 (NSW) wird zu einer Haftstrafe von sieben Jahren verurteilt, wer die äußeren oder inneren Schamlippen oder die Klitoris einer anderen Person durch Vernähen der Schamlippen beeinträchtigt oder auf sonstige Weise verstümmelt oder einer dritten Person zur Vornahme einer derartigen Handlung an einer anderen Person Hilfe leistet, sie dazu anstiftet, ihr dazu rät oder sie zu diesem Zwecke vermittelt. Gem. s 45(5) *Crimes Act* 1900 (NSW) steht die Zustimmung der betroffenen Person der Strafbarkeit nicht entgegen. Entsprechende Handlungen, die aus medizinischen Gründen indiziert sind oder der Geschlechtsumwandlung dienen, werden gem. s 45(3) *Crimes Act* 1900 (NSW) ausdrücklich nicht vom Anwendungsbereich der Norm erfasst.

Gem. s 186B(1) *Criminal Code Act* (NT) droht bei Durchführung von Genitalverstümmelung an einer anderen Person eine Haftstrafe von 14 Jahren. Eingriffe aus medizinischen Gründen sind gem. s 186B(3) *Criminal Code Act* (NT) davon ausgenommen.

Auch s 323A *Criminal Code Act* 1899 (Qld) normiert die Strafbarkeit der Vornahme von Genitalverstümmelung an einer anderen Person mit einer Höchststrafe von 14 Jahren. S 323A(2) *Criminal Code Act* 1899 (Qld) schließt aus, dass durch Einwilligung die Strafbarkeit entfällt, während s 323A(3) *Criminal Code Act* 1899 (Qld) Eingriffe aus medizinischen Gründen als nicht strafbare Handlungen benennt.

Über s 33A(1) *Criminal Law Consolidation Act* 1935 (SA) droht bei Genitalverstümmelung an einer anderen Person eine Haftstrafe von bis zu sieben Jahren. S 33A(2) *Criminal Law Consolidation Act* 1935 (SA) lässt die Strafbarkeit bei Einwilligung bestehen bleiben.

Ebenso macht sich nach s 178A(1) *Criminal Code Act* 1924 (Tas) strafbar, wer eine Genitalverstümmelung an einer anderen Person vornimmt. Auch nach tasmanischem Recht lässt eine Einwilligung gem. s 178A(2) *Criminal Code Act* 1924 (Tas) eine Strafbarkeit nicht entfallen.

In s 32(1) *Crimes Act* 1958 (Vic) ist ebenfalls eine Haftstrafe von bis zu sieben Jahren bei Genitalverstümmelung normiert.

Auch das Recht Western Australias sieht eine Strafbarkeit der Genitalverstümmelung an einer anderen Person vor. In s 306(2) *Criminal Code Act Compilation Act* 1913 (WA) wird eine Haftstrafe von 20 Jahren angedroht, während auch hier gem. s 306(3) *Criminal Code Act Compilation Act* 1913 (WA) eine Einwilligung nicht über die Strafbarkeit hinweg hilft.

Die eben kurz dargestellten Normen lassen erkennen, dass in jedem Bundesstaat und Territorium Genitalverstümmelung explizit als Straftatbestand normiert ist. Teilweise wird klargestellt, dass eine Einwilligung nicht die Strafbarkeit entfallen lässt, zum Teil wird auch darauf hingewiesen, dass Eingriffe, die aus medizinischen Gründen erfolgen, nicht zu einer Strafbarkeit führen. Im Gegensatz zu der die Beschneidung betreffenden Rechtslage existieren hinsichtlich der

Genitalverstümmelung eindeutige Vorschriften zumindest im Strafrecht, die zur Illegalität der Maßnahme auf dem gesamten Gebiet Australiens führen[1612].

(3) Umfang der Entscheidungsbefugnis der Eltern

Aufgrund der Illegalität der Maßnahme können weder die Eltern noch die betroffene Minderjährige selbst wirksam in die Durchführung einer Genitalverstümmelung einwilligen[1613]. Auf dem Gebiet des Strafrechts führt eine solche Einwilligung auch nicht zur Rechtfertigung der Handlung[1614]. Beantragt ein Elternteil die gerichtliche Zustimmung zur Genitalverstümmelung beim Family Court of Australia, kann das Gericht dem Antrag aufgrund der Illegalität der Maßnahme nicht Folge leisten[1615]. Eine bereits erfolgte Genitalverstümmelung der Tochter kann sich etwa über s 60CC(2)(b) FLA als Form von Kindesmisshandlung auf Sorgerechtsmaßnahmen auswirken[1616]. Auch eine Gefährdung der *best interests* aufgrund bevorstehender Genitalverstümmelung ist denkbar und führt zu der Anwendung familiengerichtlicher Maßnahmen.

Durch die soeben festgestellte Einschränkung der Entscheidungsbefugnis der Eltern wäre eine Verletzung ihrer Religionsfreiheit denkbar. Hinsichtlich des Verbots von Genitalverstümmelung befand der Family Law Council jedoch im Jahre 1994, dass die Religionsfreiheit aus s 116 *Constitution* schon deshalb nicht verletzt sei, weil entgegen der großen Anzahl von Genitalverstümmelungen unter Gläubigen keine der großen Weltreligionen die Genitalverstümmelung tatsächlich voraussetze[1617].

bb) Zwischenfazit

Folglich sind die Eltern nicht befugt, aus religiösen Gründen in eine Genitalverstümmelung ihrer Tochter einzuwilligen. Die *parental responsibility* ist in dieser Hinsicht beschränkt. Aufgrund der Illegalität der Maßnahme kann eine Einwilligung auch nicht durch gerichtliche Anordnung herbeigeführt werden. Das Gericht kann aufgrund religiös motivierter bereits durchgeführter oder bevorstehender Genitalverstümmelung und dadurch herbeigeführter Beeinträchtigung der *best interests* nach allgemeinen Grundsätzen des Familienrechts Anordnungen treffen und dadurch auf die *parental responsibility* Einfluss nehmen.

1612 So auch übereinstimmend für die englische Rechtslage *Reg. v Brown* (H.L.(E.)) [1994] 1 AC 212 at 219.

1613 *Family Law Council*, Female Genital Mutilation, Rn. 6.14.

1614 *Family Law Council*, Female Genital Mutilation, Rn. 6.14.

1615 *Ierodiaconou*, Melbourne University Law Review, Bd. 20: 1995, S. 566 Fn. 35.

1616 Mit Verweis auf die vormalige Fassung des FLA *Ierodiaconou*, Melbourne University Law Review, Bd. 20: 1995, S. 566 Fn. 35 f.

1617 *Family Law Council*, Female Genital Mutilation, Rn. 5.25.

c) *Begründung der unterschiedlichen rechtlichen Behandlung von Beschneidung und Genitalverstümmelung und Fazit*

Die unterschiedliche rechtliche Behandlung von Genitalverstümmelung und Beschneidung in Australien lässt sich dadurch erklären, dass Beschneidung die bereits viel länger in Australien existierende Maßnahme ist und einen Teil der Kultur ausmacht, während Genitalverstümmelung ein vergleichsweise neues und im Vergleich zur früher sogar routinemäßig durchgeführten Beschneidung selteneres Phänomen in Australien darstellt[1618]. Darüber hinaus erlangt die Beschneidung durch ihren engen Bezug zu verschiedenen Religionen Akzeptanz[1619].

Es konnte festgestellt werden, dass die Beschneidung des männlichen Kindes legal ist, während es sich bei der Genitalverstümmelung des weiblichen Kindes um eine illegale Maßnahme handelt. Entsprechend verhält es sich mit der Einflussmöglichkeit des Family Court of Australia. Über Beschneidungen können vorrangig die Eltern entscheiden. Nur in Ausnahmefällen schreitet das Gericht ein. Einer Genitalverstümmelung können weder Eltern noch das Gericht wirksam zustimmen. Jeder Fall von Genitalverstümmelung läuft den *best interests* des jeweiligen Kindes zuwider, sodass stets mit denjenigen Maßnahmen in die *parental responsibility* eingegriffen werden kann, die das Gericht im Einzelfall zur Abwendung der Gefahr für erforderlich hält.

III. Zusammenfassung

Unter Berücksichtigung der Religionsfreiheit gem. s 116 *Constitution* kann der Family Court of Australia mittels *parenting orders* gem. s 64B(1) FLA oder subsidiär anwendbarer *welfare orders* gem. s 67ZC(1) FLA auf den Verantwortungsbereich der Eltern einwirken, wenn aufgrund religiös motivierten Verhaltens der Eltern im Eltern-Kind-Verhältnis die primär zu berücksichtigenden *best interests* des Kindes tangiert sind.

Ob ein bestimmtes religiös motiviertes Verhalten der Eltern grundsätzlich als Beeinträchtigung der *best interests* des Kindes eingestuft wird, ist abhängig von der jeweiligen Fallkonstellation.

Homeschooling ist in allen Bundesstaaten und Territorien als Alternative zum Schulbesuch rechtlich anerkannt. Daher wird der außerschulische Unterricht bei gleichzeitiger Weigerung der Eltern, den Schulbesuch ihrer Kinder zu gewährleisten, grundsätzlich nicht als Beeinträchtigung der *best interests* des Kindes gewertet, sodass der Family Court of Australia bei religiös motiviertem Homeschooling den Eltern gegenüber in der Regel keine Maßnahmen zu dessen Abwendung ergreift.

1618 *Mason*, Journal of Law and Medicine, Bd. 9: 2001, S. 66 f.

1619 *Mason*, Journal of Law and Medicine, Bd. 9: 2001, S. 67.

Allein die Zugehörigkeit der Eltern zu einer bestimmten Religionsgemeinschaft genügt vor dem Hintergrund der Religionsfreiheit nach s 116 *Constitution* nicht, um eine Beeinträchtigung der *best interests* des Kindes und dadurch hervorgerufenes familiengerichtliches Eingreifen in den Verantwortungsbereich der Eltern zu begründen.

Wird einem Kind jedoch durch die Eltern aufgrund ihrer Zugehörigkeit zu den Zeugen Jehovas eine ärztlich indizierte Bluttransfusion verweigert, kann der Family Court of Australia basierend auf seiner *welfare*-Kompetenz mithilfe von *welfare orders* zugunsten der *best interests* des Kindes über die Durchführung der Bluttransfusion entscheiden.

Die Beschneidung des männlichen Kindes ist legal, während die Genitalverstümmelung des weiblichen Kindes einen Straftatbestand erfüllt. Entsprechend fällt die Einwilligung der Eltern in eine Beschneidung in der Regel in deren Verantwortungsbereich, während in eine Genitalverstümmelung weder die Eltern noch das Gericht wirksam einwilligen können. Genitalverstümmelungen laufen grundsätzlich den *best interests* des Kindes zuwider und erfordern das Eingreifen des Family Court of Australia.

D. Vergleich der Länderberichte

Nachdem festgestellt wurde, wie Familiengerichte nach deutschem und australischem Recht auf religiös motiviertes Verhalten von Eltern reagieren können, das sich aus rechtlicher Sicht nachteilig auf deren Kinder auswirken kann, werden nachfolgend diesbezügliche Gemeinsamkeiten und Unterschiede sowie deren Ursachen herausgearbeitet. Darüber hinaus wird untersucht, ob an der Handhabung der deutschen Rechtsordnung festgehalten werden sollte oder die australische Vorgehensweise zu Änderungen des deutschen Rechts anregt.

I. Gegenüberstellung der Lösungswege des deutschen und des australischen Rechts zum familiengerichtlichen Einschreiten bei religiös motiviertem Verhalten der Eltern

Ein Vergleich der beiden Rechtssysteme lässt auffallend viele Gemeinsamkeiten im Hinblick auf die Möglichkeit familiengerichtlichen Einschreitens bei religiös motiviertem Verhalten der Eltern erkennen:

1. Zuständigkeit eines speziellen Familiengerichts

Sowohl in Deutschland als auch in Australien ist das Familienrecht das ausschlaggebende Rechtsgebiet für die Beurteilung von Sachverhalten, in denen das Wohl von Kindern durch religiös motiviertes Verhalten ihrer Eltern beeinträchtigt wird und aufgrund dessen durch ein Gericht in den Verantwortungsbereich der Eltern eingegriffen werden soll. Rechtsgrundlagen für gerichtliches Einschreiten finden sich in Deutschland im vierten Buch des Bürgerlichen Gesetzbuches, in Australien im *Family Law Act 1975* (Cth.). In beiden Rechtssystemen ist ein spezielles Gericht zuständig. In Deutschland ist dies das Familiengericht, in Australien der Family Court of Australia.

2. Existenz eines die Belange des Kindes betreffenden Rechtsbegriffs – *best interests* und das Kindeswohl

Ebenso wie das deutsche kennt auch das australische Familienrecht einen Begriff, der sämtliche das Wohlergehen einer minderjährigen Person umfassende Belange einschließt. Den genauen Inhalt von *best interests* und Kindeswohl bestimmt das Gericht je nach Einzelfall. Allgemeine Kriterien sind sowohl in Deutschland als auch in Australien die Förderung von Eigenständigkeit und die Berücksichtigung der Meinung des Minderjährigen. Die *best interests* und das Kindeswohl haben im Zusammenhang mit familiengerichtlichen Entscheidungen, die die Beziehung von Eltern und Kind betreffen, Priorität.

3. Inhaltliche Vergleichbarkeit des familienrechtlichen Kindesschutzes

Für Deutschland und Australien wurden auf dem Gebiet des Familienrechts jeweils Regelungen gesucht, die gerichtliches Einschreiten für den Fall ermöglichen, dass aufgrund religiös motivierten Verhaltens der Eltern rechtlich als nachteilig bewertete Auswirkungen auf das Wohl des Kindes zu befürchten sind.

Fraglich ist, ob vergleichbare Regeln existieren, um einen sowohl in Deutschland als auch in Australien rechtlich als problematisch bewerteten Interessenkonflikt zu lösen. Der Vergleichbarkeit des familienrechtlichen Kindesschutzes würde es zugute kommen, wenn die Rechtsordnungen jeweils Regelungen bereithielten, mithilfe derer der Family Court of Australia beziehungsweise das Familiengericht den Verantwortungsbereich der Eltern, genauer die *parental responsibility* und die elterliche Sorge, zugunsten des Kindes einschränken könnte. Neben der Vergleichbarkeit des Zwecks von Regelungen stellt sich die Frage, ob Ähnlichkeiten im Umgang mit dem Regelungsbedürfnis auszumachen sind.

a) Einflussmöglichkeiten von Familiengericht und Family Court of Australia zugunsten des Kindesschutzes – Gemeinsamkeiten und Unterschiede

In beiden Rechtsordnungen finden sich Vorschriften auf dem Gebiet des Familienrechts, die die Lösung von Interessenkonflikten zwischen Eltern und Kind innerhalb des elterlichen Verantwortungsbereichs betreffen. Folglich wird in beiden Ländern von einem Regelungsbedürfnis für den jeweils als problematisch bewerteten Sachverhalt ausgegangen. Sowohl in Deutschland als auch in Australien steht dabei der Schutz der Belange des Kindes im Vordergrund. Insofern dienen die Vorschriften demselben Zweck. Es ist jeweils das Familiengericht beziehungsweise der Family Court of Australia, der in diesem Fall in die Eltern-Kind-Beziehung eingreifen kann.

Der Interessenkonflikt wird in Deutschland unter anderem über § 1666 BGB als zentrale Kindesschutzbestimmung gelöst, mit dessen Hilfe zugunsten des Kindeswohls auf die elterliche Sorge eingewirkt werden kann, falls keine speziellere Vorschrift zur Anwendung kommt. Das australische Recht hält für derartige Fälle die Möglichkeit der Anordnung von *parenting orders* gem. s 64B(1) FLA und subsidiär anwendbaren *welfare orders* gem. s 67ZC(1) FLA bereit, durch die das Gericht unter Berücksichtigung der *best interests* des betroffenen Kindes auf den Umfang der *parental responsibility* Einfluss nehmen kann.

Ein Vergleich der Generalklausel in § 1666 BGB mit der vorrangig anzuwendenden *parenting order* gem. s 64B(1) FLA lässt Gemeinsamkeiten, aber auch Unterschiede im Umgang mit dem Regelungsbedürfnis erkennen. § 1666 BGB ermöglicht gerichtliches Einschreiten in Fällen, in denen eine gegenwärtige, zumindest aber unmittelbar bevorstehende Gefahr für die Entwicklung des Kindes vorliegt, die bei fortdauerndem Bestehen eine erhebliche Schädigung des körperlichen, geistigen oder seelischen Wohls des Kindes mit ziemlicher Sicherheit voraussehen lässt. Das

Gericht kann nur dann einschreiten, wenn den Eltern die Bereitschaft oder Fähigkeit fehlt, die Gefahr abzuwenden. Derartig detailliert ist die Schwelle zu einem zulässigen Einschreiten in den australischen Vorschriften nicht geregelt. Hier wird der Schwerpunkt auf die Kodifizierung von Bereichen gelegt, für die die Anordnung gelten soll.

Gemeinsam ist beiden Rechtsordnungen, dass den Gerichten für die Auswahl der Maßnahme ein weiter Ermessensspielraum gewährt wird. Sowohl das deutsche als auch das australische Gericht können grundsätzlich diejenigen Maßnahmen ergreifen, die sie für erforderlich halten, um den Belangen des Kindes zu entsprechen. § 1666 Abs. 3 BGB sowie s 64B(2) FLA enthalten einen nicht abschließenden Katalog von Anwendungsbeispielen für gerichtliche Anordnungen, sodass einzelfallabhängig angemessen reagiert werden kann.

Grenzen werden dem Ermessen des Gerichts in Deutschland vor allem durch den Verhältnismäßigkeitsgrundsatz gesetzt. Das Ermessen des Family Court of Australia wird durch die Vermutung, dass es den *best interests* des Kindes am ehesten entspricht, wenn die Eltern die *parental responsibility* gleichberechtigt teilen, beschränkt. Zudem muss Rücksicht auf Vereinbarungen der Eltern untereinander genommen werden, sofern dies den *best interests* zugute kommt. Alle Aspekte der *parenting order* müssen eindeutig den *best interests* dienen.

Insgesamt ist auffällig, dass die Normen des Familienrechts in Australien detaillierter ausfallen als in Deutschland. Dies könnte aus den Unterschieden zwischen *Common Law* und *Civil Law* resultieren. Während im deutschen Recht abstrakte Rechtsgrundsätze die Grundlage für die Einzelfallbeurteilung bilden und das Recht entsprechend abstrakt bleibt und bleiben kann, basiert das australische Recht auf zahlreichen Einzelfallentscheidungen. Diese Vielfalt an Fällen, auf die bei der Beurteilung eines Sachverhalts Bezug genommen wird, mag sich auch in der Kodifizierung einzelner Rechtsbereiche widerspiegeln.

Zwar unterscheiden sich die Vorschriften zum Kindesschutz aufgrund unterschiedlichen Umfangs und unterschiedlicher Schwerpunktsetzung im Detail, in ihren Grundzügen und relevanten Wertungen stimmen deutsches und australisches Recht in diesem Bereich des Familienrechts jedoch überein.

b) Relevanz des Verfassungsrechts

Das deutsche Familienrecht wird wesentlich durch das Verfassungsrecht beeinflusst. § 1666 BGB beispielsweise konkretisiert das staatliche Wächteramt aus Art. 6 Abs. 2 S. 2 GG und schränkt die in Art. 6 Abs. 2 S. 1 GG normierte Elternverantwortung ein. Die Kindesinteressen wirken sich über Art. 6 Abs. 2 GG sowohl auf die Ausübung des Elternrechts als auch auf staatliches Agieren aus, was sich auch im Familienrecht widerspiegelt. In Verbindung mit Art. 4 Abs. 1 und 2 GG ergibt sich aus Art. 6 Abs. 2 S. 1 GG ein Recht der Eltern auf religiöse Kindererziehung, das neben der Elternverantwortung aus Art. 6 Abs. 2 S. 1 GG ebenfalls bei der Beurteilung familienrechtlicher Sachverhalte berücksichtigt werden muss.

In der australischen Verfassung hingegen existiert keine Grundrechtecharta. Es wurden lediglich einige wenige Rechte sporadisch normiert, sodass den Verfassungsnormen für das Familienrecht eine erheblich geringere Bedeutung als in Deutschland zukommt. Einzig relevant für die Fälle, in denen durch elterliches religiös motiviertes Verhalten die *best interests* des Kindes tangiert werden, ist die Religionsfreiheit in s 116 *Constitution*.

II. Rechtsvergleichende Analyse der vorgestellten Fallgruppen in Deutschland und Australien

Im Folgenden wird der rechtliche Umgang mit den einzelnen Fallgruppen in Deutschland und Australien verglichen und geprüft, ob das deutsche Recht in diesen Bereichen Reformbedarf aufweist und das australische Recht Anregungen für Änderungen bietet.

1. Homeschooling

Sowohl in Deutschland als auch in Australien werden Kinder zum Teil im Wege des Homeschoolings unterrichtet.

a) Lösungswege

Während das deutsche Recht es im Grundsatz untersagt, ist Homeschooling in Australien in allen Bundesstaaten und Territorien als Alternative zum Schulbesuch rechtlich anerkannt. Diese unterschiedlichen Lösungswege wirken sich auch auf die Handlungsmöglichkeiten der jeweiligen Familiengerichte bei religiös motiviertem Homeschooling aus.

aa) Zusammenfassung des Umgangs mit Homeschooling im deutschen Familienrecht

Hausunterricht ist die ursprüngliche Form von Bildungsvermittlung in Deutschland. Die Pflicht zum Schulbesuch wurde seit der Reformation vorangetrieben, bis Ende des 19. Jahrhunderts nahezu alle Kinder und Jugendlichen die Schule besuchten. Die Verantwortung für das bis dahin kirchlich geprägte Schulwesen wechselte zum Staat. Seit 1919 besteht eine Schulpflicht im Sinne einer Schulbesuchspflicht bis zum vollendeten 18. Lebensjahr.

Homeschooling im heute verstandenen Sinne entstand Anfang der 1980er Jahre. Zum einen wünschten sich konservative Religiöse einen strengeren Umgang mit ihren Kindern, als er in der Schule erfolgte, zum anderen war das damalige Schulsystem aus Sicht liberaler Kinderrechtler zu starr und autoritär. Derzeit werden in Deutschland Schätzungen zufolge zwischen 500 und 800 Kinder im Wege des Homeschoolings unterrichtet.

Das gesamte Schulwesen steht gem. Art. 7 Abs. 1 GG unter der Aufsicht des Staates. Die diesbezügliche Gesetzgebungskompetenz haben die Bundesländer inne. Mit Art. 7 Abs. 1 GG ist schon auf verfassungsrechtlicher Ebene die Regelung einer allgemeinen Schulpflicht enthalten. Auch Art. 7 Abs. 2 GG wird entnommen, dass die Verfassung grundsätzlich eine Pflicht zum Schulbesuch voraussetzt. Homeschooling wird nicht vom organisatorisch-formalen Schulbegriff im Sinne des Art. 7 Abs. 1 GG umfasst. Damit steht Art. 7 Abs. 1 GG grundsätzlich der Möglichkeit, von Homeschooling Gebrauch zu machen, entgegen. Soll Homeschooling den Schulbesuch ersetzen, kann dies daher nur im Rahmen einer gesetzlichen Ausnahme erfolgen.

In allen Bundesländern ist eine Schulpflicht im Sinne einer Schulbesuchspflicht bis zur Volljährigkeit festgelegt. Es existiert keine ausdrückliche landesrechtliche Regelung, mithilfe derer ein Schüler aus religiösen Gründen von der Schulpflicht befreit werden und auf Homeschooling ausweichen kann. Landesrechtliche Befreiungen sind überwiegend für Fälle vorgesehen, in denen gesundheitliche Gründe gegen einen Schulbesuch sprechen. Derzeit wird auch über Generalklauseln im Schulrecht in keinem Bundesland dem Wunsch entsprochen, den Unterricht zuhause durchführen zu können.

Die deutsche Rechtsprechung hat sich bislang überwiegend gegen Befreiungen von der Schulpflicht zugunsten Homeschoolings ausgesprochen und Schulverweigerern gegenüber Maßnahmen zur Durchsetzung der Schulpflicht ergriffen. Das elterliche Erziehungsrecht und der staatliche Erziehungsauftrag stehen nach ständiger Rechtsprechung gleichgeordnet auf einer Stufe. Mit der Schulpflicht konkretisiert der Staat seinen Erziehungsauftrag, um seine Erziehungsziele durchsetzen zu können. Dem Bundesverfassungsgericht zufolge verstößt die fehlende rechtliche Möglichkeit zu Homeschooling nicht gegen Grundrechte der Eltern. Die Existenz eines aus Art. 6 Abs. 2 S. 1 GG grundsätzlich abzuleitenden Anspruchs darauf, die Erfüllung der auf Art. 7 Abs. 1 GG beruhenden Schulpflicht durch staatlich beaufsichtigtes Homeschooling zu ersetzen, verneint das Bundesverwaltungsgericht. Zur Begründung werden Gemeinwohlinteressen am Schulbesuch herangezogen. Es wird zwar nicht in Zweifel gezogen, dass auch außerhalb des Schulunterrichts eine ausreichende Wissensvermittlung erfolgen kann. Die Interessen der Allgemeinheit an der Eingliederung eines jeden Bürgers in die Gesellschaft, die Ziel des staatlichen Erziehungsauftrags ist, werden aber nach derzeitigem Verständnis bei Homeschooling nicht ausreichend berücksichtigt.

Auf dem Gebiet des Familienrechts wird die religiös oder in sonstiger Weise motivierte Weigerung der Eltern, anstelle der Durchführung von Homeschooling für den Schulbesuch ihrer Kinder zu sorgen, ganz einheitlich als Kindeswohlgefährdung im Sinne von § 1666 Abs. 1 BGB beurteilt und dadurch die Möglichkeit eröffnet, mittels familiengerichtlicher Maßnahmen auf die Ausübung der elterlichen Sorge einzuwirken. In § 1666 Abs. 3 Nr. 2 BGB ist ausdrücklich vorgesehen, dass Familiengerichte Gebote zur Einhaltung der Schulpflicht erlassen. Zur Begründung des Vorliegens einer Kindeswohlgefährdung wird die Argumentation aus dem öffentlichen Recht aufgegriffen, dass die Pflicht zum Schulbesuch nicht nur auf reine Wissensvermittlung gerichtet sei, sondern weitere, der Eingliederung in die Gesellschaft dienende

Ziele verfolge, die bei Homeschooling nicht ausreichend berücksichtigt würden. Während im öffentlichen Recht primär auf die Interessen der Allgemeinheit am Schulbesuch aller Kinder und Jugendlichen abgestellt wird, bezieht sich die familiengerichtliche Rechtsprechung bei der Beurteilung des Kindeswohls auf die Interessen des einzelnen Minderjährigen an der sozialen Komponente des Schulbesuchs.

bb) Zusammenfassung des Umgangs mit Homeschooling im australischen Familienrecht

Hausunterricht stellte ab dem Zeitpunkt der Besiedelung Australiens durch die Briten die ursprüngliche Form des Unterrichts dar, mithilfe derer Kindern von Strafgefangenen und Soldaten Wissen vermittelt wurde. Später waren erhebliche Distanzen zu anderweitigen Bildungsangeboten Grund für die Wahl außerschulischen Unterrichts. Bereits 1793 fiel die Verantwortung für Bildung in kirchliche Hände. Erst 1895 oblag die Bildungsverantwortung vollständig dem Staat. Im Jahre 2008 wurde die Anzahl an Homeschool-Schülern in Australien auf rund 26.500 geschätzt.

Alle Bundesstaaten und Territorien schreiben eine allgemeine Bildungspflicht für Minderjährige vor. Grundsätzlich haben die Eltern für den Schulbesuch ihrer Kinder Sorge zu tragen. Auf dem gesamten Gebiet Australiens ist jedoch auch Homeschooling als Alternative zum Schulbesuch rechtlich anerkannt, sodass den Eltern die Freiheit gewährt wird, durch eigenverantwortlichen Unterricht in hohem Maße auf die Bildung ihrer Kinder Einfluss zu nehmen. Die Letztverantwortung für die Bildung der Minderjährigen liegt bei den Bundesstaaten und Territorien, die Bildungsmöglichkeiten bereitstellen und den Zugang zu Bildungsangeboten und die Einhaltung gewisser Bildungsstandards kontrollieren, um das ökonomische Wohlergehen der Gesellschaft und das Wachstum des intellektuellen Kapitals zu sichern.

Die einzelnen rechtlichen Voraussetzungen des Homeschoolings in den verschiedenen Bundesstaaten und Territorien weichen voneinander ab. Zu rein rechtlichen Unterschieden kommen divergierende Anforderungen in pädagogischer Hinsicht. Teilweise ist lediglich eine Registrierung des außerschulischen Unterrichts erforderlich, zum Teil ist die Zustimmung zu einer Ausnahmeerteilung vonnöten. Die Möglichkeit, Homeschooling durchzuführen, wird in der Regel nur für kurze Zeiträume von etwa ein bis zwei Jahren gewährt und kann unter bestimmten Voraussetzungen vorzeitig entzogen werden. Innerhalb dieser Zeiträume sind zum Teil regelmäßige Kontrollbesuche staatlicherseits vorgesehen, die der Überprüfung des Lernfortschritts und der Lernmodalitäten dienen. Die Anforderungen an Lehrinhalte und Modalitäten des Homeschoolings variieren erheblich. Die staatliche Kontrolle der Durchführung des Unterrichts erfolgt je nach Bundesstaat und Territorium unterschiedlich intensiv. Zumeist wird ein Nachweis für die Gewährleistung adäquaten Unterrichts verlangt. Teilweise wird gefordert, Möglichkeiten sozialer Interaktion des Kindes zu belegen. In manchen Gebieten Australiens werden durch die Bundesstaaten oder Territorien Hilfestellungen zur Unterrichtsdurchführung gegeben und der Zugriff auf Unterrichtsmaterialien für den staatlich anerkannten Fernunterricht gewährt.

Eine fehlende Lehrqualifikation der unterrichtenden Elternteile tut Studien zufolge der Bildungslaufbahn der Kinder keinen Abbruch. Nicht ausgebildete Homeschool-Lehrer können danach ebenfalls eine angemessene Bildungsvermittlung gewährleisten. Die australischen Untersuchungen zeigen, dass die Kenntnisse der Homeschool-Schüler mindestens mit dem durchschnittlichen Lernniveau von Schülern vergleichbar sind, die regelmäßig eine Schule besuchen, während die Studienergebnisse zur Sozialisierung von Homeschool-Schülern erkennen lassen, dass Staat und Eltern sich diesem Aspekt mit besonderer Aufmerksamkeit zu widmen haben. Der Großteil der Homeschool-Schüler knüpft auch ohne regelmäßigen Schulbesuch soziale Kontakte, etwa im Rahmen von Freizeitaktivitäten oder mithilfe von Homeschooling-Netzwerken, und ist bei einem Wechsel von Homeschooling in das Schulsystem in der Lage, sich auf die Mitschüler einzustellen. Durch ihnen gewährte Freiheiten entwickeln sich die Kinder im Allgemeinen zu selbständigen und selbstbewussten Individuen. Trotz dieser positiven Aspekte führt ihre Sonderstellung aufgrund der speziellen Lernsituation in Einzelfällen zu sozialen Konflikten. Einige Bundesstaaten und Territorien versuchen deshalb, solchen Einzelfällen durch Regelungen entgegenzuwirken, die sich speziell mit der Sozialisierung der Kinder als Voraussetzung für Homeschooling befassen. Insgesamt wird Homeschooling in Australien als überwiegend erfolgreich bewertet.

Dadurch, dass Homeschooling nach australischem Recht als Alternative zum Schulbesuch anerkannt ist, wird der außerschulische Unterricht bei gleichzeitiger Weigerung der Eltern, für den Schulbesuch ihrer Kinder zu sorgen, grundsätzlich nicht als Beeinträchtigung der *best interests* des Kindes gewertet, sodass der Family Court of Australia bei religiös motiviertem Homeschooling den Eltern gegenüber in der Regel keine Maßnahmen zu dessen Abwendung ergreift.

b) Gemeinsamkeiten und Unterschiede und ihre Ursachen

Die beiden Rechtsordnungen wählen gegensätzliche Lösungswege für den Umgang mit Homeschooling.

Gemeinsam ist Deutschland und Australien, dass Hausunterricht die ursprüngliche Bildungsform darstellt. Während aber in Deutschland bereits seit der Reformation der Schulbesuch als primäres Bildungsangebot vorangetrieben wurde und Ende des 19. Jahrhunderts fast alle Kinder und Jugendlichen zur Schule gingen, was 1919 in die Einführung einer Schulpflicht im Sinne einer Schulbesuchspflicht bis zur Volljährigkeit mündete, die bis heute verfassungsrechtlich verankert ist, blieb es in Australien bei einer bloßen Bildungspflicht für Minderjährige. Insofern kommt dem Schulbesuch in Deutschland und Australien aufgrund der voneinander abweichenden historischen Entwicklung der Bildungssysteme ein unterschiedlicher Stellenwert zu. Homeschooling im heute verstandenen Sinne kam in Deutschland erst Anfang der 1980er Jahre auf, während es in Australien keine derartige Unterbrechung in der Geschichte des Hausunterrichts gab. Dass das deutsche Recht eine Schulbesuchspflicht vorsieht, das australische Recht hingegen eine bloße Bildungspflicht, spiegelt sich auch in der jeweiligen Anzahl an Homeschool-Schülern wider.

Während Homeschooling in Deutschland vor dem Hintergrund der verfassungsrechtlich verankerten Schulpflicht nur in Ausnahmefällen ermöglicht werden kann, derzeit jedoch kein Bundesland den Wunsch nach Homeschooling als grundsätzlich ausreichend erachtet, um von der Pflicht zum Schulbesuch zu befreien, ist diese Form des Unterrichts in allen Bundesstaaten und Territorien Australiens als Alternative zum Schulbesuch rechtlich anerkannt.

Nachdem in Deutschland und Australien die Bildungsverantwortung von der Kirche zum Staat wechselte, trägt der Staat heute nach beiden Rechtsordnungen die Letztverantwortung für ein funktionierendes Bildungssystem. Während aber in Australien Eltern die Freiheit gewährt wird, durch Homeschooling verstärkt auf die Bildungsvermittlung ihrer Kinder Einfluss zu nehmen, schreibt der deutsche Staat trotz Gleichordnung von staatlichem Erziehungsauftrag und elterlichem Erziehungsrecht den Schulbesuch der Kinder vor, um dem verfassungsrechtlich verankerten Erziehungsauftrag nachzukommen. Im Gegensatz zu Australien ergreift der deutsche Staat Maßnahmen zur Durchsetzung der Schulpflicht, wenn Familien sich zu Homeschooling entschließen.

In der Rechtsprechung Deutschlands wird nicht in Zweifel gezogen, dass eine ausreichende Wissensvermittlung auch außerhalb des Schulunterrichts erfolgen kann. Diese Annahme stimmt mit Ergebnissen australischer Untersuchungen überein, denen zufolge die Kenntnisse von Homeschool-Schülern mindestens mit dem durchschnittlichen Lernniveau von Schülern vergleichbar sind, die regelmäßig eine Schule besuchen.

Die Ablehnung von Homeschooling begründet die deutsche Rechtsprechung mit drohenden sozialen Defiziten der Kinder und Jugendlichen. An der Eingliederung in die Gesellschaft beständen Allgemein- und Individualinteressen, die bei Homeschooling nicht hinreichend berücksichtigt würden. Vergleicht man diese Auffassung mit Ergebnissen australischer Studien, wird deutlich, dass die sozialen Folgen von Homeschooling in Australien zwar nicht ausnahmslos positiv bewertet werden, die Sozialisierung der Kinder aber im Allgemeinen auch bei Homeschooling gelingt. Überdies wird zum Teil mithilfe gesetzlicher Regelungen zu den Voraussetzungen des Homeschoolings versucht, vereinzelt auftretenden sozialen Konflikten entgegenzuwirken.

Während nach deutschem Familienrecht die Weigerung von Eltern, anstelle Homeschoolings für den Schulbesuch ihres Kindes Sorge zu tragen, einheitlich als Kindeswohlgefährdung im Sinne des § 1666 Abs. 1 BGB beurteilt wird und das Familiengericht auf die Ausübung der elterlichen Sorge zugunsten der Einhaltung der Schulpflicht einwirken kann, führt die rechtliche Anerkennung von Homeschooling in Australien dazu, dass der außerschulische Unterricht bei gleichzeitiger Weigerung der Eltern, für den Schulbesuch des Kindes zu sorgen, grundsätzlich nicht als Beeinträchtigung der *best interests* gewertet wird, sodass der Family Court of Australia bei religiös motiviertem Homeschooling den Eltern gegenüber in der Regel keine Maßnahmen zu dessen Abwendung ergreift.

c) *Folgerungen*

Deutsches und australisches Recht bedienen sich für denselben Lebenssachverhalt gegensätzlicher Lösungswege. In Deutschland steht Homeschooling aufgrund möglicher sozialer Nachteile eine grundsätzliche Pflicht zum Schulbesuch entgegen, von der derzeit keine Ausnahmen gemacht werden, um dem religiös motivierten Wunsch von Eltern nach Hausunterricht nachzukommen. Im Gegensatz dazu können australische Familien legal auf Homeschooling ausweichen. Möglichen sozialen Nachteilen durch den außerschulischen Unterricht wirken dort zum Teil besondere Anforderungen an die sozialen Umstände des Homeschoolings entgegen.

Entsprechend dieser Einordnung können deutsche Familiengerichte aufgrund von Kindeswohlgefährdung gem. § 1666 Abs. 1 BGB Maßnahmen zur Durchsetzung der Schulpflicht ergreifen, während die Unterrichtsform in Australien grundsätzlich nicht dazu führt, dass die *best interests* des Kindes als beeinträchtigt gesehen werden, und der Family Court of Australia im Allgemeinen nicht zur Abwendung dieser Art des Unterrichts tätig wird.

aa) *Reformbedarf in Deutschland*

Der rechtliche Umgang mit Homeschooling in Australien steht im Kontrast zum deutschen Recht. Während es Eltern in allen Bundesstaaten und Territorien Australiens unter Einhaltung bestimmter Voraussetzungen ermöglicht wird, ihre Kinder selbst zu unterrichten, findet in Deutschland eine Kriminalisierung von Eltern statt, die die überwiegende Verantwortung für die Bildungsvermittlung tragen wollen. Die Auseinandersetzung mit Homeschool-Familien in Deutschland führt in vielen Fällen nicht zum Ziel, für die Einhaltung der Schulpflicht zu sorgen. Zum Teil wird das Verhalten der Eltern durch die Behörden toleriert, teilweise verzögert die Dauer der Verfahren die angestrebten Lösungen erheblich und in einigen Fällen sehen die Familien in der Auswanderung die einzige Möglichkeit, ihren Alltag nach ihren Vorstellungen zu gestalten.

Ausgangspunkt der ablehnenden Haltung Homeschooling gegenüber ist die in der Rechtsprechung vertretene Meinung, ein solcher Unterricht erschwere die Eingliederung der Kinder und Jugendlichen in die Gesellschaft, was Allgemein- und Individualinteressen zuwiderlaufe. Es drängt sich aber die Frage auf, ob die betroffenen Familien nicht durch die Illegalisierung von Homeschooling selbst viel weiter von der Gesellschaft weggetrieben werden, als wenn sich ihr Verhalten im legalen Bereich befände und der häusliche Unterricht staatlicherseits gesteuert würde. Durch die Verschiebung eines Bildungsmittels in die Illegalität wird möglicherweise das Entstehen von „Parallelgesellschaften" beziehungsweise die Abschottung von Familien erst provoziert. Zudem scheint die Ablehnung von Homeschooling in der Rechtsprechung auf der Annahme zu beruhen, dass sich vorwiegend solche Eltern für Homeschooling interessieren, die nicht gewillt oder in der Lage sind, für ausreichend soziale Kontakte ihrer Kinder Sorge zu tragen. Anhand australischer Studien wird allerdings erkennbar, dass, sobald die Möglichkeit zu Homeschooling eröffnet ist, nicht der Wunsch nach Abschottung und Verringerung vielfältiger Kontakte ausschlaggebend für die betreffenden Familien ist, sondern diverse Beweggründe dazu führen, dass Homeschooling dem Schulbesuch vorgezogen wird. Homeschooling sollte darum nicht auf Einzelfälle reduziert werden, die sich in Deutschland durch beharrliche Schulverweigerung hervortun, um auf dieser Grundlage allen interessierten Familien, und damit auch jenen, die den Unterricht im Sinne des Staates ausgerichtet hätten, diese Möglichkeit zu versagen.

Folgende Kritikpunkte am rechtlichen Umgang mit dieser Unterrichtsform wurden bereits im Rahmen der Analyse der rechtlichen Behandlung von Homeschooling in Deutschland angesprochen: Derzeit wird Homeschooling nach deutschem Recht der Vernachlässigung von Kindern gleichgestellt, obwohl an dieser Bildungsform interessierte Eltern für Fürsorge und Bildungserwerb der Kinder in größerem Umfang Sorge tragen wollen als gesetzlich vorgesehen. Die Bildungskarriere der Kinder nimmt, wie ein Blick auf australische Studien bestätigt, durch Homeschooling in der Regel keinen Schaden, was die Rechtsprechung durchaus nicht in Zweifel zieht. Soziale Kompetenzen können auch außerhalb des schulischen Umfelds gestärkt werden. Die derzeitige Rechtsprechung in Deutschland geht jedoch davon aus, dass die Eingliederung der Kinder und Jugendlichen in die Gesellschaft bei Homeschooling erschwert wird. Hinreichende Belege liegen dieser Behauptung nicht zugrunde. In Deutschland wurden keine diesbezüglichen belastbaren Daten erhoben. Australischen Studien zufolge treten soziale Konflikte bei Homeschool-Schülern lediglich in Einzelfällen auf. Darauf, dass die Gesellschaft durch Homeschooling Nachteile erleidet, deutet nichts hin. Auch unter beschulten Kindern können soziale Konflikte nicht ausgeschlossen werden. Es wäre wünschenswert, dass geklärt würde, ob auch in Deutschland im Wege des außerschulischen Unterrichts eine mit dem Schulbesuch vergleichbare soziale Förderung der Kinder und Jugendlichen möglich wäre, sodass die Diskussion um Homeschooling nicht auf der Grundlage bloßer Behauptungen geführt werden muss. Das grundsätzlich geltende Verbot außerschulischen Unterrichts verhindert allerdings derzeit, dass für den deutschen Raum adäquat untersucht werden kann, ob Homeschooling tatsächlich Nachteile in sozialer Hinsicht mit sich bringt.

Findet Homeschooling auch künftig Anhänger in Deutschland, die die Illegalität ihres Handelns nicht scheuen, um ihr Familienleben ihren Wertvorstellungen entsprechend zu gestalten, kann die Legalisierung nach dem Vorbild Australiens einen Weg bieten, die Kriminalisierung von Eltern und wenig zielführende rechtliche Verfahren zu umgehen und gleichzeitig die staatliche Kontrolle über diese sonst im Verborgenen stattfindende Form des Unterrichts zu erlangen. Durch die Zulassung von Homeschooling entstände ein erweitertes und offeneres, weil vielfältigeres Angebot an Bildungsmöglichkeiten in Deutschland, das vermutlich auch das Interesse von Familien wecken würde, die sich derzeit zwar zutrauen, diesen Weg einzuschlagen, aber von der Illegalität des Unterrichts abgeschreckt werden.

bb) Mögliche Lösungsansätze

Dem deutschen Erziehungswissenschaftler *Ladenthin* zufolge sprechen folgende pädagogische Erfahrungen für die Möglichkeit der Durchführung von Homeschooling. Eine solche Form des Unterrichts könne passgenaue Unterrichtung, individuelle Förderung in spezifischen Bedarfssituationen, Schutz vor sozialer und emotionaler Überforderung, Auffangen von Schülern, die an Regelschulen nicht beschulbar seien und die Stärkung der Familie bedeuten[1620]. Daneben könne so die Durchsetzung des Elternwillens gewährleistet werden[1621]. Angeführte Einwände gegen das Homeschooling in pädagogischer Hinsicht seien, dass Eltern aufgrund mangelnder Allgemein- oder Fachbildung nicht in der Lage seien, ihre Kinder angemessen zu bilden, dass Kindern soziale Erfahrungen mit Gleichaltrigen und die Auseinandersetzung mit der gesellschaftlichen Wirklichkeit versagt würden, die Bildung beim Homeschooling auf die Durchsetzung eines nicht öffentlich rechenschaftspflichtigen Elternwillens verkürzt würde, Homeschooling die Entstehung von Parallelgesellschaften begünstige und es bei Kindern mit Migrationshintergrund nicht zu einem angemessenen Erwerb der Zielsprache des Aufenthaltslandes komme[1622]. Daneben werde in der Literatur auf die Gefahr der Indoktrination beziehungsweise der Manipulation durch Eltern hingewiesen[1623].

Unter Berücksichtigung dieser möglichen Vorteile und Gefahren von Homeschooling bieten sich nach dem Vorbild der im Rahmen der deutschen Fallgruppe zitierten Kritik am aktuellen rechtlichen Umgang mit dieser Unterrichtsform in Deutschland und dem Vorbild der australischen Rechtsnormen folgende Lösungsansätze für das deutsche Recht an.

Interpretierte man den Schulbegriff im Sinne des Art. 7 Abs. 1 GG nicht organisatorisch-formal, sondern funktional, würde auch Homeschooling umfasst sein. Eine solche Umdeutung der Begrifflichkeiten mit Auswirkungen auf das gesamte Schulrecht der Länder wäre allerdings nicht erforderlich, um Homeschooling zu ermöglichen. Vielmehr könnten stattdessen die vorhandenen Vorschriften der Landesgesetze zu Ausnahmen von der Schulbesuchspflicht genutzt werden, um Homeschooling unter bestimmten Umständen zuzulassen. So bliebe der Ausnahmecharakter dieses Unterrichtsmodells erhalten und es würden geringere Änderungen des Schulsystems vonnöten sein als bei einer begrifflichen Gleichsetzung von Schulbesuch und Homeschooling.

Zwar wird in der Rechtsprechung derzeit kein grundsätzlicher Anspruch auf Homeschooling zugesprochen und entschieden, dass ein Verbot nicht gegen Grundrechte der Eltern verstößt, umgekehrt wäre aber auch die Zulassung von Homeschooling als Ausnahme von der Schulpflicht nicht verfassungswidrig, sofern die staatliche Aufsicht weiterhin gewährleistet bliebe. Die Landesgesetze bieten bereits

1620 *Ladenthin*, Homeschooling – Fragen und Antworten, S. 31 f.
1621 *Ladenthin*, Homeschooling – Fragen und Antworten, S. 32.
1622 *Ladenthin*, Homeschooling – Fragen und Antworten, S. 33.
1623 *Ladenthin*, Homeschooling – Fragen und Antworten, S. 33 f.

jetzt die Möglichkeit, Ausnahmen vom Schulbesuch zuzulassen. Wie gesehen, handelt es sich hierbei meist um Generalklauseln. Voraussetzung für die Annahme eines wichtigen Grundes im Sinne dieser landesrechtlichen Regelungen wäre zunächst, dass von der derzeit verbreiteten Auffassung, Homeschooling liefe Allgemeininteressen an der Eingliederung in die Gesellschaft zuwider, Abstand genommen würde. Gem. Art. 7 Abs. 1 GG wird auf Verfassungsebene stets die Aufsicht des Staates über das Schulwesen vorausgesetzt. Ließe man über die bereits bestehenden landesrechtlichen Vorschriften Homeschooling als Ausnahme von der Schulbesuchspflicht zu, wäre es erforderlich, dass der Staat auch in diesem Bereich seiner Aufsichtspflicht nachkommen könnte. Dem Staat obliegt nicht nur ein Bildungs-, sondern auch ein Erziehungsauftrag. Entsprechend wäre zum einen eine Wissenskontrolle nötig, zum anderen müssten die landesrechtlich geregelten Erziehungsziele auch bei Homeschooling beachtet werden.

Die staatliche Aufsicht könnte aufrechterhalten werden, indem, wie in der Literatur vielfach vorgeschlagen und in Australien bereits praktiziert, den Eltern eine Auskunftspflicht auferlegt würde, Möglichkeiten zur staatlichen Intervention geschaffen und Prüfungen in gewissen zeitlichen Abständen erfolgen würden. Nach dem Vorbild Australiens könnten der Wissensstand und der sonstige Erfolg von Homeschooling regelmäßig kontrolliert werden. Hervorzuheben ist, dass bei Homeschooling im Unterschied zum gewöhnlichen Schulunterricht nicht nur die Lernerfolge der Schüler, sondern auch die Lehrerfolge der Eltern relevant würden und durch den Staat sichergestellt werden müssten. Im Falle nachteiliger Abweichungen könnte die Pflicht des Kindes oder des Jugendlichen zum Schulbesuch wieder aufleben. Diese erschwerenden Voraussetzungen würden vermutlich dazu beitragen, dass sich vorwiegend solche Familien um das Unterrichtsmodell bemühen würden, die sich mit dem Mehraufwand ernsthaft auseinandersetzen, diesen nicht scheuen und deren hohes Engagement es möglich machen könnte, dem Kind in Bezug auf Bildung und ein adäquates soziales Umfeld gerecht zu werden. Ebenso wie in Australien könnten Regelungen zur Sicherstellung der sozialen Entwicklung geschaffen werden. Daneben könnten freiwillige Kooperationen mit Schulen, Fernschulen und Homeschooling-Netzwerken den Bildungserfolg und die soziale Entwicklung des Kindes positiv beeinflussen. Soweit also das Landesrecht bereits Möglichkeiten dazu bereithält, könnte Homeschooling schon jetzt – möglicherweise auch nur versuchsweise, um verlässliche Angaben zur Entwicklung sozialer Kompetenzen der Homeschool-Schüler zu erhalten und sich nicht auf Vorurteile zu stützen – als legale, aber streng regulierte Alternative eingeführt werden.

Durch die Legalisierung in engen Grenzen könnte der Kriminalisierung von Eltern entgegengewirkt werden, der Staat gewänne Kontrolle auch über den Unterricht im Wege des Homeschoolings, der ihm ansonsten verschlossen bliebe, und der Wunsch nach Homeschooling würde für betroffene Familien nicht mehr darin münden müssen, in andere Länder auszuwandern, um an dem Vorhaben festhalten zu können, Homeschooling zu betreiben. Könnten die Vorbehalte in Bezug auf soziale Folgen des Homeschoolings in Deutschland abgeschwächt werden, würde dies auf dem Gebiet des Familienrechts dazu führen, dass bei religiös motiviertem Hausunterricht nicht generell von einer Kindeswohlgefährdung ausgegangen würde, aufgrund derer das Familiengericht in die elterliche Sorge eingreifen könnte, was den Entscheidungsspielraum und den Verantwortungsbereich der Eltern erweitern würde.

cc) Fazit

Sowohl in Deutschland als auch in Australien wird die Gefahr gesehen, dass sich Homeschooling nachteilig auf die soziale Entwicklung der Kinder auswirken kann. In Deutschland führt dies dazu, dass versucht wird, die Eltern mit Sanktionen von ihrem Wunsch abzubringen, ihren Kindern auf außerschulischem Wege Bildung zukommen zu lassen. Hierdurch wird allerdings nicht selten das Gegenteil von dem erreicht, was angestrebt wird. Ziel ist die Eingliederung der Kinder in die Gesellschaft. Durch die Maßnahmen zur Durchsetzung der Schulpflicht Eltern gegenüber, die sich vehement für ihre Auffassung von Bildungsvermittlung einsetzen, droht jedoch eine Entfremdung von betroffenen Familien und Gesellschaft beziehungsweise Staat, ohne dass der Erfolg der Maßnahmen stets gewährleistet wäre.

Nach dem Vorbild Australiens könnte das deutsche Schulsystem dahingehend verändert werden, dass auch Homeschooling unter staatlicher Kontrolle steht, den betroffenen Familien aber dennoch Freiräume bleiben, um dem Unterricht ihre eigenen Wertvorstellungen zugrunde zu legen. Auf diese Weise könnten Homeschool-Familien und Staat gemeinsam auf die Erreichung des Ziels der Eingliederung der Schüler in die Gesellschaft hinarbeiten. Der Zweck des derzeitigen Verbots könnte möglicherweise ebenso gut, wenn nicht besser, erfüllt werden, wenn Homeschooling unter gewissen Voraussetzungen rechtlich als Alternative zum Schulbesuch anerkannt würde.

Daher wäre es wünschenswert, dass auch die deutsche Rechtsordnung Homeschooling nicht als Ordnungswidrigkeit, Straftat oder Kindeswohlgefährdung einstuft, sondern in ihm eine Form von Bildungsvermittlung erkennt, die durch den Staat unterstützt und kontrolliert werden kann und dem Ziel der Eingliederung der Kinder in die Gesellschaft nicht entgegensteht.

2. Zugehörigkeit zu einer bestimmten Religionsgemeinschaft

Sowohl in Deutschland als auch in Australien wurde in der Rechtsprechung die Frage problematisiert, ob aus familienrechtlicher Sicht allein von der Zugehörigkeit der Eltern zu einer bestimmten Religionsgemeinschaft auf nachteilige Auswirkungen auf das Wohl des Kindes geschlossen werden kann und Gerichte damit befugt sein können, auf den elterlichen Verantwortungsbereich einzuwirken.

a) *Lösungswege*

Dies wird in der Rechtsprechung beider Rechtsordnungen verneint.

aa) *Zusammenfassung des Umgangs mit der Zugehörigkeit zu einer bestimmten Religionsgemeinschaft im deutschen Familienrecht*

Die deutsche Rechtsprechung zieht einerseits das Verfassungsrecht und andererseits das Familienrecht zur Beantwortung der Frage heran.

Zum einen stützen die Gerichte ihre Argumentation auf die Glaubens- und Bekenntnisfreiheit nach Art. 4 Abs. 1 GG, der es entgegenstände, wenn einem Elternteil die Eignung zur Ausübung der elterlichen Sorge allein aufgrund seiner Glaubensüberzeugung abgesprochen würde. Hinzu kommt das den Eltern gewährte Recht, ihr Kind nach für richtig gehaltenen religiösen und weltanschaulichen Ansichten zu erziehen. Gerichten kommt aufgrund der Verpflichtung zu religiöser und weltanschaulicher Neutralität laut Rechtsprechung nicht die Aufgabe zu, verschiedene Bekenntnisse unter dem Gesichtspunkt ihrer besseren Eignung für das Wohl des Kindes zu bewerten.

Zum anderen reicht nach deutschem Familienrecht für das Vorliegen einer Kindeswohlgefährdung eine abstrakte Gefährdungslage nicht aus, um in die elterliche Sorge einzugreifen. Die bloße Zugehörigkeit zu einer bestimmten Religionsgemeinschaft sagt noch nichts über das konkrete Verhalten der Eltern und somit auch nichts über das Vorliegen einer konkreten Gefährdungssituation aus, die der Begriff einer Kindeswohlgefährdung voraussetzt. Solange Erziehungsziel und -methoden zulässig sind, ist es daher der Rechtsprechung zufolge nicht Aufgabe der Gerichte, die Zugehörigkeit zu einer bestimmten Religion oder einen bestimmten religiös geprägten Erziehungsstil zu bewerten. Stattdessen ist nach allgemeinen Kriterien festzustellen, ob das Verhalten der Eltern im Einzelfall eine Kindeswohlgefährdung darstellt.

Entsprechend wird nach deutschem Recht nicht von einer Kindeswohlgefährdung ausgegangen, soweit das Kind nicht über die religiöse Betätigung der Eltern hinaus von prägenden Grundlagen der Religionsgemeinschaft betroffen ist. Solange ist auch kein diesbezügliches gerichtliches Eingreifen in die elterliche Sorge zulässig.

bb) *Zusammenfassung des Umgangs mit der Zugehörigkeit zu einer bestimmten Religionsgemeinschaft im australischen Familienrecht*

Auch die australische Rechtsprechung befasst sich mit der Frage, ob die Zugehörigkeit zu einer bestimmten Religionsgemeinschaft ausreicht, um familiengerichtliche Maßnahmen den Eltern gegenüber zu rechtfertigen, und zieht dazu ebenfalls Verfassungsrecht und Familienrecht heran.

In der Rechtsprechung wird klargestellt, dass es vor dem Hintergrund von s 116 *Constitution* nicht Aufgabe des Gerichts sei, in Angelegenheiten der *parental responsibility* zu beurteilen, ob eine Religion einer anderen oder dem Nichtglauben gegenüber vorzugswürdig sei.

Der Fokus wird statt auf die Religion selbst auf die *best interests* des Kindes gerichtet. Schwerpunkt ist die Beurteilung der Bedeutung der Beziehung zu dem jeweiligen Elternteil, den Geschwistern, weiteren Familienmitgliedern und den Mitgliedern ihrer Religionsgemeinschaft. Im Wege der Untersuchung, welche *parenting order* den *best interests* am ehesten gerecht wird, stellen der Rechtsprechung zufolge Werte, Glaubensinhalte und Bräuche der Eltern lediglich einige von vielen Faktoren dar, die es im Rahmen der *best interests* zu bewerten gelte. Kommt das Gericht zu der Erkenntnis, dass es den *best interests* des Kindes nicht entspricht, mit solchen Bräuchen aufzuwachsen, wird darin keine Verletzung von s 116 *Constitution* gesehen. Die Beachtung der Religionszugehörigkeit wird damit gerechtfertigt, dass eine Untersuchung und Bewertung von Glaubensvorstellungen, Glaubenseinstellungen und Bräuchen einer Religion im Rahmen eines Prozesses mit Sorgerechtsbezügen den primär zu beachtenden *best interests* des Kindes diene. Gewisse Bräuche sind den australischen Gerichten zufolge dem Wohl des Kindes im Einzelfall derart abträglich, dass das Kind dem Einfluss derer, die diese Bräuche befürworteten, entzogen werden müsse.

Nach australischem Familienrecht ergeht allein aufgrund der Zugehörigkeit zu einer bestimmten Religionsgemeinschaft keine gerichtliche Maßnahme den Eltern gegenüber. Berührt eine Anordnung s 116 *Constitution*, kann dies, da die Norm nicht absoluten Schutz gewährt, dennoch gerechtfertigt sein. Die Balance zwischen dem Schutz der *best interests* und der Neutralität der Gerichte in Religionsfragen wird dadurch gehalten, dass die Religionszugehörigkeit, wie sonstige Faktoren auch, nur dann relevant wird, wenn sie im Einzelfall die *best interests* des Kindes beeinflussen könnte.

b) Gemeinsamkeiten und Unterschiede und ihre Ursachen

In beiden Rechtsordnungen befasst sich die Rechtsprechung des Familienrechts mit der als problematisch empfundenen Frage, welche Auswirkungen die Zugehörigkeit der Eltern zu einer bestimmten Religionsgemeinschaft auf den Umfang der den Eltern obliegenden Verantwortung für ihr Kind haben kann. Allein dadurch, dass die Eltern einer bestimmten Religionsgemeinschaft angehören, wird weder in Deutschland eine Kindeswohlgefährdung bejaht noch wird in Australien davon ausgegangen, dass die *best interests* des Kindes tangiert sind, sodass Familiengericht und Family Court of Australia nicht schon aufgrund dieser Tatsache berechtigt sind, in den elterlichen Verantwortungsbereich einzugreifen.

Sowohl die australische als auch die deutsche Verfassung gewähren den Bürgern Religionsfreiheit. Vor diesem Hintergrund wird in beiden Rechtsordnungen davon ausgegangen, dass der Staat und somit auch die Gerichte zu Neutralität in Angelegenheiten der Religion verpflichtet sind.

In beiden Fällen haben jedoch Gerichte diejenige Regelung zu treffen, die am ehesten dem Kindeswohl beziehungsweise den *best interests* des Kindes dient.

Sind die Kindesbelange betroffen, gilt in beiden Rechtsordnungen die Religionsfreiheit nicht absolut, sondern die Gerichte sind berechtigt, religiös motiviertes Verhalten der Eltern in ihren Entscheidungsprozess einzubeziehen.

Dazu sehen beide Länder das Erreichen einer gewissen Schwelle vor. In Deutschland ist es die Definition der Kindeswohlgefährdung, die eine konkrete Gefährdungssituation voraussetzt. Ist diese durch die Zugehörigkeit zu einer Religionsgemeinschaft nicht gegeben, kann das Familiengericht mangels Kindeswohlgefährdung diesbezüglich auch keine Maßnahmen gegenüber den Eltern ergreifen. Obgleich das australische Recht eine solche Definition der Konfliktsituation nicht kennt, wird ebenfalls vorausgesetzt, dass anhand der Beurteilung im Einzelfall eine Bewertung erfolgt ist, die dafür spricht, dass die *best interests* schon durch die bloße Religionszugehörigkeit tangiert sind, ehe das Gericht in die *parental responsibility* eingreifen kann. Nach beiden Rechtsordnungen ist demnach rein präventives Vorgehen des Gerichts nicht zulässig.

Damit ähneln sich zum einen die zu berücksichtigenden Normen des Verfassungsrechts, über die der Staat zu Neutralität in Religionsangelegenheiten verpflichtet wird, und zum anderen trotz unterschiedlicher Vorgehensweise auch die unmittelbaren Wertungen des Familienrechts. Die Tatsache, dass nach beiden Rechtsordnungen im Einzelfall beziehungsweise beim Vorliegen einer konkreten Gefahr die Religionszugehörigkeit trotz verfassungsrechtlich gewährleisteter Religionsfreiheit relevant werden kann, hat ihren Grund darin, dass sowohl in Deutschland als auch in Australien primär die Kindesinteressen zu berücksichtigten sind.

c) Folgerungen

Beide Rechtsordnungen lösen denselben Lebenssachverhalt auf vergleichbare Weise. Die grundsätzlich geltende Religionsfreiheit der Eltern tritt dann zurück, wenn Kindeswohl oder *best interests* im konkreten Einzelfall tangiert sind, weil ihnen bei Entscheidungen über die elterliche Verantwortung für ein Kind Priorität zukommt. Allein aufgrund der Zugehörigkeit eines Elternteils zu einer bestimmten Religionsgemeinschaft können wegen der einzuhaltenden staatlichen Neutralität in Religionsfragen weder das Familiengericht noch der Family Court of Australia eingreifen.

Diesbezüglich ist im deutschen Recht kein Änderungsbedarf ersichtlich. Auch das australische Recht bietet aufgrund der Ähnlichkeiten zum deutschen Recht keine Anregungen für etwaige Abweichungen von der derzeitigen Rechtslage.

3. Verweigerung einer ärztlich indizierten Bluttransfusion am Kind durch Zeugen Jehovas

Sowohl deutsche als auch australische Gerichte befassten sich mit der Frage, wie familienrechtlich mit religiös motivierter Verweigerung von indizierten Bluttransfusionen zugunsten des Kindes durch Eltern, die den Zeugen Jehovas angehören, umzugehen ist.

a) Lösungswege

Beide Rechtssysteme sehen die Möglichkeit vor, dass das Familiengericht beziehungsweise der Family Court of Australia auf die Durchführung einer medizinisch indizierten Bluttransfusion hinwirken kann.

aa) Zusammenfassung des Umgangs mit der Verweigerung einer ärztlich indizierten Bluttransfusion am Kind durch Zeugen Jehovas im deutschen Familienrecht

Nach deutschem Recht können ärztliche Eingriffe, die die Voraussetzungen einer Körper- oder Gesundheitsverletzung im Sinne von § 823 Abs. 1 BGB erfüllen, durch Einwilligung gerechtfertigt werden. Unter einer Einwilligung wird die Gestattung oder Ermächtigung zur Vornahme tatsächlicher Handlungen, die in den Rechtskreis des Gestattenden eingreifen, verstanden.

In diesem Zusammenhang gilt der Grundsatz der Entscheidungsfreiheit des Betroffenen, sofern dieser einwilligungsfähig ist. Dazu muss die Fähigkeit vorliegen, Bedeutung und Tragweite des Eingriffs und der Gestattung dieses Eingriffs einschätzen zu können.

Anstelle von Minderjährigen entscheiden nach § 1629 Abs. 1 BGB grundsätzlich die Eltern über die Vornahme oder Nichtvornahme medizinischer Maßnahmen. Der Minderjährige selbst kann in ärztliche Eingriffe einwilligen oder ihre Vornahme verweigern, soweit er nach seiner geistigen und sittlichen Reife Bedeutung und Tragweite des Eingriffs beurteilen kann. Bei schwerwiegenden Eingriffen reicht jedoch die Einwilligung des Minderjährigen nicht aus. Widerspricht die Entscheidung der Eltern dem Kindeswohl, an das sie gem. § 1627 S. 1 BGB gebunden sind, kann das Familiengericht gem. § 1666 BGB einschreiten.

Die Voraussetzungen des § 1666 Abs. 1 BGB, und damit auch das Erfordernis einer Kindeswohlgefährdung, werden als erfüllt betrachtet, wenn das Kind lebensnotwendig auf Blut oder Blutprodukte angewiesen ist und die Eltern ihm eine entsprechende ärztliche Behandlung verwehren. Dabei müssen das elterliche Erziehungsrecht und die Glaubens- und Gewissensfreiheit der Eltern der Rechtsprechung zufolge dem Grundrecht des Kindes auf Leben und körperliche Unversehrtheit aus Art. 2 Abs. 2 S. 1 GG weichen.

Ein Entzug der elterlichen Sorge bei gleichzeitiger Bestellung eines Pflegers wird grundsätzlich als nicht notwendig erachtet, weil die angestrebte Einwilligung und damit die Abwendung der Kindeswohlgefährdung schon über eine gerichtliche Anordnung gem. § 1666 Abs. 3 Nr. 5 BGB als milderes Mittel erreicht werden kann. In Notfällen kann sich auch der behandelnde Arzt über die verweigerte Zustimmung hinwegsetzen. Ist allerdings davon auszugehen, dass die Eltern im Falle einer indizierten Bluttransfusion trotz gerichtlicher Einwilligung die Behandlung verhindern würden, kann zumindest der Entzug der Verantwortung für medizinische Eingriffe als Teil des Sorgerechts in Betracht kommen.

Das deutsche Recht gibt dem Familiengericht folglich die Möglichkeit, bei religiös motivierter Weigerung der Eltern, einer Bluttransfusion zugunsten ihres Kindes zuzustimmen, auf die Durchführung der indizierten Maßnahme hinzuwirken.

bb) Zusammenfassung des Umgangs mit der Verweigerung einer ärztlich indizierten Bluttransfusion am Kind durch Zeugen Jehovas im australischen Familienrecht

Das australische Recht sieht vor, dass Betroffene aufgrund des Rechts auf körperliche Unantastbarkeit selbst über Vornahme und Nichtvornahme medizinischer Maßnahmen entscheiden.

Anstelle von Minderjährigen bestimmen in der Regel die Eltern über medizinische Eingriffe zugunsten ihrer Kinder. Abweichendes ergibt sich aus *Common Law* und Gesetz. Minderjährigen kann das Recht zukommen, mit zunehmender geistiger Reife über sie betreffende medizinische Maßnahmen selbst zu entscheiden, während die rechtlichen Einflussmöglichkeiten der Eltern entsprechend abnehmen. Liegt kein diesbezügliches kodifiziertes Recht vor, richtet sich die Entscheidungsbefugnis nach dem Vorliegen der für das Verständnis der jeweiligen medizinischen Maßnahme erforderlichen geistigen Reife des Betroffenen. Gemäß s 49 *Minors (Property and Contracts) Act* 1970 (NSW) und s 6 *Consent to Medical Treatment and Palliative Care Act* 1995 (SA) ist ab Vollendung des 16. Lebensjahres ausschließlich auf den Willen des Minderjährigen abzustellen.

Eine gerichtliche Zustimmung und damit eine Einschränkung der *parental responsibility* kann erforderlich werden bei nicht therapeutischen invasiven, irreversiblen und größeren medizinischen Maßnahmen, die ein signifikantes Risiko einer Fehlentscheidung bezüglich des aktuellen oder künftigen Einverständnisses des Kindes oder hinsichtlich der *best interests* des entscheidungsunfähigen Kindes aufweisen und bei denen die Konsequenzen einer Fehlentscheidung in besonderem Maße gravierend sind.

Sämtliche Bundesstaaten und Territorien Australiens haben Gesetze erlassen, die es ermöglichen, lebensnotwendige Bluttransfusionen oder solche, die drohende schwerwiegende Beeinträchtigungen abwenden können, unabhängig von der Zustimmung durch eine entscheidungsbefugte Person vorzunehmen. Sofern die Voraussetzungen der Vorschriften vorliegen, ist kein gerichtliches Einschreiten erforderlich. Andernfalls kann der Family Court of Australia auf Grundlage von s 67ZC(1) FLA mithilfe von *welfare orders* auf die Durchführung von Bluttransfusionen hinwirken. Daneben kann das Gericht auch im Rahmen von *parenting orders* Einfluss auf den Umfang der *parental responsibility* hinsichtlich Pflege, Wohl und Entwicklung nehmen.

Die Glaubenssätze der Zeugen Jehovas und damit die der Eltern fließen zwar in die Abwägung dessen hinein, was den *best interests* des Kindes entsprechen könnte. Bei medizinischer Indikation des ärztlichen Eingriffs stuft die Rechtsprechung die Gesundheit des Kindes und die Aussicht auf Heilung durch Anordnung von Bluttransfusionen allerdings als höherrangig und als den *best interests* entsprechend ein.

Auch nach australischem Recht kann folglich durch den Family Court of Australia über familienrechtliche Vorschriften darauf hingewirkt werden, dass trotz religiös motivierter Weigerung der Eltern, in die Durchführung von Bluttransfusionen zugunsten ihres Kindes einzuwilligen, die medizinisch indizierten Maßnahmen vorgenommen werden.

b) Gemeinsamkeiten und Unterschiede und ihre Ursachen

In beiden Rechtsordnungen ist der Grundsatz der Entscheidungsfreiheit des Betroffenen hinsichtlich Vornahme und Nichtvornahme medizinischer Maßnahmen zu berücksichtigen. Abweichendes gilt jeweils bei minderjährigen Patienten. Hier erfolgt sowohl in Deutschland als auch in Australien eine Dreiteilung der Verantwortungsbereiche.

Grundsätzlich entscheiden nach deutschem und nach australischem Recht anstelle des Minderjährigen die Eltern. Bei Vorliegen entsprechender geistiger Reife kann der Minderjährige unter Umständen selbst entscheiden, in New South Wales und South Australia ist ab Vollendung des 16. Lebensjahres sogar stets auf den Willen des Minderjährigen abzustellen.

Ausgenommen von dieser grundsätzlich zugestandenen Entscheidungsfähigkeit sind in Deutschland Sachverhalte, bei denen schwerwiegende Beeinträchtigungen drohen. Hier ist auf den Willen der Eltern abzustellen. Nach australischem Recht sind bei Entscheidungen über Maßnahmen, die ein signifikantes Risiko einer Fehlentscheidung bergen, und die Konsequenzen einer Fehlentscheidung gravierend sind, weder die Entscheidung des Minderjährigen noch die der Eltern relevant, sondern es ist eine Beurteilung durch das Gericht vonnöten.

Anders als der Family Court of Australia schreitet das Familiengericht nach deutschem Recht erst ein, wenn die Entscheidung der Eltern dem Kindeswohl im Sinne des § 1666 Abs. 1 BGB zuwiderläuft. Wird eine lebenswichtige und demnach indizierte Bluttransfusion verweigert, wird von einer Kindeswohlgefährdung ausgegangen, die das Gericht durch Anordnung entsprechender Maßnahmen abzuwenden hat. Ein Unterschied besteht demnach darin, dass sich die Entscheidung in Deutschland grundsätzlich noch im Verantwortungsbereich der Eltern bewegt, während sie in Australien den Eltern von vornherein entzogen ist.

Sowohl nach deutschem als auch nach australischem Recht kann in Notfällen der behandelnde Arzt ohne Vorliegen einer Zustimmung zum ärztlichen Eingriff tätig werden. In Australien ist gesetzlich geregelt, dass unter bestimmten Umständen, je nach Voraussetzungen in den Bundestaaten und Territorien, lebensnotwendige Bluttransfusionen und solche, die drohende schwerwiegende Beeinträchtigungen abwenden können, unabhängig vom Vorliegen einer Zustimmung vorgenommen werden können. Für Fälle, die nicht schon unter diese Vorschriften fallen, kann der Family Court of Australia mithilfe von *welfare orders* auf die Durchführung von Bluttransfusionen hinwirken.

Die Interessen der Eltern, insbesondere die Ausübung der Religionsfreiheit, treten nach beiden Rechtsordnungen hinter den Kindesinteressen zurück. Im Familienrecht beider Länder wird die körperliche Unversehrtheit des Kindes als höherrangig bewertet.

Sowohl in Deutschland als auch in Australien ist der Fokus bei familiengerichtlichem Einschreiten auf die Durchführung von Bluttransfusionen gerichtet, also auf die gerichtliche Einwilligung in die Vornahme der Maßnahme. Falls ein derartiges Vorgehen nicht ausreichend ist, um Kindeswohl beziehungsweise *best interests* zu entsprechen, können weitere Maßnahmen im Sinne von § 1666 Abs. 1 BGB und in Form von *parenting orders* erfolgen.

Dass nach beiden Rechtsordnungen unabhängig von entgegenstehenden Glaubenssätzen der Eltern indizierte Bluttransfusionen zum Einsatz kommen können, beruht darauf, dass das Kindeswohl und die *best interests* auf dem Gebiet des Familienrechts Priorität haben.

c) Folgerungen

Beide Rechtsordnungen beurteilen die Verweigerung einer ärztlich indizierten Bluttransfusion am Kind durch Zeugen Jehovas als Interessenkonflikt, in den der Staat einzugreifen hat, und kommen zu einem vergleichbaren Ergebnis. Entgegenstehende Glaubenssätze der Eltern können trotz verfassungsrechtlich garantierter Religionsfreiheit nicht verhindern, dass gegen den Willen der Eltern gerichtlich darauf hingewirkt werden kann, eine medizinisch indizierte Bluttransfusion zugunsten des Kindes durchzuführen, sodass den primär zu beachtenden *best interests* des Kindes und dem vorrangig zu berücksichtigenden Kindeswohl durch Abwendung gesundheitlicher Beeinträchtigungen Rechnung getragen wird.

Reformbedarf im deutschen Recht ist, auch vor dem Hintergrund der Ähnlichkeiten zu der australischen Vorgehensweise, in dieser Hinsicht nicht ersichtlich.

4. Religiös motivierte Beschneidung und Genitalverstümmelung des Kindes

Die rechtliche Einordnung von religiös begründeten Beschneidungen und Genitalverstümmelungen wird sowohl im deutschen als auch im australischen Familienrecht thematisiert.

a) Religiös motivierte Beschneidung des männlichen Kindes

In beiden Rechtsordnungen wird diskutiert, ob die religiös motivierte Beschneidung des männlichen Kindes eine Kindeswohlgefährdung darstellt beziehungsweise die *best interests* des Kindes nachteilig berührt.

aa) Lösungswege

Sowohl nach deutschem als auch nach australischem Recht ist bei Vorliegen bestimmter Voraussetzungen grundsätzlich kein gerichtliches Einschreiten des Familiengerichts und des Family Court of Australia erforderlich, sondern die Entscheidung über die nicht therapeutische Beschneidung ist von der elterlichen Sorge und der *parental responsibility* umfasst.

(1) Zusammenfassung des Umgangs mit religiös motivierter Beschneidung des männlichen Kindes im deutschen Familienrecht

Die medizinisch nicht indizierte Beschneidung des männlichen Kindes wird in Deutschland hauptsächlich von Juden und Muslimen praktiziert. Nicht üblich ist sie unter Christen. Ebenso wenig üblich ist die Beschneidung in Deutschland als routinemäßige Präventionsmaßnahme anlässlich unterschiedlicher medizinischer Indikationen.

Im Mai 2012 sorgte ein Urteil einer Kölner Strafkammer für Rechtsunsicherheit. Im Widerspruch zur gängigen Rechtspraxis wurde entschieden, dass der religiös motivierten Einwilligung der Eltern in die nicht indizierte Beschneidung eines männlichen Kindes keine rechtfertigende Wirkung zukomme, weil die Beschneidung entgegen den Anforderungen im Kindschaftsrecht nicht dem Kindeswohl entspreche. Eine solche Einwilligung sei nicht wirksam.

Resultat der dadurch angestoßenen öffentlichen Debatte war die Einführung des § 1631d BGB. § 1631d Abs. 1 S. 1 BGB stellt klar, dass die Personensorge auch das Recht umfasst, „in eine medizinisch nicht erforderliche Beschneidung des nicht einsichts- und urteilsfähigen männlichen Kindes einzuwilligen, wenn diese nach den Regeln der ärztlichen Kunst durchgeführt werden soll". Eine Ausnahme von diesem Grundsatz wird in § 1631d Abs. 1 S. 2 BGB für den Fall gemacht, dass „durch die Beschneidung auch unter Berücksichtigung ihres Zwecks das Kindeswohl gefährdet wird". Während § 1631d Abs. 1 S. 1 BGB sich auf einen ärztlichen Eingriff bezieht, ermöglicht § 1631d Abs. 2 BGB in den ersten sechs Monaten nach der Geburt des Kindes die Durchführung der Beschneidung im Sinne von § 1631d Abs. 1 BGB auch durch von einer Religionsgemeinschaft dazu vorgesehene Personen, wenn sie „dafür besonders ausgebildet und, ohne Arzt zu sein, für die Durchführung der Beschneidung vergleichbar befähigt sind".

Liegen die Voraussetzungen für eine wirksame Einwilligung der Eltern nach § 1631d BGB nicht vor, wird die Beschneidung als strafbare Körperverletzung durch den Beschneider gewertet. Dadurch verstoßen die Personensorgeberechtigten gegen die ihnen gem. § 1631 Abs. 2 BGB obliegende Pflicht, eine gewaltfreie Erziehung zu gewährleisten, und das Familiengericht kann aufgrund von Kindeswohlgefährdung mithilfe von Sorgemaßnahmen tätig werden.

In allen anderen Fällen stellt allein die bevorstehende oder bereits durchgeführte Beschneidung des männlichen Kindes mangels Kindeswohlgefährdung keine ausreichende Grundlage für familiengerichtliches Eingreifen dar.

(2) Zusammenfassung des Umgangs mit religiös motivierter Beschneidung des männlichen Kindes im australischen Familienrecht

In Australien ist die nicht therapeutische Beschneidung des männlichen Kindes ein verbreiteter und gesellschaftlich akzeptierter Eingriff, der schon vor der Kolonisation von den Ureinwohnern praktiziert wurde. Bis Anfang der 1970er Jahre wurden nicht therapeutische Beschneidungen als Routinemaßnahmen bei Geburten in Krankenhäusern aus Gründen der Tradition und Hygiene vorgenommen. Seither ist aufgrund von Negativ-Empfehlungen der Australian Paediatric Association und sich anschließender Stimmen in der medizinischen Fachliteratur ein Rückgang zu verzeichnen. Heutzutage wird der Eingriff in den meisten öffentlichen Krankenhäusern mangels medizinisch eindeutiger Indikation nicht mehr vorgenommen.

Nach australischem Recht ist die religiös motivierte Beschneidung legal und die Entscheidung zu ihrer Vornahme von der *parental responsibility* umfasst. Dadurch, dass sich Eltern aus religiösen Beweggründen entschließen, ihren Sohn beschneiden zu lassen, sind noch nicht dessen *best interests* berührt. Eine gerichtliche Zustimmung ist darum grundsätzlich nicht erforderlich, wenn die Eltern sich im Einvernehmen für die Beschneidung des Kindes aussprechen.

Erst wenn darüber hinaus die *best interests* dadurch betroffen sind, dass die Eltern sich bezüglich des Eingriffs nicht einigen können oder dieser sonstige Risiken für das Kind birgt, werden Anordnungen in Form von *parenting orders* erforderlich. Dabei geht die Gewährleistung der einzelfallabhängigen *best interests* des Kindes den religiösen Wünschen der Elternteile vor.

bb) Gemeinsamkeiten und Unterschiede und ihre Ursachen

In beiden Rechtsordnungen wird der Umgang mit religiös motivierter Beschneidung des männlichen Kindes thematisiert. Grundlegende Abweichungen ergeben sich in Bezug auf die gesellschaftlichen Hintergründe. Während die nicht therapeutische Beschneidung in Deutschland nur einen geringen Teil der Bevölkerung betrifft, zumal der Eingriff weder unter Christen noch als Präventivmaßnahme gegen verschiedene Krankheiten üblich ist, ist dieses Phänomen in Australien weit verbreitet und gesellschaftlich akzeptiert. Dort werden Jungen und Männer nicht nur aufgrund religiöser Glaubensvorschriften ohne medizinische Indikation beschnitten. Vielmehr werden Beschneidungen in Australien schon seit Jahrhunderten aus Gründen der Tradition und Hygiene vorgenommen.

Gemeinsam ist dem deutschen und dem australischen Recht, dass die Entscheidung über die Vornahme einer religiösen Beschneidung grundsätzlich von der elterlichen Sorge beziehungsweise der *parental responsibility* umfasst ist, sodass im Regelfall keine gerichtliche Zustimmung erforderlich ist.

Dies gilt in Deutschland, sofern die Voraussetzungen des § 1631d BGB eingehalten werden, bis auf den Fall, dass durch die Beschneidung auch unter Berücksichtigung ihres Zwecks das Kindeswohl gefährdet wird. Bei Verstößen gegen die in § 1631d BGB genannten Erfordernisse kann das Familiengericht aufgrund von Kindeswohlgefährdung der Gefahr, die durch die Beschneidung besteht, entgegenwirken.

Der Family Court of Australia wird erst dann tätig, wenn die Eltern sich hinsichtlich der Entscheidung über die Vornahme der Beschneidung uneinig sind oder über den Eingriff selbst hinaus Anhaltspunkte dafür sprechen, dass Risiken für die *best interests* des Kindes bestehen.

Im Gegensatz zum australischen Recht finden sich in Deutschland Angaben im Gesetz dazu, unter welchen Bedingungen die Entscheidung über die Beschneidung in den Verantwortungsbereich der Eltern fällt. Dadurch wird die Möglichkeit, in die Beschneidung einzuwilligen, stärker beschränkt als in Australien. Ursache hierfür ist vermutlich der unterschiedliche Stellenwert der Beschneidung für die jeweilige Gesellschaft. Während nicht therapeutische Beschneidungen in Australien aufgrund jahrhundertelanger Tradition gängige Eingriffe sind, stellen sie in Deutschland ein Randphänomen dar, dessen rechtliche Einordnung und Abgrenzung zu nicht akzeptierten Konstellationen mithilfe des neu eingefügten § 1631d BGB aufgrund der zuvor bestehenden Rechtsunsicherheit klargestellt werden sollte. Entsprechend detailliert fällt die Norm aus.

cc) Folgerungen

Übereinstimmend erfordert nach deutschem und nach australischem Recht allein die religiöse Beschneidung des männlichen Kindes grundsätzlich kein Tätigwerden des Familiengerichts beziehungsweise des Family Court of Australia. Vielmehr ist die diesbezügliche Entscheidung von der elterlichen Sorge und der *parental responsibility* gedeckt. Erst wenn weitere Voraussetzungen hinzutreten beziehungsweise gegen die gesetzlichen Voraussetzungen zur Durchführung des Eingriffs gem. § 1631d BGB verstoßen wird, kann von einer Beeinträchtigung der *best interests* oder des Kindeswohls ausgegangen werden, die gerichtliches Einschreiten erfordert.

b) Religiös motivierte Genitalverstümmelung des weiblichen Kindes

Die religiös begründete Genitalverstümmelung wird in beiden Rechtsordnungen thematisiert.

aa) Lösungswege

Sowohl in Deutschland als auch in Australien schreitet das Familiengericht beziehungsweise der Family Court of Australia ein, um Genitalverstümmelungen zu verhindern oder um nach bereits erfolgtem Eingriff elterliche Sorge oder *parental responsibility* zu beschränken.

(1) Zusammenfassung des Umgangs mit religiös motivierter Genitalverstümmelung des weiblichen Kindes im deutschen Familienrecht

In Deutschland gilt die Existenz einer religiösen Grundlage für Genitalverstümmelungen als nicht belegbar. Entsprechend wird Genitalverstümmelung auch dann als kulturelles Phänomen behandelt, wenn sich die Eltern des betroffenen Kindes auf Glaubenssätze ihrer Religion berufen.

§ 1631d BGB erfasst nur die Beschneidung des männlichen Kindes. Im Umkehrschluss und mangels Bestehens entsprechender Vorschriften zur Genitalverstümmelung sind Einwilligungen in Genitalverstümmelungen weiblicher Kinder nicht von der Personensorge umfasst und entfalten daher keine Wirksamkeit. Die Wertung des § 1631d BGB ist insbesondere bei der Anwendung von § 1627 S. 1 BGB zu beachten. Zudem ergibt sich aus der im Jahre 2013 eingefügten Vorschrift § 226a StGB explizit ein Verbot von Genitalverstümmelungen nach deutschem Recht.

Von einer für das Vorliegen einer Gefahr für das Kindeswohl vorausgesetzten erheblichen Beeinträchtigung oder Schädigung des körperlichen, geistigen oder seelischen Wohls wird aufgrund des irreparablen Eingriffs in die körperliche Unversehrtheit und des damit zumeist einhergehenden Wegfalls des sexuellen Lustempfindens ausgegangen. Zusätzlich muss im Einzelfall die erhebliche Beeinträchtigung oder Schädigung des Kindes mit ziemlicher Sicherheit eintreten. Besteht eine solche konkrete Gefahr, wird eine Kindeswohlgefährdung unabhängig vom vorgetragenen Motiv bejaht, sodass das Familiengericht mithilfe von Sorgerechtsregelungen tätig werden kann. Unter anderem kann über § 1666 Abs. 1 BGB das Aufenthaltsbestimmungsrecht beschränkt werden, um zu vermeiden, dass die Genitalverstümmelung im außereuropäischen Heimatland vorgenommen wird.

(2) Zusammenfassung des Umgangs mit religiös motivierter Genitalverstümmelung im australischen Familienrecht

In Australien wird davon ausgegangen, dass keine der großen Weltreligionen Genitalverstümmelungen voraussetzt, wodurch entsprechend vorgetragene Beweggründe der Eltern nicht beachtlich sind.

Sämtliche Bundesstaaten und Territorien verbieten die an weiblichen Personen vorgenommene Genitalverstümmelung. Aufgrund der Illegalität des Eingriffs umfasst die *parental responsibility* derartige Entscheidungen nicht. Weder Eltern oder die Minderjährige selbst noch das Gericht können wirksam ihre Einwilligung erteilen, wenn Eltern die Genitalverstümmelung ihrer Tochter herbeiführen wollen.

Eine bereits erfolgte Genitalverstümmelung kann sich über s 60CC(2)(b) FLA als Kindesmisshandlung auf Sorgerechtsmaßnahmen auswirken. Auch eine Gefährdung der *best interests* durch eine noch bevorstehende Genitalverstümmelung ist denkbar und führt ebenfalls zu familiengerichtlichen Maßnahmen, mithilfe derer auf die Ausübung der *parental responsibility* Einfluss genommen werden kann.

bb) Gemeinsamkeiten und Unterschiede und ihre Ursachen

Weder in Deutschland noch in Australien werden religiöse Beweggründe als Grundlage für die Durchführung eines solchen Eingriffs anerkannt.

Die Entscheidung der Eltern, an ihrer Tochter eine Genitalverstümmelung vornehmen zu lassen, wird nicht von der elterlichen Sorge beziehungsweise der *parental responsibility* umfasst. Nach beiden Rechtsordnungen sind derartige Operationen unter Strafe gestellt, sodass weder Eltern oder die Minderjährige noch das Gericht wirksam einwilligen können.

Vielmehr kann Genitalverstümmelung eine Kindeswohlgefährdung bedeuten beziehungsweise den *best interests* des Kindes zuwiderlaufen und familiengerichtliches Einschreiten erfordern, um entweder präventiv auf den Einwirkungsbereich der Eltern Einfluss zu nehmen oder nachträglich Konsequenzen aus der Vornahme der Genitalverstümmelung zu ziehen.

cc) Folgerungen

Übereinstimmend kann bei bevorstehender oder bereits erfolgter Durchführung einer Genitalverstümmelung des weiblichen Kindes in Deutschland und Australien familiengerichtlich in den Verantwortungsbereich der Eltern, die die Maßnahme aus religiösen Gründen befürworten, zugunsten des Kindeswohls beziehungsweise der *best interests* eingegriffen werden.

c) Folgerungen zu religiös motivierter Beschneidung und Genitalverstümmelung des Kindes

Aus dem Vergleich der rechtlichen Handhabung von Beschneidung und Genitalverstümmelung in Deutschland und Australien sowie der Gegenüberstellung der beiden Eingriffe innerhalb der jeweiligen Rechtssysteme ergibt sich Folgendes:

In beiden Rechtsordnungen stehen sich Legalität der Beschneidung und Illegalität der Genitalverstümmelung gegenüber.

Für Australien lässt sich dies unter anderem damit erklären, dass die Beschneidung aus Gründen der Tradition und Hygiene bereits seit mehreren Jahrhunderten vorgenommen wird und der Brauch somit fest in der Gesellschaft verankert ist. Einer unterschiedlichen rechtlichen Behandlung von Beschneidung und Genitalverstümmelung stehen mangels detaillierten Grundrechtekatalogs auch keine übergeordneten Wertungen aus der Verfassung entgegen. Die Beachtung der Religionsfreiheit unterstützt vielmehr eine unterschiedliche Bewertung, weil die religiöse Begründung für Genitalverstümmelung im Gegensatz zur Beschneidung in Australien nicht anerkannt ist.

Abweichend davon betreffen Beschneidungen in Deutschland einen erheblich geringeren Bevölkerungsanteil und sind ebenso wie Genitalverstümmelungen eher Randphänomen denn alltäglicher Eingriff. Zudem gebietet in Deutschland die Verfassung anders als in Australien bei der rechtlichen Bewertung von Beschneidung und Genitalverstümmelung die Berücksichtigung zahlreicher Belange. Auf Seiten der Eltern sind dies vorwiegend das elterliche Erziehungsrecht aus Art. 6 Abs. 2 S. 1 GG und die Religionsfreiheit aus Art. 4 Abs. 1 GG, auf Seiten des Kindes ist vor allem das Recht auf körperliche Unversehrtheit aus Art. 2 Abs. 2 GG zu beachten. Hinzu kommt, dass bei der rechtlichen Einordnung als legal beziehungsweise illegal Art. 3 Abs. 1 und Abs. 3 S. 1 GG zu berücksichtigen sind. Die neu eingefügten Normen § 1631d BGB und § 226a StGB müssen diesen verfassungsrechtlichen Wertungen standhalten.

aa) Reformbedarf in Deutschland

Wie im Rahmen der deutschen Fallgruppen bereits gezeigt, wird in Bezug auf § 1631d BGB und § 226a StGB übereinstimmend primär die ungleiche rechtliche Behandlung in Fällen kritisiert, in denen männliche Kinder erhebliche Verletzungen, die Verstümmelungen gleichzusetzen sind, erleiden beziehungsweise an weiblichen Kindern vergleichsweise leichte Eingriffe, etwa die Entfernung der Klitorisvorhaut, vorgenommen werden. Die eben genannten zu berücksichtigenden Grundrechte erfordern möglicherweise eine abweichende Behandlung für solche Eingriffe, die nicht den Regelfällen entsprechen, sondern in ihrem Schweregrad mit dem jeweils anderen Eingriff in den Genitalbereich vergleichbar sind.

Durch Genitalverstümmelungen entstehen in der Regel erhebliche physische und psychische Schäden, die über die Folgen einer Beschneidung des männlichen Kindes hinausgehen. Im Gegensatz zur Beschneidung fehlt es der Genitalverstümmelung völlig an medizinischen und hygienischen Vorteilen. Zudem sind in Deutschland anders als bei der Genitalverstümmelung für die Beschneidung religiöse Motive anerkannt. Eine unterschiedliche rechtliche Behandlung der beiden Eingriffsformen ist daher im Grundsatz nachvollziehbar.

Darin, dass im Gegensatz zur rechtmäßigen und straflosen Beschneidung männlicher Kinder ein Eingriff mit vergleichbarem oder geringerem Schweregrad an Genitalien weiblicher Kinder unter Strafe gestellt wird, wird teilweise auf Seiten der betroffenen Jungen eine Verletzung von Art. 3 Abs. 1 und Abs. 3 GG mit Art. 2 Abs. 2 S. 1 GG und bezüglich der Einwilligungssperre für Eltern von Mädchen eine Verletzung ihrer Rechte aus Art. 3 Abs. 1 und Abs. 3 S. 1 GG mit Art. 6 Abs. 2 S. 1 GG gesehen. Dabei wird in Zweifel gezogen, dass die Ungleichbehandlung auf einem sachlichen Grund basiert. Für § 1631d BGB ist der Zweck der Beschneidung grundsätzlich nicht ausschlaggebend, sodass sich aus diesem nicht schon eine Rechtfertigung der ungleichen Behandlung bei vergleichbarem Schweregrad der Verletzung ergibt.

Es wäre wünschenswert, wenn die Rechtsunsicherheit im Umgang mit den beschriebenen Grenzfällen beseitigt würde.

bb) Mögliche Lösungsansätze

In der Literatur wird vertreten, eine Angleichung der rechtlichen Behandlung von Genitalverstümmelung und Beschneidung vorzunehmen. Wie im Rahmen der deutschen Fallgruppen bereits angesprochen, werden dafür folgende Lösungswege in Betracht gezogen: Leichte Verletzungen der weiblichen Genitalien könnten vom Begriff der Verstümmelung ausgeschlossen werden, weil der Gesetzgeber bewusst von einer Bezeichnung als Beschneidung Abstand genommen und stattdessen die stärker beeinträchtigende Verstümmelung als Begriff gewählt hat. Des Weiteren könnte eine Rechtfertigung analog § 1631d BGB für Eingriffe an weiblichen

Genitalien vorgenommen werden, die nicht dem Verständnis einer Verstümmelung in § 226a StGB entsprechen und entsprechen sollen. Zudem wird vorgeschlagen, § 226a StGB geschlechtsneutral zu formulieren, sodass Beschneidungen, die unter das Wort Verstümmelung zu subsumieren wären, ebenfalls erfasst werden könnten.

cc) Fazit

Erkennt man die grundsätzliche rechtliche Unterscheidung zwischen Genitalverstümmelung und Beschneidung an, bleibt die Möglichkeit der Rechtfertigung verschiedener rechtlicher Behandlungen für Fälle fraglich, in denen sich die beiden Eingriffe im Schweregrad annähern. Wünschenswert wäre eine diesbezügliche Klarstellung durch den deutschen Gesetzgeber nach dem Vorbild der derzeit in der Literatur diskutierten Lösungswege.

III. Zusammenfassung

Der Vergleich der Länderberichte zeigt, dass beide Rechtsordnungen Lösungswege für den Fall eines Interessenkonflikts zwischen Eltern- und Kindesbelangen, die den elterlichen Verantwortungsbereich innerhalb der Eltern-Kind-Beziehung betreffen, bereithalten. Deutsche Familiengerichte und der Family Court of Australia können auf der Grundlage von familienrechtlichen Vorschriften auf die Konfliktlösung hinwirken. Den Gerichten steht dabei ein weiter Ermessensspielraum hinsichtlich der Entscheidung zu, auf welche Weise in die elterliche Sorge beziehungsweise die *parental responsibility* eingegriffen werden soll. Die einschlägigen deutschen und australischen Rechtsvorschriften dienen dabei demselben Ziel. Mit ihrer Hilfe soll im Rahmen der Eltern-Kind-Beziehung für den Schutz der Belange des Kindes Sorge getragen werden, die in diesen Fällen Vorrang vor sonstigen Interessen genießen. Auch wenn die untersuchten australischen und deutschen Rechtsvorschriften zum Kindesschutz auf dem Gebiet des Familienrechts im Detail voneinander abweichen, weil unterschiedliche Schwerpunkte bei der Kodifizierung gesetzt wurden, ist festzuhalten, dass sie in den relevanten Wertungen für den Umgang mit derartigen Konstellationen übereinstimmen. Allein aus der Gegenüberstellung dieses Ausschnitts des deutschen und australischen Rechts ergibt sich insbesondere aufgrund der Ähnlichkeiten kein Reformbedarf für Deutschland.

Ob in Deutschland und Australien übereinstimmend oder abweichend voneinander davon ausgegangen wird, dass das Kindeswohl beziehungsweise die *best interests* des Kindes durch religiös motiviertes Verhalten der Eltern berührt oder nicht berührt sind und dementsprechend Möglichkeiten für familiengerichtliches Einschreiten bestehen oder nicht bestehen, richtet sich nach der konkreten Fallkonstellation. Im Rahmen der rechtsvergleichenden Analyse der vorgestellten Fallgruppen in Deutschland und Australien konnten sowohl Gemeinsamkeiten als auch Unterschiede herausgearbeitet werden.

Übereinstimmungen ergaben sich im Hinblick auf den Umgang mit der Zugehörigkeit der Eltern zu einer bestimmten Religionsgemeinschaft und der Verweigerung einer ärztlich indizierten Bluttransfusion am Kind durch Zeugen Jehovas. Nach beiden Rechtsordnungen kann aus familienrechtlicher Sicht nicht allein von der Zugehörigkeit der Eltern zu einer bestimmten Religionsgemeinschaft auf eine Kindeswohlgefährdung beziehungsweise die Beeinträchtigung der *best interests* geschlossen werden, sodass das Familienrecht die Gerichte grundsätzlich nicht dazu befähigt, aus diesem Grund auf den elterlichen Verantwortungsbereich einzuwirken. Verweigern Eltern aufgrund der Zugehörigkeit zu den Zeugen Jehovas die Vornahme indizierter Bluttransfusionen an ihrem Kind, sehen sowohl deutsches als auch australisches Recht die Möglichkeit vor, dass das Familiengericht beziehungsweise der Family Court of Australia aufgrund von Kindeswohlgefährdung oder Beeinträchtigung der *best interests* des Kindes auf die Durchführung der medizinischen Maßnahme hinwirken kann. In Bezug auf diese beiden Fallgruppen bot der Vergleich mit australischem Recht, im Besonderen aufgrund der ähnlichen rechtlichen Bewertung, keine Anregungen für eventuelle Reformansätze.

Auch bezüglich Beschneidung des männlichen und Genitalverstümmelung des weiblichen Kindes sehen die Rechtsordnungen vergleichbare Lösungswege vor. Nach beiden Rechtsordnungen ist die Beschneidung legal, die Genitalverstümmelung aber illegal. Dem entspricht auch der Umfang an Handlungsmöglichkeiten von Familiengericht und Family Court of Australia zugunsten des Kindeswohls und der *best interests* des Kindes. Allerdings geben die Unterschiede zwischen Deutschland und Australien in gesellschaftlicher, vor allem aber verfassungsrechtlicher Hinsicht Anlass dazu, über den Bedarf an einer Überarbeitung der derzeitigen deutschen Vorschriften nachzudenken. In Australien wird die Beschneidung aus Gründen der Tradition und Hygiene seit mehreren Jahrhunderten als Routinemaßnahme vorgenommen und ist auch heute noch weit verbreitet. Anders ist dies in Deutschland, wo Beschneidungen einen erheblich geringeren Bevölkerungsanteil betreffen. Übergeordnete Verfassungsnormen, die der Legalität von Beschneidung im Gegensatz zu der Illegalität von Genitalverstümmelung entgegenständen, existieren in Australien nicht. Auch in dieser Hinsicht besteht ein Unterschied zu Deutschland. § 1631d BGB und § 226a StGB müssen Art. 3 Abs. 1 und Abs. 3 S. 1 GG entsprechen. Ob eine hinreichende Berücksichtigung der Verfassung auch bei der Anwendung der Normen in Grenzfällen erfolgt, in denen sich die beiden Verfahren in ihrem Schweregrad annähern, ist zweifelhaft. Für diese Sachverhalte ist daher eine die Rechtsunsicherheit beseitigende rechtliche Handhabung nach dem Vorbild der vorgestellten Lösungsansätze für das deutsche Recht wünschenswert. Diesbezüglich konnte Reformbedarf festgestellt werden.

Konträre Lösungswege wählen das deutsche und das australische Recht für den Umgang mit Homeschooling. In Deutschland besteht grundsätzlich keine Möglichkeit zu religiös motiviertem Homeschooling. Das Familiengericht kann in solchen Fällen aufgrund von Kindeswohlgefährdung gem. § 1666 Abs. 1 BGB Maßnahmen zur Einhaltung der Schulpflicht ergreifen. In Australien hingegen ist Homeschooling als Alternative zum Schulbesuch anerkannt. Entsprechend wird bei außerschulischem Unterricht grundsätzlich nicht von einer Beeinträchtigung der *best interests* des Kindes ausgegangen, sodass der Family Court of Australia im Allgemeinen nicht zur Abwendung dieses Unterrichts tätig wird. Der rechtliche Umgang mit Homeschool-Familien erfolgt in Deutschland mit der Intention, die Eingliederung der Schüler in die Gesellschaft zu sichern. Allerdings verstärkt beziehungsweise provoziert die Kriminalisierung eine Abschottung der betroffenen oder an Homeschooling interessierten Familien vermutlich eher, als dass sie dazu beiträgt, die staatlichen Erziehungsziele als eigene anzunehmen. Auch in Australien wird auf die Eingliederung der Schüler in die Gesellschaft Wert gelegt. Dieses Ziel wird von den Gesetzgebern der Bundesstaaten und Territorien allerdings nicht zum Anlass genommen, Homeschooling zu unterbinden. Im Gegensatz zu Deutschland, wo Homeschooling als Ordnungswidrigkeit, Straftat und Kindeswohlgefährdung gewertet wird, gewährt das australische Recht den Freiraum, den Unterricht nach eigenen Vorstellungen zu prägen, während der Staat die Zulassungsvoraussetzungen und den Ablauf des Unterrichts kontrolliert und so seinen Einfluss auf das Bildungssystem auch bei Homeschooling nicht verliert. Staat und Homeschool-Familien arbeiten in Australien zusammen statt gegeneinander mit dem Resultat, dass Homeschooling sowohl im Hinblick auf die Wissensvermittlung als auch auf die Sozialisierung der Schüler im Regelfall erfolgreich ist. Die Berücksichtigung der sozialen Komponente des Unterrichts wird teilweise per Gesetz unterstützt. Die Legalisierung von Homeschooling nach dem Vorbild Australiens könnte in Deutschland über bereits vorhandene landesrechtliche Vorschriften erfolgen, die Ausnahmen vom Schulbesuch bereits jetzt ermöglichen. Damit könnte ein offeneres, vielfältigeres Bildungssystem entstehen, das Homeschool-Familien die Chance gewährt, gemeinsam mit dem Staat daran zu arbeiten, dass dessen Bildungs- und Erziehungsziele erreicht werden, indem diese mithilfe staatlicher Kontrolle in den eigenen Unterricht einfließen. In dieser Hinsicht wurde ebenfalls Reformbedarf festgestellt.

E. Ergebnisse der Arbeit und Ausblick auf mögliche künftige Entwicklungen

Die Arbeit sollte einen Beitrag zu der Beantwortung der Frage leisten, ob, wie und in welchen Fällen deutsche Familiengerichte auf religiös motiviertes, die Kindesinteressen nachteilig beeinflussendes Verhalten der Eltern Einfluss nehmen können. Schwächen und Stärken des deutschen Lösungswegs sollten mittels Vergleichs mit der australischen Rechtsordnung offengelegt werden, um herauszufinden, ob in Deutschland zufriedenstellend mit derartigen Sachverhalten umgegangen wird oder ob Reformbedarf erkennbar ist und das australische Recht möglicherweise Anregungen für abweichende Lösungen bietet.

Die Untersuchung ergab für Deutschland und Australien folgende Ergebnisse zu den allgemeinen Möglichkeiten, gerichtlich auf die Eltern-Kind-Beziehung Einfluss zu nehmen, wenn Belange des Kindes durch religiös motiviertes Verhalten der Eltern tangiert sind.

Die Tatsache, dass es sich bei deutschem Recht um *Civil Law*, bei australischem Recht jedoch um *Common Law* handelt, steht parallelen rechtlichen Lösungen in diesem Bereich nicht entgegen. Nach beiden Rechtsordnungen richtet sich die rechtliche Einordnung solcher Sachverhalte nach dem Familienrecht, das die Grundlage für Entscheidungen der speziellen Gerichte Familiengericht und Family Court of Australia bildet. Sämtliche das Wohlergehen einer minderjährigen Person umfassenden Belange werden unter den Oberbegriffen Kindeswohl und *best interests* des Kindes zusammengefasst, deren konkreter Inhalt jeweils einzelfallabhängig bestimmt wird. Gemeinsam ist beiden Rechtsordnungen zudem, dass Kindeswohl und *best interests* im Zusammenhang mit familiengerichtlichen Entscheidungen, die sich auf die Eltern-Kind-Beziehung auswirken, Priorität haben.

Zu Beginn dieser Arbeit wurde die Frage aufgeworfen, wo der elterliche Einflussbereich bei religiös motiviertem Verhalten der Eltern mit Auswirkungen auf die Interessen des Kindes endet und der staatliche beginnt. Für Deutschland und Australien orientiert sich diese Einordnung auf dem Gebiet des Familienrechts am Kindeswohl und den *best interests* des Kindes. Wann die Interessen des Kindes als tangiert gelten, ist abhängig von dem jeweiligen Rechtssystem und den Umständen des Einzelfalls.

Sowohl für Deutschland als auch für Australien konnten familienrechtliche Vorschriften zur Lösung von Interessenkonflikten zwischen Eltern und Kind innerhalb des elterlichen Verantwortungsbereichs aufgefunden werden, die dem Schutz des Kindes dienen. In Deutschland wird für solche Zwecke unter anderem § 1666 BGB als zentrale Kindesschutzbestimmung herangezogen, mit dessen Hilfe das Familiengericht zugunsten des Kindeswohls auf die elterliche Sorge einwirken kann, sofern keine spezielleren Vorschriften einschlägig sind. Der Family Court of Australia kann gem. s 64B(1) FLA *parenting orders* oder gem. s 67ZC(1) FLA subsidiär anwendbare *welfare orders* nutzen, um zugunsten der *best interests* des Kindes auf den Umfang der *parental responsibility* Einfluss zu nehmen.

Deutsche Familiengerichte können über § 1666 BGB erst einschreiten, wenn eine gegenwärtige, zumindest aber unmittelbar bevorstehende Gefahr für die Entwicklung des Kindes vorliegt, die bei fortdauerndem Bestehen eine erhebliche Schädigung des körperlichen, geistigen oder seelischen Wohls des Kindes mit ziemlicher Sicherheit voraussehen lässt. Hinzukommen muss, dass den Eltern die Bereitschaft oder Fähigkeit fehlt, die Gefahr abzuwenden. Während das australische Recht davon absieht, die Schwelle des rechtmäßigen Einschreitens detailliert zu bestimmen, geht das dortige Gesetz eingehend auf mögliche Bereiche ein, für die Anordnungen festgesetzt werden können. Beide Rechtsordnungen gewähren dem Gericht für die Auswahl der Maßnahmen einen weiten Ermessensspielraum, sodass einzelfallabhängig reagiert werden kann. Das Verfassungsrecht ist für familiengerichtliche Entscheidungen in Deutschland und Australien unterschiedlich relevant, was daran liegt, dass die australische Verfassung im Gegensatz zur deutschen keinen ausführlichen Grundrechtekatalog, sondern nur vereinzelt normierte Rechte enthält.

Insgesamt konnte trotz Unterschieden im Detail eine inhaltliche Übereinstimmung der wesentlichen Wertungen festgestellt werden. Die beiden Rechtsordnungen sehen ähnliche Regelungen vor, die dieselbe Funktion erfüllen, indem sie den jeweils als problematisch empfundenen Interessenkonflikt innerhalb der Eltern-Kind-Beziehung ordnen. Allein aus der Gegenüberstellung von deutschen und australischen Rechtsnormen ergab sich insbesondere aufgrund ihrer Ähnlichkeit kein Reformbedarf für den untersuchten Bereich des deutschen Familienrechts.

Die Analyse der einzelnen Fallgruppen zu religiös motiviertem Verhalten der Eltern, das die Belange des Kindes berührt, ergab ein abweichendes Bild hinsichtlich des Änderungsbedarfs.

Während nach deutschem und australischem Recht allein aufgrund der Zugehörigkeit der Eltern zu einer bestimmten Religionsgemeinschaft nicht schon eine Kindeswohlgefährdung beziehungsweise eine Beeinträchtigung der *best interests* angenommen wird, die gerichtliches Einschreiten in den elterlichen Verantwortungsbereich begründen könnte, ordnen beide Rechtsordnungen die Weigerung von Zeugen Jehovas, ihrem Kind eine ärztlich indizierte Bluttransfusion zukommen zu lassen, als Kindeswohlgefährdung oder Beeinträchtigung der *best interests* des Kindes ein, sodass Familiengericht und Family Court of Australia auf die Durchführung der medizinischen Maßnahme hinwirken können. Bezüglich dieser beiden Fallgruppen bot der Vergleich mit der australischen Bewertung vor allem aufgrund der Übereinstimmungen keine Anregungen für eventuelle Reformansätze in Deutschland.

Zwar entsprechen sich deutsches und australisches Recht in ihrer Bewertung der Beschneidung des männlichen Kindes als legal und der Genitalverstümmelung des weiblichen Kindes als illegal und bieten Familiengericht und Family Court of Australia damit korrespondierend lediglich bei Genitalverstümmelung die Möglichkeit, zugunsten des Kindesschutzes einzugreifen, sodass unmittelbar aus dem australischen Lösungsansatz nicht schon Reformbedarf für das deutsche Recht abgeleitet werden kann. Allerdings stützen für das deutsche Recht weder gesellschaftliche noch verfassungsrechtliche Gründe eine solche Einordnung in Grenzfällen, in denen sich Beschneidung und Genitalverstümmelung in ihrem Schweregrad annähern. Vielmehr steht ihr die Wertung von Art. 3 Abs. 1 und Abs. 3 S. 1 GG entgegen. In Bezug auf diese Sachverhalte ist daher vonnöten, die bestehende Rechtsunsicherheit, möglicherweise nach dem Vorbild der vorgestellten Lösungsansätze, zu beseitigen.

Wesentliche Unterschiede zwischen deutschem und australischem Familienrecht konnten im Hinblick auf den Umgang mit Homeschooling festgestellt werden. Im Gegensatz zu Australien wird in Deutschland grundsätzlich keine Möglichkeit zu religiös motiviertem Homeschooling gewährt. Stattdessen kann das Familiengericht auf die Einhaltung der Schulpflicht hinwirken, um potenzielle Beeinträchtigungen des Kindes durch außerschulischen Unterricht abzuwenden. Begründet wird die deutsche Handhabung damit, dass bei Homeschooling Defizite in sozialer Hinsicht drohten. Ein Blick auf das australische Rechtssystem und australische Studien zeigt allerdings, dass es möglich ist, auch bei Homeschooling sowohl Wissensvermittlung als auch Sozialisierung in adäquatem Umfang zu gewährleisten. Einen ähnlichen Weg wie Australien könnte Deutschland über schon vorhandene landesrechtliche Vorschriften gehen, die Ausnahmen vom Schulbesuch bereits jetzt ermöglichen. Auf diese Weise würden sich vehement der Schulpflicht widersetzende Familien nicht kriminalisiert werden. Statt in Homeschool-Familien mögliche Parallelgesellschaften zu wähnen und sie dadurch zu Nicht-Mitgliedern der Gesellschaft herabzusetzen, könnten mithilfe engmaschiger staatlicher Kontrolle neben hinreichender Wissensvermittlung auch die Voraussetzungen für die Eingliederung der Homeschool-Schüler in die Gesellschaft sichergestellt werden. In diesem Bereich ist eine Änderung des deutschen Rechts wünschenswert, zumal der Umgang mit religiös motivierter Schulverweigerung nicht selten das angestrebte Ziel verfehlt. Auch Familien, die derzeit von der Illegalität des Unterrichts abgeschreckt werden, aber gewillt und in der Lage wären, sowohl Bildungs- als auch Erziehungsziele des Staates im privaten Unterricht umzusetzen, würde die Chance gewährt werden, von dem vielfältigeren Bildungsangebot zu profitieren. Aus diesen Gründen ist von der ablehnenden Haltung Homeschooling gegenüber Abstand zu nehmen und das Unterrichtsmodell nach dem Vorbild anderer Rechtsordnungen über das Landesrecht zuzulassen.

Die eingangs aufgeworfene Frage, ob sich das deutsche Recht von Reformbedarf bezüglich der rechtlichen Einordnung religiös motivierten Verhaltens der Eltern, das die Belange des Kindes tangiert, freisprechen kann, ist demnach wie folgt zu beantworten. Hinsichtlich der rechtlichen Einordnung von Sachverhalten, in denen die Eltern einer bestimmten Religionsgemeinschaft angehören, und solchen, in denen Kindern durch ihre Eltern aus religiösen Gründen Bluttransfusionen verweigert werden, ist kein Änderungsbedarf erkennbar. Diesbezüglich ergab auch der Vergleich mit australischem Recht keine neuen Impulse. Durch die Gegenüberstellung von deutschem und australischem Recht in Bezug auf Beschneidung, Genitalverstümmelung und Homeschooling wurden allerdings Schwächen des deutschen Rechts sichtbar, sodass sich für diese Fälle Reformbedarf abzeichnete. Daneben wurde festgestellt, dass die deutsche Rechtsprechung ihre Argumentation insoweit auf Vorurteile stützt, als Behauptungen zur Sozialisierung bei Homeschooling aufgestellt werden, die nicht durch für Deutschland erhobene Daten belegt werden beziehungsweise belegt werden können, während am Beispiel von Australien deutlich gemacht werden konnte, dass die Sozialisierung bei Homeschooling entgegen der innerhalb der deutschen Rechtsprechung verbreiteten Vermutung überwiegend erfolgreich verläuft.

Künftige Entwicklungen auf dem Gebiet des Familienrechts zu religiös motiviertem Verhalten von Eltern mit drohenden nachteiligen Auswirkungen auf das Kind werden folglich diese Fallgruppen betreffen müssen. Dabei wird erforderlich sein, umfassend zu prüfen, mithilfe welcher Lösungen die angestrebten Ziele auf bestmöglichem Wege erreicht werden können. Allein juristische Kenntnisse werden für diese Einschätzung nicht ausreichen. Für die Beurteilung der Vergleichbarkeit bestimmter Fälle von Beschneidung und Genitalverstümmelung ist medizinisches Wissen vonnöten, zur Bewertung möglicher Rahmenbedingungen von Homeschooling sind neben juristischen zumindest pädagogische Kenntnisse unverzichtbar.

F. Literaturverzeichnis

Abel, Ralf B., Die aktuelle Entwicklung der Rechtsprechung zu neueren Glaubensgemeinschaften, in: NJW 1997, S. 426–432.

Abel, Ralf B., Die aktuelle Entwicklung der Rechtsprechung zu neueren Glaubens- und Weltanschauungsgemeinschaften, in: NJW 1999, S. 331–337.

Abel, Ralf B., Die Entwicklung der Rechtsprechung zu neueren Glaubens- und Weltanschauungsgemeinschaften in den Jahren 2003 und 2004, in: NJW 2005, S. 114–119.

Allan, Sonia; Jackson, Glenda, The What, Whys and Wherefores of Home Education and Its Regulation in Australia, in: International Journal of Law & Education 2010, S. 55–77.

Atiyah, Patrick S.; Summers, Robert S., Form and Substance in Anglo-American Law. A Comparative Study of Legal Reasoning, Legal Theory, and Legal Institutions, Oxford 1987.

Babeck, Wolfgang, Einführung in das australische Recht. Mit neuseeländischem Recht, 2. Aufl., München 2017 (Ausländisches Recht, 195).

Bamberger, Heinz Georg; Roth, Herbert, Kommentar zum Bürgerlichen Gesetzbuch, Bd. 3: §§ 1297–2385, Rom-I-VO, Rom-II-VO, EGBGB, 3. Aufl., München 2012.

Barratt-Peacock, John, Australian Home Education: A Model, in: Evaluation and Research in Education 2003, S. 101–111.

Bates, Frank, Males, Medical Mutilation and the Law: Some Recent Developments, in: Journal of Law and Medicine 2001, S. 68–75.

Bauer, Anne-Kathrin, Kindeswohlgefährdung durch religiös motivierte Erziehung, Jur. Diss. Bochum, Hamburg 2012 (Studien zum Familienrecht, 38).

Beaucamp, Guy, Dürfte ein Bundesland die Schulpflicht abschaffen?, in: DVBl 2009, S. 220–224.

Belling, Detlev W., Die Entscheidungskompetenz für ärztliche Eingriffe bei Minderjährigen, in: FuR 1990, S. 68–77.

Bender, Albrecht W., Zeugen Jehovas und Bluttransfusionen. Eine zivilrechtliche Betrachtung, in: MedR 1999, S. 260–267.

Blackshield, Tony; Williams, George, Australian Constitutional Law and Theory. Commentary and Materials, 5. Aufl., Annandale, New South Wales 2010.

Carvan, John, Understanding the Australian Legal System, 6. Aufl., Pyrmont, New South Wales 2010.

Chapman, Anne; O'Donoghue, Thomas A., Home Schooling: An Emerging Research Agenda, in: Education Research and Perspectives 2000, S. 19–36.

Chisholm, Richard; Christie, Susanne; Kearney, Julie, Annotated Family Law Legislation, Chatswood, New South Wales 2014 (Lexisnexis Annotated Acts).

Clery, Erica, Homeschooling: The Meaning That the Homeschooled Child Assigns to this Experience, in: Issues in Educational Research 1998, S. 1–13.

Coester, Michael, Kinderschutz. Übersicht zu den typischen Gefährdungslagen und aktuellen Problemen, in: FPR 2009, S. 549–552.

Cook, Catriona; Creyke, Robin; Geddes, Robert; Hamer, David, Laying Down the Law, 8. Aufl., Chatswood, New South Wales 2012.

Cownie, Fiona; Bradney, Anthony; Burton, Mandy, English Legal System in Context, 4. Aufl., Oxford 2007.

Darby, Robert, Infant Circumcision in Australia: A Preliminary Estimate, 2000–10, in: Australian and New Zealand Journal of Public Health 2011, S. 391–392.

Deutsch, Erwin; Bender, Albrecht W.; Eckstein, Reinhold; Zimmermann, Robert, Transfusionsrecht. Ein Handbuch für Ärzte, Juristen und Apotheker, 2. Aufl., Stuttgart 2007.

Devereux, John; Moore, Rachel, Australian Medical Law, 3. Aufl., London 2007.

Dickey, Anthony, Family Law, 6. Aufl., Pyrmont, New South Wales 2014.

Dreher, Eduard; Maassen, Hermann, Strafgesetzbuch. Kommentar, 28. Aufl., München 2014.

Dreier, Horst, Grundgesetz. Kommentar, Bd. 1: Präambel, Artikel 1–19, 3. Aufl., Tübingen 2013.

Edel, Jan, Schulfreie Bildung. Die Vernachlässigung schulfreier Bildungskonzepte in Deutschland, Münster 2007.

Erman, Walter, Bürgerliches Gesetzbuch. Handkommentar, 14. Aufl., Köln 2014.

Faber, Eric, Einwilligung in die Beschneidung eines männlichen Kindes, in: juris – Die Monatszeitschrift 2014, S. 102–103.

Fahrenhorst, Irene, Sorgerecht und Religion. Anmerkung zum EGMR-Urteil im Fall Ingrid Hoffmann gegen Österreich, in: EuGRZ 1996, S. 633–638.

Family Law Council, Female Genital Mutilation. Discussion Paper, Barton, Australian Capital Territory 1994.

Fehlberg, Belinda; Behrens, Juliet, Australian Family Law: The Contemporary Context, South Melbourne, Victoria 2008.

Ferris, Jason A.; Richters, Juliet; Pitts, Marian K.; Shelley, Julia M.; Simpson, Judy M.; Ryall, Richard; Smith, Anthony M. A., Circumcision in Australia: Further Evidence on Its Effects on Sexual Health and Wellbeing, in: Australian and New Zealand Journal of Public Health 2010, S. 160–164.

Fischer, Ralph, Homeschooling in der Bundesrepublik Deutschland. Eine erziehungswissenschaftliche Annäherung, Bonn 2009 (Pädagogik in Europa in Geschichte und Zukunft, 1).

Fox, Marie; Thomson, Michael, Foreskin is a Feminist Issue, in: Australian Feminist Studies 2009, S. 195–210.

Gordley, James, Common law und civil law: eine überholte Unterscheidung, in: ZEuP 1993, S. 498–518.

Großmann, Sven, § 1631d Abs. 2 BGB. Gelungener Ausgleich zwischen Grundrechten und Staatsräson?, in: HRRS 2013, S. 515–523.

Guckelberger, Annette, Die Drittwirkung der Grundrechte, in: JuS 2003, S. 1151–1157.

Guy, Scott, Constitutional Law Principles, Pyrmont, New South Wales 2013.

Haberfield, Les, The Law and Male Circumcision in Australia: Medical, Legal and Cultural Issues, in: Monash University Law Review 1997, S. 92–122.

Habermalz, Wilhelm, Geldbuße und Schulzwang – die andere Seite der Schulpflicht. Über das Instrumentarium des Staates zur Durchsetzung der Schulpflicht, in: RdJB 2001, S. 218–224.

Hahn, Jörg-Uwe, Genitalverstümmelung: Wirksamer Opferschutz durch einen eigenen Straftatbestand, in: ZRP 2010, S. 37–40.

Handschell, Tobias, Die Schulpflicht vor dem Grundgesetz. Geschichte der Schulpflicht und ihre verfassungsrechtliche Bewertung vor dem Hintergrund des sogenannten Homeschooling, Jur. Diss. Tübingen, Baden-Baden 2012 (Studien zum Schul- und Bildungsrecht, 3).

Harland, Alexandra; Cooper, Donna; Rathus, Zoe; Alexander, Renata, Family Law Principles, Pyrmont, New South Wales 2011.

Hebeler, Timo; Schmidt, Julia, Schulpflicht und elterliches Erziehungsrecht – Neue Aspekte eines alten Themas?, in: NVwZ 2005, S. 1368–1371.

Hessler, Gerhard, Die Berücksichtigung der Zugehörigkeit eines Elternteils zu den Zeugen Jehovas im Sorgerechtsverfahren, in: NJW 1997, S. 2930–2932.

Hessler, Gerhard; Glockentin, Gajus, Kein genereller Mißbrauch des Sorgerechts bei verweigerter Einwilligung in eine Bluttransfusion. Stellungnahme zu Bender, MedR 1999, 260 ff., in: MedR 2000, S. 419–422.

Hinchy, Russell, The Australian Legal System. History, Institutions and Method, Frenchs Forest, New South Wales 2008.

Holzke, Frank, Die „Neutralität" des Staates in Fragen der Religion und Weltanschauung, in: NVwZ 2002, S. 903–913.

Hörnle, Tatjana, Kultur, Religion, Strafrecht – Neue Herausforderungen in einer pluralistischen Gesellschaft, in: NJW-Beilage 2014, S. 34–38.

Huber, Peter M., Zur Tagung der Vereinigung der Deutschen Staatsrechtslehrer in Halle/Saale 1994. Erziehungsauftrag und Erziehungsmaßstab der Schule im freiheitlichen Verfassungsstaat, in: BayVBl 1994, S. 545–554.

Hunter, Roger, The Home School Phenomenon, in: Unicorn 1994, S. 28–37.

Ierodiaconou, Mary-Jane, „Listen to us!" Female Genital Mutilation, Feminism and the Law in Australia, in: Melbourne University Law Review 1995, S. 562–587.

Jackson, Glenda; Allan, Sonia, Fundamental Elements in Examining a Child's Right to Education; A Study of Home Education Research and Regulation in Australia, in: International Electronic Journal of Elementary Education 2010, S. 349–364.

Jarass, Hans Dieter; Pieroth, Bodo, Grundgesetz für die Bundesrepublik Deutschland. Kommentar, 14. Aufl., München 2016.

Jerouschek, Günter, Beschneidung und das deutsche Recht. Historische, medizinische, psychologische und juristische Aspekte, in: NStZ 2008, S. 313–319.

Kern, Bernd-Rüdiger, Fremdbestimmung bei der Einwilligung in ärztliche Eingriffe, in: NJW 1994, S. 753–759.

Kerridge, Ian; Lowe, Michael; Stewart, Cameron, Ethics and Law for the Health Professions, 4. Aufl., Annandale, New South Wales 2013.

Keyzer, Patrick, Principles of Australian Constitutional Law, 4. Aufl., Chatswood, New South Wales 2013.

Kidd, Theresa; Kaczmarek, Elizabeth, The Experiences of Mothers Home Educating Their Children with Autism Spectrum Disorder, in: Issues in Educational Research 2010, S. 257–275.

Kirchhof, Gregor, Kinderrechte in der Verfassung – zur Diskussion einer Grundgesetzänderung, in: ZRP 2007, S. 149–153.

Klinkhammer, Frank, Beschneidung männlicher Kleinkinder und gesetzliche Vertretung durch die Eltern, in: FamRZ 2012, S. 1913–1915.

Kramer, Urs, Grundfälle zu Art. 7 GG, in: JuS 2009, S. 1090–1095.

Krampen-Lietzke, Sabine, Der Dispens vom Schulunterricht aus religiösen Gründen, Jur. Diss. Münster, Berlin 2013 (Schriften zum Öffentlichen Recht, 1230).

Krivanek, Ro, Children Learn at Home. The Experience of Home-Education, Hawthorn, Victoria 1984.

Ladenthin, Volker, Homeschooling – Fragen und Antworten. Häusliche Bildung im Spannungsfeld zwischen Schulpflicht und Elternrecht, Bonn 2010 (Pädagogik in Europa in Geschichte und Zukunft, 2).

Langer, Thomas, „Parallelgesellschaften": Allgemeine Schulpflicht als Heilmittel?, in: KritV 2007, S. 277–292.

Leutheusser-Schnarrenberger, Sabine, Belastung der Familiengerichte durch die FGG-Reform, in: FPR 2009, S. 42–45.

Lindsay, Katherine, The Law of Home Schooling in Australia, in: BYU Education and Law Journal 2003, S. 83–94.

Livermore, Maree, The Family Law Handbook, 2. Aufl., Pyrmont, New South Wales 2010.

Mandla, Christoph, Gesetz über den Umfang der Personensorge bei einer Beschneidung des männlichen Kindes. Von abzuschneidenden Vorhäuten und einem Gesetz, das zu spät und doch zu früh kommt, in: FPR 2013, S. 244–250.

Mangoldt, Hermann von; Klein, Friedrich, Kommentar zum Grundgesetz, Bd. 1: Präambel, Artikel 1–19, 6. Aufl., München 2010.

Mason, Christine, Exorcising Excision: Medico-Legal Issues Arising from Male and Female Genital Surgery in Australia, in: Journal of Law and Medicine 2001, S. 58–67.

Mathews, Ben, Female Genital Mutilation: Australian Law, Policy and Practical Challenges for Doctors, in: The Medical Journal of Australia 2011, S. 139–141.

Mayer, Thomas; Schirrmacher, Thomas, Wenn Kinder zu Hause zur Schule gehen, Nürnberg 2004.

McIlwraith, Janine; Madden, Bill, Health Care and the Law, 5. Aufl., Pyrmont, New South Wales 2010.

Mills, Eithne; Ebejer, Marlene, Family Law, 5. Aufl., Chatswood, New South Wales 2012 (Focus).

Moens, Gabriel; Trone, John, The Constitution of the Commonwealth of Australia Annotated, 8. Aufl., Chatswood, New South Wales 2012.

Monahan, Geoff; Young, Lisa (Hg.), Children and the Law in Australia, Chatswood, New South Wales 2008.

Münch, Ingo von, Grundgesetz. Kommentar, Bd. 1: Präambel bis Art. 69, 6. Aufl., München 2012.

Nicholls, Sandra, Home Schooling: A View of Future Education?, in: Education in Rural Australia 1997, S. 17–24.

Oelkers, Harald, Die Rechtsprechung zur elterlichen Sorge – eine Übersicht über die letzten fünf Jahre, in: FamRZ 1995, S. 1097–1111.

Oelkers, Harald; Kraeft, Cindy, Sorgerechtsübertragung auf einen Zeugen Jehovas?, in: FuR 1997, S. 161–165.

Orth, Johannes, Verfassungsrechtliche Anforderungen an die Schulstruktur, in: NVwZ 2011, S. 14–19.

Palandt, Otto, Bürgerliches Gesetzbuch, Bd. 7: 76. Aufl., München 2017.

Parkinson, Patrick, Tradition and Change in Australian Law, 5. Aufl., Pyrmont, New South Wales 2013.

Pauly, Walter; Pagel, Cornelia, Die Gewährleistung ungestörter Religionsausübung, in: NVwZ 2002, S. 441–444.

Peschel-Gutzeit, Lore Maria, Die neue Regelung zur Beschneidung des männlichen Kindes. Kritischer Überblick und erste Reaktionen der Rechtsprechung, in: NJW 2013, S. 3617–3620.

Putzke, Holm, Juristische Positionen zur religiösen Beschneidung, in: NJW 2008, S. 1568–1570.

Pyke, John, Constitutional Law, South Yarra, Victoria 2013.

Pyke, John; MacAdam, Alastair (Hg.), Legal Institutions and Method, 4. Aufl., Chatswood, New South Wales 2010.

Raack, Wolfgang, Rechtliche Maßnahmen und Entscheidungsspielräume des Familiengerichts bei Schulabsenz von Kindern und Jugendlichen, in: FPR 2007, S. 478–482.

Reilly, Lucy; Chapman, Anne; O'Donoghue, Thomas, Home Schooling of Children with Disabilities, in: Queensland Journal of Educational Research 2002, S. 38–61.

Reimer, Franz (Hg.), Homeschooling. Bedrohung oder Bewährung des freiheitlichen Rechtsstaats?, Kolloquium, Baden-Baden 2012 (Schriften zum Bildungs- und Wissenschaftsrecht, 13).

Richards, Bernadette; Louise, Jennie, Medical Law and Ethics. A Problem-Based Approach, Chatswood, New South Wales 2014.

Richards, David, Male Circumcision: Medical or Ritual?, in: Journal of Law and Medicine 1996, S. 371–376.

Rinio, Carsten, Strafrechtliche Konsequenzen und ordnungsrechtliche Maßnahmen gegen Eltern von „Schulschwänzern", in: FPR 2007, S. 467–470.

Rixen, Stephan, Das Gesetz über den Umfang der Personensorge bei einer Beschneidung des männlichen Kindes, in: NJW 2013, S. 257–262.

Rogalla, Viktor, Elterliche Einwilligung in eine medizinisch nicht indizierte Beschneidung des selbst noch nicht einwilligungsfähigen männlichen Kindes gem. § 1631d BGB. Besprechung von OLG Hamm, Beschluss vom 30.8.2013 – 3 UF 133/13, BeckRS 2013, 16796 -, in: FamFR 2013, S. 483–484.

Rosenke, Marion, Die Verstümmelung weiblicher Geschlechtsorgane – Strafrechtliche Überlegungen de lege lata und de lege ferenda, in: ZRP 2001, S. 377–379.

Rux, Johannes; Niehues, Norbert, Schulrecht, 5. Aufl., München 2013.

Sachs, Michael, Grundgesetz. Kommentar, 7. Aufl., München 2014.

Säcker, Franz Jürgen; Rixecker, Roland, Münchener Kommentar zum Bürgerlichen Gesetzbuch. Familienrecht II, Bd. 9: §§ 1589–1921, SGB VIII, 7. Aufl., München 2017.

Saunders, Cheryl, The Constitution of Australia. A Contextual Analysis, Oxford 2011.

Scheinfeld, Jörg, Erläuterungen zum neuen § 1631d BGB – Beschneidung des männlichen Kindes, in: HRRS 2013, S. 268–283.

Schirrmacher, Thomas, Bildungspflicht statt Schulzwang! Staatsrecht und Elternrecht angesichts der Diskussion um den Hausunterricht, Bonn 2005 (Idea-Dokumentation / Hrsg.: Idea e.V., Evangelische Nachrichtenagentur, 4/2005).

Schmidt-Bleibtreu, Bruno; Klein, Franz, GG. Kommentar zum Grundgesetz, 13. Aufl., Köln 2014.

Scholz, Rainer, Jugendsekten im Zivilrecht, in: DRiZ 1993, S. 148–153.

Schubert, Karin; Moebius, Isabella, Zwangsheirat – Mehr als nur ein Straftatbestand: Neue Wege zum Schutz der Opfer, in: ZRP 2006, S. 33–37.

Schulz, Werner; Hauß, Jörn, Familienrecht. Handkommentar, 2. Aufl., Baden-Baden 2012.

Schwarz, Kyrill-Alexander, Verfassungsrechtliche Aspekte der religiösen Beschneidung, in: JZ 2008, S. 1125–1129.

Seifert, Karl-Heinz, Grundgesetz für die Bundesrepublik Deutschland. Handkommentar, 11. Aufl., Baden-Baden 2016.

Skene, Loane, Law and Medical Practice. Rights, Duties, Claims and Defences, 3. Aufl., Chatswood, New South Wales 2008.

Sodan, Helge, Grundgesetz. Beck'scher Kompakt-Kommentar, 3. Aufl., München 2015.

Spickhoff, Andreas, Grund, Voraussetzungen und Grenzen des Sorgerechts bei Beschneidung männlicher Kinder, in: FamRZ 2013, S. 337–343.

Spiegler, Thomas, Home Education in Deutschland. Hintergründe – Praxis – Entwicklung, Wiesbaden 2008.

Sternberg-Lieben, Detlev; Reichmann, Philipp C., Die gesetzliche Regelung der Patientenverfügung und das medizinische Selbstbestimmungsrecht Minderjähriger, in: NJW 2012, S. 257–263.

Sweet, Melissa, Australia Aims to Eliminate Female Genital Mutilation, in: British Medical Journal 2012.

Tangermann, Christoph, „Homeschooling" aus Glaubens- und Gewissensgründen, in: ZevKR 2006, S. 393–417.

Thomas, Alan, Educating Children at Home, London 1998.

Thomas, Alan; Pattison, Harriet, How Children Learn at Home, London 2007.

Thurn, John Philipp; Reimer, Franz, Homeschooling als Option?, in: NVwZ 2008, S. 718–722.

Varnham, Sally, My Home, My School, My Island: Home Education in Australia and New Zealand, in: Public Space: The Journal of Law and Social Justice 2008, S. 1–30.

Varnham, Sally; Squelch, Joan, Rights, Responsibilities and Regulation – the Three Rs of Education: A Consideration of the State's Control Over Parental Choice in Education, in: Education and the Law 2008, S. 193–208.

Viefhues, Wolfram, BGB. Familienrecht, Bd. 4: 8. Aufl., Saarbrücken 2017.

Waldhoff, Christian, Neue Religionskonflikte und staatliche Neutralität. Erfordern weltanschauliche und religiöse Entwicklungen Antworten des Staates? Gutachten D zum 68. Deutschen Juristentag, München 2010 (Verhandlungen des 68. Deutschen Juristentages, Teil D: Bd. 1, Gutachten).

Waldhoff, Christian, Neue Religionskonflikte und staatliche Neutralität – Erfordern weltanschauliche und religiöse Entwicklungen Antworten des Staates?, in: NJW-Beilage 2010, S. 90–93.

Weber, Hermann, Änderungsbedarf im deutschen Religionsrecht?, in: NJW 2010, S. 2475–2480.

Weinreich, Gerd; Klein, Michael, Fachanwaltskommentar Familienrecht, 5. Aufl., Köln 2013.

Wiater, Patricia, Rechtspluralismus und Grundrechtsschutz: Das Kölner Beschneidungsurteil, in: NVwZ 2012, S. 1379–1382.

Williams, George; Hume, David, Human Rights Under the Australian Constitution, 2. Aufl., South Melbourne, Victoria 2013.

Windel, Peter A., Über Privatrecht mit Verfassungsrang und Grundrechtswirkungen auf der Ebene einfachen Privatrechts, in: Der Staat 1998, S. 385–410.

Wüstenberg, Dirk, Genitalverstümmelung und elterliches Aufenthaltsbestimmungsrecht, in: FamRZ 2007, S. 692–696.

Wüstenberg, Dirk, Kindeswohlgefährdung bei Genitalverstümmelung, in: FPR 2012, S. 452–455.

Xu, Bo; Goldman, Hershel, Newborn Circumcision in Victoria, Australia: Reasons and Parental Attitudes, in: ANZ Journal of Surgery 2008, S. 1019–1022.

Zimmermann, Reinhard, Der europäische Charakter des englischen Rechts. Historische Verbindungen zwischen civil law und common law, in: ZEuP 1993, S. 4–51.

Zines, Leslie, The High Court and the Constitution, 5. Aufl., Annandale, New South Wales 2008.

G. Verzeichnis der Online-Quellen

Becker, Claudia, Später Sieg für Schulverweigerer-Familie, Die Welt: http://www.welt.de/vermischtes/article131732167, zuletzt abgerufen am 09.04.2017.

Broadhurst, Donna, Investigating Young Children's Perceptions of Homeschooling. Paper presented at the AARE Annual Conference, Melbourne 1999: http://www.aare.edu.au/data/publications/1999/bro99413.pdf, zuletzt abgerufen am 09.04.2017.

Das australische Schulsystem: http://www.highschool-australia.de/das-australische-schulsystem/, zuletzt abgerufen am 09.04.2017.

faz.net, Sorgerechtsentzug unverhältnismäßig. Schulverweigerer haben Sorgerecht für ihre Kinder zurück: http://www.faz.net/-gzg-7t9kx, zuletzt abgerufen am 09.04.2017.

Frankfurter Rundschau, Schulverweigerer haben Sorgerecht zurück: http://www.fr.de/rhein-main/oberlandesgericht-schulverweigerer-haben-sorgerecht-zurueck-a-557499, zuletzt abgerufen am 09.04.2017.

Government of South Australia, Home education: http://www.sa.gov.au/topics/education-skills-and-learning/schools/alternative-schooling/home-education, zuletzt abgerufen am 09.04.2017.

Government of Western Australia, Department of Education, Home Education. Helping parents with home education: http://det.wa.edu.au/homeeducation/detcms/navigation/educational-programs/?oid=MultiPartArticle-id-11411599, zuletzt abgerufen am 09.04.2017.

Harding, Terrence, A Study Of Parents' Conceptions Of Their Roles As Home Educators Of Their Children. Phil. Diss., Brisbane, Queensland 2011: http://eprints.qut.edu.au/40931/1/Terrence_Harding_Thesis.pdf, zuletzt abgerufen am 09.04.2017.

Harding, Terrence; Farrell, Ann, Home Schooling and Legislated Education: http://eprints.qut.edu.au/287/1/Harding.farrellANZELA03.pdf, zuletzt abgerufen am 09.04.2017.

Heil, Christiane, Schulverweigerer dürfen weiter in Tennessee leben, faz.net: http://www.faz.net/-gum-7n27s, zuletzt abgerufen am 09.04.2017.

hr online, Wieder Sorgerecht für Schulverweigerer: http://www.hr-online.de/website/rubriken/nachrichten/indexhessen34938.jsp?rubrik=36098&key=standard_document_52816167, zuletzt abgerufen am 03.12.2014.

Jackson, Glenda, More than One Way to Learn: Home Educated Students' Transitions Between Home and School, Clayton, Victoria Phil. Diss. 2009: http://www.homeschoolaustralia.com/research/GJtransmissions.pdf, zuletzt abgerufen am 09.04.2017.

Jeffrey, Deborah; Giskes, Renee, Home Schooling, Queensland Parliamentary Library, Research Publications and Resources Section 2004: http://www.parliament.qld.gov.au/documents/explore/ResearchPublications/ResearchBriefs/2004/200409.pdf, zuletzt abgerufen am 09.04.2017.

Marshall, Warwick, Circumcision in Australia: Reforming the Law 2011: http://eprints.utas.edu.au/11729/2/Circumcision_in_Australia_-_Reforming_the_Law.pdf, zuletzt abgerufen am 09.04.2017.

Müller, Henning Ernst, Der neue § 226a StGB: Verstümmelung weiblicher Genitalien – verfassungswidrig? 2013: http://blog.beck.de/2013/10/04/der-neue-226-a-stgb-verst-mmelung-weiblicher-genitalien-verfassungswidrig, zuletzt abgerufen am 09.04.2017.

Northern Territory Government, Department of Education and Training 2010, Information Booklet for Parents Applying for Home Education 2010: http://www.education.nt.gov.au/__data/assets/pdf_file/0014/2651/information_booklet_for_parents.pdf, zuletzt abgerufen am 17.03.2014.

Office of the Board of Studies New South Wales 2013, Registration for Home Schooling in NSW – Information Package: http://www.boardofstudies.nsw.edu.au/parents/pdf_doc/home-edu-info-pack-13.pdf, zuletzt abgerufen am 09.04.2017.

Queensland Government, Department of Education, Training and Employment, About registration: http://education.qld.gov.au/parents/home-education/registration/, zuletzt abgerufen am 09.04.2017.

Queensland Law Reform Commission 1993, Circumcision of Male Infants. Research Paper: http://www.qlrc.qld.gov.au/__data/assets/pdf_file/0008/372068/mp06.pdf, zuletzt abgerufen am 09.04.2017.

Redaktion beck-aktuell, AG Ansbach entzieht Mitgliedern der Religionsgemeinschaft „Zwölf Stämme“ Sorgerecht für ihre Kinder (becklink 1035254): http://beck-online.beck.de/Dokument?vpath=bibdata/reddok/becklink/1035254.htm, zuletzt abgerufen am 09.04.2017.

Redaktion beck-aktuell, VG Augsburg verbietet der Sekte „Zwölf Stämme“ weiteren Schulbetrieb (becklink 1030669): http://beck-online.beck.de/Dokument?vpath=bibdata/reddok/becklink/1030669.htm, zuletzt abgerufen am 09.04.2017.

Reilly, Lucy, How Western Australian Parents Manage the Home Schooling of Their Children with Disabilities. Paper presented at the AARE Annual Conference, Melbourne 2004: http://www.aare.edu.au/data/publications/2004/rei04240.pdf, zuletzt abgerufen am 09.04.2017.

Reilly, Lucy, Progressive Modifications: How Parents Deal with Home Schooling Their Children with Intellectual Disabilities, Phil. Diss., Crawley, Western Australia 2007: http://repository.uwa.edu.au:80/R/-?func=dbin-jump-full&object_id=9595&silo_library=GEN01, zuletzt abgerufen am 09.04.2017.

Spiegel Online, Sorgerechtsurteil: Religiöse Schulverweigerer bekommen Kinder zurück: http://spon.de/aejmB, zuletzt abgerufen am 09.04.2017.

Tasmania Law Reform Institute 2009, Non-Therapeutic Male Circumcision. Issues Paper No 14: http://www.utas.edu.au/__data/assets/pdf_file/0003/283701/CircumcisionIssuesPaperA4toPrint.pdf, zuletzt abgerufen am 09.04.2017.

Tasmanian Home Education Advisory Council, Monitoring Process: http://www.theac.org.au/registration-process/monitoring-process/, zuletzt abgerufen am 09.04.2017.

Tasmanian Home Education Advisory Council, Preparing a Family Report: http://www.theac.org.au/registration-process/preparing-a-family-report/, zuletzt abgerufen am 18.03.2014.

Walter, Tonio, Genitalverstümmelung. Das unantastbare Geschlecht 2013: http://www.zeit.de/2013/28/genitalverstuemmelung-gesetz-frauen, zuletzt abgerufen am 09.04.2017.

World Health Organization, Eliminating Female Genital Mutilation. An Interagency Statement 2008: http://whqlibdoc.who.int/publications/2008/9789241596442_eng.pdf, zuletzt abgerufen am 09.04.2017.

H. Anhang

I. Interview mit Chelsea Wybrow vom 11.04.2014 – Ein Einblick in australisches Homeschooling

Sarah Jasmin Rüegg[1624]: Frau Wybrow, Sie wurden im Wege des Homeschoolings zuhause unterrichtet. In welchem Alter erhielten Sie diese Art von Unterricht und wie aktuell sind Ihre Erfahrungen zu diesem Thema?

Chelsea Wybrow[1625]: Bereits 1985 erhielt ich den ersten Unterricht durch meine Mutter. Sie brachte mir bei, zu lesen. Zu diesem Zeitpunkt war ich zwei Jahre alt. 1993 bis 1995 wurde ich an einer privaten Mädchenschule unterrichtet, für die ich ein Stipendium erhalten hatte. Im Anschluss, im Alter von zwölf Jahren, fand mein Unterricht für die Dauer von 18 Monaten erneut zuhause statt. 1997 ging ich für das letzte Schuljahr zur Schule, um meinen High-School-Abschluss[1626] zu machen.

SJR: Innerhalb welches Bundesstaates oder Territoriums verbrachten Sie diese Zeit? Was war rechtlich erforderlich, um mit dem Homeschooling zu beginnen?

CW: Ich lebte im Bundesstaat Victoria. Meine Mutter musste einen Antrag auf Erlaubnis des Homeschoolings stellen.

SJR: Welche Personen unterrichteten Sie zuhause?

CW: Meine Mutter.

SJR: Waren Sie das einzige Kind, das zuhause unterrichtet wurde?

CW: Ich bin ein Einzelkind. Ich denke aber, dass, wenn ich Geschwister gehabt hätte, auch sie Homeschooling erhalten hätten.

SJR: Aus welchen Gründen haben Ihre Eltern Sie zuhause unterrichtet und welche Beweggründe gab es, sie später doch am Schulsystem teilhaben zu lassen?

CW: Weil ich mit vier Jahren äußerst gut lesen und schreiben konnte, hatten meine Eltern das Gefühl, dass Schulunterricht Zeitverschwendung gewesen wäre. Meine Mutter hatte den Eindruck, mir mehr Möglichkeiten bieten zu können, meine Fähigkeiten auszuschöpfen, als es in konventioneller Schulumgebung der Fall gewesen wäre.

Ich ging zur Schule, weil ich ein Vollstipendium für eine bestimmte Schule erhalten hatte und wir annahmen, dass diese Schule auf meine Bedürfnisse eingehen konnte. Mein Vater war begeistert davon, dass ich Zugang zu einer Schule bekommen sollte, deren jährliche Schulgebühren heutzutage zwischen AUD 16.000 und AUD 22.000 betragen, und ich vermutlich auch eine diesem hohen Betrag entsprechend

---

1624 Im Folgenden mit *SJR* abgekürzt.

1625 Im Folgenden mit *CW* abgekürzt.

1626 Das Erlangen des High School Certificate ist mit dem Bestehen des deutschen Abiturs vergleichbar, Das australische Schulsystem.

wertige Form von Bildung erhalten würde. Meine Mutter war zurückhaltender, dachte aber, dass eine Umgebung mit mehr Möglichkeiten gut für mich sei.

SJR: Beeinflusste ein langer Schulweg ebenfalls die Entscheidung für Homeschooling?

CW: Nein.

SJR: Haben religiöse Werte die Entscheidung für Homeschooling oder die Art des Unterrichts beeinflusst?

CW: Nein.

SJR: Wurden Sie in die Entscheidung, ob Sie zuhause oder in der Schule Unterricht erhalten sollten, einbezogen?

CW: Ja. Ich habe mich kurz vor meinem zehnten Geburtstag selbst dazu entschieden, in das Schulsystem einzutreten, als mir ein Schulstipendium angeboten wurde. Eine Entscheidung, die ich bereue. Später habe ich mich dazu entschieden, die Schule wieder zu verlassen und war sehr selbstbestimmt im Hinblick auf mein Lernen und spätere Schulbesuche.

SJR: Ist Ihre Mutter ausgebildete Lehrkraft oder Expertin in einem bestimmten Bereich, in dem Sie sie unterrichtete? Wenn ja, war es ein Vorteil für Sie, falls nein, betrachten Sie dies als nachteilig?

CW: Nein. Keiner meiner Elternteile hat einen High-School-Abschluss. Meine Mutter ist Ballettlehrerin, aber in schulischer Hinsicht nicht leistungsstark. Mein Vater war damals als Polsterer tätig und arbeitete Antiquitäten wieder auf. In gewisser Weise war dies ein Vorteil, weil es nie Zweifel daran gab, dass ich alles erreichen konnte, solange ich daran arbeitete.

SJR: Welche Hilfsmittel wurden für Ihren Unterricht zuhause herangezogen? Haben Sie ebenfalls Schulbücher benutzt?

CW: Wir benutzten Schulbücher und für das Fach Mathematik ab meinem siebten Lebensjahr KUMON, ein spezielles Lernprogramm, als die Fähigkeiten meiner Mutter erschöpft waren. Als Teenager lernte ich Latein per Fernunterricht.

SJR: Waren die Unterrichtstage nach Fächern strukturiert und gab es einen bestimmten Tagesablauf? Wurde der Unterrichtsinhalt mithilfe von Lehrplänen strukturiert?

CW: Es gab einen groben Wochenablauf außerhalb der Arbeitszeiten meiner Mutter und anderen wöchentlichen Aktivitäten wie Ludothek, Bibliothek, Geigenunterricht, Schwimmen, Ballett und Orchester. Es war immer Zeit für Mathematik, Englisch und Geigenüben vorgesehen. Zum Englischunterricht gehörten Rechtschreibung, Buchbesprechungen und andere auf Literatur basierende Aktivitäten. Ansonsten hatte ich völligen Freiraum, zu tun, was immer ich wollte, zu zeichnen, zu lesen, zu spielen et cetera.

SJR: Wie hat sich Homeschooling auf Ihr Familienleben ausgewirkt? Haben Sie den Eindruck, dass es den familiären Zusammenhalt überdurchschnittlich gestärkt hat? Hat es Ihnen gefehlt, mehr Zeit ohne Ihre Familie und stattdessen mit Freunden, etwa in der Schule, zu verbringen?

CW: Ich denke, meine Mutter und ich waren uns sehr nah, als ich jung war und die Pubertätsphase durchlebte. Meine an schulischen Maßstäben gemessen beschleunigte Entwicklung führte wahrscheinlich dazu, dass ich unter Cousinen und Cousins als schwarzes Schaf galt, zwei schafften es nicht, die High School zu beenden, zwei weitere erlangten zwar den High-School-Abschluss, machten aber keine Ausbildung.

SJR: Was halten Sie davon, dass befürchtet oder unterstellt wird, dass Kinder durch Homeschooling keine hinreichende Sozialkompetenz entwickeln können? Halten Sie dies für ein triftiges Argument gegen Homeschooling?

CW: Dem stimme ich nicht zu. Wenn ein Kind sehr intelligent zu sein scheint, kann es autistische Züge haben, durch die es sozial unbeholfen wirkt. Im Fall von religiösen oder gesundheitlichen Gründen für Homeschooling kann der Mangel an sozialen Kontakten problematisch sein. Aber im Allgemeinen denke ich, dass es ein schwaches Argument ist, das von Leuten vorgetragen wird, die weder den Lebensstil des Homeschoolings verstehen noch die Gemeinschaft, die den Familien, die sich für Homeschooling entscheiden, offensteht.

SJR: Sie gingen eine Zeit lang zur Schule. Wie empfanden Sie den Übergang von Homeschooling in das Schulsystem und umgekehrt, insbesondere im Hinblick auf Lernen und soziale Kontakte?

CW: Der Übergang von Homeschooling in das Schulsystem war leicht. Die Arbeit war langweilig, die Hausaufgaben waren umfangreich und, wie ich fand, überwiegend ohne Relevanz. Die Hausaufgaben waren lästig und führten zuhause oft zu Konflikten. Während mein Leben außerhalb der Schule gedieh, war mein Leben in der Schule trostlos. Dadurch, dass ich zwei oder drei Jahre jünger als meine Klassenkameraden war, fiel ich sehr aus der Reihe. Ich wurde zu einer Kuriosität und wurde besonders von eine bestimmten Gruppe von Mädchen schikaniert. Zweieinhalb Jahre später verließ ich nach viel Widerstand meines Vaters die Schule. Ich war am Rande eines Nervenzusammenbruchs nach Jahren dürftiger Kommunikation der Lehrer. Mein Sportlehrer bekam nicht mit, dass ich so viel jünger als alle anderen war. Mein Mathelehrer bezichtigte mich der Täuschung in Tests, weil ich lediglich die Ergebnisse aufschrieb, statt die einzelnen Schritte schriftlich festzuhalten. Es war ein Fiasko und ich hätte die Schule eher verlassen sollen. Meine spätere Rückkehr in das Schulsystem im Alter von 15 Jahren war eine völlig andere Erfahrung.

SJR: Welche Vorteile und Nachteile haben Homeschooling und das traditionelle Schulsystem in Ihren Augen?

CW: Zuhause hat man die Freiheit, den eigenen Interessen so weit wie möglich nachzugehen, ohne an einen Stundenplan, Termine und Fristen oder belanglose Vorschriften gebunden zu sein. In der Schule wird man durch andere Leute ausgebremst, man schaltet ab und lernt, sich abzukoppeln, wird ausgesondert anhand des Kriteriums der Leistungsfähigkeit.

SJR: Haben Sie jemals Vorteile des jeweils anderen Systems vermisst?

CW: Ja, absolut. Während ich zur Schule ging, verlor ich die Freiheit, meinen Interessen nachzugehen. Die Konformität und Langeweile waren erstickend.

SJR: Denken Sie, dass Sie, verglichen mit gleichaltrigen Schülern, mehr Zeit für Hobbys als andere hatten allein aufgrund der Tatsache, dass Sie zuhause unterrichtet wurden?

CW: Ja.

SJR: Gab es für Ihre Eltern Anlass zur Sorge, dass Sie aufgrund des Homeschoolings nicht genügend soziale Kontakte knüpfen würden?

CW: Ich glaube nicht, dass sie sich darum Sorgen machten. Ich hatte Zugang zu vielen anderen Kindern in meiner Altersgruppe und auch zu anderen Kindern und suchte Kontakt zu denjenigen, die ich mochte.

SJR: Unterschied sich Ihrer Meinung nach das Sozialverhalten von Kindern, die zuhause unterrichtet wurden von demjenigen derer, die zur Schule gingen?

CW: Ich habe festgestellt, dass Kinder, die über Homeschooling unterrichtet werden, bei Meinungsverschiedenheiten toleranter und eher bereit sind, von einer Person oder einer Situation Abstand zu nehmen, die ihnen missfällt. Ich unterrichte im Moment mehrere solcher Kinder.

SJR: Haben Sie positive oder negative Rückmeldungen von Lehrern zu Ihrem Lernstand durch Homeschooling erhalten?

CW: Meine Lehrer waren verblüfft. Ich war, wie gesagt, zwei bis drei Jahre jünger als meine Klassenkameraden beziehungsweise zwei bis drei Jahre weiter als gleichaltrige Schüler. Ich nahm an Mathematik- und Englischkursen der neunten Klasse teil, bis ich wieder am Unterricht der siebten Klasse teilnehmen musste, weil die Stundenpläne nicht kompatibel waren. Mein Geigenspiel war ein weiterer Bereich, in dem ich vortreffliche Leistungen erbrachte. Ich war im Grunde der talentierte Sonderling. Sie bemerkten, dass mein Erinnerungsvermögen und meine Lerngeschwindigkeit beeindruckend waren und dass ich, wenn ich an einem Thema interessiert war, außerordentlich wissbegierig war. Wenn ich kein Interesse hatte, in Geografie zum Beispiel, war es mir einerlei, durchzufallen.

SJR: Sie haben studiert. War es schwierig für Sie, sich während Ihrer Berufsausbildung nach jahrelangem Homeschooling einem starren System zu fügen?

CW: Ich habe ein Kunststudium an der University of Melbourne abgeschlossen und im Rahmen eines Aufbaustudiums Lektorat und Verlagswesen studiert. Daneben habe ich die Lehrbefähigung für Suzuki-Geigenunterricht erworben. Der Unterschied ist, dass die Menschen, die die Schule besucht haben, sich mehr lenken lassen. Wie oben erwähnt, stachen meine Leistungen in den Gebieten heraus, die mich wirklich interessiert haben, während ich mich dazu disziplinieren musste, in den Gebieten Leistung zu erbringen, die mich nicht interessierten.

SJR: Haben Sie einen Unterschied in der Art und Weise des Arbeitens zwischen Ihnen und Mitstudenten feststellen können?

CW: Ja. Ich warte nicht darauf, am Gängelband geführt zu werden.

SJR: Glauben Sie, dass es notwendig ist, beim Lernen in der Schule oder zuhause Strukturen zu erfahren, um später einer Berufsausbildung gewachsen zu sein?

CW: Nein. Ich denke, Selbstdisziplin ist wichtig. Viele Eltern, die sich für Homeschooling entscheiden, melden ihre Kinder bei Aktivitäten wie Sport oder Musikstunden an. Jede dieser Aktivitäten ermöglicht Zugang zu einer gewissen Struktur und einem anderen Lehrer im Leben des Kindes.

SJR: Halten Sie Australien in Bezug auf Homeschooling für liberal, könnte Australien gar eine Vorbildfunktion zukommen?

CW: Ich denke, Homeschooling ist immer noch mit Vorurteilen behaftet und ich muss meine Wahl oft begründen. In Bezug darauf, Eltern zu erlauben, selbst eine Entscheidung darüber zu treffen, was am ehesten den Interessen und dem Wohl des Kindes entspricht, könnten wir ein Vorbild sein.

SJR: Das deutsche Schulrecht bietet den Eltern im Vergleich zu Australien weniger Freiräume. Wären in Australien Ihrer Meinung nach Verbesserungen, eventuell sogar in Form von Beschränkungen, angebracht?

CW: Um das beurteilen zu können, kenne ich mich zu wenig mit den aktuellen Richtlinien aus.

SJR: Welche Konsequenzen ziehen Sie aus Ihrer Erfahrung mit Homeschooling für die Bildung Ihrer eigenen Kinder?

CW: Ich ziehe es vor, meine Tochter und eventuelle künftige Kinder ebenfalls zuhause zu unterrichten.

II. Zitierte ausländische Gerichtsentscheidungen

1. Australische Rechtsprechung

Adelaide Company of Jehovah's Witnesses Inc v Commonwealth (1943) 67 CLR 116
Amalgamated Society of Engineers v Adelaide Steamship Company Limited (1920) 28 CLR 129
B and R and the Separate Representative [1995] FLC 92–636
B v J [1996] FLC 92–716
Birkett v Director General of Family and Community Services (unreportet, NSWSC, Equity Division, 3 February 1994)
Champness v Hanson [2009] FLC 93–407
Children, Youth and Women's Health Services Inc v YJL, MHL and TL [2010] SASC 175
Church of the New Faith v Commissioner for Pay-Roll Tax (Vic) (1983) 154 CLR 120
Dougherty v Dougherty (1987) 163 CLR 278
Evers v Evers (1972) 19 FLR 296
Gallaghan v Gallaghan (1966) 9 FLR 331
HR and DR and Minister for Immigration and Multicultural and Indigenous Affairs [2003] FLC 93–156
In the Marriage of B [1997] FLC 92–755
In the Marriage of Elspeth and Peter [2006] FamCA 1385
In the Marriage of Firth; Boyer and Boyer (Interveners) [1988] FLC 91–971
In the Marriage of Goode [2006] FLC 93–286
In the Marriage of Goudge [1984] FLC 91–534
In the Marriage of GWW and CMW (1997) 21 Fam LR 612
In the Marriage of Keaton [1986] FLC 91–745
In the Marriage of Morrison [1995] FLC 92–639
In the Marriage of Mulvany and Lane [2009] FLC 93–404
In the Marriage of N (No 2) [1981] FLC 91–111
In the Marriage of Paisio [1979] FLC 90–659
In the Marriage of Palmer and Chapman (1978) 34 FLR 405
In the Marriage of Plows [1979] FLC 90–607
In the Marriage of Sheridan [1994] FLC 92–517
In the Marriage of Tobin [1999] FLC 92–848
In the Marriage of Wellington (1976) 14 S.A.S.R. 321
Jacks v Samson [2008] FLC 93–387
Kennard v Kennard (1979) 34 FLR 525
Kruger v Commonwealth (1997) 190 CLR 1

M v H [1994] FLC 92–453
Mabo v Queensland [No 2] (1992) 175 CLR 1
Minister for Health v AS (2004) 33 Fam LR 223
New v New, High Court of Australia, Special Leave Application 5 March 1982
P and L [2006] FamCA 947
Re Alex (hormonal treatment for gender identity dysphoria) (2004) 31 Fam LR 503
Re Bernadette [2011] FLC 93–463
Re Bernard [2009] NSWSC 11
Re CP [1997] FLC 92–741
Royal Alexandra Hospital for Children v J and Ors (2005) 33 Fam LR 448
Secretary, Department of Health and Community Services v JWB and SMB (1992) 175 CLR 218
Secretary, Department of Health and Human Services v Ray [2010] FLC 93–457
VR v RR [2002] FLC 93–099
W v G (No 1) [2005] FLC 93–247
Women's and Children's Health Network Inc v M, CN and Ors [2013] SASC 16

2. Englische Rechtsprechung

Faulkner v McPherson [1995] 120 FLR (Eng.) 64
Gillick v West Norfolk and Wisbech Area Health Authority and the DHSS [1986] AC 112
Grey v Pearson (1857) 6 HL Cas 61
Heydon's Case (1584) 3 Co Rep 7a
In re C. (Minors) (C.A.) [1978] Fam. 105
Re Agar-Ellis; Agar Ellis v Lascelles (1883) 24 Ch.D. 317
Re J [2000] 1 FLR (Eng.) 571
Re R (a Minor) (CA) [1993] 2 FLR (Eng.) 163
Reg. v Brown (H.L.(E.)) [1994] 1 AC 212

III. Weiterführende Links zum australischen Recht

Die im Folgenden aufgeführten Links zu sämtlichen in dieser Arbeit zitierten australischen Rechtsvorschriften wurden am 07.09.2017 zuletzt abgerufen.

1. Gesetze des Commonwealth of Australia

Commonwealth of Australia Constitution Act: https://www.legislation.gov.au/Details/C2013Q00005.

Family Law Act 1975 (Cth.): https://www.legislation.gov.au/Details/C2016C01106.

Acts Interpretation Act 1901 (Cth.): https://www.legislation.gov.au/Details/C2016C00691.

Social Security Act 1991 (Cth.): https://www.legislation.gov.au/Details/C2017C00275.

2. Gesetze der Bundesstaaten und Territorien

a) Australian Capital Territory

Transplantation and Anatomy Act 1978 (ACT): http://www.legislation.act.gov.au/a/1978-44/.

Crimes Act 1900 (ACT): http://www.legislation.act.gov.au/a/1900-40/.

Education Act 2004 (ACT): http://www.legislation.act.gov.au/a/2004-17/.

b) New South Wales

Minors (Property and Contracts) Act 1970 (NSW): https://www.legislation.nsw.gov.au/~/view/act/1970/60/full.

Guardianship Act 1987 (NSW): https://www.legislation.nsw.gov.au/~/view/act/1987/257.

Children and Young Persons (Care and Protection) Act 1998 (NSW): https://www.legislation.nsw.gov.au/~/view/act/1998/157.

Crimes Act 1900 (NSW): https://www.legislation.nsw.gov.au/#/view/act/1900/40.

Education Act 1990 (NSW): https://www.legislation.nsw.gov.au/~/view/act/1990/8.

c) Northern Territory

Emergency Medical Operations Act (NT): https://legislation.nt.gov.au/en/Legislation/EMERGENCY-MEDICAL-OPERATIONS-ACT.

Criminal Code Act (NT): https://legislation.nt.gov.au/Legislation/CRIMINAL-CODE-ACT.

Northern Territory of Australia Education Act 2010 (NT): https://education.nt.gov.au/education/reviews-and-consultations/education-act.

d) Queensland

Transplantation and Anatomy Act 1979 (Qld): https://www.legislation.qld.gov.au/LEGISLTN/CURRENT/T/TransplAAnatA79.pdf.

Criminal Code Act 1899 (Qld): https://www.legislation.qld.gov.au/LEGISLTN/CURRENT/C/CriminCode.pdf.

Education (General Provisions) Act 2006 (Qld): https://www.legislation.qld.gov.au/LEGISLTN/CURRENT/E/EducGenPrA06.pdf.

e) South Australia

Consent to Medical Treatment and Palliative Care Act 1995 (SA): https://www.legislation.sa.gov.au/lz/c/a/consent%20to%20medical%20treatment%20and%20palliative%20care%20act%201995.aspx.

Criminal Law Consolidation Act 1935 (SA): https://www.legislation.sa.gov.au/LZ/C/A/CRIMINAL%20LAW%20CONSOLIDATION%20ACT%201935.aspx.

Education Act 1972 (SA): https://www.legislation.sa.gov.au/LZ/C/A/EDUCATION%20ACT%201972.aspx.

f) Tasmania

Human Tissue Act 1985 (Tas): https://www.legislation.tas.gov.au/view/html/inforce/current/act-1985-118.

Criminal Code Act 1924 (Tas): https://www.legislation.tas.gov.au/view/html/inforce/current/act-1924-069.

Education Act 1994 (Tas): https://www.legislation.tas.gov.au/view/html/inforce/current/act-1994-086.

g) Victoria

Human Tissue Act 1982 (Vic): http://www.legislation.vic.gov.au/Domino/Web_Notes/LDMS/LTObject_Store/LTObjSt9.nsf/DDE300B846EED9C7CA257616000A3571/8F3302C40B5C1396CA257D810080D5D9/$FILE/82-9860aa044%20authorised.pdf.

Crimes Act 1958 (Vic): http://www.legislation.vic.gov.au/domino/Web_Notes/LDMS/LTObject_Store/LTObjSt6.nsf/DDE300B846EED9C7CA257616000A3571/A57E26DFDAB404DCCA257975000569FB/$FILE/58-6231aa229A%20authorised.pdf.

Education and Training Reform Act 2006 (Vic): http://www.legislation.vic.gov.au/Domino/Web_Notes/LDMS/PubStatbook.nsf/f932b66241ecf1b7ca256e92000e23be/575C47EA02890DA4CA25717000217213/$FILE/06-024a.pdf.

Education and Training Reform Regulations 2007 (Vic): http://www.education.vic.gov.au/about/department/legislation/Pages/act2006regs.aspx.

h) Western Australia

Human Tissue and Transplant Act 1982 (WA): https://www.slp.wa.gov.au/legislation/statutes.nsf/main_mrtitle_436_homepage.html.

Criminal Code Act Compilation Act 1913 (WA): https://www.slp.wa.gov.au/legislation/statutes.nsf/main_mrtitle_218_homepage.html.

School Education Act 1999 (WA): https://www.slp.wa.gov.au/legislation/statutes.nsf/main_mrtitle_878_homepage.html.

Schriftenreihe zum deutschen und internationalen Erbrecht

Herausgegeben von Christina Eberl-Borges und Rudolf Meyer-Pritzl

Band 1 Tina Meyer-Dulheuer: Gestaltungsformen des Behindertentestamentes. Unter besonderer Betrachtung der Vermächtnislösung und des Berliner Testamentes. 2009.

Band 2 Anna-Kathrin Schwedler: Die ärztliche Therapiebegrenzung lebenserhaltender Maßnahmen auf Wunsch des Patienten. Ein Rechtsvergleich zwischen Deutschland und Frankreich unter besonderer Berücksichtigung des Patientenverfügungsgesetzes in der Bundesrepublik Deutschland. 2010.

Band 3 Miriam Hollstein: Die Nichtigkeit letztwilliger Verfügungen wegen Verstoßes gegen das gesetzliche Verbot aus § 14 Abs. 1, 5 HeimG vor und nach der Föderalisierung des Heimrechts. 2011.

Band 4 Ansgar Kregel-Olff: Der Einfluss der Europäischen Menschenrechtskonvention und der Rechtsprechung des Europäischen Gerichtshofs für Menschenrechte auf das deutsche Erbrecht. 2011.

Band 5 Karl Ehler: Vom nachlassgerichtlichen Vermittlungsverfahren zum Konsiliarverfahren bei der Auseinandersetzung von Erbengemeinschaften. 2013.

Band 6 Ove Reinbender: Sozialhilferegress nach Grundbesitzübertragung in vorweggenommener Erbfolge unter Vorbehalt eines dinglichen Wohnrechts. 2014.

Band 7 Christina Eberl-Borges/ Wang Qiang (Hrsg.): Erbrecht in der VR China. Die aktuelle Entwicklung im Rahmen des Aufbaus der Privatrechtsordnung. 2015.

Forschungen zum deutschen und internationalen Erb- und Familienrecht

Band 8 Simon-Martin Banck: Die Unterbeteiligung als Gestaltungsinstrument der Unternehmensnachfolge. Eine Arbeit über die Regelung der Unternehmensnachfolge in mittelständischen Familienunternehmen in der Bundesrepublik Deutschland. 2016.

Band 9 Sarah Jasmin Rüegg: Familiengerichtliche Maßnahmen bei Gefährdung des Kindeswohls aufgrund religiös motivierten Verhaltens der Eltern. Ein Vergleich von deutschem und australischem Recht unter besonderer Berücksichtigung aktueller Fallgruppen aus der Rechtsprechung. 2017.

www.peterlang.com